Ingeborg Dittmann/Detlef Kuhlbrodt (Hrsg.)
Berlin zu Fuß

Anselm Bühling, geb. 1963 in Frankfurt/M., freier Autor und Herausgeber.

Gesche-M. Cordes, geboren 1947, arbeitet als freie Pressefotografin in Hamburg. Von ihr stammt der Großteil der aktuellen Fotos in diesem Band.

Ingeborg Dittmann, geb. 1948, Redakteurin und nach der Wende Chefredakteurin des Jugendmagazins »neu leben«, danach »abgewickelt«, arbeitslos, freie Autorin für Medizin, Touristik, Kultur.

Petra Elsner, geb. 1953, Redakteurin bei »practic«, einem Ost-Berliner Heimwerkermagazin, »abgewickelt«, jetzt arbeitslos.

Harald Fricke, geb. 1962 in Rendsburg, freier Autor.

Lars-Broder Keil, freier Autor und Journalist in Ost-Berlin.

Detlef Kuhlbrodt, geb. 1961 in Bad Segeberg, freier Autor.

Gundel Mattenklott, Literaturwissenschaftlerin, gründete 1979 die Freie Kunstschule für Kinder und Erwachsene KuMuLi, die sie fünf Jahre leitete.

Renate Mühle, geb. 1954, Sekretärin und Redakteurin bei »neu leben«, »abgewickelt«, seit Mai 1992 Mitarbeiterin einer Frauen-Infothek am Alex.

Rudolf Rogler, geb. 1946, Lehrer in Neukölln, Mitglied des Vereins kinderfreundliche Stadt e.V.

Viola Theunissen, geb. 1963 in Zehlendorf, Übersetzerin und Herausgeberin.

Claudia Wahjudi, geb. 1965 in Radebeul bei Dresden, freie Journalistin.

Jens Weber, geb. 1963, studierter Kriminalist, dann Redakteur bei »neu leben«, »abgewickelt«, jetzt freier Autor und Student an der FU Berlin.

Dorothee Wenner, geb. 1961 in Stockum b. Werne, freie Autorin und Filmemacherin.

Dieter Winkler, Stadtbezirkschronist von Hellersdorf.

Ingeborg Dittmann/Detlef Kuhlbrodt (Hrsg.)

Berlin zu Fuß

18 Stadtteilrundgänge
durch Geschichte und Gegenwart

VSA-Verlag Hamburg

Titelfoto: Frieder Blickle/Bilderberg
Rückseite: Gesche-M. Cordes

Bildnachweis:
ADN-Settnik, S. 123
Altmann u.a., Der deutsche antifaschistische Widerstand 1933-1945, Frankfurt 1978,
    S. 179, 181
Archiv Stadtbezirkschronik, S. 133, 265, 268, 270, 273, 276
Autoren in Wort und Bild, Gütersloh o.J., S. 221, 223, 228, 229, 232, 233
Berliner Westen einst und jetzt, Berlin 1928, S. 227
Cordes, S. 9, 11, 12, 15, 17, 18, 20, 21, 23, 25, 31, 35, 36, 40, 42, 44, 45, 49, 51, 52,
    54, 55, 56, 63, 64, 67, 69, 75, 76, 78, 79, 80, 81, 82, 84, 85, 89, 93, 102, 103, 107,
    112, 113, 114, 115, 116, 117, 120, 122, 132, 134, 140, 143, 144, 149, 152, 155,
    156, 167, 176, 177, 178, 182, 184, 191, 192, 197, 198, 199, 200, 202, 205, 208,
    209, 210, 211, 213, 216, 225, 229, 230, 237, 240, 245, 251, 256, 260, 261
Dittmann, S. 157, 158, 159, 161, 166, 254, 257
Drescher, S. 116
Elsner, S. 130, 131, 135, 137
Glaser, S. 26
Keil, S. 267, 271, 273, 275, 277, 279
Kirsch u.a., Berliner Alltag im III. Reich, Düsseldorf 1981, S. 28
Lakowski/Dorst, Berlin im Frühjahr 1945, Berlin (DDR) 1985, S. 14
Landesbildstelle Berlin, S. 34, 47, 53, 59, 70, 98, 104, 106, 203, 258
Mühle, S. 111
Lange, Berlin zur Zeit Bebels und Bismarcks, Berlin (DDR) o.J., S. 179, 222
ND-Lange, S. 124, 139
Völkner, S. 274
Weber, S. 145, 146, 194

Kartengrundlage: Ausschnitte aus den Blättern Topographischer Stadtplan 1:10.000,
vervielfältigt mit Erlaubnis der Senatsverwaltung für Bau- und Wohnungswesen Berlin
– V vom 3. November 1992

© VSA-Verlag 1992, Stresemannstr. 384a, W-2000 Hamburg 50
Alle Rechte vorbehalten
Satz & Lithos: satz + repro kollektiv, Hamburg
Druck und Buchbindearbeiten: Druckerei Runge, Cloppenburg
ISBN 3-87975-618-X

Inhalt

Themenkästen

Vorwort

Berlin Anfang der 90er Jahre – das ist noch immer West-Berlin mit Kudamm und Kreuzberger Szene und ein wenig dem Gefühl, von der Entwicklung überfordert worden zu sein; Berlin Anfang der 90er Jahre – das ist immer noch Ost-Berlin, zwar schon nicht mehr Hauptstadt der DDR, schon voll mit West-Autos und den Reklameversprechungen der Marktwirtschaft, aber eben auch noch Pankow und Prenzlauer Berg mit Mietskasernen und Mauer-Mentalität.

Wer die Stadt heute wirklich kennenlernen will (ob als Gast von auswärts oder als BerlinerIn, die eben nur mal den Kiez nebenan – oder jeweils »drüben« – erkunden mag), muß sich auf Gegensätze einlassen. »Berlin zu Fuß«, 1987 zum ersten Mal erschienen und schon damals gelobt als »ein lebendiges Bild eines in dieser Weise kaum bekannten Berlin« (»Da weiß man am Ende tatsächlich, wie's da lang ging, wo man langgeht«), mit seinen 18 Spaziergängen durch Ost und West, durch Geschichte und Gegenwart, möchte dabei behilflich sein. Wir laden Sie ein, neben Brandenburger Tor, Museumsinsel und Rotem Rathaus auch die Menschen kennenzulernen, die die Stadt zu dem machen, was sie schon immer sein wollte: eine Metropole mit Weltgeltung und Witz im Alltag. Sie werden Russen am Kudamm ebenso begegnen können wie dem Erfinder der Thermoskanne aus Pankow, den Machern des neuen Kunst-Kiez am Wedding genauso wie den Besuchern der Hertie-Kantine am Halleschen Tor.

Wir haben Autorinnen und Autoren gebeten, über den Stadtteil zu berichten, den sie mögen, in dem sie groß geworden sind oder in dem sie heute leben – Wessis über den Westen, Ossis über den Osten. Wenn dabei Befindlichkeiten zum Vorschein kommen, ist das beabsichtigt – denn die Mauer durch die Stadt ist zwar verschwunden (wo Sie sie immer noch finden können, auch das verrät dieses Buch); die in den Köpfen noch lange nicht.

»Berlin zu Fuß« Anfang der 90er Jahre – das kann nur eine Momentaufnahme sein, eine Auswahl allemal. Vollständigkeit wird nicht beansprucht, und wir versprechen Ihnen: die kommende Ausgabe wird wieder ganz anders sein – wie die Stadt, in der Sie herumspazieren.

Walter Benjamin schrieb Ende der 20er Jahre: »Der oberflächliche Anlaß, das Exotische, Pittoreske wirkt nur auf Fremde. Als Einheimischer zum Bild einer Stadt zu kommen, erfordert andere, tiefere Motive. Motive dessen, der ins Vergangene statt ins Ferne reist.« Benjamin hatte recht: Fremde haben heute Ansprüche wie Einheimische und das Vergangene beginnt gestern.

Verlag und Herausgeber/In

Die in den Rundgängen eingeschlagenen Routen sind Vorschläge (Reihenfolge der markierten Orientierungspunkte), deren Verlauf in den Karten nicht im einzelnen aufgeführt ist; genaue Straßen-, Hausnummernbezeichnungen und Punkte in den Randspalten erleichtern die Orientierung. Jeder/jedem bleibt es freigestellt, die Touren anders zusammenzustellen oder Stationen auszulassen. Die von uns vorgeschlagenen Ausgangs- und Endpunkte, die in der Regel mit öffentlichen Verkehrsmitteln gut zu erreichen sind, haben wir jeweils zu Beginn angegeben, ebenso die voraussichtliche Dauer der Rundgänge.

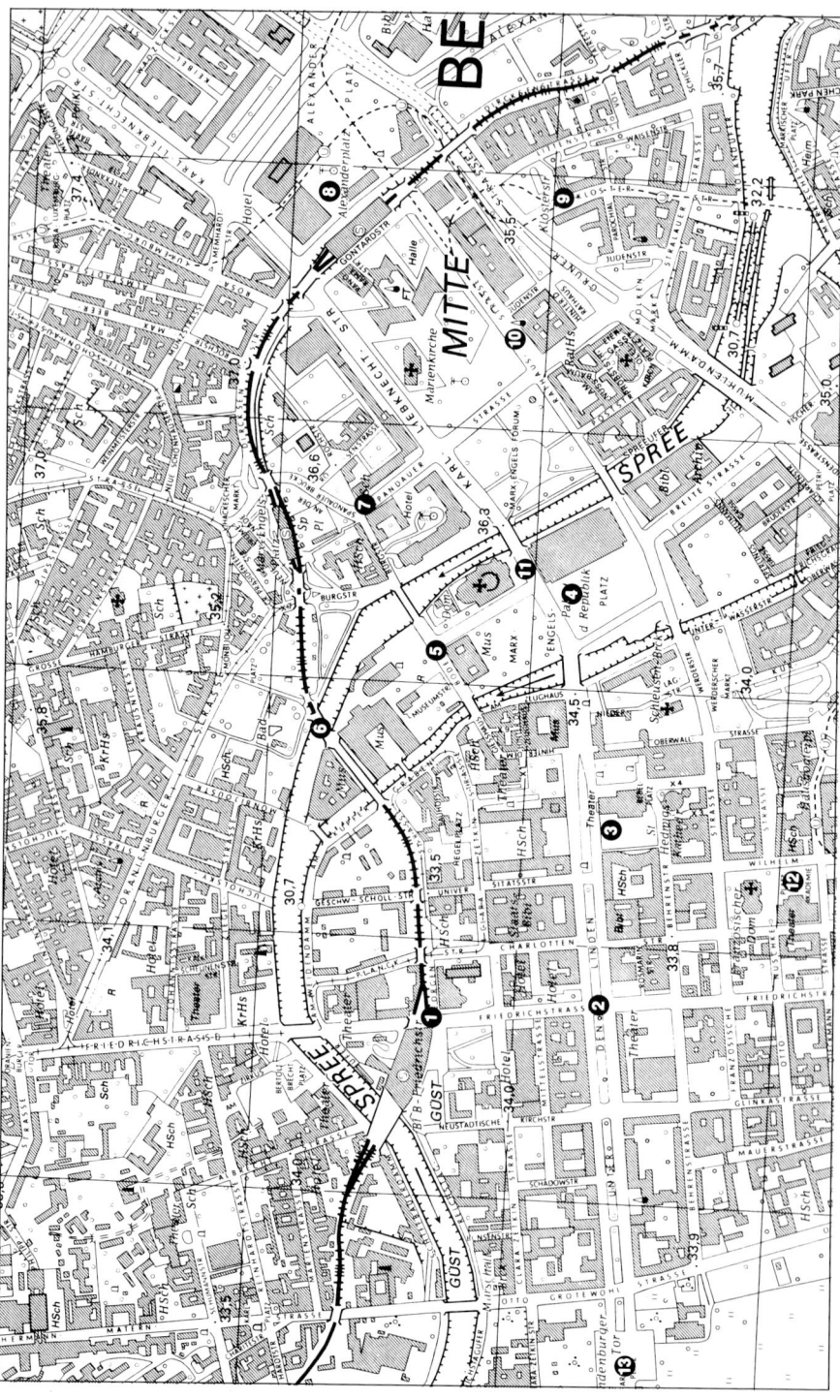

Auf den Spuren der alten und neuen Vergangenheit

Berlin-Mitte: Ost

Ausgangspunkt: S- und U-Bahn Friedrichstraße (S1, S2, S3, S5, S6, S7, S9, U6)
Endpunkt: S-Bahn Unter den Linden (S1, S2; Busse 100, 257)
Dauer: 2 × 2 Stunden mit mindestens einer Pause

An diesem Bahnhof schlug einst das Herz von Berlin. Hier war das unumstrittene Zentrum der deutschen Reichshauptstadt. Karl Baedecker warnte unbedachte Touristen schon 1927: »Fußgängern ist beim Überschreiten der Fahrbahn größte Vorsicht anzuraten!« Wären wir damals hier angekommen, hätte uns der Schutzmann am Ausgang des Bahnhofs eine Blechmarke mit der Nummer einer Droschke in die Hand gedrückt. Diese Neuerung wurde eingeführt, nachdem sich mehrfach die Droschkenbesitzer um Kundschaft wüst geprügelt hatten. Der Konkurrenzdruck unter den Taxifahrern, die heute vor dem Bahnhof auf Fahrgäste warten, ist kaum geringer. Sie haben Angst um ihren Job. Im Frühjahr 1992 bezog über die Hälfte der Beschäftigten in Berlin (Ost) ihr Einkommen (einschließlich Umschulungsentgeld und Arbeitsbeschaffungsmaßnahmen) über das Arbeitsamt. Doch die rüden Sitten der zwanziger Jahre sind den Regeln einer (meistens) fairen Leidensgemeinschaft gewichen.

Das Rote Rathaus

Der Bahnhof Friedrichstraße hatte immer seine Rituale und Merkwürdigkeiten. Bis 1989 war er der Umsteigepunkt zwischen Ost und West und das einzige Stück Ostberlin, an dem sich Westberliner unkontrolliert aufhalten konnten. Der »Tränenpalast« an der Nordseite des Bahnhofs führt seinen Namen zu Unrecht — wer diesen Palast überhaupt betreten durfte, hatte keinen Grund zum Weinen mehr. Denn sortiert wurde schon an der Tür, und die Tränen des Abschieds oder der Wut flossen draußen im Straßenstaub.

Bahnhof Friedrichstraße

Auf dem Fernbahnsteig verblassen langsam die weißen Striche an der Bahnsteigkante. An dieser Linie mußten die Fahrgäste warten, so lange Grenzer und Zöllner der DDR die eingefahrenen leeren Züge auf blinde Passagiere filzten — erst wenn sie alle »Republikflüchtlinge« aus Wagenkästen und -dächern hervorgeholt hatten, durften die Abteile betreten werden.

Aus jener Zeit stammt auch die seltsame Aufteilung der S-Bahnsteige. Wer auf einem Bahnsteig steht, hat keine Chance,

Berlin. Bahnhof Friedrichstrasse.

Bahnhof
Friedrichstraße

den Zug, der eher in dieselbe Richtung vom Nebengleis fährt, zu erreichen. Denn der Weg zum Nachbarbahnsteig führt über -zig Stufen und erfordert mehrere Kurzsprints. Selbst durchtrainierte Freizeitsportler brauchen auf alle Fälle mehr Zeit, als ein S-Bahn-Zug am Bahnsteig hält. Doch was heute Minuten dauert, kostete vor kurzer Zeit noch Jahre. Zahlreiche S-Bahn- und eine U-Bahn-linie machen diesen Bahnhof zu einer der wichtigsten Kreuzungen des Nahverkehrs und die Fernbahn verbindet ihn direkt mit Moskau, Paris, Stockholm und Bukarest.

Friedrichstraße

Direkt vor dem Bahnhof streckt sich das Internationale Handelszentrum in den Himmel. Es wurde 1976-78 von einer »Japan-DDR-Project-Company« errichtet. Es diente als goldenes Ghetto für die ausländischen Handelsvertretungen, die man, um das staatliche Außenhandelsmonopol zu sichern, unter Kontrolle hielt. Ein Ghetto, in das sich viele Firmen gern begaben: Hier gab es keine Schwierigkeiten mit der Kommunikation und die Wege zu den Geschäftspartnern waren kurz.

Auf der Westseite der Friedrichstraße steht wieder ein Bau der Postmoderne. Er wurde von einem schwedischen Bauunternehmen errichtet. Es ist das Hotel »Metropol«, das erste »Devisenhotel« der DDR. Im »Devisenhotel« durfte nur übernachten, wer in harter Währung zahlen konnte. Doch auch für DDR-Bürger mit spendablen Westverwandten war das Metropol eine wichtige Adresse. Hier war das Ballungszentrum der »Intershops«, Läden, in denen man für Westgeld Waren erstehen konnte, die ein Stück täglich erlebter westlicher Fernseh-Werbungs-Freiheit ins Haus brachten. Auf dem Dach des Parkhauses wurde für Privilegierte der höchste aller Konsumträume Wirklichkeit: Hier gab es Autos ohne Wartezeit — für Westgeld, versteht sich. Mit welchen Gefühlen der normale DDR-Bürger nach zehn Jahren vergeblichen Wartens an diesem Haus vorbeiging, ist nachvollziehbar.

Hundert Meter südlich stehen wir an der einst belebtesten Kreuzung Deutschlands: Friedrichstraße/Unter den Linden. 1902 zog die Polizei hier mit der Trompete auf, um sich im Verkehr noch bemerkbar machen zu können. Die Trillerpfeife wurde einfach überhört.

Friedrichstraße/ Unter den Linden
❷

Nur das Haus auf der Westseite der Friedrichstraße hat den zweiten Weltkrieg überdauert. Es war der jüngste Bau an dieser Kreuzung und wurde erst 1936 fertiggestellt. Der Architekt des »Hauses der Schweiz« kam aus dem schweizerischen Appenzell. Auf der anderen Seite der Friedrichstraße lockte das Café Victoria seine Kunden. An der Südseite der Linden konkurrierten Kranzler und Bauer. Das Kaffee Kranzler machte übrigens das Rauchen gesellschaftsfähig: Während zu seinen Gründungszeiten im ersten Viertel des vorigen Jahrhunderts das Rauchen auf der Straße streng verboten war, durfte im »Kranzler« jeder zum Glimmstengel greifen.

Ein paar Jahrzehnte später öffnete das Café Bauer gerade dort, wo das Grandhotel heute wieder ein Café unter diesem Namen eingerichtet hat. Das Grandhotel war übrigens — entgegen allen Gerüchten — zu DDR-Zeiten auch für »weiche Währung« buchbar. Allerdings kostete ein Bett mit Frühstück mehr, als so mancher Ossi am Monatsende in seiner Lohntüte hatte.

Auf dem Weg in Richtung Osten kreuzen wir zunächst die Charlottenstraße. Beim Blick in die Straße hinein wird auf der linken Seite ein großes Loch im Häuserblock sichtbar. Hier befand sich einst der Tresorraum der Reichsbahnbank. Weihnachten 1946 war sie der Schauplatz des größten Bankraubs der deutschen Nachkriegsgeschichte. Drei Ganoven machten den Bruch ihres Lebens und eroberten mehrere Millionen Reichsmark. Offenbar war die Summe aber noch nicht hoch genug, denn der Streit über die Verteilung der Scheine brachte die Polizei schließlich auf die Fährte der Täter.

Charlottenstraße

Zwischen der Charlottenstraße und der Universitätsstraße steht der riesige Komplex der Staatsbibliothek, deren Bestände 1990 mit denen der Staatsbibliothek Preußischer Kulturbesitz in Tiergarten wiedervereinigt wurden. Schon vor diesem Zusammenschluß verfügte das Haus über mehr als sieben Millionen bibliothekarische Einheiten. Klar, daß jede Menge Erstdrucke und Raritäten darunter sind: Auch das Original von Beethovens 9. Sinfonie lagert in der Musikalienabteilung des Hauses. Allein am Zugriff mangelts: Die riesigen Büchertürme auf den Innenhöfen sind »Handlager«, aus denen jedes Buch mit der Bücherkarre geholt werden muß. Ein

Innenhof der Staatsbibliothek

Humboldt-
Universität

Unter den Linden

Buch am Tag der Bestellung zu erhalten, ist unmöglich. Das Gebäude stand in den Jahren vor dem Ersten Weltkrieg unter Leitung Ernst von Ihnes. Besonders sehenswert ist der Innenhof am Hauptportal, den der Wilde Wein zum Zufluchtsort für Romantiker macht.

Mitten unter den Linden steht das Reiterstandbild Friedrich II., des »Großen«. Christian Daniel Rauch, der berühmteste aller Berliner Skulptoren, schuf es 1850/51. 150 Zeitgenossen des Königs wurden für würdig befunden, unter den Hufen seines Pferdes zu stehen — Kant und Lessing allerdings auf der Seite, wo der Apfel fällt. Nach dem Krieg war der »Olle Fritz« zunächst nach Potsdam Sanssouci verbannt. Doch ein Buch der Historikerin Ingrid Mittenzwei über den Preußenkönig überzeugte Erich Honecker von dessen Verdiensten und er genehmigte, daß das Werk seinen angestammten Platz wieder einnehme.

Die jungen Leute, die unter Lebensgefahr am Reiterdenkmal über die »Linden« hasten, sind Studenten der Humboldt-Universität, deren Hauptgebäude an der Nordseite der Linden und deren Sprachausbildungsstätte an der Südseite der Straße steht. Durch mehrere aufsehenerregende Aktionen, u.a. mit roten Läufern auf der Straße, haben sie sich die Sympathien des Verkehrssenators verscherzt, der vor der Einrichtung eines Fußgängerüberwegs vermutlich die ersten Todesopfer abwartet.

Das Hauptgebäude der Universität wurde 1748-66 als Palais für den Prinzen Heinrich errichtet. Die Proportionen korrespondieren mit denen der gegenüberliegenden Staatsoper. 1810 wurde im Prinzenpalais die Berliner Universität gegründet. Wenige Unis der

Welt können auf eine solche Reihe großer Namen verweisen: 27 Nobelpreisträger haben hier studiert. Fichte, Schleiermacher, Hegel und Schelling haben Philosophie gelehrt (u.a. den Studenten Karl Marx), Theodor Mommsen Geschichte und die Gebrüder Grimm Philologie. Physikern wie Helmholtz, Planck und Einstein wurde in der Physikalischen Fakultät in der Chausseestraße ein Denkmal gesetzt. Die Nazis räumten mit den Traditionen unabhängigen Forschens an der Lehranstalt gründlich auf. Das Verständnis, das die DDR-Oberen von der wissenschaftlichen Weltanschauung hatten, war leider auch nicht geeignet, vorurteilslose Forschung wiederzuerwecken. Aktuelle Pläne, hier eine Eliteuni einzurichten, stoßen in der Studentenschaft auf wenig Widerhall.

Gegenüber vom Uni-Gebäude erstreckt sich der August-Bebel-Platz. Er ging in die Weltgeschichte ein, als die Nachfahren Goethes und Schillers am 10. Mai 1933 die Bücher unliebsamer Autoren auf einem riesigen Scheiterhaufen verbrannten. Einer von ihnen, Heinrich Heine, hatte prophezeit: »Dort, wo man Bücher verbrennt, verbrennt man auch Menschen.« Er sollte Recht behalten.

August-Bebel-Platz
❸

Das Gebäude an der Westseite des Platzes ist die »Kommode«, das schönste aller Berliner Barockgebäude. Sie wurde nach Plänen, die ursprünglich für einen Teil der Wiener Hofburg gedacht waren, 1775-80 gebaut. Das »Original« in Wien wurde erst 100 Jahre später fertiggestellt. Die Kommode beherbergte die Königliche Universität und gehört heute zur Humboldt-Universität.

An der Südostecke des Platzes steht die Hedwigs-Kathedrale, das Zentrum der katholischen Kirche im eigentlich protestantischen Berlin/Brandenburg. Die Kuppel bildete Knobelsdorff dem Pantheon in Rom nach.

Die heutige Staatsoper gab Friedrich der Große ebenfalls bei Knobelsdorff in Auftrag. Sie war das erste eigens für diesen Zweck

Das Opernhaus nach dem Umbau 1927

gebaute Opernhaus der Welt. Nur die Frontseite ist noch im Original erhalten. Alle anderen Fassaden wurden im Laufe der Jahrhunderte mehrfach verändert. Allerdings geht auch die heutige Innengestaltung auf die ursprünglichen Entwürfe Knobelsdorff's zurück.

Die wenigen Kastanienbäume an der Ostseite der Humboldt-Uni tragen den hochtrabenden Namen »Kastanienwäldchen«. Gleich hinterm Wald steht das Maxim-Gorki-Theater, die einstige Singakademie des Goethe-Freundes Karl Friedrich Zelter. Felix Mendelssohn-Bartholdy dirigierte in diesem Haus die erste Wiederaufführung der Matthäus-Passion Johann Sebastian Bachs. Es ist nicht ganz unwahrscheinlich, daß wir ohne Zelters Engagement heute von Bach nichts mehr wüßten.

Mitten im »Wäldchen« steht die Neue Wache, von Schinkel 1816/18 als einer der schönsten Bauten des deutschen Klassizismus errichtet. Heute gedenkt man hier der Zigmillionen Toten, die Faschismus und Militarismus im Laufe der Jahrhunderte und insbesondere in den Weltkriegen forderten.

Bis zur Wende gab es einmal in der Woche den großen Wachaufzug, bei dem hunderte Soldaten im preußischen Stechschritt kamen, um die Wache abzulösen. Um ein Vielfaches höher war die Anzahl der Touristen aus Ost und West, die das Ereignis auf Zelluloid und Magnetband bannten. Das Paradoxon, die Opfer des Militarismus ausgerechnet mit auf den Asphalt knallenden Militärstiefeln zu ehren, steht für das offizielle Geschichtsverständnis in der DDR. Wo Tradition die Unterordnung des einzelnen unter den Willen des großen Ganzen bedeutete, glaubte man, wenn man nur mit den Inhalten breche, könne man die Rituale beibehalten. Doch für viele der Soldaten bedeutete es keine Ehre, dreißig Minuten zur Salzsäule erstarrt vor dem Mahnmal zu stehen, sondern eine vermeidbare körperliche Belastung. So wie die vermeintlich fortschrittlichen Inhalte langsam erodierten, lockerte sich die Disziplin. Das Foto mit dem Wachsoldaten, der dem Fotografen die Zunge heraussteckt, ist nicht zufällig aus dem letzten Jahr der DDR.

NVA-Soldaten im Stechschritt

Das Deutsche Historische Museum wurde als Kurfürstliches Zeughaus 1695-1730 gebaut und ist das älteste Gebäude unter den Linden. Der Name des Architekten Andreas Schlüter ist eng mit diesem Haus verbunden. Er schuf die Masken der sterbenden Krieger im nach ihm benannten Schlüterhof, die heute als Anklage gegen den Krieg gedeutet werden. Allerdings wäre eine solche Anklage schlecht mit dem ursprünglichen Zweck des Hauses unter einen Hut zu bringen: Hier wurden Waffen und vor allen Dingen Kriegstrophäen gelagert. 1880 wurde das Haus zur Ruhmeshalle der preußischen Armee umgebaut — keinesfalls, um vor den Verbrechen des Krieges zu warnen, wie man sich nach dem lohnenden Feldzug gegen Frankreich 1870/71 leicht denken kann. Zu DDR-Zeiten beherbergte das Haus das »Museum für Deutsche Geschichte« mit einer herzlich langweiligen und schlecht ausgestatteten Dauerausstellung. Im Frühjahr 1992 konnten ein paar Notausstellungen nicht über die Konzeptionslosigkeit des Hauses hinwegtäuschen.

Besser, wir kehren der Tür den Rücken und werfen einen Blick auf das herrliche Kronprinzenpalais auf der Südseite der »Linden«. Es entstand aus einem Bürgerhaus 1732 für den späteren Unter den Linden König Friedrich II. Von 1919 bis zum II. Weltkrieg war es der Öffentlichkeit als Teil der Nationalgalerie zugänglich. Nach dem Wiederaufbau nutzte es die DDR als Residenz für Staatsgäste und Staatsbankette. Im Frühjahr 1992 gab es auch Überlegungen, den Sitz des Bundespräsidenten aus dem Schloß Bellevue im Tiergarten hierher in das östliche Zentrum Berlins zu verlegen — aber diese Stadt wird noch viele solcher Pläne kommen und nicht realisiert sehen.

Rechts vom Kronprinzenpalais sieht man die Einmündung der **Oberwallstraße** Oberwallstraße. Sie ist eine wichtige Adresse für Film und Fernsehen in Berlin: Selten findet man eine so makellose Kulisse für Aufnahmen, die im vergangenen Jahrhundert spielen sollen.

Bis zum Beginn des vorigen Jahrhunderts erreichte man die **Schloßbrücke** »Linden« zur über eine schmale hölzerne Zugbrücke. Diese wurde 1824 von der nach Schinkels Entwürfen ausgeführten Schloßbrücke abgelöst. Bei der Einweihung behalf man sich zunächst mit einem Holzgeländer — und folgerichtig war das Gedränge so groß, daß viele Besucher in die Spree fielen. 22 von ihnen ertranken. Für die Marmorfiguren, die Schinkel auf die Podeste stellen wollte, reichte das Geld zunächst nicht. Erst zwanzig Jahre später erhielt Rauch den Auftrag für diese Figuren und ließ ihn durch seine Schüler ausführen. Die Beschützerin des jungen Kriegers auf den beiden mittleren Podesten jeder Seite ist Pallas Athene, die griechische Göttin der Weisheit und des Ruhms. Auf den beiden Gruppen der Westseite und im Südosten sehen wir den jungen Krieger in den Händen der Siegesgöttin Nike. Auf der Nordostseite wird der junge Krieger von Iris zum Götterthron Olymp getragen — nachdem er gefallen ist. Der Schöpfer der Plastik, August Wredow, dachte allerdings weniger an eine Anklage gegen blutdürstende Götter als an eine Ehrung des jungen Mannes.

Iris mit jungem Krieger auf der Schloßbrücke

Das riesige weiße Gebäude auf der Lindenseite des Spreekanals, das so wunderbar mit den weißen Marmorfiguren der Schloßbrücke korrespondiert, ist das ehemalige Außenministerium der DDR und leider Geschmackssache. Dem Bausenator gefällt es nicht und darum soll es abgerissen werden.

Dem größten Parkplatz der Berliner Innenstadt und seinen Umbauten kehren wir zunächst noch den Rücken und wenden uns der Freifläche vor dem Alten Museum zu.

Der Lustgarten war wie kein zweiter Ort in Berlin Spiegelbild **Lustgarten** des herrschenden Geistes. 1650 machte Memhardt im Auftrag des Großen Kurfürsten aus dem Küchengarten des Schlosses einen Lustgarten, so wie ihn der Herrscher in Cleve nahe der holländischen Grenze kennengelernt hatte: Mit Pomeranzenhainen und seltsamen weißblühenden Zierpflanzen, deren Namen »Kartoffel« bis dato in Preußen noch nicht gehört ward. Soldatenkönig Friedrich I. hatte nichts übrig für solchen Schnickschnack: Er machte aus der Fläche einen schönen ebenen Exerzierplatz für seine langen Kerls. Erst Lenné und Schinkel war es im Jahre 1832 vergönnt, den Lustgarten wieder in einen solchen zu verwandeln. Aus dieser Zeit stammt die Granitschale, die der Bauunternehmer Cantian aus einem Stück heraushauen und polieren ließ. 1934 war den Nazis das Exerzieren wieder die größte Lust und der Platz wurde in den Zustand versetzt, in dem wir ihn heute sehen.

Marx-Engels-Platz
❹

Dort, wo sich auf dem größten Parkplatz der Berliner Innenstadt — noch heißt er Marx-Engels-Platz — wenige Autos verlieren, stand bis in die fünfziger Jahre hinein das Berliner Stadtschloß. Ein Wiederaufbau wäre trotz massiver Bombenschäden möglich gewesen, doch als Symbol des preußischen Militarismus ließ die DDR-Führung den Bau in Schutt und Asche legen.

Wer einen Kranz auf das Grab des größten Barockbaus nördlich der Alpen legen wollte, müßte nach Potsdam fahren. Einen Kilometer östlich des Hauptbahnhofs der Stadt führt ein Eisenbahndamm quer über den Templiner See — zehn Meter hoch, an der Krone zehn Meter, an der Basis einhundertfünfzig Meter breit. Dieser Damm birgt die Trümmer des Berliner Schlosses. Die Diskussion um den Wiederaufbau des Schlosses ist derzeit erlahmt — auch die eifrigsten Befürworter erkennen, daß die Hauptstadt dringendere Probleme zu lösen hat.

An der Spreeseite des Lustgartens erhebt sich der Berliner Dom. Julius Karl Raschdorff hieß der Architekt, nach dessen Plänen das neobarocke Biedermeierstück von 1894-1905 gebaut wurde. Die

Das Schloß

Restaurierung des Innenraumes dauert mittlerweile schon Jahr-

zehnte und ein Ende ist nicht abzusehen. So werden die wertvollsten Stücke des Hauses, die Sarkophage des Großen Kurfürsten Friedrich Wilhelm und des Preußenkönigs Friedrich I. nebst denen ihrer Gemahlinnen den Augen der Öffentlichkeit noch ein paar Jahre verborgen bleiben.

Das Alte Museum an der Nordseite des Lustgartens ist einer der schönsten Schinkelbauten. Die Ionische Säulenhalle und besonders der Blick aus ihr heraus sowie der wunderbare Kuppelraum (bis hierhin Eintritt frei) vermitteln ein erhabenes Gefühl menschlicher Leistungskraft und Größe. Die Ausstellungsräume im Erdgeschoß beherbergen regelmäßig spektakuläre Wanderausstellungen, im Obergeschoß wird DDR-Kunst gezeigt.

Blick vom Alten Museum auf den Dom

An der Domgartenseite des Alten Museums vorbei kommt man zu den Kolonnaden vor der Nationalgalerie, 1866-76 nach den Plänen Stülers errichtet. Im Stil lehnte er sich an die Architektur korinthischer Tempel an. Hier wird Malerei des 19. Jahrhunderts gezeigt, u.a. das »Eisenwalzwerk«, der geniale Ausrutscher des sonst trivialen Hof- und Adelsmalers Adolph Menzel, der ihn unsterblich machte.

Wir befinden uns mitten auf der Museumsinsel. Auf dem oberen Treppenpodest der Nationalgalerie steht gewöhnlich (1992 zur Restaurierung) das Reiterstandbild des Mannes, dem wir dieses Kulturforum zu verdanken haben: Preußenkönig Friedrich Wilhelm IV. machte sich vor allen Dingen als Förderer der schönen Künste einen Namen. Mit seinem Geld entstand auch das Neue Museum, dessen Ruine links von der Nationalgalerie derzeit re-

Museumsinsel

Der Pergamon-Altar

konstruiert wird. Nach links und um die Ecke führt der Weg zum Pergamonmuseum, erbaut in den »Goldenen Zwanzigern« nach Plänen von Messel, und zum Bodemuseum (Ernst v. Ihne, 1897-1904). Das Pergamonmuseum sollte man um seiner Ausstellungsstücke willen (Pergamonaltar, Ischtar-Tor, tolles Volkskundemuseum im Keller!), das Bodemuseum um seiner herrlichen Innenarchitektur willen gesehen haben.

Friedrichsbrücke ❻

Unser Rundgang läßt Pergamon- und Bodemuseum links liegen und führt an der Friedrichsbrücke über die Spree. Das historisch anmutende Stück ist eine Spannbetonbrücke von 1982, auf die historische Teile aufgesetzt wurden.

Durch die Burgstraße führt unser Weg am Kongreßzentrum des Palasthotels vorbei, dem zweiten Devisenhotel der DDR. Die Burgstraße endet in der Spandauer Straße ungefähr dort, wo einst das Spandauer Tor stand. Links von uns lag einst die Spandauer Vorstadt, deren historisch interessante Teile heute hinter der S-Bahn liegen (siehe S. 66ff). Im Gebäude rechts von uns sitzt die Wirtschaftswissenschaftliche Fakultät der Humboldt-Uni. Hier wurde einst der Nachwuchs für Alexander Schalck-Golodkowskis »Kommerzielle Koordinierung« geschmiedet. Das Studienfach »Internationale Finanzen« vermittelte schon zu DDR-Zeiten, wie an der Börse Geld zu machen ist. Natürlich nur für Studenten, deren Linientreue jeder Stasi-Überprüfung standhielt.

Spandauer Straße ❼

Die Mensa der Fakultät verschandelt eines der ältesten Gebäude Berlins: Die Heiliggeistkapelle an der Südostecke des Hauses. Die Kapelle gehörte zum Heiliggeisthospital, das seit 1272 an dieser Stelle stand. Sehenswert sind die Sterngewölbe im Inneren, soweit sie nicht von mäkeligen Studenten mit Spinat und Leberwurst beworfen wurden.

An der Kreuzung Spandauer/Karl-Liebknecht-Straße steht eine der schönsten Litfaßsäulen Berlins. Noch zu DDR-Zeiten waren die runden Säulen wichtige Informationspunkte: Fast immer klebten hier Konzert- und Theaterpläne. Seit der Wende werden sie zum reinen optischen Werbeträger herabgewürdigt. Die Säulen waren einst eine patentierte Erfindung: Am 7. Juli 1855 stellte der Berliner Ernst Litfaß die erste von ihnen auf und verpachtete sie.

Kreuzung Spandauer/Karl-Liebknecht-Straße

Karl-Liebknecht-Straße

Das Betonungeheuer in der Karl-Liebknecht-Straße haben DDR-Architekten der 60er Jahre zu verantworten. Der Weg an der Westseite der Magistrale führt am polnischen und am ungarischen Kulturzentrum vorbei. Vor der Wende waren diese Läden ein heißer Tip für westliche Fotografen, weil hier mehrmals wöchentlich mit der Bildung langer Menschenschlangen zu rechnen war. Man stand für Schallplatten der Stars aus dem Westen an — nur in diesen Läden bekam man solche Scheiben am knapp bemessenen Lizenz-Limit des ostdeutschen Labels »Amiga« vorbei.

Die Marienkirche auf der anderen Seite der Straße stand noch bis zum Ende des vorigen Jahrhunderts mitten im Gewirr kleinerer Straßen. Heute ist sie das einzige alte Gebäude in weitem Umkreis und steht im vielfotografierten Kontrast zum dahinter aufragenden Fernsehturm. In der Turmhalle der Kirche wurde 1860 der »Totentanz«, eine spätgotische Wandmalerei, freigelegt. 28 Ständevertreter führt der Tod zum Reigen. Kunstwissenschaftler leiten daraus einen für die Entstehungszeit revolutionären Gleichheitsanspruch der Kaufleute und Handwerker ab, die das Werk wohl bezahlten. Das kleine Steinkreuz vor dem Portal ist ein Sühnekreuz, bezahlt von der reuigen Berliner Gemeinde. Sie lynchte 1324 den Propst von Bernau, der sich in einem Streit auf die Seite des Papstes gestellt hatte.

Die letzte Beule des unästhetischen Betonwalles entlang der **Karl-Liebknecht-** Karl-Liebknecht-Straße ist die Markthalle, die 1979 ihre 90jährige **Straße** Vorgängerin ablöste. Sie war eine der widerstandsfähigsten Bastionen ostdeutschen Einzelunternehmertums. Im Gegensatz zu den »sozialistischen Bruderländern« wurde in der DDR der private Einzelhandel nie vollständig unterbunden. Hier, im Herzen der sozialistischen Hauptstadt, war eine der Stellen, an der man die »Privaten« sogar offiziell förderte. Die meisten der festen Stände im Inneren des Hauses waren in den Händen kleiner Familienbetriebe. Die Markthalle war ein wichtiges Warenbarometer für die Berliner und die Einkaufstouristen von Rostock bis Suhl — was man hier nicht bekam, brauchte man auch anderswo nicht zu suchen.

Der Fußgängertunnel, an dem unsere Route die Liebknecht-Straße unterquert, war einst das Domizil der »Illegalen«. Hier gab es billigen Westtinnef zu horrenden Preisen. Die Polizei ließ die Händler erstaunlicherweise oft tagelang ungestört. Heute gibt es hier bestenfalls »steuerfrei« (weil illegal eingeführte) Zigaretten zu kaufen.

Der »Telespargel«, von der ignoranten Berliner Bevölkerung bis heute hartnäckig »Berliner Fernsehturm« genannt, ist so viele Meter hoch, wie das Jahr Tage hat und damit der höchste in ganz Deutschland. Die Aussichtsplattform in 203 Meter Höhe erreicht man für ganze fünf Mark — ein Vergnügen, daß man sich keinesfalls entgehen lassen sollte. Besonders das Häusermeer des Berliner Ostens breitet sich hier eindrucksvoll zu Füßen des Besuchers aus. Im Westen reicht der Blick bis zum Großen Tiergarten. Der Turm wurde 1965-69 nach den Plänen des Architekten Hermann Henselmann errichtet.

Der Weg zum Alexanderplatz führt durch eine S-Bahn-Unterführung. Auf der rechten Seite des Tunnels ist die »Besenkammer«, eine Bar, die zu DDR-Zeiten einer der wenigen bekannten Schwulentreffs der Stadt war. Leider wußten das auch die Skinheads, und so kam der Ort durch häufige Pöbeleien in die Schlagzeilen. Seit der Grenzöffnung hat der Druck auf das Etablissement nachgelassen. Nur wenige Meter entfernt, in den Rathauspassagen, befand sich einst das »Posthorn«, ein preiswerter Treff für Punks und unabhängig denkende Leute. Dieses »Nest der Konterrevolution« wurde auf Anweisung des Magistrats 1988 in eine teure Würstchenbar umsaniert — zu spät, um die Revolution noch zu verhindern.

Mit dem Gang durch den S-Bahn-Bogen haben wir gleichzeitig die Grenzen des alten Berlins verlassen. Die S-Bahn fährt zum großen Teil auf den ehemaligen Wallanlagen der Stadt, womit auch ihre ungerade Streckenführung zu erklären ist.

Alexanderplatz
❽

Der »Alex« erhielt den Namen des russischen Zaren Alexander anläßlich seines Besuches in Berlin im Jahre 1805. An der Art und Weise, wie sie den Namen dieses Platzes aussprechen, unterscheidet man den (Ost)Berliner und den Zugereisten. Berliner sprechen das »A« kurz, eher wie »Alex«, Ex-Provinzler sagen »Ahlex« zum Alexanderplatz. Bis zum vorigen Jahrhundert fand hier der Ochsenmarkt Berlins statt, weil auf dem Platz vor dem Tor Marktgeld und Wegezölle sparte.

Bis zur Wende schlug hier das Herz der DDR. Entsprechend war die Ordnungsmacht präsent: Von den Dächern der umstehenden Häuser grüßen noch heute die Kameras, die eventuelle Menschenansammlungen überwachen sollten. Punks in der DDR hatten meist »Alexverbot« — sie durften sich auf diesem Platz und in seinem Umkreis nicht blicken lassen. Das Strafgesetz der DDR sah die »Aufenthaltsbeschränkung« nur für verurteilte Kriminelle vor. Doch wenn die Polizei sich anmaßte, den Richter zu spielen, dann widersprach kaum einer der Betroffenen — und eine Verwaltungsgerichtsbarkeit war unbekannt.

Straßenmusiker und Zeitungsleser auf dem »Alex«

Gleich hinter dem S-Bahn-Bogen steht die Weltzeituhr. Sie zeigt mit einem kreisenden Zifferblatt die Zeit für alle Zonen der Welt. Seine Uhr sollte man aber besser nach den Normaluhren stel-

len, die am Schaft zusätzlich angebracht sind. Der wichtigste Verabredungsort für Rendezvous im Ostteil Berlins wurde von Erich John 1970 konstruiert.

Rechts und links der Uhr stehen die Alexanderhäuser — das einzige Überbleibsel des Vorkriegsalex. Sie stammen aus dem Jahre 1928 und sind der Beweis, daß häßliche Betonbauten keine Erfindung des Sozialismus sind.

Der »Brunnen der Völkerfreundschaft« (Walter Womacka, 1969) war früher einer der Lieblingsruhepunkte fußmüder DDR-Touristen nach anstrengendem Einkauf in der Hauptstadt. Seit der Wende ist hier der Treffpunkt der Minderprivilegierten. Leere Bierbüchsen, betrunkene Schläfer und die ständigen Zuschauergruppen um die jugoslawischen Hütchenspieler bestimmen das Bild des Platzes. Kommen Sie bitte nicht in Versuchung: Sie haben keine Chance, gegen die Profis zu gewinnen. Immerhin mußten sie ein halbes Jahr lang für teures Geld eine Spezialschule in ihrer Heimat besuchen, ehe sie als Betrüger in die Welt zogen.

Der Fernsehturm

Vom gleichen Künstler wie der Springbrunnen stammt die Bauchbinde um das Haus des Lehrers, das an der Nordostecke des Platzes steht. Es löste 1964 das alte Lehrervereinshaus ab, das schon an dieser Stelle stand, als Franz Biberkopf, die Hauptgestalt aus Alfred Döblins »Berlin Alexanderplatz«, noch am Alex Zeitungen verkaufte.

Die Dominante des Platzes ist das Hotel »Stadt Berlin«. Mit seinen 37 Etagen war es das höchste Haus der DDR. Unterm Dach befand sich das beste Feinschmeckerlokal des Landes — jedenfalls das beste, in dem man mit Ost-Mark bezahlen konnte. Das Restaurant ist nicht schlechter geworden — die Auswahl allerdings wesentlich größer. Für den Normalverdiener interessanter ist die »Zillestube« im ersten Stock des weißen Anbaus. Die Schankanlage aus dem vorigen Jahrhundert ist so sehenswert, wie die Altberliner Küche des Hauses schmackhaft ist.

Unter der Erdoberfläche reicht der Alex noch ein gutes Stück in die Tiefe. In drei Ebenen verkehrt hier die U-Bahn. Wer, ganz unten angekommen, richtig errät, in welche Richtung sein U-Bahnzug abfährt, kann sich Hoffnungen auf einen Meistertitel im Orientierungstauchen machen. Die interessanteste der Etagen ist die oberste, in der die Linie Pankow-Mohrenstraße verkehrt. Noch zu DDR-Zeiten haben sich hier Künstler ein Ausstellungsdomizil erobert, das bis heute niemand zu verkommerzialisieren wagte. Die Plakate an den Tunnelwänden wollen in wechselnden Ausstellungen abgestumpften Konsumopfern die Augen für die wahren Probleme dieser Welt öffnen.

Unser nächster Besichtigungspunkt ist der U-Bahnhof Klosterstraße. Sie erreichen ihn in einer Viertelstunde zu Fuß oder in zwei Minuten mit der U-Bahn (erste Station Richtung Mohrenstraße).

Der U-Bahnhof Klosterstraße ist mit Abstand der schönste in Berlin. Entlang der Wände sind an Stelle der Porträts glücklicher

U-Bahnhof Klosterstraße ❾

Kunden der x&y-Versicherung Bilder kommunaler Nahverkehrsmittel der letzten hundert Jahre zu sehen. Am Ausgang ist ein Stück U-Bahn-Wagen aus den zwanziger Jahren eingemauert — solche Wagen verkehrten auf dieser Linie noch bis 1990.

Die Ruine am U-Bahn-Ausgang war einst die Kirche des Franziskanerklosters, das sich über mehrere Hektar erstreckte. Das Kloster wurde in der Mitte des 13. Jahrhunderts eingerichtet und dreihundert Jahre später aufgelöst. Anschließend zog das Gymnasium zum Grauen Kloster in seine Räume, das sich als Berliner Eliteschule einen Namen machte. Hier lernten Schinkel, Bismarck und Schleiermacher, und Turnvater Jahn erfand den Sportunterricht. Die Nachfolgerin der Schule befindet sich in Grunewald.

Littenstraße

Das Stadtgericht Mitte in der Littenstraße ist auf Grund der politischen Veränderungen heute nur noch eine Filiale des Stadtbezirksgerichts Berlin-Wedding. Das Gebäude, in dem es residiert, ist ein eklektizistisches Meisterwerk aus der Zeit der Jahrhundertwende. Die Fassade vereint Elemente des Barock und des Jugendstils.

Während der Geschäftszeiten (Mo-Fr) läßt Sie der Pförtner gern ins Treppenhaus — es ist das schönste Treppenhaus Berlins. Während im Vorderhaus barocke Formen die Sinne verwirren, ziehen im Treppenhaus Grunerstraße gotische Formen den Blick in den Himmel. Da schwingt sich ein Bogen über den anderen und fast scheints, als ob der Raum aus lauter Licht und Luft besteht. Doch bei genauem Hinsehen sind Licht und Luft gesiebt — ein Schelm, wer Böses dabei denkt.

Entlang der Littenstraße finden wir die letzten Reste der Berliner Stadtbefestigung aus dem 13. Jahrhundert. Sie dienen als Rückwand einer kleinen Häuserzeile, an deren Vorderseite die »Letzte Instanz« zum Bier einlädt. Das Haus hat seinen Namen von den enttäuschten oder zufriedenen Kunden der Berliner Justiz, die hier in vergangenen Zeiten ihre Freude begossen oder den Ärger hinunterspülten. 1525 erstmals erwähnt, rühmt sich das Etablissement, älteste Kneipe Berlins zu sein. Dieser Tradition wird man gerecht — nicht nur auf der Speisenkarte und beim Mobiliar, sondern auch, indem man die Laufkundschaft mitunter spüren läßt, daß hier nur Stammkunden wirklich willkommen sind.

Parochialstraße

Durch die Parochialstraße, vorbei an der barocken Parochialkirche (1695-1703), kommen wir zum alten Stadthaus, das der DDR als Ministerratssitz diente. Der Bürobau mit dem 101 m hohen Turm wurde 1902-11 erbaut. Wer Parallelen zwischen der langweiligen grauen Zwingburg und den grauen Fesseln sozialistischer Planwirtschaft konstruiert, liegt falsch. Die Entscheidungen wurden nicht hier, sondern im Zentralkomitee der SED getroffen. Die Stellung des Premiers war für ihren letzten Inhaber Willi Stoph, der einst größere Ambitionen hegte, ein Abschiebeposten. In diesem Haus saßen nur machtlose Erfüllungsgehilfen.

Quer vor dem Stadthaus verläuft die Jüdenstraße, vor zweihundert Jahren eines der Zentren jüdischen Lebens in Berlin. Sie endet an der Nordostfront des Roten Rathauses. Kein Haus ist von ihr geblieben.

Jüdenstraße

Um den Rundgang fortzusetzen, müssen Sie jetzt den Mühlendamm überqueren. Das kostet Sie ca. zehn Minuten Umweg oder zehn Sekunden Angst. Sollten Sie sich für den kurzen Weg entscheiden, versichern wir ihnen sicherheitshalber vorher, daß es nett war, Sie gekannt zu haben.

Doch geschafft? Herzlichen Glückwunsch! Sie stehen nunmehr vor dem Roten Rathaus, das beim Einzug der Berliner CDU-Regierung von loyalen Beamten einfallsreich und treffend in Berliner Rathaus umbenannt wurde. Es wurde 1861-69 von dem Architekten Hermann Friedrich Waesemann unter Verwendung von Ideen Schinkels und mit Unterlagen eines internationalen Wettbewerbs errichtet. Experten bezeichnen den Stil des Hauses als frühchristlich-byzantinisch-romanisch in italienischer Frührenaissance mit klassizistischer Grundhaltung unter Einbeziehung gotischer und barocker Elemente. Ob sie damit den Baustil oder den Stil der Politik des Hauses meinen, ist nicht zu ermitteln. Einen Rundgang wert ist der Fries, der sich um das ganze Haus zieht und Szenen aus der Berliner Geschichte zeigt.

Rotes Rathaus
⑩

Auf der anderen Seite der Spandauer Straße steht die Wiege Berlins, das Nikolaiviertel. Hier bauten niederdeutsche Kaufleute vor über 750 Jahren eine ehemals slawische Siedlung zur Stadt aus. Um 1200 wurden die Grundmauern der Nikolaikirche errichtet. Diese Kirche und das Knoblauchhaus waren bis ca. 1980 die einzigen Gebäude in diesem Kietz. Auf den Rasenflächen dazwischen ließen es sich Spatzen und Tauben wohl sein. In einem Kraftakt

Nikolaiviertel

Im Nikolaiviertel

wurde dann innerhalb von drei Jahren das ganze Viertel, so wie wir es heute sehen, nach Plänen des Architekten Günther Stahn aus dem Boden gestampft. Einige der »alten« Häuser wurden nach Vorlagen aus anderen Gegenden der Stadt gebaut.

Der »Nußbaum« gehörte tatsächlich einmal zu den Lieblingskneipen von Vater Zille — allerdings stand er auf der Fischerinsel, wo er 1943 einen Bombenvolltreffer abbekam. Das Ephraim-Palais, nach Expertenmeinung das »schönste Haus Berlins«, stand nur zwanzig Meter entfernt von seinem heutigen Standort, dort, wo heute der Verkehr fließt. Der Prachtbau wurde für Veitel Heine Ephraim errichtet, den Münzpächter Friedrich II. Falls Sie irgend jemandes Münzpächter sind, können Sie das stilvolle Café im Erdgeschoß besuchen und bei ausgezeichnetem Café und einfallsreichen Schleckereien der wunderbaren Kaffeehausmusik lauschen.

Mühlendamm

Das Lessinghaus stammt aus der Spandauer Vorstadt. Gleich nebenan gibt es ein gutes Kunstgewerbegeschäft, das auf jeden Fall die Besichtigung lohnt. An der Mühlendammseite finden Sie eines der interessantesten Museen Berlins: Das Berliner Handwerksmuseum. Hier werden in gelungenen Wechselausstellungen Werkzeuge und Lebensweise Berliner Handwerker gezeigt.

Poststraße

Die Gerichtslaube in der Poststraße stand einst am alten Rathaus. Nach der Fertigstellung des Roten Rathauses wurde sie abgetragen und im Park des Jagdschlosses Babelsberg (zwischen Potsdam und Wannsee) wieder aufgebaut. Dort steht sie bis heute — das Haus im Nikolaiviertel ist ein Nachbau. Der »Kaak« an der Fassade stand einst über dem Pranger (an dem im Mittelalter Verurteilte dem »Volkszorn« preisgegeben wurden), um die Delinquenten zu verhöhnen.

Am Spreeufer steht ein Drachentöter-Denkmal von Christian Daniel Rauch. Hätte er dem heiligen Georg die Züge eines Potentaten seiner Zeit gegeben, würde man das Denkmal heute sicher als sein Meisterwerk bezeichnen. Reiter und Pferd sind so lebensnah, daß Berliner Gören schon mal fragen: »Pappi, ist der echt?« Darauf der Pappi: »Nee, der iss aus Kupfer!« Und Sohni: »Pappi, war der mal echt?«

Auf dem jenseitigen Spreeufer liegt der gewaltige Block des Marstalls. Er wurde im wesentlichen nach Plänen Ernst v. Ihnes um die Jahrhundertwende gebaut. Vom 200 Jahre älteren Alten Marstall steht noch ein Rest in der Breiten Straße 36/37. Der Haupteingang des Neuen Marstalls befindet sich gegenüber von der kupfern glänzenden Fassade des Palastes der Republik. Rechts und links von ihm sind Reliefs angebracht, die vielleicht unauffällig genug sind, die gegenwärtige Bilderstürmerperiode zu überstehen. Ihr künstlerischer Wert ist gering, aber sie sind eine schöne Illustration des offiziellen Geschichts- und Kunstverständnisses in der DDR. Sie wurden hier angebracht, weil in diesem Gebäude im November 1918 der Revolutionäre Arbeiter- und Soldatenrat residierte.

Der Neue Marstall

In der Vorderfront des Neuen Marstalles werden Räume von der Akademie der Künste für Ausstellungen genutzt. Hier präsentierte man schon zu DDR-Zeiten die Kunst Joseph Beuys. Das Besucherbuch dieser Ausstellung entwickelte sich zum Schlachtplatz der Meinungen und ist heute eine interessante Momentaufnahme der DDR kurz vor dem Zusammenbruch.

Marx- / Engels-Denkmal vor dem Palast der Republik

Der Palast der Republik ist das geschichtsträchtigste Haus der DDR-Historie. Hier wurde die Politik verkündet, die im Herbst 1989 so schmählich scheiterte. In dem Flügel gegenüber vom Berliner Dom (man beachte das herrliche Spiegelbild in den verkupferten Scheiben) tagte die Volkskammer der DDR und nickte ab, was an Vorlagen auf den Tisch kam — ob es sich nun um das Grenzgesetz der DDR oder das »Gesetz über ewige und unverbrüchliche Freundschaft mit der Koreanischen Volksdemokratischen Republik« handelte.

Marx-Engels-Platz
⑪

Letztmalig hatte das Haus beim Gesetz über den Schwangerschaftsabbruch Gegenstimmen zu registrieren — das war Anfang der siebziger Jahre. Wer in der Volkskammer ungenehme Meinungen geäußert hätte, riskierte, von der Wahlliste der »Nationalen Front« (ein Parteienbündnis von SED bis CDU) zu verschwinden und hätte damit auf beträchtliche Privilegien verzichtet. Die Bezüge eines Volkskammerabgeordneten waren zwar geringer als die der Reinigungsbrigade vom Bonner Wasserwerk, doch er verfügte über den begehrten Reisepass mit dem Dauer(Ausreise-)visum, das die tägliche Spazierfahrt nach Westberlin ermöglichte.

Im Flügel am Marstall befindet sich der Große Saal des Palastes, dem Schauplatz der SED-Parteitage im Fünfjahresabstand. Auf den Stufen vor dem Haus spielten sich ergreifende Szene ab, wenn Udo Lindenberg oder andere Größen des westlichen Showbusiness drinnen spielten und neben den fünftausend Leuten mit guten Beziehungen zur FDJ und Eintrittskarten tausend weitere ohne dieselben Einlaß begehrten.

In diesem Haus gab es Gaststätten mit insgesamt 1.550 Plätzen (und wohlschmeckende Thüringer Rostbrätel für 3,80 Ostmark). Im Foyer durfte der Bürger von der Straße kostenlos im Luxussessel versinken und Malerei der DDR bewundern. Die »Gläserne Blume«, eine Plastik im Foyer, war auf dem besten Wege, der Weltzeituhr ihren Rang als Treffpunkt abzulaufen.

Das Schicksal des Prachtbaus ist ungewiß. Er ist asbest-»gefährdet«, d. h. bei einer »starken Erschütterung« (z. B. ein Erdbeben oder ein Bombenabwurf) würden Asbestfasern frei. Seine Sanierung kostet Millionen, die sicher so lange nicht freigegeben werden, bis der Plan vom Wiederaufbau des Stadtschlosses ausgeträumt ist.

Breite Straße

In der Breiten Straße, die den Marstall vom gegenüberliegenden ehemaligen Staatsratsgebäude trennt, steht das Ribbeckhaus (1624), ein Renaissancebau und einer der ältesten erhaltenen Profanbauten Berlins. Im Block dahinter residiert die Berliner Stadtbibliothek, die Zentralbibliothek der Ostbezirke. Sie ist sehr viel ruhiger als die Amerika-Gedenkbibliothek im Westen, verfügt aber nicht über die Mittel, ihr Angebot voll auf die Erfordernisse des vereinigten Deutschlands einzustellen. Bemerkenswert ist der »A«-Fries am Haupteingang, der den Buchstaben in 117 Varianten zeigt (Fritz Kühn 1966).

Das Staatsratsgebäude an der Südseite des Marx-Engels-Platzes diente zu DDR-Zeiten in erster Linie der Repräsentation. Der Staatsratsvorsitzende war fast immer gleichzeitig Chef der Partei und der Staatsrat (ein Laiengremium) hatte nichts zu mel-

SED-Prominenz am 1. Mai 1946, 4. v. links: Pieck, 6. Grotewohl, 8. Ulbricht

den. Das Haus entstand 1964, nur das Portal am Marx-Engels-Platz ist älter. Eosander von Göthe schuf es einst für das Portal V des Berliner Stadtschlosses. Die Atlanten sind von Balthasar Permoser und aus dem Jahre 1708. Von dem Balkon, den sie tragen, proklamierte Karl Liebknecht am 9. November 1918 die »Freie Sozialistische Republik«.

An der Schleusenbrücke überqueren wir den Kupfergraben. Die **Schleusenbrücke** Brücke trägt vier Medaillons mit Stadtansichten aus verschiedenen Zeiten. Die Medaillons mit den Jahreszahlen 1650 und 1688 schuf der Bildhauer Kurt Schumacher. Er wurde als Angehöriger der Schulze-Boysen-Harnack-Gruppe von den Nazis 1942 im Zuchthaus Plötzensee enthauptet. Seine Arbeiten wurden vernichtet, wo man ihrer habhaft wurde. Diese Medaillons allerdings übersahen die Häscher.

Zweihundert Meter südlich führt die Jungfernbrücke aus dem **Jungfernbrücke** Jahre 1798 über den Kupfergraben. Ihre kuriose Form rührt von der Tatsache her, daß sie einst für den Schiffsverkehr gehoben werden konnte. Brücken dieses Typs (er kommt aus Holland) gab es in Brandenburg einst Hunderte — dieses ist das letzte Exemplar der Gattung.

Der Klotz westlich des Spreearms ist nun tatsächlich die einstige Zwingburg der DDR. Ursprünglich wurde das Haus für die Deutsche Reichsbank errichtet, die bis zum Krieg die Aufgaben der heutigen Bundesbank in Frankfurt/M. erfüllte. An der Rückfront stand vor 100 Jahren die Alte Hausvogtei, in der u.a. der niederdeutsche Dichter Fritz Reuter gefangengehalten wurde. Beim Bau der Reichsbank wurde das Gebäude abgerissen. 1959 zog das Zentralkomitee der SED ein. Das Interieur des Hauses stammt bis heute weitgehend aus dieser Zeit und gibt ein beredtes Zeugnis der hier regierenden Anspruchslosigkeit — aber auch darüber, daß Bescheidenheit und Sparsamkeit offiziell bis zuletzt als Tugend des guten Parteifunktionärs galten. Um das Haus zu besichtigen, brauchen sie allerdings einen Vorwand, der sie zu einer der hier ansässigen Verwaltungen führt.

Gegenüber von der alten Machtzentrale steht eine Kirche ganz in Rot. Es ist Schinkels Meisterwerk, die Friedrich-Werdersche Kirche. Sie wurde 1824-30 gebaut. Sie und die benachbarte Bauakademie (die im Krieg zerstört wurde) waren die ersten großen Backsteinbauten in Berlin seit dem Mittelalter. 1982 wurde die Kirche rekonstruiert. Sie beherbergt heute das Schinkelmuseum. Das Museum ist einen Besuch wert, wenn auch weniger wegen der Ausstellungsstücke, sondern mehr wegen der genialen Raumwirkung, die das Kirchenschiff im farbigen Licht vermittelt.

Unser nächstes Ziel ist der Gendarmenmarkt. Wenn Sie den Weg an der großen Rasenfläche entlang und durch die Jägerstraße (ehem. Otto-Nuschke-Straße) der lauten und staubigen Französischen Straße vorziehen, kommen Sie an der alten Stasi-Dienststelle des Stadtbezirks Mitte vorbei — sie ist an den vergitterten Fenstern

Gegen Kriegsende wird der Gendarmenmarkt zum Acker; hinten: der Deutsche Dom, hinten rechts: das Schauspielhaus

leicht zu erkennen. Heute sitzt hier die Abteilung Gesundheit des Senats. Diese Dienststellen in den Stadtbezirken dienten in erster Linie der Überwachung der Bürger »vor Ort«. Hier war erfaßt, wer wann wo in den Westen fuhr und hier liefen die Fäden der Inoffiziellen Mitarbeiter zusammen, die Arbeitskollegen und Hausgemeinschaften auf staatsgemäßes Wohlverhalten überwachten. Spektakuläre Aktionen und Verhöre fanden nicht in den Kreisdienststellen, sondern in zentralen Einrichtungen in Lichtenberg statt.

Gendarmenmarkt ⑫

Der Gendarmenmarkt (zeitweise »Platz der Akademie«) wird von berlinfreundlichen Schwärmern nicht ganz unbegründet als einer der schönsten Plätze Europas bezeichnet. Seinen Namen hat er von den »Gens d'Armes«, einem Kürassierregiment des »Soldatenkönigs« Friedrich I., der hier 1736 Pferdeställe bauen ließ. Die beiden Kirchen am Platz sehen nicht nur gleich aus, sondern wurden auch zur gleichen Zeit gebaut. 1701 wurden für beide die Grundsteine gelegt.

Die Französische Kirche ist das Zentrum der französischen Gemeinde. Sie hat viele Spuren in Berlin hinterlassen. Am augenscheinlichsten ist neben dieser Kirche ihr Friedhof in der Chausseestraße. Viel unauffälliger und desto fester verwurzelt ist ihr Einfluß auf die Sprache in Berlin. Die »Boulette« ist heute nicht mehr nur der Name des Berliner Fleischklopses, sondern wird in Sachsen sogar als Schmähwort für Berliner verwandt. Erfunden und benannt hat sie einer der französischen Refugiés, die der Große Kurfürst per Edikt von 1685 ins Land holte.

Die Hugenotten, Franzosen lutherischen Glaubens, wurden von Ludwig XIV. im Zuge der Gegenreformation verfolgt und fanden in Preußen eine dankbare Aufnahme. Nach dem 30jährigen Krieg standen hier ganze Dörfer leer und die Agenten des Großen Kurfürsten versprachen insbesondere qualifizierten Handwerkern kostenloses Baumaterial und langjährige Steuerbefreiungen. Die Rechnung ging auf. Der ökonomische und technologische Schub, den die Neuankömmlinge mitbrachten, ließ Preußen in wenigen Jahrzehnten den Anschluß an die großen Nationen in Europa wiederfinden. Versäumen Sie nicht, den Platz und die Umgegend vom Turm des Domes aus zu betrachten — so lange das noch kostenlos möglich ist. Im Keller der Kirche befindet sich das Hugenotten-Museum, das ausführlich über diese Facette der Berliner Geschichte informiert.

Gendarmenmarkt Das Große Schauspielhaus wurde in seiner heutigen Form nach Schinkels Plänen in den Jahren 1818-21 errichtet. Der Giebel des Theatersaales ist eine Arbeit von Christian Daniel Rauch. Im Krieg zerstört, wurde das Haus 1984 als der bedeutendste Konzertsaal des Berliner Ostens wiedereröffnet. Wegen der langandauernden Rekonstruktion der Philharmonie im Tiergarten ist es auch im vereinigten Berlin der Auftrittsort für die ganz Großen der Musik geblieben. Freilich stiegen die Eintrittspreise seit der Wende z.T. um ein Vielfaches — bezahlte man 1989 noch für einen Stehplatz 2,50 DM, löhnt man heute 6-22 DM für den (akustisch ausgezeichneten) Platz auf dem Fensterbrett der Empore.

Das Schiller-Denkmal vor dem Haus ist eines der Meisterwerke des großen Skulptors Reinhold Begas. Es bekam seinen Platz 1989 nach 51jähriger Abwesenheit wieder — die Nazis hatten den zweitgrößten deutschen Dichter vom Gendarmenmarkt entfernt. Zu seinen Füßen sitzen die Lyrik (mit der Harfe), die Dramatik (mit dem Dolch), die Geschichte (mit den Künstlernamen) und die Philosophie mit der netten Aufforderung »Erkenne Dich selbst«.

Das Neo-Jugendstilcafé »Arkade« gleich hinter dem französischen Dom an der Westseite des Platzes ist preiswert, schnell und die vorletzte empfehlenswerte Verpflegungsstation auf unserem Rundgang. Das rote Haus im gleichen Block war einst die Zentrale der Ost-CDU, die sie nach der Vereinigung als Morgengabe auf den Tisch des Bräutigams im Westen legte.

Französische Straße Gleich um die Ecke der Französischen Straße befindet sich die Kabarett-Kneipe »Cartoon«, in der sich Anhänger dieser Partei leicht den Abend vermiesen könnten.

Friedrichstraße An der nächsten Kreuzung stoßen wir wieder auf die Friedrichstraße. Wir schlendern zurück in Richtung Linden. Auf der linken Straßenseite in der Nummer 165 hält sich tapfer ein Produkt der DDR-Wende: Das Haus der Demokratie. In der ehemaligen »SED-Kreisparteileitung« des Stadtbezirks Mitte haben von der

Berliner Mietergemeinschaft über die Grüne Liga bis zu den Grauen Panthern Organisationen Büros eröffnet, die ihre Interessen in den etablierten Parteien nur ungenügend vertreten sehen. Aufsehen erregten sie, als sie die Mitglieder des Internationalen Olympischen Komitees, die 1991 im gegenüberliegenden Grandhotel wohnten, mit »Nolympics«-Transparenten begrüßten.

Unter den Linden

Wir sind wieder am Grandhotel, schon zu DDR-Zeiten eines der teuersten Häuser Berlins. Trotzdem wurde es auch von Westbesuchern gern genutzt. Die Devisenhotels der DDR waren dafür berühmt, daß hier »jeder Wunsch« eines Gastes erfüllt wurde. Bei der Einstellung von Physiotherapeutinnen z. B. lud man den Ehemann der Kandidatin gleich mit zum Gespräch und machte ihn mit dieser Geschäftsmaxime vertraut. Daß viele unter diesen Umständen auf Devisentrinkgelder verzichteten, ist verständlich.

Gleich links um die Ecke, in der Nachbarschaft des Grandhotels, befindet sich das französische Kulturzentrum. Zu DDR-Zeiten war es als einzige Kulturvertretung eines westeuropäischen Landes gut besucht. Man war in diesen Räumen weitestgehend sicher — Stasiangehörige hatten von ihrer Führung strenges Verbot, die Einrichtung zu betreten. Heute hat die Einrichtung mit ihrer Exklusivität viel von ihrer Anziehungskraft verloren. Die Tatsache, daß ihre nicht eben wohlsortierte Bibliothek eine (in Berlin vollkommen unübliche) Benutzungsgebühr fordert, macht sie nicht beliebter.

Neustädtische Kirchstraße

An der Kreuzung Neustädtische Kirchstraße sieht man in Richtung Bahnhof Friedrichstraße die Flagge der Berliner Außenstelle der amerikanischen Botschaft wehen. Die martialische Bewachung des Hauses mit halbseitiger Straßensperre wurde erst nach der Wende eingeführt. Vor der Wende hatte sich unter ausreisewilligen DDR-Bürgern schnell herumgesprochen, daß Botschaftsbesetzungen in diesem Haus nichts als Ärger einbrachten.

An der Nordseite der Linden lädt kurz vor Schluß das Café Kisch zu einer Ruhepause. Hier sind die Preise moderat und das Publikum besteht neben den Touristen von der Straße aus Intellektuellen und Studenten der Humboldt-Uni. Seinen Namen hat das Café von dem Deutschböhmischen Publizisten Egon Erwin Kisch, der sich in den zwanziger Jahren als »Rasender Reporter« einen Namen machte. Seine Reportagen aus der jungen Sowjetunion oder aus dem Spanischen Bürgerkrieg sind noch heute lesenswert.

An der Südseite der Linden steht der erste Neubau der Straße nach dem Krieg: Die Außenstelle der GUS-Botschaft. Es wurde als sowjetische Botschaft im »zeitgenössischen, dem Klassizismus angelehnten Stil« 1950-53 errichtet. Dieses Haus beherbergte lange Zeit die vielleicht einflußreichste Botschaft der Welt. Mehrmals im Jahr begab sich die komplette DDR-Führungsspitze hierher, und dabei wurden sicher mehr als Glückwünsche oder Beileidsbezeugungen ausgetauscht. Erst 1985 kühlte das Verhältnis zwischen sowjetischer und DDR-Führung merklich ab: Gorbatschows Perestroika wurde zunächst offiziell als »Umwandlung« statt als »Wende« übersetzt.

Endpunkt unseres Rundgangs ist das Wahrzeichen von Berlin. Das Brandenburger Tor ist das letzte Stadttor von einstmals 14 in der Berliner Akzisemauer des Jahres 1732. (Das ehemalige Oranienburger Tor ist in Groß-Behnitz, Kreis Nauen, zu besichtigen.) Die heutige Form des Tores stammt allerdings aus den Jahren 1788-91. Carl Gotthard Langhans schuf das Bauwerk nach dem Vorbild der Prophyläen der Akropolis in Athen. Mit diesem Bauwerk verhalf er dem deutschen Klassizismus zum Durchbruch. 1791 wurde es als Friedenstor ausgestaltet, eine Tatsache, die den deutschen Militaristen weitgehend entgangen ist. Die Siegesgöttin auf den Reliefs ist eine Friedensbringerin, Herkules wirft Neid und Zwietracht nieder und Mars steckt sein Schwert in die Scheide. Die Quadriga der Siegesgöttin in 26 Meter Höhe wurde 1806 von Napoleons Truppen nach Frankreich entführt, kam acht Jahre später aber zurück an die Spree.

Vor dem Brandenburger Tor haben unbekannte Künstler eine Mauer aus Glas aufgebaut — Symbol der nunmehr unsichtbaren Teilung Deutschlands. Bisher traut sich niemand, die neue, alte Mauer einzureißen.

»Fliegende« Händler am Brandenburger Tor

Brandenburger Tor
⓭

Jens Weber

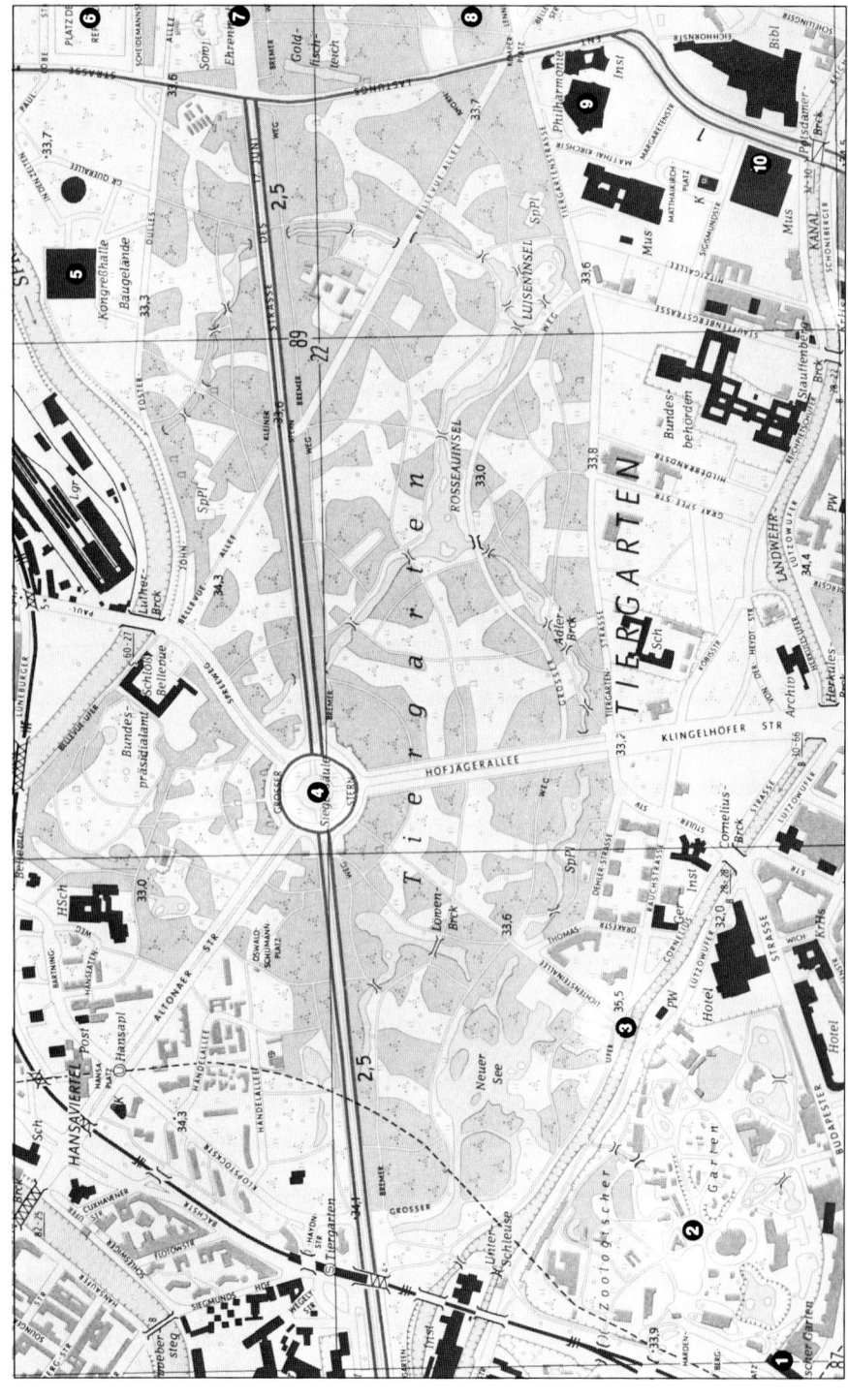

Germania verging, die Regierung kommt

Tiergarten

Ausgangspunkt: Bahnhof Zoo (U1, U9, S3, S5, S6, S9)
Endpunkt: Potsdamer Str./Neue Nationalgalerie (Bus 129, 142,
*   148, 248, 348)*
Dauer: ca. 2,5 Stunden

Seit dem Fall der Mauer wird das Berlin der 20er Jahre immer wehmütiger als Stadt der Sehnsucht beschworen. Als alles noch so schön weltstädtisch war, so groß, aufregend und wild. Diese Schwarzweißfoto-Nostalgie hat zugegeben etwas Verführerisches — aber die verzückten »Erinnerungen« an das Romanische Café und den »einst verkehrsreichsten Platz Europas« wirken zuweilen auch recht verlogen. Zumal, wenn sich die Begeisterung für das alte Berlin mit aggressivem Desinteresse für die Gegenwart paart.

Der Millionste *Zooführer*

Bahnhof Zoo
❶

Das gilt vor allem für den Bahnhof Zoo, wo dieser Spaziergang beginnen soll. Weil es laut und dreckig ist, wird die Gegend von Berlinern und den meisten wohlhabenden Touristen so gut es geht gemieden. Dabei bietet die Feierabendstimmung im »Ullrich«-Supermarkt gleich gegenüber des Haupteingangs, und mehr noch die etwas finstere Vorhalle von »Aldi« und der »Schlecker«-Drogerie im ersten Stockwerk die vielleicht authentischste 20er-Jahre-Atmosphäre, die Berlin heute zu bieten hat. Hier wird getauscht und gehehlt, herumgehangen und debattiert, geflucht und gesoffen. Einige der berühmten Junkie-›Kinder vom Bahnhof Zoo‹ bemühen sich, den Wachhabenden nicht aufzufallen. An der zugigen Ecke bei den Briefkästen warten jeden Samstagabend Wohnungssuchende auf den druckfrischen »Tagesspiegel« und die »Berliner Morgenpost«, obwohl die meisten die Hoffnung auf eine per Inserat vermittelte Wohnung längst aufgegeben haben.

Unter den Gleisen an der Hardenbergstraße quetscht sich auch die »Heinrich-Heine-Buchhandlung«. Der Laden bietet ein bemerkenswertes Sortiment, ist aber besonders wegen seiner sympathischen Inneneinrichtung sehenswert. Hier werden die Bücher nämlich so gestapelt, daß in regelmäßigen Abständen Reisende mit ihren Koffern und Taschen die Bücherberge zum Einstürzen bringen. Das Lamento ist jedesmal groß, doch haben die Buchhändler bislang darauf verzichtet, ihr bibliophiles Gesamtkunstwerk gegen weißes Plastik einzutauschen.

Zoologischer Garten 1936, links: Vergnügungsstätte Wilhelmshallen; hinten rechts: Kaiser-Wilhelm-Gedächtniskirche

Die Rückseite des Buchladens ist durch eine Glaswand von der Schalterhalle getrennt. Dort können Müßiggänger mit leicht sadistischer Ader Mitmenschen kurz vor dem Herzinfarkt beobachten. Aus rational nicht mehr nachvollziehbaren Gründen dauert der Kauf einer Fahrkarte am Bahnhof Zoo mittlerweile mindestens eine Stunde, Umbuchungen und Platzreservierungen werden an vielen unterschiedlichen Schaltern mit endlos langen Schlangen erledigt. Deswegen gehören Gemütsausbrüche, die es sonst nur im Vorabendprogramm zu sehen gibt, in der Schalterhalle vom Bahnhof Zoo zum Alltag. Mag sein, daß die abwechslungsreiche Kulisse einige Schwarzafrikaner motiviert hat, die Schließfächer hinter der Fahrkartenausgabe zu einem inoffiziellen hang-out zu machen.

Wer aus dieser eher rauhen Szenerie den Tiergarten betritt, hat den Vorteil, sich der wichtigsten Bedeutung des Berliner »Central Parks« schlagartig bewußt zu werden. Jeder Quadratmeter Wiese, der dem Hauptstadt-Bauboom geopfert würde, könnte leicht zur sozialen Handgranate werden. Vorsorglich versichern Stadtplaner deswegen, daß der Tiergarten von den Architekten nicht angetastet werden darf. Wie sich dieses Versprechen allerdings mit der geplanten Nord-Süd-Untertunnelung mitten durch den Park vereinbaren läßt, ist ein ökologisches Rätsel.

Zoo
➋

Den Weg vom Bahnhof in den Volkspark findet man schnell mit Hilfe der Nase: am Busbahnhof vorbei zum nördlichen Ende des Hardenbergplatzes beginnt zwischen Gleisen und Grünanlagen eine asphaltierte Fußgängerschleuse, wo es streng nach Kamel riecht. Wenn es nicht gerade regnet oder schneit, zeigen sich die zum Geruch passenden Tiere dann auch bald hinter den Büschen in ihren Behausungen.

Der »Zoologische Garten« — kurz »Zoo« genannt, liegt in der äußersten Südwestecke des Bezirks. Als erster deutscher Zoologischer Garten und als neunter der Welt öffnete er 1844 seine Pforten. Zuwenig Platz ist hier, um die ganze Geschichte des Tierparks zu erzählen, dessen Ursprünge sich eigentlich bis ins Jahr 1742 zurückverfolgen lassen. Bis zu Beginn des zweiten Weltkriegs konnten die Besucher über 4.000 Säugetiere und Vögel in etwa 1.400 Arten bestaunen. Im Mai 1945 waren nur noch 91 Tiere übriggeblieben.

Inzwischen besitzt der artenreichste Zoo Europas über 11.000 Tiere in mehr als 1.500 Arten. Nicht mitgezählt wird dabei »Bobby«, ein massiger Gorilla aus Stein, der den Besucher am Eingang Budapester Straße begrüßt. Sein lebendiges Vorbild, das 1935 starb, war der erste Gorilla der Welt, dessen Aufzucht in künstlicher Umgebung gelang. Ein Rundgang über das Gelände sei all jenen empfohlen, die genug Zeit mitgebracht haben. Auch die Kleinen werden dabei ihren Spaß im »Kinderzoo« haben.

Der Weg vom Hardenbergplatz aus verbindet das westliche Stadtzentrum mit der Straße des 17. Juni, wo Reisebusse parken dürfen und gestreßte Autofahrer immer einen kostenlosen Parkplatz finden — daher die starke Frequentierung der Strecke von Leuten, die Einkaufstaschen und/oder Fotoapparate bei sich tragen. Etwas ruhiger wird es allmählich, wenn man rechts vor der Gaststätte »Schleusenhof« abbiegt und bis zur Lichtenstein-Brücke zwischen Landwehrkanal und Vogelkäfigen entlangläuft. Ganz in der Nähe der Brücke hatten am 15. Januar 1919 Freikorps-Soldaten die Leiche Rosa Luxemburgs ins Wasser geworfen. Als die »Alternative Liste« vor ein paar Jahren den Vorschlag machte, die Lichtensteinbrücke nach der Sozialistin umzubenennen, wurde der Antrag abgelehnt. Stattdessen erinnert nun eine Gedenktafel bei der benachbarten Corneliusbrücke an den Meuchelmord.

Lichtenstein-Brücke ❸

Rosa-Luxemburg-Gedenktafel am Landwehrkanal

Tiergarten: die
Spanische Botschaft
Lichtensteinallee

Auf der anderen Seite der Brücke gelangt man über den schmalen Pfad links neben der Lichtensteinallee zum »Café am Neuen See«. Auf der mit Fuchsienkübeln gesäumten Ufer-Terrasse kann man — außer im Januar und Februar — ausgezeichnete Torten essen, Bier trinken, frühstücken, Sonnenuntergänge beobachten oder Ruderboote ausleihen. Beim Verlassen dieses Idylls Richtung Lichtensteinallee lauert ein architektonisches Monster hinter den Ziersträuchern — die ehemalige Spanische Botschaft, in deren Seitenflügel heute das Spanische Generalkonsulat residiert. Die meisten Fenster im Frontbereich sind zugemauert, wobei jeweils in der Mitte einzelne Glasbausteine etwas Licht ins Innere lassen. Dazu passend ersetzt eine blecherne, rostige Kellertür das Hauptportal. Diese merkwürdigen Reparaturen und die gigantische Brandwand lassen die Botschaft wie einen Dinosaurier wirken, dessen bedrohliche Existenz über Jahrzehnte halb vergessen, halb ignoriert wurde.

Das Gebäude ist ein Relikt aus der Zeit des Nationalsozialismus und gehört zu dem größenwahnsinnigen Vorhaben namens »Germania«. So sollte Berlin heißen, wenn die Pläne und Konzepte von Hitlers Lieblingsarchitekt Albert Speer ausgeführt worden wären. Eine neue, ewige Stadt sollte entstehen, das alte Berlin hatte Hitler als »unbrauchbar« abqualifiziert. »Germanias« neues Zentrum existierte Ende der 30er Jahre bereits als maßstabgetreues Modell 1:1000. Speers Vater kommentierte die Arbeit seines Sohnes mit einem schlichten: »Ihr seid alle verrückt geworden!« Das »Germania-Modell« war in Einzelteile zerlegbar, die auf Rolltischen herausgezogen werden konnten. »An beliebigen Punkten trat Hitler so ›in seine Straße‹, um die spätere Wirkung zu prüfen: beispielsweise nahm er die Perspektive des Reisenden ein, der am Südbahnhof ankam, oder er betrachtete die Wirkung von der großen Halle aus . . . Er kniete dazu fast nieder, das Auge einige Millimeter über dem Niveau der Modellstraße, um den richtigen Eindruck zu gewinnen und sprach dabei mit ungewöhnlicher Lebhaftigkeit; dies waren die wenigen Stunden, in denen er seine gewohnte Steifheit aufgab« (Albert Speer: Erinnerungen). Die Pläne des gerade 32jährigen Albert Speer entzückten Hitler wegen ihrer Gigantomanie und Kühnheit: sie hätten das Berliner Stadtbild sehr viel drastischer verändert als es die Bomben ein paar Jahre später getan haben. So paradox es klingt: wäre der Zweite Weltkrieg nicht dazwischen gekommen, gäbe es im Stadtteil Tiergarten außer dem Reichstag und dem Brandenburger Tor wahrscheinlich kaum ein altes Gebäude mehr! Riesige Straßenkreuzer, Autobahnringe und nationalsozialistische Repräsentationsbauten waren im Bezirk Tiergarten vorgesehen, wobei sich die Achsen im Zentrum, etwa am Brandenburger Tor schneiden sollten. Dort wäre auch die »Große Halle«, das größte Bauwerk der Welt, errichtet worden.

Im Schatten dieser zukünftigen Machtzentrale, am südlichen Tiergartensaum, sah das »Germania«-Konzept vor, sämtliche di-

Eine Stadt verwandelt sich in den Köpfen

Irgendwo in Berlin Mitte. Vergebens suchen Touristen die Mauer an manchen Stellen. »Wo war sie denn«, fragen sie erwartungsvoll einen Berliner. Der zögert einen Moment und weist dann entschlossen der ehemaligen Mauer ihren Platz. Dann geht er seines Weges und ärgert sich im Stillen, daß er's selber nicht mehr weiß.

Die »Mauer im Kopf« ist die wohl gebräuchlichste Metapher für das Verschwinden der realen Grenze in der Mitte der Stadt bei gleichzeitigem Weiterbestehen mentaler Unterschiede zwischen West und Ost. Doch die Metapher hat sich genauso abgeschliffen wie die reale Mauer. Während kleine Teile des Todesstreifens in subventionierten Reservaten für die Touristen und die Nachwelt musealisiert werden, wird die »Mauer im Kopf« mit bemerkenswerter Verzögerung seit 1991 mit diversen Kulturprojekten, Anthologien und Gemeinschaftsausstellungen subventioniert und verkunstet.

Gefühle und Metaphern mögen immateriell sein, sie sind genauso wirklich wie der harte Stein. Wer mit »Mauer im Kopf« (man kann's schon gar nicht mehr hören) das Desinteresse an der ehemaligen DDR meint und wer sagt, diese Mauer wäre erst nach dem Fall der realen entstanden, hat unrecht. Das Desinteresse und die Ignoranz war westlicherseits und selbst in Berlin, das inzwischen eher zur »DDR« gezählt werden müßte, vor dem Fall der Mauer sicher eher größer. Emsig und ein bißchen verlogen bemüht man sich westberlinerseits, eine andere metaphorische Mauer zu leugnen. Denn die Mauer schied nicht nur die ehemalige Inselstadt von der ehemaligen DDR, sondern gleich doppelt Westberlin von der BRD. In Westberlin grenzte man sich gegen die BRD ab, nicht gegen die DDR. Nach ein paar Tagen schon sprachen Neuwestberliner der achtziger Jahre nur noch von »unserem Kiez« und, mit tief verächtlichem Unterton, von »Wessieland«, dem Sinnbild von allem, was schrecklich sauber und langweilig war.

Zeitweise — bei West-Hausbesetzern im Ostteil der Stadt zum Beispiel — wiederholten sich gar die West-Ressentiments der achtziger Jahre. Viele Neu-Ostberliner jedenfalls verließen nur noch selten ihren neuen Ost-Kiez, sprachen mit genau dem gleichen Ton, der früher gegenüber »Wessieland« üblich war, nun vom reichen und langweiligen Westteil der Stadt und entwickelten teilweise komplizierte Beurteilungsmuster gegenüber Neuostberlinern. Peter Branske zum Beispiel, der sympathische Fernsehmechaniker und emsige Organisator der »Literaturoffensive Neukölln«, war Anfang 1990 in den Prenzlauer Berg gezogen. Die, die bis zum April 1990 in den Osten gegangen wären, das seien die Guten, meinte der schnell überzeugte »Ossi« ein paar Monate später. Die, die danach hierher gezogen seien, die wären ja nur aus Kalkül und vor allem wegen der billigeren Mieten gekommen.

Die Gründerzeit, die Zeit der Pioniere, die furchtlos und stolz in den wilden Osten übersiedelten, ist vorbei. Nur noch im Sommer zieht es den Westberliner jenseits der Stadtgrenzen, an die Brandenburger Seen zum Beispiel oder an die Ostsee. Im Winter fühlt er sich nur sicher in den Grenzen des Bekannten und ärgert sich auch uneingestandenermaßen, daß er nicht mehr über die Mauer meckern kann.

Mag jedoch auch ständig und weit häufiger als zu Zeiten der Mauer die Rede sein von Ost-West-Gegensätzen, vor allem hat sich das Verhältnis der Westberliner zu Westdeutschland verändert. »Wessiland« und die »DDR«, wie sie vielerorts wieder ohne das »ehemalige« heißt, vertauschten die Rollen. Zur »DDR« oder zum »Osten«

zählt man inzwischen auch den Westteil der Stadt. Die Vertauschung mag daran liegen, daß der Unterschied zwischen Teilen von West-Berlin und den Großstädten der ehemaligen DDR inzwischen kleiner ist als der Unterschied zwischen West-Berlin und westdeutschen Großstädten. Das war eine Art ethnologischer Schock für mich, als ich bei einem Besuch in einer westdeutschen Kleinstadt plötzlich merkte, daß sie mir fremder war als beispielsweise Halle oder Neuruppin. Ein paar Tische neben mir, in einer Kneipe in Wolfhagen (b. Kassel) saßen zwei Frauen und sprachen über ihre Rente, BMWs, Versicherungen und abzuzahlende Kredite. Ihren Bewegungen und ihrer Kleidung nach waren sie kurz vor der Rente. Als ich genauer hinguckte, merkte ich, daß es sich um eine Mutter und ihre etwa 18jährige Tochter handelte. Das war genauso schockierend und abstoßend wie die Straßen und Bürgersteige des Städtchens, bei deren Sauberkeit man den Eindruck hatte, man könne von ihnen essen, genauso entsetzlich, wie die totrenovierten Fachwerkhäuser, die sich glichen, wie ein Ei dem anderen.

Die schrecklichste Perspektive wäre die Verwestdeutschlandisierung Berlins; in großen Teilen der Bevölkerung geht jedoch die Angst vor einer »Verostung« um. Obgleich oder weil die künstliche Inselstadt sich zu einer normalen offenen Stadt entwickelt. Wütend empörte sich vor kurzem ein westberliner Journalistenkollege darüber, daß wir (oder er) doch mit »Millionen und Abermilliarden« den Osten bezahlen würden und »die« sollten gefälligst aufhören zu jammern. Er vergaß dabei, daß West-Berlin jahrzehntelang von West-Deutschland subventioniert worden war.

Während die einen amüsierwillig nach Ostberlin ziehen und sich dort nur in den »Kolonial-Kneipen und -Discos« aufhalten, die von »Westlern« betrieben werden und in die sich nur selten Ostler verirren, ärgern sich die anderen darüber, daß es auch in den ostberliner Vergnügungsstätten fast ausschließlich »West«-Bier, also Beck's, gibt. (Nach einem schönen Bürgerbräu, nach Berliner Pilsener oder Radeberger, schmeckt das Beck's-Bier ein wenig eklig nach Parfüm.)

Vielleicht ist der Ost-West-Gegensatz auch ein wenig aufgebauscht; die meisten Berliner blieben auch vor Öffnung der Mauer am liebsten in ihrem Viertel. Eine Kreuzberger Freundin, die sich durchaus für weltoffen hält, erzählt, daß sie »eigentlich nur zwangshalber« ihren »Kiez« verlassen würde. »Aber wenn's nicht sein muß, verlasse ich den Kiez lieber nicht. Also ab Nollendorfplatz hört für mich Berlin auf; wenn ich weiter gehe, wird mir mulmig, und ich bin dann sehr froh, wenn ich die Bezirksgrenze wieder heimwärts überschreite. Dann lebe ich auf, und die Beklemmungen und der Streß fallen von mir ab.«

Eine Journalistin aus Bombay, die in Kudammnähe untergebracht war, klagte darüber, daß sie des Nachts in West-Berlin nicht schlafen könne, weil es so still sei. Tagsüber vermißte sie den für sie selbstverständlichen und zwangsläufigen Kontakt und Austausch mit Fremden. Menschenleer und traurig sei die Hauptstadt — in Kreuzberg ging es ihr dann ein bißchen besser. Ein amerikanischer Freund fuhr bei seinem letzten Deutschlandbesuch nur in der ehemaligen DDR umher. Zum einen erinnere ihn die Aufgeschlossenheit der Leute an seine Heimat, zum anderen fände er, daß die westdeutschen Städte so puppenhaft aussehen würden.

Die Westberliner indes, die lange Zeit so stolz darauf waren, sich von der BRD zu unterscheiden, bemühen sich inzwischen krampfhaft darum, Wessies zu werden. Es wird ihnen (hoffentlich) nicht gelingen.

Detlef Kuhlbrodt

plomatische Vertretungen räumlich zusammenzufassen. Die riesige Spanische Botschaft ist also nur ein winziges Mosaik-Steinchen eines großen Umgestaltungsplans, allerdings eines der wenigen realisierten Gebäude von »Germania«. Mitte 1938 wurde mit der Neugestaltung des Diplomatenviertels begonnen, bis zum Kriegsausbruch waren die ersten acht Botschaftsgebäude fertig. Drei davon befinden sich in direkter Nachbarschaft der Spanischen Botschaft und liegen auf der Route unseres Spaziergangs: in der Thomas-Dehler-Str. 48 war die ehemalige Dänische Botschaft untergebracht, in der Rauchstr. 17 die ehemalige Jugoslawische Botschaft und in der Rauchstr. Nr. 11 die ehemalige Norwegische Botschaft.

Etwa 1,5 km abseits der hier vorgesehenen Route finden Interessierte die ehemalige Japanische Botschaft [heute: Japanisch-Deutsches Zentrum] in der Tiergartenstr. 24, die ehemalige Italienische Botschaft, heute Italienisches Generalkonsulat in der Tiergartenstr., Ecke und Eingang: Graf Spee-Str., gleich daneben die ehemlige Griechische Botschaft und in der Hildebrandstr. 5 die ehemalige Estnische Gesandtschaft.

Die ehemalige Norwegische Botschaft wurde im Rahmen der Internationalen Bauausstellung IBA 1987 in das Projekt »Stadtvillen« integriert und in ein Wohn- und Geschäftshaus umgebaut. Die »Stadtvillen« gehören zu den meist beachteten Objekten der Bauausstellung, und immer noch werden busladungsweise Architekten aus aller Welt in das Viertel zwischen Thomas Dehler- und Rauch-Straße gefahren. Es ist ein Mekka für Freunde der poststrukturalistischen Baukunst, hier hat sich die Crème der zeitgenössischen Architekten von Giorgio Grassi (Rauchstr. Haus 3) bis Aldo Rossi (Drakestr. Haus 1) Denkmäler gesetzt. Die städtebauliche und künstlerische Koordinierung leitete Rob Krier. Wenn man lange genug sucht, wird man in den Mehrfamilienhäusern Anspielungen auf alle Epochen und Zitate aus allen Stilen finden. Von Loggias, die an italienische Renaissancepaläste erinnern, bis hin zu historischen Säulen und Pilastern, die in 80er-Jahre-Popfarben angemalt sind. Als Hauptverdienst der IBA '87 gilt es, zum ersten Mal die vorhandene Stadt, — in Berlin heißt das: Baulücken, Brachen und Kriegswunden im Zentrum — zum Thema und Betätigungsfeld für Stadtplaner gemacht zu haben. Manche der vielen, zwischen Tiergarten und Kreuzberg verstreuten IBA-Bauten mögen auf den Betrachter penetrant-originell wirken, trotzdem besticht die Grundidee der IBA '87 durch Ehrlichkeit. Stadtplaner schienen sich endlich mit dem Gedanken anzufreunden, daß architektonische Widersprüche das Gesicht von Berlin sehr viel mehr charakterisieren als einheitlich gestylte Wohnviertel. Leider rettete sich diese liberale Einstellung nicht über den Fall der Mauer. Im Osten wird allenthalben demontiert und abgerissen, was irgendwie nach Sozialismus aussieht, vom Stadion der Weltjugend bis hin zum Lenindenkmal.

Frontarchitektur von Rob Krier

Der kleine Ausflug in Berlins feinste Variante des »sozialen Wohnungsbaus« ist als ›Schleife‹ angelegt, die mit einem U-turn über irgendeinen der Hinterhöfe zwischen Dehler- und Rauchstraße geschlossen wird, und zum Ausgangspunkt vor dem Portal der Spanischen Botschaft zurückführt. Von hier aus geht's endgültig in's Grüne. Und zwar über die Lichtensteinallee/Fasanerieallee, Richtung »Großer Stern«. Der breite, schnurgerade Weg erinnert an das, was der Tiergarten ursprünglich einmal war — ein königliches Jagdrevier.

Die Anfänge der Parkgeschichte datiert die Stadtchronik um 1443. In der Zeit wurde auch das Berliner Stadtschloß gebaut, der Tiergarten war das angegliederte Wildgehege. In der Fasanerieallee kommt man an drei Skulpturen vorbei, die Jagdszenen mit Füchsen, Ebern und Büffeln darstellen. Ob der Massivität und Wildheit der Tiere und Jäger könnte man vielleicht glauben, der Tiergarten sei vor ein paar hundert Jahren mal ein wilder Dschungel gewesen. Dem ist nicht so, vielmehr bot das eingezäunte Gehege die Möglichkeit, direkt vor der Haustür, für ein paar Stunden am Morgen, mit wenig Aufwand einem wahrhaft königlichen ›Hobby‹ zu frönen. Jagen war im Zeitalter des Absolutismus für die High-Society so obligatorisch wie Polo oder Gold für die Manager von heute. Von den preußischen Herrschern legte der Große Kurfürst Friedrich III. in eifriger Imitation des französischen Hofes den größten Wert auf barocke Statussymbole. Er war es, der sich 1701 selbst die Krone aufsetzte und sich als Friedrich I. zum ersten Preußenkönig ernannte. Für seine und seiner Zeitgenossen Freude an der bloßen Zurschaustellung von Macht gibt es vielleicht kein augenfälligeres Zeichen als den barocken Park. Mit exakten geometrischen Formen, gestutzten Bäumen und künstlich inszenierten Jagden feierte man den Triumph über die Natur. Was einst wild und bedrohlich war, zeigt sich in Schloßnähe übersichtlich und gezähmt. An die Barockzeit erinnert im Tiergarten vor allem die strenge Wegführung der Hauptachsen.

Großer Stern
❹

Siegessäule am Großen Stern

Wer am »Großen Stern« angelangt ist, kann sich von dieser Art der Naturbeherrschung am besten oben von der Siegessäule aus ein Bild machen. 1,50 DM kostet es übrigens, ›normal‹ zur Goldelse hochzusteigen. Blinde und Behinderte müssen nur 1 Mark bezahlen. Der »Große Stern« ist das Zentrum, hier laufen all die Straßen und Wege zusammen, die das barocke Skelett des Parks bilden. Die ursprüngliche Dekoration des Platzes waren Statuen, die antike Gottheiten darstellten und von den Berlinern »die Puppen« genannt wurden. Weil es bis hierher vom alten Stadtkern aus ein weiter Weg war, wurde »bis in die Puppen« eine Kategorie für alles, was sich lange hinzog. Die Nazis betonten den ordnenden Mittelpunkt des Großen Sterns, als sie die Siegessäule 1939 hierher versetzten. Das Monument war 1871 zur Erinnerung an die militärischen Leistungen im Deutsch-Französischen-Krieg auf dem »Platz der Republik« vor dem Reichstag enthüllt worden. Dort störte die Säule jedoch den Neugestaltungsplan für »Germania« und man verfrachtete sie kurzerhand auf den »Großen Stern«. Wenige Jahre nach dem Umzug wurde die Siegessäule in der Schlacht um Berlin zu einer Art unbemanntem Tower, als Kampfflugzeuge die breite Chaussee zur Start- und Landebahn umfunktionierten. Im Krieg litt der gesamte Baumbestand des Tiergartens durch die Bombardierungen. Was nach 1945 noch stehen geblieben war, wurde in den Nachkriegsjahren, insbesondere während der Blockade 1948, abgeholzt und verheizt. Von 200.000 Bäumen »überlebten« etwa 700. Auf den freien Flächen bauten hungernde Kleingärtner damals Kartoffeln und Gemüse an, und der Senat kontrollierte den feldmäßigen Anbau von Grünfutter.

Aber schon ab 1949 wurde der Tiergarten wieder aufgeforstet: die Wiederherstellung des Parks war ins Notstandsprogramm aufgenommen worden. Bremen und andere westdeutsche Städte stifteten Tausende von Junggehölzen, der »Bremer Weg« parallel zum 17. Juni erinnert an die grünen Care-Pakete. Auch der britische Stadtkommandant ließ großzügige Pflanzenspenden aus England kommen. Der damalige britische Außenminister Anthony Eden weihte die neue Anlage 1952 höchstpersönlich ein, woraufhin das Gebiet südlich vom Schloß Bellevue »Garten Eden« oder »Englischer Garten« getauft wurde. Das Englische bezeichnet ausnahmsweise nicht die Stilform, sondern die Initiatoren des Gartens. Statt der Imitation natürlicher Weite findet man im Nordosten des Tiergartens viele ordentlich abgezirkelte Rabatten und gestutzte Rosengärten, die vor allem den älteren Parkbesuchern gut zu gefallen scheinen. Wie überall sonst in Berlin, beanspruchen die unterschiedlichen Szenen auch im Tiergarten sorgfältig abgesteckte Reviere.

Tarnnetz über der Charlottenburger Chaussee, heute Straße des 17. Juni, im Zweiten Weltkrieg

Wilhelm Alverdes leitete nach dem Krieg die Gartenbauarbeiten mit dem Bemühen, den Tiergarten als zentrales Erholungsgebiet einheitlicher zu gestalten. Er befand zum Beispiel viele barocke Ausstattungselemente, die trotz der Zerstörungen als Strukturen erhalten geblieben waren, für nicht

Gemüseacker Tiergarten

Kongreßhalle

mehr zeitgemäß. Seine nivellierende Auffassung von Landschaftsgestaltung ist ungefähr das Gegenteil dessen, wofür Berlins berühmtester Gartenarchitekt, Peter Joseph Lenné, so geschätzt wird. Lenné arbeitete fast 30 Jahre lang, von 1818-48, mit königlichem Auftrag an Umgestaltungsvorschlägen für den Tiergarten. In sieben Bauabschnitten wurden seine Ideen unter der Auflage größter Sparsamkeit verwirklicht — und bis 1945 für gut befunden. Obwohl Lenné als Meister und wichtiger Vertreter natürlich — englischer Gartenkunst gilt, betrachtete er die barocken Alleen und Plätze im Tiergarten als unverzichtbare Orte der Kommunikation und Orientierung. Lenné gelang im Tiergarten eine feinfühlige Integration der barocken »Vorlage« in einen englischen Landschaftspark. Er vergrößerte seine Fläche, veränderte die Wasserläufe und machte durch eine geschickte Wegführung viele Bereiche des Tiergartens erstmals zugänglich.

Rüsternallee

Über die Straße des 17. Juni geht man vom Großen Stern aus einige hundert Meter weiter Richtung Brandenburger Tor und biegt links in die Rüsternallee ein. Es ist eine der sieben Alleen, die im Halbstern angeordnet zum Großfürstenplatz führen. Diese Gegend war und ist eine der belebtesten Ecken des Tiergartens, — hier gehört der Park dem Volk, denn hier wird gegessen und getrunken. Mit Blick auf das Schloß Bellevue, dem Sitz des Bundespräsidenten, finden auf den Rasenflächen in den Sommermonaten unzählige Grillparties statt. Vor allem türkische Großfamilien huldigen quasi im Vorgarten des Staatsoberhauptes dem Barbecue-Kult und setzen damit eine altehrwürdige Picknick-Tradition fort. Bereits Mitte des 18. Jahrhunderts waren die Berliner Hugenotten Dortu und Thomassin auf die Idee gekommen, den Tiergartenbesuchern Getränke und Süßigkeiten anzubieten. Weil es im Park für massive Architektur aber keine Baugenehmigung gab, wurden jeden Sommer zwischen Großfürstenplatz und Spreeufer Zelte aufgebaut. Die beliebten Ausflugslokale gerieten während der Märzrevolution von 1848 in die Schlagzeilen, denn täglich fanden dort wichtige politische Veranstaltungen statt.

An die bewegte Vergangenheit »In den Zelten« erinnert der **In den Zelten** Straßenname bei der Kongreßhalle und auch das blaue Konzert-Zelt »Tempodrom« ist hier geschichtsbewußt aufgeschlagen worden. Die augenfälligste Reminiszenz ist jedoch die Kongreßhalle selbst, ein Freundschaftsgeschenk der Amerikaner an die Berliner anläßlich der »Interbau 1957«. Der amerikanische Architekt Hugh **Kongreßhalle** A. Stubbins konstruierte das Dach der Halle wie eine in Beton ge- gossene Zeltabdeckung. Und dann brach der kühne Zugbogen tatsächlich eines Tages wie ein Campingzelt im Sturm einfach zusammen! Bei diesem Unglück wurde niemand verletzt und zur 750-Jahr-Feier war der fauxpas repariert und vergessen. Wie fast jedes bedeutsame Bauwerk Berlins hat die Kongreßhalle einen Spitznamen: »Schwangere Auster« bzw. »Jimmy Carters Lächeln«. Diese Bezeichnungen sind allerdings typische Reiseführer-Anekdoten und deswegen den Berlin-Touristen in der Regel geläufiger als Einheimischen. Zur Zeit beherbergt die Kongreßhalle noch das »Haus der Kulturen der Welt«: Kunst und Kultur vor allem aus Ländern der Dritten Welt wird hier ausgestellt und vorgeführt. Doch in Bonn mehren sich bereits die Stimmen, die »Weltkultur« lieber aus der unmittelbaren Nähe des zukünftigen Regierungsviertels verbannen möchten.

Die Zelte wurden aufgebaut, als die Zäune fielen. Um 1740 hatte Friedrich II. den Surintendenten der Königlichen Schlösser und Gärten, Georg Wenzelslaus von Knobelsdorff beauftragt, das königliche Jagdrevier in einen waldartigen Park umzugestalten. Das Revolutionäre an dem neuen Entwurf war die Öffnung des Parks fürs Publikum — wahrscheinlich konnte sich Friedrich II. auch deswegen zu diesem progressiven Entschluß durchringen, weil er persönlich die Jagd nicht besonders mochte. Knobelsdorff verwandelte das Wildgehege also in einen der ersten deutschen »Volksparks«. Wie heute erschien öffentliches Stadtgrün Politikern und Volkserziehern einerseits als pädagogische Oase, andererseits drohte aber schon damals hinter jedem Busch das Verbrechen. Der Gartentheoretiker Hirschfeld empfahl deswegen, in den Volksgärten die Ästhetik zugunsten einer besseren Übersichtlichkeit zurückzustellen: »Diese Volksgärten sind, nach vernünftigen Grundsätzen der Polizey, als ein wichtiges Bedürfniß des Stadtbewohners zu betrachten; denn sie erquicken ihn nicht allein nach der Mühe des Tages mit anmuthigen Bildern und Empfindungen; sie ziehen ihn auch, indem sie ihn auf die Schauplätze der Natur locken, unmerklich von den unedlen und kostbaren Arten der städtischen Zeitverkürzungen ab, (. . .) Die Gänge müssen breit, bequem, vielfältig und ausweichend seyn. Gerade Alleen sind nicht allein zulässig, sondern verdienen selbst einen Vorzug, indem sie die Aufsicht der Polizey, die an solchen Orten unentbehrlich ist, erleichtern.«

Über die unangenehme Aktualität der Überlegungen Hirschfelds kann man auf dem Weg Richtung Reichstag ins Grübeln kommen.

Die Route führt über die John-Foster-Dulles-Allee am Glockenturm vorbei, der ein Geschenk von Mercedes-Benz an die Stadt zur 750-Jahr-Feier war. Ähnlich wie vor 200 Jahren werden in naher Zukunft polizeiliche Notwendigkeiten den Charakter des Tiergartens verändern, denn sobald die alte/neue Regierungszentrale bezogen ist, wird der Park nördlich der Straße des 17. Juni größtenteils zur »Bannmeile«. Die rauchenden Grills müssen dann verschwinden, ebenso die Fußball-und-Frisbee-Spieler, und deswegen werden peu à peu alle netten Leute, die beim Spaziergang keinen Personalausweis bei sich tragen wollen, bestimmt nicht mehr hierher kommen. Damit dieser »Enteignungsprozeß« den Berlinern nicht allzu schmerzhaft erscheint, hat sich der Senat bereits eine listige Langzeitmethode ausgedacht, die auf der Wiese vor dem Reichstag ihre erste Anwendung fand. Der »Platz der Republik« war bis vor kurzem beliebter Treffpunkt für Kicker aus allen Stadtteilen. Jetzt verunstaltet eine Gartenzwerghecke das Fußballfeld und lächerliche Piktogramme verbieten alles, was Spaß macht.

Reichstag
❻

Der Reichstag thront phlegmatisch vor der nicht mehr existierenden Mauer. Als Prototyp wilhelminischer Prunkarchitektur, nach den Plänen von Paul Wallot zwischen 1884—94 erbaut, hat der Reichstag selbst ohne die weggesprengte Zentralkuppel aus Glas und Eisen seinen angeberischen Charakter beibehalten. Vom Balkon dieses »Affenhauses« (Kaiser Wilhelm II. über den Reichstag) rief der Sozialdemokrat Philipp Scheidemann am 11. November 1918 die »Deutsche Republik« aus. In der Nacht vom 27./28. Februar 1933 brannte das Gebäude, wahrscheinlich hatten die Nazis selbst das ehemalige Parlament angezündet, um mit Feuer den Untergang des demokratischen Deutschlands zu versinnbildlichen. Nachdem das Terrorregime die halbe Welt in Schutt und Asche gelegt hatte, hißte im Mai 1945 ein sowjetischer Soldat die rote Flagge auf dem Dach der Ruine. Ein Kameramann hat ihn begleitet: diese Filmaufnahmen sind zur Ikone für den Sieg der Roten Armee geworden. Über alles, was sich außerdem in und vor diesem Gebäude ereignet hat, informiert die ständige Ausstellung »Fragen an die deutsche Geschichte« im Innern des Reichstags. Öffnungszeiten sind Di-So von 10.00—17.00 Uhr. 1993 wird die Ausstellung temporär wegen Umbauarbeiten an einen noch nicht bekannten Ort verlegt.

Gedenktafeln vor dem Reichstagsgebäude für die Maueropfer

Rund um den Reichstag staut sich Geschichte wie andernorts der Verkehr. Zu den ›musts‹ gehören die Holzkreuze am Spreeufer hinter dem Reichstag, ein Mahnmal für die Maueropfer und Republikflüchtlinge. Am Kopfende des 17. Juni steht das Sowjetische Ehrenmal, das den 7.000 Rotarmisten gewidmet ist, die in der Schlacht um Berlin starben. Das Denkmal wurde nach Kriegsende aus Steinen des zerstörten Reichstags aufgebaut. Ebenfalls in direkter Nachbarschaft zum Reichstag: der neuralgische Punkt Berlins, das Brandenburger Tor. 1791 wurde der von Langhans entworfene Triumphbogen fertiggestellt und seitdem drängt es sehr

viele Menschen, unter demselben hindurchzugehen. Französische *Reichstagsgebäude* und preußische Offiziere ließen sich diese Freude so wenig nehmen wie die Nazis nach der Machtergreifung. Am 17. Juni 1953 waren es DDR-Bürger, die ihrer Regierung und dem Westen mit dem tra- **Brandenburger Tor** gisch endenden Marsch durch's Tor ihre Unzufriedenheit mit den politischen Verhältnissen demonstrierten. Ganz zum Erliegen kam der Verkehr durch das westliche Stadttor mit dem Mauerbau im August 1961. Billy Wilder drehte damals gerade seinen Film »Eins, zwei, drei«, in dem Horst Buchholz als Jungkommunist andauernd mit seinem Moped den Ostsektor via Brandenburger Tor verläßt, um die Tochter des Coca-Cola-Fabrikanten zu besuchen. Weil sich der Mauerbau während der Dreharbeiten ereignete, ließ Wilder das Brandenburger Tor flugs im Studio nachbauen.

Vor dem Original versammelten sich die Fernsehkameras aus aller Welt 28 Jahre später wieder und warteten im heiß-kalten Herbst '89 mit Kränen und Scheinwerfern wochenlang auf den Moment, da die Betonplatten des »antifaschistischen Schutzwalls« demontiert wurden. Für 39,90 DM gibt's die Szenen auf Video an jedem besseren Berliner Kiosk zu kaufen. Obwohl die Einheit längst deutscher Alltag geworden ist, sieht man vor dem Brandenburger Tor immer noch viele Menschen mit ergriffenen, ungläubigen Mienen umherlaufen. Mit der Geräuschkulisse von U-Bahn-Combos, Gauklern und mobilen Nepper-Schleppern wirkt die ortsgebundene Ernsthaftigkeit zuweilen ein wenig skurril.

Von diesem touristischen Zentrum aus geht's weiter dem früheren Mauerverlauf folgend, rechts vom Brandenburger Tor. Auf dem ehemaligen »Todesstreifen« sind noch die alten Straßenbahnschienen zu erkennen. Die Mauer teilte hier die Bezirke Tiergarten und Mitte ziemlich exakt so, wie es die alte Stadtmauer getan hatte, an der bis 1866 Zölle kassiert wurden. Das Grün westlich der Mauer nannte man früher den Park vor Berlin, denn das alte Zentrum, die Stadt war im Osten. Vor sich sieht man jetzt eine Fläche, die sich wie keine andere in den nächsten zehn Jahren verändern wird. Wo nichts ist, soll »City« werden. Den östlichen Tiergartenrand hat man hier entsprechend seiner zukünftigen Bedeutung bereits mit einigen jungen Bäumen neu dekoriert und herausgeputzt. Stramm und in Reih und Glied hat man die Bäumchen gepflanzt, dem historischen Vorbild getreu, denn dieser Weg verläuft ganz in der Nähe der früheren »Siegesallee«.

32 Figurengruppen der ehemaligen regierenden Herrschergeschlechter Brandenburg-Preußens mit je zwei bedeutenden Mitarbeitern oder Zeitgenossen waren in Folge eines kaiserlichen Erlasses zwischen 1898 und 1901 in der Protz-Promenade aufgebaut worden. Für Berliner Schulkinder war es ein gefürchteter Spießrutenlauf, ihren Lehrern vor den einzelnen Buxbaumkompartimenten der »Siegesallee« Rede und Antwort zu stehen. Auch diese Denkmäler hatten Hitler/Speer 1938 an die Große Sternallee umsetzen lassen, weil die »Siegesallee« dem Bau der Nordsüdachse in die Quere kam. Nach dem Krieg forderten die Alliierten, die Statuen gemäß der Richtlinie über die ›Liquidierung deutscher militaristischer und nazistischer Denkmäler und Museen‹ zu entfernen. So wurden die Denkmäler erst mal im Park Bellevue verscharrt, 1979 wieder ausgebuddelt und stehen heute, größtenteils ihrer Nasen, Bärte oder Zepter beraubt im »Lapidarium«, dem ehemaligen Pumpwerk am Landwehrkanal.

Entlastungs-Straße   Die autobahnähnliche Entlastungsstraße hält viele Spaziergänger davon ab, sich in diesem Teil des Tiergartens aufzuhalten. Die Zikaden auf den Öko-Langgraswiesen am Goethe-Denkmal verstärken besonders im Sommer das Gefühl, zwischen Lennéstraße und Ahornsteig den einsamsten Winkel des Tiergartens erreicht zu haben. Verlassen, fast ein bißchen unheimlich kann es in diesem Park nämlich auch werden. Der Schriftsteller Johann Carl Wetzel hat in seinem Roman »Herrmann und Ulrike« aus dem Jahr 1780 den Tiergarten als Kulisse für das Ende des tugendhaften Nebeneinanders der Hauptfiguren gewählt.

Es geschieht an einem schwülen Augustsonntag. Herrmann entführt Ulrike aus dem lichten, belebten Teil des Stadtparks, wo »unter Bäumen und in Hecken die glänzende schöne Welt in Fischbeinröcken und im Frack, in bezahlter und geborgter Seide« sitzt. Das Paar flieht den Trubel »in düstre gewölbte Gänge bis zu den einsamen Schlangenwegen der Wildnis«. Dort angelangt, fragt Ulrike ihren Freund gar bange: »Was ist dir? Warum rollen deine flammenden Augen so fürchterlich?« Fern den kontrollierenden Blikken der feinen Spaziergänger, ermöglicht die Einsamkeit des Tiergartens, was anderswo nicht hätte geschehen können. »So führte allmählich die Furcht vor dem Falle den Fall selbst herbei: was keine Reizungen der Wollust, keine Eitelkeit, kein Geld . . . vermochten, vermochte die Allmacht der Liebe. Die Tugend fiel durch ihre Hand: bei ihrem Fall brauste der blasende Wind durch die Bäume und starb mit erlöschendem Keuchen in ihren wankenden Wipfeln: Kiebitze wimmerten in den sausenden Lüften ihren Kla-

gegesang, und Eulen heulten in den hohlen Ästen das Grabelied der gefall-
nen Unschuld: die Tannen seufzten, vom Wind bewegt, und der ganze Wald
trauerte im Flor der Nacht um die gefallne Unschuld.«

Abgestellt: Potentaten
von der Siegesallee im
Parkverbot

Das sogenannte Lennédreieck nördlich der Lennéstraße war 1988 **Lennéstraße**
Schauplatz einer brillanten Polit-Farce. Das Gelände gehörte nach
der Teilung nämlich zu Ostberlin, war jedoch nicht eingemauert.
Brach lag die Enklave da und entwickelte sich über die Jahre zum
Öko-Paradies, weil es eigentlich niemand betreten durfte. Als dann
der Westberliner Senat die Wiese den Ostberlinern abgekauft hatte, besetzten alternative und autonome Naturfreunde wochenlang
das Gelände. Bis zum Stichtag, da der Besitzer wechselte, lag das
Lennédreieck jedoch außerhalb der Westberliner Polizeigewalt
und die Ordnungshüter hatten keine Möglichkeit, der kleinen autonomen Republik den Garaus zu machen. Als es dann soweit war
und die nervösen Beamten endlich die Besetzer registrieren oder
verhaften wollten, entkamen diese — über die Mauer! Auf der anderen Seite wartete die Grenzpolizei, servierte den Gästen Leber-
wurstbrote und entließ sie über Grenzübergänge ihrer Wahl zurück
in den »freien« Westen. Die Szene rieb sich die Hände.

   Die Lennéstraße mündet am Kemperplatz in die Tiergartenstra- **Tiergartenstraße 4**
ße, an der »Rückseite« des Kulturforums. Gar nicht weit von der
Kreuzung, etwa auf der Höhe der Richard-Serra-Skulptur, stand
früher das Haus mit der Nummer vier. Diese Adresse — Tiergartenstraße 4 — hat dem nationalsozialistischen Euthanasiepro-
gramm T4 seinen Namen gegeben. In den Gehweg eingelassen erinnert eine Gedenktafel an die einst vornehme Adresse, wo Mas-
senmorde geplant und koordiniert wurden. Vor einiger Zeit versuchte ein engagierter Berliner Buchhändler im Foyer der Philharmonie, die Konzertbesucher durch ein Angebot entsprechender
Literatur auf die dunkle Geschichte des Standorts hinzuweisen. Eine Gruppe grauhaariger Anzugträger fühlte sich von dem Bücher-

stand dermaßen provoziert, daß ihre Begleiterinnen im Abend-
kleid laut werden mußten, um eine Schlägerei zu verhindern. Es
war eine Szene wie in Gruselfilmen, in denen man an den Orten des
Verbrechens immer mit merkwürdig-unheimlichen Begebenhei-
ten rechnen muß.

Die Lage des Kulturforums am Kemperplatz ist ein Nachkriegs-
Politikum. Unmittelbar an der früheren Grenze zu Ostberlin demonstrierte der Westen der Stadt hier mit goldglänzenden Gebäuden seinen Willen zum Überleben. Hans Scharoun, der Beauftragte für den Wiederaufbau Berlins, skizzierte 1960-63 den ersten
Entwurf. Sein Plan sah außer der Philharmonie und dem Kammermusiksaal fünf Museen der abendländischen Kunst, ein Institut für
Musik-Forschung sowie ein Gästehaus vor. Wegen heftiger Kritik
an einem befürchteten »Kulturghetto« wurde umdisponiert. Hans
Scharoun und sein Mitarbeiter Edgar Wisniewski erbauten
schließlich die Philharmonie, den Kammermusiksaal und die
Staatsbibliothek Preußischer Kulturbesitz. Nach Scharouns Tod
1972 führte Wisniewski die gemeinsam ausgearbeiteten Entwürfe
allein aus. Die äußere Form der Philharmonie wird im wesentlichen
durch den Saalbau bestimmt: die Musik, so Scharouns Grundidee,
müsse im Mittelpunkt stehen, deswegen wurde der Konzertsaal der
Akustik wegen auch von innen nach außen gebaut. Unter den berühmten, unter der Decke schwebenden Schallsegeln finden bis zu

*Scharoun vor dem
Modell der Staats-
bibliothek 1964*

Philharmonie
❾

2.200 Zuhörer Platz. Die Architektur der Philharmonie fasziniert
durch eine merkwürdige Ambivalenz, die von der Dachkonstruk-
tion bis zur Bestuhlung verspielt und streng komponiert zugleich
wirkt. Zum Gebäudekomplex gehören außerdem das Musikin-
strumentenmuseum und das Staatliche Institut für Musikfor-
schung. Über ein gemeinsames Foyer ist die Philharmonie mit dem
Kammermusiksaal, der erst 1984-87 gebaut wurde, verbunden.
Abhängig von den Probezeiten und Veranstaltungen kann man die
Innenräume der Philharmonie tagsüber besichtigen (Auskunft:
Tel. 2 54 88-1 24).

Das rote Ziegelsteingebäude gegenüber der Philharmonie beheimatet das Kunstgewerbe-Museum, 1978 nach den Plänen von
Rolf Gutbrod erbaut. Dieser Bau kann auf eine ereignisreiche Ent-
stehungsgeschichte verweisen. Die Kritik an der mißlungenen (!?)
Gebäudeproportionierung führte 1985 zum Baustopp für die geplante Gemälde- und Skulpturengalerie.

Scharoun/Wisniewski erbauten mit der Staatsbibliothek, Potsdamer Straße 33, nicht nur das östlichste Gebäude des Kulturforums, sondern auch eine Filmkulisse. Wim Wenders drehte hier
nämlich lange Szenen seines Heimatfilms »Der Himmel über Berlin«. Die Bibliothek ist eine Mischung aus Raumschiff Enterprise
und moderner Kathedrale. Im Winter ist es hier noch voller als im
Sommer, weil viele Studenten auf diese Weise Kohlen oder Heizöl
sparen. Außerdem soll es in den Lesesälen immer wieder interessanteste Blickkontakte von Pult zu Pult geben . . . Seit der Wie-

dervereinigung ist es leider keine Selbstverständlichkeit mehr, einen Leseplatz zu bekommen. Wie in den anderen Bibliotheken reagierte die Stadt auf den sprunghaften Anstieg von Benutzern entweder gar nicht oder mit Stellenstreichungen, und so verschlechterte sich das Arbeitsklima. Trotzdem ist die mehrstöckige ›Stabi‹ immer noch einer der attraktivsten Orte, wenn man z.B. stundenweise Bildungsurlaub machen möchte oder gerne verregnete Nachmittage mit der Lektüre ausgefallener Zeitschriften verbringt. Reguläre Führungen, in denen man Auskunft über die Bestände der Bibliothek bekommt, gibt es jeden Montag und Donnerstag um 17 Uhr sowie jeden 2. und 4. Sonnabend im Monat um 13 Uhr.

Der Matthäi-Kirche verdankt das Kulturforum seine Adresse. Die Ziegelsteinkirche wurde von 1844-46 von dem Schinkel-Schüler August Stüler erbaut. Ganz einsam steht sie inmitten der modernen Nachbarn und erinnert irgendwie an ein Lego-Steinchen aus dem falschen Kasten. Die Häuser drumherum hatten Hitler/Speer bereits 1938 zugunsten ihrer »Germania-Pläne« sprengen lassen, die Kirche selbst hat den Zweiten Weltkrieg schwer beschädigt überstanden. 1959/60 wurde sie wiederaufgebaut.

Die Neue Nationalgalerie, Potsdamer Straße 50, aus Stahl und **Potsdamer** Glas ist Mies van der Rohes einziger Bau, der nach seiner Emigra- **Straße 50** tion im Jahr 1938 in Deutschland entstand. 1965-68 erbaut, zeigt **⑩** die zweite Berliner Nationalgalerie wechselnde Ausstellungen moderner Kunst. Auf der breiten Plattform rund um das Gebäude kann man nachmittags einige der letzten noch aktiven Skateboard-Fahrer Berlins beobachten. Die Chefs von der Nationalgalerie sind froh, daß diese Freizeitbeschäftigung nicht mehr besonders trendy ist, denn die Fenster der Neuen Nationalgalerie sind bemerkenswert hoch.

Dorothee Wenner

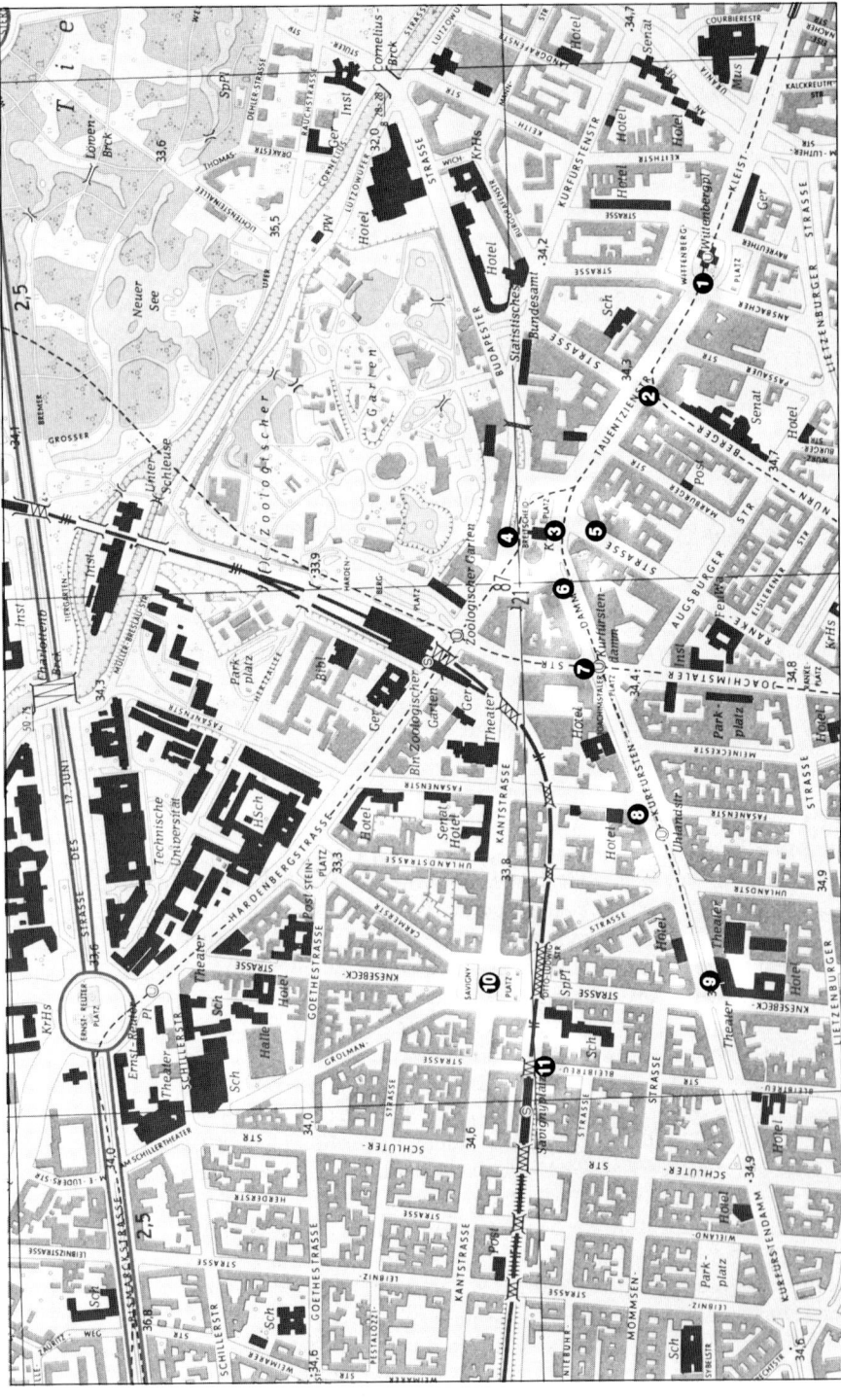

Die ungeahnten Abenteuer des Auges

Der Kudamm

Ausgangspunkt: U-Bahn Wittenbergplatz (U2, U3)
Endpunkt: Kurfürstendamm/Joachim-Friedrich-Straße
  (Bus 119, 129)
Dauer: 3 Stunden

»Die Tauentzienstraße und der Kurfürstendamm haben die hohe Mission, den Berlinern das Flanieren zu lehren, es sei denn, daß diese urbane Betätigung überhaupt abkommt. Aber vielleicht ist es noch nicht zu spät. Flanieren ist eine Art Lektüre der Straße, wobei Menschengesichter, Auslagen, Schaufenster, Café-Terrassen, Bahnen, Autos, Bäume zu lauter gleichberechtigten Buchstaben werden, die zusammen Worte, Sätze und Seiten eines immer neuen Buches ergeben. Um richtig zu flanieren, darf man nichts allzu Bestimmtes vorhaben. Und da es nun auf der Wegstrecke vom Wittenbergplatz bis nach Halensee soviel Möglichkeiten, Besorgungen zu machen, zu essen, zu trinken, Theater, Film oder Kabarett aufzusuchen, gibt, kann man die Promenade ohne festes Ziel riskieren und auf die ungeahnten Abenteuer des Auges ausgehen.«

Diese Gebrauchsanweisung von Franz Hessel, Berlins berühmtestem Spaziergänger, ist von 1929. Seither ist viel Zeit vergangen, und vieles hat sich geändert. Die Gegend um Tauentzien und Kurfürstendamm ist jetzt gut ein Jahrhundert alt; daß es kein ruhiges Jahrhundert war, ist ihr sofort anzusehen. Jedes Jahrzehnt hat seine Spuren hinterlassen, hat versucht, das gerade Vergangene zu zerstören, an länger Vergangenes neu anzuknüpfen oder etwas ganz Neues zu bauen. Weil die Epochen einander schneller ablösten, als sie ihre Projekte verwirklichen konnten, hat keine von ihnen die Gegend entscheidend geprägt. Wer darauf achtet, kann zusehen, wie sich zwischen Wittenberg- und Rathenauplatz die verschiedenen Konzeptionen der Moderne, die in diesem Jahrhundert entwickelt wurden, miteinander streiten: nichts scheint zueinander zu passen. An der Disparatheit der Gebäude, Straßen und Plätze läßt sich die Disparatheit der Geschichten ablesen, die zu dieser Gegend gehören. Die Ära des Denkmalschutzes ist hier erst seit kurzer Zeit angebrochen. Auch sie wird, entgegen ihrer Absicht, weniger das Vorhandene konservieren als der Geschichte des Zeitgeistes eine neue Seite hinzuzufügen.

Wer als Spaziergänger heutzutage auf dem Tauentzien und dem Kurfürstendamm auf »die Abenteuer des Auges ausgehen« will,

Kaiser-Wilhelm-Gedächtniskirche

braucht neben der von Hessel empfohlenen Ziellosigkeit auch das Talent, sich nicht allzusehr im Betrieb zu verlieren. Wo ununterbrochen an den Blick des Kunden appelliert wird, kann nur der wirklich etwas entdecken, der sich auf den klassischen Blick des Betrachters beschränkt und sich die Ruhe und die Zeit nimmt, die der Ort selbst nicht mehr bietet. Es gilt, einen Blick zu entwickeln für die Menschen, die Gebäude und nicht zuletzt für die kleinen Dinge, die zum Inventar der Straße gehören: Die Litfaßsäulen und Kioske, die Hydranten und Feuermelder. Die vielfältigen und bunten Lichtreklamen, in denen sich die letzten fünfzig Jahre spiegeln. Die endlosen Reihen gläserner Vitrinen in allen möglichen Formen und aus beinahe allen Jahrzehnten dieses Jahrhunderts, die sich den Kurfürstendamm entlangziehen. Und nicht zuletzt die »Berliner Normaluhr«, die in verschiedenen Variationen immer wieder am Straßenrand oder auf Kreuzungen auftaucht, so daß niemand, ob er nun will oder nicht, darüber im Unklaren bleibt, wie spät es gerade ist.

Wittenbergplatz

❶

Der Wittenbergplatz wird vom Kaufhaus des Westens beherrscht. Die mächtige Fassade an der Südwestseite gibt dem Platz eine deutliche Schlagseite und läßt den architektonisch auf sie abgestimmten U-Bahn-Pavillon in der Platzmitte wie ein etwas groß geratenes Schildwachenhäuschen aussehen. Die exponierte Stellung des Gebäudes von Emil Schaudt, das 1992 (nach 1929/30) zum zweitenmal aufgestockt und im oberen Fassadenbereich — etwas einfallslos — umgestaltet wurde, zeigt die Vorreiterrolle an, die das KaDeWe bei der wirtschaftlichen Entwicklung der Gegend für

Straße der Flaneure: der Kudamm

sich in Anspruch nimmt. Mit seiner Eröffnung im Jahr 1907 begann die Ausbildung einer eigenen wirtschaftlichen Infrastruktur
im Berliner Westen.

Die westlichen Bezirke und Vororte Berlins waren seit Ende des
19. Jahrhunderts zunehmend zu standesgemäßen Adressen für
Reiche und Neureiche geworden, denen es in Berlin Mitte, wo sie
ihr Geld verdienten, um so unwohnlicher erschien, je geschäftiger
es dort zuging. Der Unternehmer Adolf Jandorf hatte sich deshalb
entschlossen, sein neues großes, elegantes Kaufhaus nicht in der
Stadtmitte zu bauen, sondern in unmittelbarer Nähe der potentiel-
len Kundschaft. Die Umgebung des Wittenbergplatzes war bis dahin eine reine Wohngegend; acht große, erst zwölf Jahre alte Mietshäuser wurden abgerissen, um Platz für den Bau zu schaffen. Im
Lauf der Zeit siedelten sich um das »Kaufhaus des Westens« herum weitere elegante Läden, Cafés und Restaurants an, so daß sich
die Gegend um den Tauentzien langsam von einem Wohnviertel in
ein Geschäfts- und Vergnügungsviertel verwandelte.

Im Jahr 1913, sieben Jahre nach der Eröffnung des KaDeWe, **Wittenbergplatz**
wurde die U-Bahn-Station Wittenbergplatz fertiggestellt. Durch
sie wurde der Platz, der gerade begonnen hatte, wirtschaftliche Anziehungskraft zu entwickeln, auch zu einem Verkehrsknotenpunkt.
Die von Alfred Grenander entworfene Empfangshalle, die im
Zweiten Weltkrieg stark beschädigt und danach zunächst leicht
modernisiert worden war, wurde 1983 anläßlich einer Neugestaltung des Platzes in ihrer alten Form rekonstruiert. Von der wiederhergestellten Innenausstattung kann man sich — je nach Stimmung
und persönlicher Vorliebe — an den Beginn des Jahrhunderts oder
an den Nostalgie-Kult der späteren siebziger Jahre erinnert fühlen.

An der Fußgängerampel, die vom westlichen Ausgang der
U-Bahn-Station auf die Südseite des Platzes (und damit auch zum
KaDeWe) führt, versucht eine unauffällige Tafel, die Passanten
und Einkaufenden an *Orte des Schreckens* zu erinnern, *die wir nie*

Gedenktafel am Wittenbergplatz

Tauentzienstraße

Nürnberger Straße 50-55

❷

vergessen dürfen. An einer Stelle, an der die sichtbaren Spätfolgen des Krieges so erfolgreich beseitigt wurden, zählt sie hilflos, wie ein Lehrer, dem niemand zuhört, die zehn Orte auf, an denen sich die großen Konzentrationslager befanden. Den Namen der Stadt, in der sie steht, der Stadt, in der der Schrecken geplant und organisiert wurde, nennt sie nicht.

Die Tauentzienstraße ist von der Passauer Straße bis zum Breitscheidplatz mit einem begehbaren Mittelstreifen versehen, wie er vor neunzig Jahren üblich war. Wer das Anachronistische liebt und sich vom Verkehrsstau auf beiden Seiten nicht stören läßt, kann hier ein paar hundert Meter weit spazierengehen und sich den Luxus leisten, sich im Straßentheater bloß als Zuschauer und nicht als Teilnehmer zu fühlen. Der Tauentzien ist kein reines Touristenreservat wie das erste Drittel des Kurfürstendamms. Hier mischen sich die Besucher mit den Berlinern, die auf dem Nachhauseweg die Dinge besorgen, die sie zum Leben brauchen — und mit den anderen Berlinern, die nirgendwohin unterwegs sind, weil sie kein Zuhause haben, und die mit Pappschachtel, Pappschild und manchmal einer Mundharmonika versuchen, eine bescheidene Umsatzbeteiligung zu erwirtschaften.

Die meisten Häuser am Tauentzien stammen, ebenso wie die schweren, zweiteiligen Straßenlaternen, aus den fünfziger und sechziger Jahren. Die damalige West-Berliner Innenstadt erlebte zu dieser Zeit ihr Comeback als »Schaufenster des Westens«; sie wurde als Stadtzentrum im repräsentativen Sinn hergerichtet, bevor sie es auch im funktionalen Sinn wurde. Bei einigen Gebäuden aus dieser Zeit ist die Schaufenstermetapher geradezu buchstäblich umgesetzt. Ein Beispiel dafür ist das Haus Tauentzienstraße 19, Ecke Nürnberger Str., dessen schräg herausgestellte Glasfront im ersten Stock, in dem sich ein Modegeschäft befindet, das Gebäude fast wie eine Vitrine erscheinen läßt.

In der Nürnberger Str. schließt sich an dieses Haus ein langgezogenes, mit Travertinplatten verkleidetes Geschäfts- und Bürogebäude aus den zwanziger Jahren an (Nürnberger Str. 50-55). Es wurde 1928-31 für die Reichsmonopolverwaltung für Branntwein errichtet und hieß damals auch »Femina-Palast«, weil in seinem Erdgeschoß die Tanzbar »Femina« untergebracht war, die alleinstehenden — männlichen — Gästen als erstes Berliner Tanzlokal Tischtelefone anbot: *Nur nicht schüchtern! Rufe an! — Ob sie Dich mag, erfährst Du dann.* Heute befindet sich hier — neben der Bundesmonopolverwaltung für Branntwein und dem Berliner Finanzsenator — unter anderem der »Dschungel«, vor zehn Jahren West-Berlins bekannteste Diskothek.

Zwischen Nürnberger und Marburger Straße führt der Weg auf dem Mittelstreifen des Tauentzien unter der Skulptur »Berlin« von Brigitte und Martin Matschinsky-Denninghoff hindurch. Sie ist das erste einer Reihe von Kunstwerken, die 1986 im Rahmen des Projekts »Skulpturenboulevard« auf dem Tauentzien und dem Kur-

Skulptur mit historischem Wert: »Berlin«

fürstendamm aufgestellt wurden, wo sie nach Absicht des Veranstalters — des Berliner Kultursenators — zur Aufwertung des »heruntergekommenen« Boulevards beitragen sollten. Das Projekt wurde vor allem in den Zeitungen des Springer-Verlags heftig angegriffen, und einige der interessantesten Arbeiten wurden nicht realisiert oder nach einer gewissen Zeit wieder entfernt.

Nach der Einmündung der Marburger Straße öffnet sich der Tauentzien allmählich zum Breitscheidplatz hin, auf der rechten Seite flankiert vom Europa-Center, das 1963 eingeweiht wurde. Mit ungefähr 100 Läden, Bars, Kinos, Cafés, Diskotheken und Büroräumen ist es die ehrgeizigste Variation der Schaufenstermetapher, einer amerikanischen Downtown-Plaza nachempfunden und zugleich ein echtes West-Berliner Bauwerk, das auf eigentümliche Weise einer Art Vorgarten-Stil verhaftet bleibt: das ganz Große — nur eben ein wenig kleiner, klappriger, preiswerter und unübersichtlicher. Ein Expreß-Fahrstuhl führt hinauf in den 20. Stock, wo Karten für die Aussichtsplattform auf dem Dach verkauft werden.

Breitscheidplatz
❸

Beim Betreten der Plattform liegt zunächst der westliche Teil Berlins vor einem ausgebreitet: vom Breitscheidplatz aus verläuft nach Südwesten der Kurfürstendamm, der in voller Länge mit Platanen bepflanzt ist, und nach Westen die Kantstraße, deren Ende der Funkturm markiert. Etwa in der Mitte zwischen beiden Straßen ist am Horizont die »Abhörstation Teufelsberg« des amerikanischen Geheimdienstes NSA zu erkennen, ein Gebäude, das von weitem an eine russische Kirche oder ein indisches Grabmal erinnert, und von dem aus Telefongespräche und Funkverbindungen in Ost und West abgehört wurden und werden.

Eine weitere Reminiszenz an die Zeiten der selbständigen politischen Einheit West-Berlin erblickt der Besucher, sobald er den Kopf wendet: nur wenige Meter entfernt dreht sich in der Mitte des Dachs langsam der zwanzig Meter hohe, leicht vergilbte und vom Regenwasser schmutziggrau gefärbte Mercedesstern, der auf Tausenden von Ansichtskarten über der Ruine der alten Gedächtniskirche leuchtet.

Europa-Center

Kudamm 1968

Der Einkaufsbereich des Europa-Centers erstreckt sich vom Souterrain bis in den ersten Stock. Vom Souterrain führt ein Ausgang hinaus auf eine Terrasse, von der aus man über Treppen auf die Höhe des Breitscheidplatzes gelangt. Terrasse und Treppen sind in eine Anlage integriert, deren Zentrum

Keine
Unterstützung
für die
Politik
nam!

der Weltkugelbrunnen von Joachim Schmettau ist. Er wird — in jener Mischung aus Respekt- und Phantasielosigkeit, die ein hervorstechender Charakterzug Berliner Lokalzeitungsredakteure und Postkartentexter und womöglich noch einiger anderer Eingeborener ist — zuweilen auch als » Wasserklops« bezeichnet. Die offizielle Bezeichnung (der man zumindest Respektlosigkeit nicht vorwerfen kann) weist darauf hin, daß die große Granitkugel in der Mitte des Brunnens die in Nord und Süd gespaltene Weltkugel symbolisieren soll. Der Reichtum an Anspielungen und Zitaten, von den Schriftzeichen verschiedener Kulturen über biblische und mythologische Motive, welt- und kunstgeschichtliche Reminiszenzen bis hin zu technischen Themen lädt dazu ein, Entdeckungen zu machen, und die leicht zugänglichen Becken verführen im heißen Berliner Sommer zum kühlenden Fußbad.

Vielen gilt der Breitscheidplatz als Touristenreservat; in Wirklichkeit ist er einfach ein Ort für Menschen, die Zeit haben. Nur an den Cafétischen vor dem Europa-Center sind die Gäste der Stadt weitgehend unter sich. Die große Freifläche zwischen Europa-Center und Gedächtniskirche haben sich Skateboard-, Rollschuh- und Fahrradfahrer angeeignet. An der Gedächtniskirche versammeln **Gedächtniskirche** sich traditionell die verschiedenartigsten Gruppen und Grüpp- ❹ chen; die einen, um den Tag lang zusammenzusitzen, andere, um auf sich oder ihr Anliegen aufmerksam zu machen. Die geräumigen Holzbänke hinter der Kirche sind von Obdachlosen und Pennern bezogen worden, während vor der Kirche Straßenkünstler und -händler ihr kleines Geschäft aufgemacht haben. Der Platz hat genug Raum für alle, auch wenn sich das Zusammenleben nicht immer idyllisch gestaltet.

Das Ensemble der Gedächtniskirche ist ein steingewordener Konflikt zwischen den Resten wilhelminischen Repräsentationsgeistes, den Spuren der totalen Zerstörung im Zweiten Weltkrieg und dem Bedürfnis der Nachkriegszeit, das Zerstörte zu ersetzen, ohne es zu beschwören. Der Architekt des Neubaus, Egon Eiermann, hatte ursprünglich den Abriß der alten Turmruine vorgesehen. Eine Umfrageaktion Berliner Zeitungen, bei der zum Teil über neunzig Prozent der Befragten dafür stimmten, die Ruine zu erhalten, führte dazu, daß sie in den Entwurf integriert wurde. Sorgfältig konserviert und mit einer Gedenktafel versehen steht sie nun zwischen dem Kirchenneubau von 1961 und dem neuen, kleineren Turm, die sich in Dimension und Stil schroff von ihr absetzen.

Die achteckige Kirche, der sechseckige Turm und die viereckige Kapelle mit ihren Fassaden aus Betongitterelementen, die im Stil der Plattenbauweise aneinandergefügt sind, wurden vor dreißig Jahren als » hypermodern« abgelehnt. Heute, nach der Neugestaltung des Platzes und inmitten der dichter werdenden Innenstadtbebauung, wirken sie merkwürdig grau und angepaßt. Bei schönem Wetter fallen die Sonnenstrahlen durch die Glaskacheln aus Chartres, die in die Betongitter eingesetzt sind, in den Kirchenraum und tauchen ihn in ein gedämpftes blaues Licht. Nur nachts, wenn die Kirche von innen her beleuchtet wird, sind die Glasfenster auch von außen als solche erkennbar.

Die alte Turmruine ist als Gedenkstätte hergerichtet. An den Wänden sind Reste eines überladenen Mosaiks zu sehen, das — wie die ganze ursprüngliche Gedächtniskirche und die Gesamtanlage des damaligen Auguste-Viktoria-Platzes — der Selbstdarstellung der Hohenzollern als legitime Nachfolger der Kaiser des »Heiligen Römischen Reiches Deutscher Nation« dienen sollte. Zwei Modelle zeigen den Platz: einmal in seiner heutigen Gestalt und einmal so, wie er vor dem Zweiten Weltkrieg aussah. Abgesehen von der Turmruine selbst hat sich nur an der Einmündung der Rankestraße etwas von der Vorkriegsbebauung des Platzes erhalten: zwei alte Kioske und das Geschäfts- und Bürohaus »Kaisereck« (Kurfürstendamm 237), das von Emil Schaudt, dem Architekten des KaDeWe, entworfen und 1915 fertiggestellt wurde. Die restlichen Gebäude einschließlich der 1895 eingeweihten alten Gedächtniskirche waren zwischen 1891 und 1907 nach den Vorstellungen Kaiser Wilhelms II. und den Plänen seines Lieblingsarchitekten Franz Schwechten im neoromanischen Stil errichtet worden; sie wurden jedoch schon zur Zeit ihrer Entstehung als pompös und überlebt kritisiert.

Rankestraße
❺

Kurfürstendamm

Der Kurfürstendamm schließt sich an den Breitscheidplatz an. Er beginnt auf der rechten Seite mit der Hausnummer 11; die Numerierung verläuft dann, wie es in Berlin üblich ist, durchgehend auf derselben Straßenseite, wechselt am Ende der Straße Seite und Richtung und endet, gleichfalls in Höhe des Breitscheidplatzes, auf der linken Seite mit der Nummer 237. Die ersten und die letzten Hausnummern fehlen seit 1925, als der ursprünglich erste Teil des Kurfürstendamms vom Landwehrkanal bis zur Gedächtniskirche in Budapester Str. umbenannt wurde.

Die Geschichte des Kurfürstendamms geht zurück bis ins 16. Jahrhundert. Damals wurde ein Knüppeldamm angelegt, der dem Kurfürsten und seinem Gefolge den Ritt vom Berliner Stadtschloß zum neuerrichteten Jagdschloß Grunewald erleichtern sollte. Die Bezeichnung »Churfürsten-Damm« findet sich erstmals auf einer Karte von 1767. Nach der Gründung des Kaiserreiches im Jahr 1871 war es vor allem Otto von Bismarck, der den Ausbau des Kurfürstendamms zu einem Boulevard nach dem Vorbild der Pariser Champs-Elysées vorantrieb. Die Finanzierung erfolgte durch die »Kurfürstendamm-Gesellschaft AG«, ein Bankenkonsortium unter Federführung der Deutschen Bank, die sich dafür über einen Strohmann das Vorkaufsrecht auf ein Areal am Ende des Kurfürstendamms gesichert hatte, auf dem die Villenkolonie Grunewald entstand. Zusätzlich erwarb sie mehr als 150.000 qm Baugelände am Kurfürstendamm. Durch den Verkauf der Baugrundstücke erzielte die Gesellschaft einen Gewinn von insgesamt schätzungsweise 25 Millionen Mark. Zwischen 1885 und 1910 wurde der Kurfürstendamm praktisch in voller Länge bebaut, und die Grundstücksspekulation blühte ähnlich wie heute.

Der Begriff »Kurfürstendamm« hatte um die Jahrhundertwende einen Beigeschmack von Extravaganz und Snobismus. Hierher zog das begüterte, aber auch das »moderne« Berlin. Ein »Kurfürstendammer« war ein reicher Mensch, der in einem der riesigen Häuser mit den prunkvollen, überladenen Fassaden in einer gleichermaßen riesigen Wohnung lebte, jemand, der seltsame Auffassungen hatte, seltsamen Beschäftigungen nachging, mit seltsamen Leuten in seltsamen Etablissements verkehrte und vom »Normalberliner« mit einer Mischung aus Mißtrauen und Faszination beäugt wurde. Hier, in »Berlin WW«, dem »Neuen« oder »Wilden Westen« Berlins, wurden neue Lebensformen, Stile und Moden zuallererst ausprobiert, und die Künstler der Berliner Avantgarde fanden immer jemanden, der ihnen etwas abkaufte oder wenigstens diskret das Schuldenkonto im Café ausglich.

Kurfürstendamm 236

Das von Hugo Pál entworfene Marmorhaus-Kino mit seiner Fassade aus glattem weißem Marmor (Nr. 236), das seit 1913 als erstes Kino am Kurfürstendamm eröffnet wurde, galt damals als architektonische Sensation, die eigens auf den extravaganten Geschmack des dort ansässigen zahlungskräftigen Publikums zugeschnitten war. Die Uraufführung von Robert Wienes Film »Das Cabinet des Dr. Caligari«, die 1920 hier stattfand, galt als »echte Kurfürstendammangelegenheit«. Der Expressionismus, der sich als Kunstrichtung fast schon überlebt hatte, wurde durch diesen Film zu einem Modetrend, erst am Kurfürstendamm und dann in ganz Deutschland. Über dem Kinosaal befand sich in den zwanziger Jahren ein illegaler Spielsalon, in dem Stummfilmstars wie Lya de Putti, aber auch der stellvertretende Polizeipräsident verkehrten.

Einstige Kathedrale des expressionistischen Films: Gloria-Palast

Am Kurfürstendamm 14-15, auf der anderen Straßenseite, schräg gegenüber von Wertheim und neben den 1989 eröffneten »Gloria-Passagen«, befand sich noch bis 1986 »Mampes gute Stube«, eine Likörstube, die vor dem ersten Weltkrieg im Stil einer Altberliner Kneipe, mit einer schon damals betont altertümlichen Inneneinrichtung eröffnet hatte, und in der der Stammgast Joseph Roth 1931 an seinem Roman »Radetzkymarsch« arbeitete. Heute erinnern daran nur noch eine Gedenktafel und die unverändert gebliebene Einrichtung, in der sich ein Kettenrestaurant etabliert hat. Nebenan, am Kurfürstendamm Nr. 16 (das Haus steht heute nicht mehr), residierte der Hellseher, Magier und Scharlatan Erik Jan Hanussen in einer luxuriös ausgestatteten Wohnung. Am 24. März 1933 wurde er im Auftrag von führenden Nationalsozialisten, die bei ihm hoch verschuldet waren, mit drei Kopfschüssen ermordet.

Joachimsthaler Straße ❼

Auf der gegenüberliegenden Straßenseite, Ecke Joachimsthaler Str., steht das sogenannte »Kudamm-Eck« (Nr. 227) mit der AV-NET-Wandzeitung, der wahrscheinlich besten Boulevard-Zeitung Berlins und der einzigen, die diesen Namen wirklich verdient. Das Gebäude, eine trübe Einkaufskaserne im Stil der frühen Siebziger, wurde 1969-72 mit hohen Subventionen errichtet; ein Jahr später ging der Bauherr in Konkurs. Interessant ist die Geschichte des Grundstücks: 1890 trat hier, mitten in Berlin WW, der leibhaftige William F. Cody alias Buffalo-Bill vor bis zu 10.000 Zuschauern mit seiner »Wild-West-Show« auf. 1923 wurde das inzwischen bebaute Grundstück samt Eckhaus von dem Bekleidungsunternehmer Grünfeld erworben, der das Haus 1928 im Stil der zwanziger Jahre umbauen und mit aufwendigen Lichtreklamen versehen ließ und 1928 eine »moderne« Filiale seines Unternehmens dort eröffnete. Seitdem war diese Ecke als »Grünfeld-Ecke« bekannt. 1938 wurde die jüdische Firma Grünfeld »arisiert«; Käufer war der Inhaber der Firma Max Kühl, die noch heute am Kurfürstendamm ansässig ist.

Das Gesicht der Kreuzung Kurfürstendamm/Joachimsthaler Straße ist — vom Kudamm-Eck abgesehen — das der fünfziger Jahre. Der Geist dieser Zeit hat sich an der Kreuzung über Jahrzehnte erhalten und wird inzwischen, ganz im Geist unserer Zeit, sorgfältig konserviert und betont: der Zeitungskiosk auf der linken Straßenseite mit der nutzlos gewordenen Verkehrskanzel wurde vom Landeskonservator unter Denkmalschutz gestellt, und das flache, in den achtziger Jahren renovierte »Kranzler« schmückt sich, wie auch die benachbarten Läden, stilecht mit rot-weiß gestreiften Markisen. Wem das nicht genug ist, der kann bei einem Kinobesuch im »Film-Palast«, dem ehemaligen »Ufa-Pavillon« (Nr. 226) noch tiefer in die Atmosphäre des West-Berlins der fünfziger Jahre eintauchen.

Kurfürstendamm 25

Das »Hotel am Zoo« (Nr. 25), ein Gebäude von 1912, das mit zwei nach dem Krieg daraufgesetzten Stockwerken und einer vor den Eingang gesetzten Glaspyramide typisch für das Kudamm-

Cafés auf dem Kudamm

Thomas Wolfe nannte den Kurfürstendamm 1935 das »größte Caféhaus Europas«. Viele der Gäste, die vor 1933 zur besonderen Atmosphäre dieses Caféhauses beitrugen, hatten zu diesem Zeitpunkt bereits Lokalverbot. Wolfe lernte nur noch einen schwachen Abglanz der Caféhauskultur kennen, die sich zuvor in über dreißig Jahren im Berliner Westen herausgebildet hatte. Zwei der zahllosen Cafés und Lokale, die damals auf dem Kurfürstendamm eröffneten, sind in die Kunst- und Literaturgeschichte eingegangen:

Begonnen hatte alles mit dem *Café des Westens*, das sich bis 1915 am Kurfürstendamm 18-19, an der heutigen Kranzler-Ecke, befand. Es entwickelte sich noch vor 1900 zum bevorzugten Aufenthaltsort und Treffpunkt der Künstler des Neuen Westens, die es sich selten leisten konnten, tagsüber ihr Zimmer zu heizen. Rocco, der italienische Koch, dem das Café von 1899 bis 1904 gehörte, ließ großzügig anschreiben und störte sich nicht daran, daß jemand den halben Tag lang bei einer Tasse Kaffee saß. Oft wurden offene Rechnungen auch diskret von einem der betuchteren Gäste beglichen, die sich damit sozusagen den Zutritt zum »Café Größenwahn« (wie es bald hieß) erkauften. Der »rote Richard«, der rothaarige, bucklige Zeitungskellner des Cafés, brachte allen seinen Stammgästen aufrichtige Verehrung entgegen und wußte oft eher als sie selbst, wenn irgendwo etwas von ihnen veröffentlicht worden war.

Im Café des Westens probte Max Reinhardt, Schauspieler am Deutschen Theater, um 1900 seine erste Theaterinszenierung — eine »Don Carlos«-Parodie — und gründete das Kabarett »Schall und Rauch«. Für Else Lasker-Schüler war das Café jahrelang praktisch ständiger Wohnsitz; sie und ihr Mann Herwarth Walden waren das Zentrum eines Kreises, zu dem immer neue Künstler hinzustießen, und den auch Karl Kraus bei seinen Vorkriegsbesuchen in Berlin regelmäßig aufsuchte. 1910 gründete Herwarth Walden die avantgardistische Zeitschrift »Der Sturm«, die im Café des Westens geplant worden war und regelmäßige Gäste wie Alfred Döblin, Gottfried Benn und René Schickele zu ihren Mitarbeitern zählte. Ein Jahr später erschien erstmals die von Franz Pfemfert herausgegebene expressionistische Zeitschrift »Die Aktion«, die ebenfalls im »Café Größenwahn« entstanden war und an der sich unter anderem Jacob van Hoddis, Max Oppenheimer und der Kunstkritiker Carl Einstein beteiligten.

1913 eröffnete der Besitzer Ernst Pauly am Kurfürstendamm 26, im späteren »Haus Wien«, ein neues, größeres »Café des Westens«, in dem nachdrücklich Wert auf die Zahlungsfähigkeit der Kundschaft gelegt wurde. Als zwei Jahre später das alte Café geschlossen wurde, war die Ära des »Café Größenwahn« unwiderruflich vorüber.

Nach 1918 wurde das *Romanische Café* zum zentralen Treffpunkt für Künstler, Literaten und Journalisten. Es befand sich gegenüber der Gedächtniskirche an der Stelle des heutigen Europa-Centers, im Erdgeschoß des »Neuen Romanischen Hauses«, nach dem es auch benannt war. Das »Romanische Café« war sehr viel größer als das alte »Café des Westens«; das Buffet konnte sich nach der Meinung des Schriftstellers und Stammgastes Günter Birkenfeld »an architektonischer Abscheulichkeit und kulinarischer Geschmacklosigkeit mit jedem Wartesaal Preußens messen«, und auch sonst ging es weniger privat und gemütlich zu. Es galt eine strenge räumliche Hierarchie: Der linke, kleinere Raum mit einer Galerie, auf der Schach gespielt werden konnte, war als »Schwimmerbassin« für die reserviert, die schon etwas geworden waren, im »Nichtschwimmerbassin«, dem größeren Teil auf der rechten Seite, verkehrten die, die noch etwas werden wollten, und auf der überdachten Terrasse saßen vor allem Neugierige und gaffende Touristen.

Das »Romanische Café« war Wohnzimmer, Schreibstube, Stammtisch, Arbeitsamt und Informationsbörse in einem. Redakteure und Intendanten, die eilige Aufträge zu vergeben hatten, fanden hier immer jemanden, der sie übernahm. Es gab Zeitungen und den »Großen Brockhaus«, man wurde zuverlässig auf dem Laufenden gehalten, was die neuesten Gerüchte oder die entscheidenden Nachrichten betraf, und wenn jemand seinen Kaffee plötzlich selbst bezahlte oder sogar ein warmes Essen bestellte, wußte man, daß man in Zukunft mit ihm zu rechnen hatte.

Es ist ein hoffnungsloses Unternehmen, die Gäste des »Romanischen Cafés« aufzählen zu wollen; leichter wäre es anzugeben, wer *nicht* hier verkehrte. Eine Auswahl der Besucher: der Malerstammtisch der »Berliner Secession« um Max Slevogt, Emil Orlik und Max Liebermann; jüngere Maler, etwa Otto Dix, George Grosz oder Heinrich Zille; Schriftsteller wie Gottfried Benn, Heinrich Mann, Bertolt Brecht, André Gide und T.S. Eliot; Journalisten wie Egon Erwin Kisch, Alfred Kerr, Kurt Tucholsky und Sylvia von Harden; schließlich Film- und Theaterleute wie Asta Nielsen, Elisabeth Bergner, Fritz Lang, Ernst Lubitsch oder Billy Wilder, der hier zusammen mit Robert und Kurt Siodmak den Film »Menschen am Sonntag« plante. 1933, nach dem Wahlsieg der Nationalsozialisten, konnte man an der Anzahl der Tische, die im Romanischen Café freiblieben, ablesen, mit welcher Geschwindigkeit das Berliner Kulturleben ins Belanglose absank. Viele Stammgäste emigrierten, wenige arrangierten sich, und das Schicksal der übrigen hing im Ungewissen: »Ich sitze jeden Abend in dem großen, halbleeren Künstlercafé an der Gedächtniskirche, wo Juden und linksgerichtete Intellektuelle über den Marmortischen die Köpfe zusammenstecken und leise und verängstigt miteinander reden. Viele wissen ganz genau, daß sie verhaftet werden — wenn nicht heute, dann morgen oder in der nächsten Woche. Darum sind sie höflich und nachsichtig zueinander, lüften den Hut und erkundigen sich nach des andern Familie. Allgemein bekannte literarische Fehden, die jahrelang währten, sind vergessen.

Fast jeden Abend kommt die SA ins Café. Manchmal sammelt sie nur Geld; jeder wird genötigt, etwas zu geben. Manchmal kamen sie auch, um jemand zu verhaften. Eines Abends lief ein jüdischer Schriftsteller in die Telefonzelle, um die Polizei anzurufen. Die Nazis zerrten ihn heraus, und er wurde abgeführt. Niemand rührte einen Finger. Bis sie wieder fort waren, blieb es still, daß man eine Stecknadel hätte fallen hören können.« (Christopher Isherwood: Leb wohl, Berlin)

Anselm Bühling

Architekturgemisch ist, war Joseph Roths ständiger Berliner Wohnsitz; auch Thomas Wolfe stieg in den dreißiger Jahren hier ab, wenn er nach Deutschland kam, um seine Tantiemen auszugeben, die er nach den nationalsozialistischen Gesetzen nicht ausführen durfte. Das »Haus Wien«, ebenfalls 1912 gebaut, heißt so nach dem »Café Wien«, einem Tanzcafé, das dort in den zwanziger Jahren das Café des Westens beerbte (siehe auch den Kasten »Cafés am Kudamm«). Der Tanzsaal und das danebenliegende Kino wurden vor zehn Jahren beseitigt, als der neue Hauseigentümer, der Kinomulti Heinz Riech, dort acht Schachtelkinos einbauen ließ. Auch wenn es sich auf die Traditionen der 20er und 30er Jahre beziehen möchte, hat das Restaurant »Aschinger« im Keller weder mit dem gleichnamigen berühmten Berliner Lokal noch mit der Geschichte des Hauses irgend etwas zu tun.

An der Ecke Fasanenstr. steht das Hotel »Kempinski«, einer der ersten Nachkriegsbauten am Kurfürstendamm. Kempinski war eines der sehr wenigen jüdischen Unternehmen, die nach dem Dritten Reich wieder hierher zurückkehrten; schon 1926 war an dieser Stelle eine Filiale ihres Schnellrestaurants eröffnet worden. Vor dem Krieg war auch der jüdische Bevölkerungsanteil in der Gegend um den Kurfürstendamm vergleichsweise hoch; vor allem Selbständige und Akademiker zogen hierher. 1912 wurde in der Fasanenstr. 79/80 die Synagoge der liberalen Jüdischen Gemeinde eingeweiht, die im Gegensatz zu früheren Berliner Synagogen nicht versteckt in einem Hinterhof, sondern frei zugänglich gebaut wurde. Die Hoffnung auf die Selbstverständlichkeit eines jüdischen Gemeindelebens in Berlin, die darin zum Ausdruck kam, sollte nicht lange anhalten. Schon in den zwanziger Jahren kam es mehrfach zu antisemitischen Ausschreitungen auf dem Kurfürstendamm. Am 12. September 1931, nach dem Ende des Gottesdienstes, machten etwa 500 bis 600 SA-Leute den Kurfürstendamm unsicher und verprügelten alle Passanten, die von der Synagoge herkamen oder nur irgendwie jüdisch aussahen, mit Fäusten, Knüppeln und Eisenstangen. Sieben Jahre später, während der Pogromnacht am 9. November 1938, wurde die Synagoge von SA-Trupps niedergebrannt. Die Ruine stand noch bis 1958. Touristen, die sie in der Nachkriegszeit von der Kantstraße aus erblickten, äußerten oft ihr Bedauern darüber, daß »diese schöne Kirche von den Russen bombardiert« worden sei. 1957 wurde an Stelle der Ruine ein neues Gemeindezentrum errichtet, wobei das Eingangsportal der alten Synagoge als Mahnmal in den neuen Bau integriert wurde.

Im Eckhaus Kurfürstendamm 217 auf der südlichen Seite der Kreuzung Kurfürstendamm/Fasanenstraße befand sich in den hinteren Räumen die Pension »Stern«, in der Robert Musil von 1931-33 wohnte und an seinem »Mann ohne Eigenschaften« arbeitete. Im selben Haus, in den Räumen des heutigen Astor-Kinos, war bis 1927 das Revuetheater »Nelson-Künstlerspiele« des Kom-

Fasanenstraße
❽

Synagoge der liberalen Jüdischen Gemeinde

Kurfürstendamm 217

ponisten und Pianisten Rudolf Nelson untergebracht. Anfang 1926 fand hier ein sensationelles Gastspiel von Josephine Baker statt, die viel dazu beitrug, daß »Jazz«, »Charleston« und »Sex-Appeal« zunehmend populärer wurden. Den Nationalisten erschien der Kurfürstendamm solcher Einflüsse wegen als Inbegriff der Dekadenz und Amerikanisierung. Der deutschnationale Redakteur Friedrich Hussong beschrieb 1933, zur Zeit der ersten Boykottaktionen gegen jüdische Geschäfte, das mittlerweile erloschene kulturelle Leben am Kurfürstendamm so:

> *»Der Kurfürstendamm zog sich mitten durch ganz Deutschland. Seine Amüsementsfabriken, seine Schaubühnen, seine Luxusbuden standen in allen deutschen Städten.*
> *...In seinen Namen gefaßt waren die Willeleien des Weimar von 1919, die Perversitäten und Ohnmächte des ›Zeittheaters‹, der Tod der Musik in der Jazzband, Niggersong und Negerplastik, Verbrechergloorie, Proletkult, wurzelloser Pazifismus, blutloser Intellektualismus, Dramatik für Abtreibungspropaganda, Salonkommunismus, schwarzrotgoldene Repräsentationsversuche, Futurismus, Kubismus, Dadaismus, demokratische Knopflochschmerzen, Tyrannis der Zivilisationsliteraten und jede Fäulniserscheinung einer sich zersetzenden Gesellschaft. «*

Zwischen Fasanenstraße und Uhlandstraße ist Gelegenheit, einfach nur ein wenig zu bummeln und sich von der Anstrengung eines Parforceritts durch hundert Jahre Geschichte auf wenigen hundert Metern etwas zu erholen. Wer will, kann am Kurfürstendamm 215 eine Gedenkminute für den Kabarettkritiker und Schriftsteller Max Herrmann-Neiße einlegen, der hier, in unmittelbarer Nähe zu seinen verschiedenen Arbeitsstätten und seinem Stammcafé im

Eine Institution auf dem Kudamm: die »Bag-Lady«

Haus Wien, seine Wohnung hatte. Ansonsten empfiehlt es sich, einfach die Augen schweifen zu lassen. An der Einmündung der Uhlandstraße stehen zwei alte, steinerne Kioske, die aussehen wie kleine Tempel. Auf der anderen, nördlichen Straßenseite des Kurfürstendammes, dort, wo die Grolmanstraße mit der Uhlandstraße zusammenläuft, ist eine Mosaikskulptur zu sehen, die wie eine etwas groß geratene Vase aus den fünfziger Jahren aussieht. Die Mosaiksteine stammen vom Hohenzollern-Mosaik in der alten Gedächtniskirche, dessen Überbleibsel noch in der Turmruine zu sehen sind. Gleich hinter der »Vase«, an den Telefonzellen, wohnt eine Institution des Kurfürstendamms, die ›Bag-Lady‹ — mitten unter den Menschen und doch durch eine Burg aus Dutzenden vollgepackter Mülltüten, einen dicken Mantel und einen Motorradhelm gegen sie abgeschirmt. Penner und Obdachlose tauschen zuweilen Kleidungsstücke bei ihr ein. **Uhlandstraße**

Auch andere kleine Geschäfte werden — neben den größeren und, neuerdings, den ganz großen — auf dem Kurfürstendamm abgewickelt: Händler, Maler und Musiker, Hütchenspieler, Bettler und Prostituierte treiben, je nach Tageszeit in unterschiedlicher Zusammensetzung, Marktwirtschaft auf offener Straße und konkurrieren untereinander und mit den festansässigen Wettbewerbern um den Inhalt der Touristenportemonnaies. Ungefähr alle sechs Monate, wenn gerade wieder ein Berliner Politiker den Kurfürstendamm besucht und mit Entsetzen festgestellt hat, daß die Idylle aus alten West-Berliner Tagen im Verschwinden begriffen ist, daß die Unterschiede in Herkunft und Einkunft der Menschen, die auf dem Kurfürstendamm verkehren, allzu unübersichtlich und unübersehbar groß zu werden drohen, sieht man Polizeistreifen auf und ab patrouillieren. Dort, wo sie auftauchen, lösen sie zuweilen eine rasche, unauffällige Bewegung aus. Sobald sie verschwunden sind, ist alles wieder, als ob nichts gewesen wäre.

Die linke Straßenseite zwischen Uhland- und Knesebeckstraße wird größtenteils vom »Kudamm-Karree« (Nr. 206-209) eingenommen, einem weiteren vom Berliner Senat hochsubventionierten geschäftlichen Desaster. Es wurde Ende der sechziger Jahre als Büro- und Geschäftszentrum auf einer Fläche von 20.000 qm »im Herzen der Stadt« geplant. Die Läden erwiesen sich jedoch als kaum vermietbar, so daß jahrzehntelang öffentliche Gelder (allein bis 1982 50 Mill. DM) in das Projekt gesteckt werden mußten. Die beiden in das Gebäude integrierten Theater, die heute — mit seltenen Ausnahmen und mit großem Erfolg — Boulevardkonfektion von der Stange spielen, wurden in den zwanziger Jahren gebaut. Mit der »Komödie« eröffnete der zum unangefochtenen Starregisseur und mehrfachen Theaterleiter aufgestiegene Max Reinhardt 1924 seine Filiale am Kurfürstendamm. 1928 übernahm er auch das benachbarte »Theater am Kurfürstendamm«, ein Unterhaltungs- und Revuetheater. 1963 wurde hier Rolf Hochhuths »Stellvertreter« in der Inszenierung von Erwin Piscator uraufgeführt. Im **Kudamm-Karree**

Sommer 1992 schloß der Musicalunternehmer Friedrich Kurz einen Pachtvertrag für das Haus ab. Das Gebäude am Kurfürstendamm 208-209 wurde später zum Theater umgebaut. Es war ursprünglich als Ausstellungsgebäude der Künstlervereinigung »Berliner Secession« entworfen worden, die es von 1905 bis zu ihrer Spaltung 1914 nutzte. Der »Secession« gehörten unter anderem Max Liebermann, Max Slevogt, Lovis Corinth und später auch Ernst Barlach, Max Beckmann und Heinrich Zille an.

Knesebeckstraße

An der nördlichen Straßenseite, Ecke Knesebeckstraße, stehen die letzten flachen Behelfsbauten aus der Nachkriegszeit. Das Grundstück ist trotz explodierender Quadratmeterpreise über Geschäfts- und Büroräume bis heute nicht aufgestockt worden. Hier ist die kleine, aber feine Buch- und Kunsthandlung Camilla Speth zu finden, die 1922 schräg gegenüber, am Kurfürstendamm 201, eröffnete. Damals war sie eine der ersten Buchhandlungen am Kurfürstendamm, heute ist sie eine der letzten, die sich haben halten können. Die ebenso traditionsreiche Bücherstube Marga Schoeller, die nicht nur durch ihr reiches Angebot an englischer und amerikanischer Literatur, sondern in den fünfziger Jahren auch durch Lesungen von Bertolt Brecht (!) und während der Studentenbewegung durch den Verkauf revolutionärer Literatur unter dem Ladentisch berühmt wurde, mußte 1974 nach einer Mieterhöhung in die Knesebeckstraße 33 umziehen.

Savignyplatz
⑩

Es lohnt sich, von der Knesebeckstraße aus einen Abstecher in Richtung Savignyplatz zu machen. Kurz vor dem Platz, direkt vor der S-Bahn-Brücke, führt auf der linken Straßenseite ein schmaler Zugang auf einen Schulhof, der sich um so mehr ausweitet, je tiefer man in ihn vordringt. Monumentale wilhelminische Schulgebäude erheben sich hier. Zu den ersten Schülern des riesigen Gebäudekomplexes, in dem damals drei Schulen untergebracht waren (heute sind es zwei Grundschulen) gehörte um 1900 Walter Benjamin, der mit seiner Familie nördlich des Savignyplatzes, in der Carmerstraße, wohnte. In der »Berliner Kindheit um Neunzehnhundert« beschreibt er die Erfahrung des Zuspätkommens:

» Die Uhr im Schulhof sah beschädigt aus durch meine Schuld. Sie stand auf ›zu spät‹. Und auf dem Flur drang aus den Klassentüren, die ich streifte, Murmeln von geheimer Beratung. Lehrer und Schüler dahinter waren Freund. Oder alles schwieg still, als erwarte man einen. Unhörbar rührte ich die Klinke an. Die Sonne tränkte den Flecken, wo ich stand. So schändete ich meinen grünen Tag und öffnete. Niemand schien mich zu kennen. Wie der Teufel den Schatten des Peter Schlehmil, hatte der Lehrer mir meinen Namen bei Beginn der Stunde einbehalten. Ich sollte nicht mehr an die Reihe kommen. Leise schaffte ich mit bis Glockenschlag. Aber es war kein Segen dabei. «

Unter der S-Bahn-Brücke hindurch gelangt man auf den Savignyplatz, der nach dem Krieg — in bescheidener, auf West-Berliner Maßstäbe zurechtgestutzter Form — den Kurfürstendamm als Treffpunkt für Literaten, Künstler und Schauspieler beerbte. Im

»Diener« an der südöstlichen oder im »Zwiebelfisch« und im »Café Savigny« an der nordwestlichen Ecke des Platzes ist noch etwas
davon zu spüren. Sie haben ein wenig Patina angesetzt; jüngere
Künstler bevorzugen andere Orte, und die meisten von ihnen leben
nicht mehr in Charlottenburg. Rund um den Platz steigen die Gewerbemieten in astronomische Höhen; eine auf Edeltourismus
ausgerichtete Infrastruktur breitet sich aus und drängt immer weiter zurück, was vom Kiez noch vorhanden ist.

Stätte einer »Berliner Kindheit«: hier ging schon W. Benjamin zur Schule

An den S-Bahn-Bögen entlang führt eine kurze Passage in westliche Richtung auf die Bleibtreustraße mit ihren kleinen und oft
teuren, obwohl harmlos aussehenden Läden und Kneipen, auf der
es sich — unter der S-Bahn durch — bequem zurück in Richtung
Kurfürstendamm schlendern läßt. Die Kreuzung Bleibtreustraße/
Kurfürstendamm ist durch die Skulptur »Pyramide« von Josef Er-
ben markiert, ebenfalls ein Ergebnis des Projekts »Skulpturenboulevard« von 1986. Von hier aus führt der Weg weiter den Kurfürstendamm hinauf, in Richtung Halensee. Auf der linken Straßenseite fällt ein besonders großes, mächtiges, aufwendig gebautes
Haus in einem etwas altväterlichen Stil auf, in dessen mit hohen
Rundbögen versehenem Erdgeschoß verschiedene kleinere Läden
untergebracht sind (Nr. 193-194). Es wurde 1922 als »Boarding-
Palast« gebaut, als elegante Wohnstätte für wohlhabende Berlin-
Besucher, denen ein Leben im Hotel als zu vorläufig und eine eigene Wohnung als zu endgültig erschien. Mit großräumigen, elegant
ausgestatteten Privatwohnungen, Badeanstalt, amerikanischer
Bar, Caféhaus und vielen anderen Attraktionen war es bereits
komplett eingerichtet und stand kurz vor der Eröffnung, als die Be-

Bleibtreustraße
⓫

Kurfürstendamm
193-194

treiber in Konkurs gingen und das Haus versteigern mußten. Während des Ersten Weltkriegs wurde es als Sitz des Waffen- und Munitions-Beschaffungsamtes genutzt. Von dieser Zeit an waren verschiedene Behörden hier ansässig; seit 1966 ist es die Berliner Oberfinanzdirektion. Im Erdgeschoß befand sich in den zwanziger Jahren unter anderem das »Palmenhaus«, ein beliebter Auftrittsort für Kabaretts und Kleinkünstler.

Wielandstraße Das Haus Nr. 185 an der Ecke Wielandstr., ein ehemaliges Hotel, brannte 1989 vollständig aus: ein Obdachloser, der regelmäßig in den Kellerräumen des Hotels übernachtete, war mit brennender Zigarette eingeschlafen. Inzwischen wurde die äußere Fassade, deren Ursprungszustand von 1904 erst kurz vor dem Brand mit großem Aufwand rekonstruiert worden war, »originalgetreu« und repräsentativ wieder hochgezogen; dahinter wird ein völlig neues Büro- und Geschäftshaus gebaut.

Leibnizstraße Der Häuserblock auf der rechten Straßenseite wird an der Ecke Leibnizstraße von dem sogenannten »Iduna-Haus« (Nr. 59/60) abgeschlossen, einem typischen Kurfürstendamm-Palast von 1907, der im Gegensatz zu vielen anderen weitgehend in seiner alten Gestalt erhalten geblieben ist. Die ursprüngliche Raumaufteilung des Hauses gibt Aufschluß darüber, wie man zu Beginn des Jahrhunderts am Kurfürstendamm wohnte. Auf jeder Etage gab es zwei Wohnungen: eine 11-Zimmer-Wohnung, die sechs Gesellschaftsräume und drei Schlafzimmer enthielt und mit diversen Nebenräumen und Dienstbotenzimmern insgesamt 575 qm groß war, und eine 8-Zimmer-Wohnung mit einer Grundfläche von 410 qm.

Das »ECO-Haus« (Nr. 64/65) ist ein Relikt aus der Zeit, in der West-Berlin einige Jahre lang als das Zentrum der deutschen Mode galt. Es wurde 1957 im Auftrag der Konfektionsbekleidungsfirma Gerhard Ebel & Co in nur sieben Monaten errichtet und bot neben ihr noch drei anderen Berliner Textilbetrieben Platz. Sie haben längst einem anderen Gewerbe Platz gemacht: heute beherbergt das Haus hauptsächlich Rechtsanwaltskanzleien, die sich auf Steuerrecht spezialisiert haben. Im Erdgeschoß befindet sich das »Hollywood«, ein geräumiges Kino im Stil der fünfziger Jahre, mit bequemen Sesseln, viel Beinfreiheit, und in die Sessellehne integriertem Aschenbecher und Abstellplatz für Getränke.

Kurfürstendamm 68 Am Haus Kurfürstendamm 68 erinnert eine Gedenktafel daran, daß an dieser Stelle, im inzwischen zerbombten Kino »Alhambra«, 1922 der erste Tonfilm überhaupt aufgeführt wurde. Die drei Ingenieure Hans Vogt, Joseph Masolle und Joseph Engl hatten gemeinsam das sogenannte »Tri-Ergon-Verfahren« entwickelt, das es ermöglichte, Schallwellen mittels elektrischer Impulse in Lichtbündel zu transformieren, die direkt auf dem Filmstreifen aufgezeichnet und bei der Projektion wieder in Schallwellen zurückverwandelt werden konnten. Die »Ufa« zeigte sich jedoch nur halbherzig interessiert; sie setzte auf den Stummfilm, der damals den Höhepunkt seiner Entwicklung erreicht hatte. So kam es, daß die New

Yorker »Fox« die Rechte an dem Verfahren erwarb, während die »Ufa« erst Ende der zwanziger Jahre durch den Erfolg der ersten amerikanischen Musikfilme in Deutschland aufgeschreckt wurde.

Der Adenauerplatz ist eigentlich kein Platz, sondern eine aus **Adenauerplatz** dem Leim gegangene Straßenkreuzung, die nach dem Tod des in Berlin nicht sehr beliebten ersten Bundeskanzlers dessen Namen erhielt und damit zum Ort erklärt wurde: »Ein Platz zum Umsteigen, zum Weitergehen, zum Verschwinden in der Fußgänger-Unterführung, aber kein Platz zum Bleiben.« (F.C. Delius) Im Rahmen des Projekts »Skulpturenboulevard« planten die amerikanischen Künstler Nancy und Edward Kienholz 1986, hier zwei in den Deutschlandfarben angestrichene, einander bekämpfende Baukräne aufzustellen. Bei der Aktion namens »The Dumb Dumm Duel« sollten außerdem aufgeblasene Kondome zum Platzen gebracht werden. Das Projekt kam nie zustande. In der offiziellen Stellungnahme der Projektkommission wurde es als »von der Realität überholt« bezeichnet: anläßlich der Berliner 750-Jahr-Feier gehe es »nicht um das Aufrechterhalten von Gegnerschaft, sondern um einen neuen Dialog«; zudem lasse es »die weltweite Debatte um die Krankheit AIDS..., auch im übertragenen Sinne, nicht zu, eine lebensrettende Prophylaxe der Zerstörung preiszugeben«.

Am Lehniner Platz befindet sich das dritte Theater am Kurfür- *Ort schriller* stendamm, die »Schaubühne«. Sie galt vor zehn bis fünfzehn Jah- *Demonstrationen: Kudamm '92*

ren als bestes Theater in der west-deutschen Theaterlandschaft. Heute, nachdem sie ein wenig zu ihrem eigenen Mythos erstarrt ist, ist sie immerhin noch eines der besseren Berliner Theater, freilich keines mehr, das neue Impulse setzt. Das lange, zur Straße hin gerundete Gebäude, in dem sie untergebracht ist, wurde ursprünglich 1928 von Erich Mendelsohn als ein Kinoneubau entworfen, der erstmals ausdrücklich nicht mehr am Vorbild der Theaterarchitektur orientiert sein sollte. Von 1978 bis 1981 wurde es abgetragen und äußerlich »historisch getreu« wieder aufgebaut, während im Inneren praktisch ein Neubau entstand, der mit der klassischen Theaterarchitektur ebenfalls nichts mehr zu tun hat: die Bodenfläche besteht aus mehreren 76 x 3 m großen Plattformen, die unabhängig voneinander gehoben oder gesenkt werden können und je nach Bedarf als Teil der Bühne oder der Zuschauertribüne dienen können, was die Möglichkeiten der Raumgestaltung vervielfacht.

Gegenüber, am Kurfürstendamm 76, wo sich heute der linke Teil eines Bürohauses befindet, wohnte bis 1933 der Schriftsteller und Verleger Wieland Herzfelde in einer Dachwohnung. Von 1917 bis 1924 war sie zugleich der Sitz des von ihm gegründeten Malik-Verlags, der die Arbeiten von Wieland Herzfeldes Bruder John Heartfield, von George Grosz und andere Literatur der Berliner künstlerischen und politischen Avantgarde publizierte.

Der Halenseer Teil des Kurfürstendamms, der am Lehniner Platz beginnt, galt zu Beginn des Jahrhunderts vor allem als Ort für Vergnügungen. So wurde auf dem Gelände der heutigen Schau-

bühne 1901 eine große Ausstellung zum 50jährigen Berliner Feuerwehrjubiläum gezeigt; später wurden hier Tennisplätze und eine Eisbahn angelegt. Auf dem Grundstück des Hauses Nr. 151 wurde ab 1909 einige Jahre lang ein »Amerikan-Roller-Skating-Rink« betrieben, an den sich der Held von Vladimir Nabokovs Roman »Die Mutprobe« (der — wie Nabokov selbst — nach der Oktoberrevolution von 1917 aus Rußland nach Berlin emigriert ist) aus seiner Kindheit erinnert:

> *Martin ging zum Kurfürstendamm, um jene riesige Rollschuhbahn zu suchen, an die er sich so gut erinnerte, mit dem Geräusch der Rollschuhe, den Trainern in roten Uniformen, dem Musikpavillon, dem leicht salzig schmeckenden Mokkakuchen, der in den die Bahn umgebenden Boxen serviert wurde, und dem pas de patineurs, den er zu jeder Art Musik zu tanzen pflegte, bald das rechte, bald das Linke berollschuhte Bein beugend (und wie er dabei einmal hingefallen war!) — nur um festzustellen, daß ein Dutzend Jahre genügt hatte, das alles völlig zu vernichten.*

Heute hat das obere Drittel des Kurfürstendamms einen eher privaten Charakter. Der touristische Betrieb, der sich ohnehin zum überwiegenden Teil zwischen Breitscheidplatz und Leibnizstraße abspielt, versandet hier endgültig; auch die letzten Touristen kehren wieder in Richtung Gedächniskirche um. Auf den breiten Bürgersteigen ist jetzt sehr viel Platz, nur auf den Straßen staut sich der Verkehr wie in der Innenstadt. Die reinen Bürohäuser nehmen ab, die Wohnhäuser nehmen zu; viele von ihnen haben, der Berliner Luft zum Trotz, Dachgärten. Unter den Geschäften tauchen Lebensmittelläden und Tankstellen auf. Hier, kurz hinter dem westlichen Stadtzentrum, in gleichermaßen sicherem Abstand zum Berliner Osten und dem westlichen Umland, ist die alte West-Berliner Welt noch in Ordnung: so gut wie unbehelligt von lästigen Touristen, Hütchenspielern, Asylbewerbern oder Besuchern aus dem Umland, lebt man so vor sich hin, wie man es immer gewohnt war. Nichts im Straßenbild deutet auf die neunziger Jahre hin.

Vor fünfundzwanzig Jahren waren die Zeiten auch hier unruhiger: damals befand sich auf der Südseite des Kurfürstendamms, an der Ecke Johann-Georg-Straße, in einem inzwischen abgerissenen Altbau das Büro des SDS (Sozialistischer Deutscher Studentenbund). Am 11. April 1968, kurz vor 15.00, verließ Rudi Dutschke dieses Büro, um in der benachbarten Apotheke (Nr. 139) Medizin für seinen sechs Monate alten Sohn zu besorgen. Während er vor der noch geschlossenen Apotheke wartete, näherte sich ihm ein Mann, der ihn fragte, ob er Dutschke sei. Auf die bejahende Antwort hin feuerte er drei Revolverkugeln auf Dutschkes Kopf ab. Ein Tabakhändler, der das Geschehen beobachtet hatte, sah, wie Dutschke noch ungefähr fünfzig Meter weit taumelte und rief »Ich muß zum Friseur! Ich muß zum Friseur!«, bis er schließlich mit dem Aufschrei »Soldaten, Soldaten!« zusammenbrach. Elf Jahre danach starb er an den Spätfolgen des Attentats.

Anselm Bühling

Johann-Georg-Straße

Viel Vergangenheit —
wie wird die Zukunft?

Berlin-Mitte: West

Ausgangs- und Endpunkt: S-Bahn Hackescher Markt
(S3, S5, S6, S7, S9)
Dauer: 3 Stunden

1882 wurde der Viadukt übergeben, auf dem bis heute die Züge durch Berlin-Mitte rollen. Was damals eine technische Meisterleistung war — immerhin handelte es sich um den ersten Stadtbahnviadukten der Welt — und den technischen Fortschritt mitten in das Herz der deutschen Reichshauptstadt brachte, ist heute eher ein Ärgernis. Mancher sähe ihn lieber unter der Erde. Besonders der geschlossene Eindruck der Museumsinsel dreihundert Meter weiter westlich wird durch die Stadtbahn zerstört.

Der Bahnhof, an dem unser Rundgang beginnt, hieß von seiner Einweihung bis 1945 »Bahnhof Börse«. Vom Marx-Engels-Platz, nach dem der Bahnhof bis vor kurzem benant war, sieht man vom Bahnhof, der heute »Hackescher Markt« heißt, allerdings genau so wenig, wie von der im Krieg zerstörten Berliner Börse.

Hackescher Markt
❶

Wir befinden uns in der Spandauer Vorstadt. Noch vor zweihundert Jahren hätten wir an dieser Stelle das Stadttor ca. 500 Meter hinter uns gelassen (es stand in Höhe der heutigen Wirtschaftswissenschaftlichen Fakultät der Humboldt-Uni in der Spandauer Straße) und befänden uns auf dem Fahrweg nach Spandau und Oranienburg.

Die erste Sehenswürdigkeit rattert und ruckelt über die Schienen am Bahnhofsvorplatz. Es sind die Züge der Straßenbahnlinie 49, die den Fahrgast noch in originalen Holzrahmenaufbauten aus den fünfziger Jahren in Richtung Zionskirchplatz schaukelt. Achtung, die Türen müssen per Hand geöffnet werden! Auf der kurzen Fahrt zum Zionskirchplatz (3. Station) passiert man den Rosenthaler Platz (2. Station), den wichtigsten Verkehrsknotenpunkt im Norden des Stadtbezirks Mitte.

Die Zionskirche kam zum ersten Mal am 18.10.1987 in die Schlagzeilen der Presse. Naziskins aus Ost und West überfielen die Teilnehmer eines Rock-Konzertes. Besonders hatten sie es auf die Punks abgesehen. Für DDR-Verhältnisse war das ein unerhörter Vorgang. Zum ersten Mal in der Geschichte des Landes berichtete die Presse über organisierte Gewaltkriminalität im scheinbaren

Zionskirchplatz
❷

»Sicherheitsparadies«. Den zweifachen Nutzen aus dem Überfall (der für die Skins ein gerichtliches Nachspiel mit Freiheitsstrafen hatte) zog die Staatssicherheit. Die Zionsgemeinde war »ernsthaft ermahnt, ihre Öffentlichkeitsarbeit zu überdenken«. Und die Menschen in der DDR sollten erkennen, daß »der Klassenfeind nicht schläft« und wie wichtig doch die »schlagkräftigen Sicherheitsorgane« wären.

Griebenowstraße 15   Viel mehr interessierte sich die Stasi für die Umweltbibliothek im Keller des Gemeindebüros in der angrenzenden Griebenowstraße 15. Zwei Wochen nach dem Skin-Überfall informierte Konsistorialpräsident Manfred Stolpe, nach der Wende erster Ministerpräsident im Land Brandenburg, Gemeindepfarrer Simon über die bevorstehende Räumung. Die Männer und Frauen in der größten unabhängigen Umweltdatenzentrale der DDR konnten nur abwarten. Am Abend des 25. November 1987 war es dann soweit.

Werner und Angelika wohnen schon lange am Zionskirchplatz. »Aber an den Tag erinnere ich mich noch wie heute«, erzählt Werner und ist wieder so aufgeregt, wie er an jenem Abend war. »Ich komme nach Hause und überall stehen diese Geheimen rum. An jeder Ecke hier zwei, drei Pärchen, alle in Zivil. Wir hatten keine Ahnung, was los ist. Von der Umweltbibliothek wußten wir ja gar nichts. Ich bin schnurstracks nach oben gegangen, habe die Vorhänge zugezogen und den Fernseher eingeschaltet. War ja Mittwoch abend, Fußball-Europacup. Und bei solchen Sachen hat man sich immer am besten schnell verzogen. Sonst war man womöglich gleich mit dran. Haste ja gesehen, zwei Jahre später dann, am siebenten Oktober 89.«

Die Aktivisten der Umwelt-Bibliothek wurden in dieser Nacht verhaftet. Doch ihr Rechtsanwalt Wolfgang Schnur half den Opfern in die Freiheit zurück. Ziemlich genau zwei Jahre später endete seine Karriere an der Spitze seiner eigenen Partei, des »Demokratischen Aufbruchs«. Schnur entpuppte sich als inoffizieller Stasimitarbeiter, Deckname »Torsten«.

Auch wenn die Umweltbibliothek heute ausgezogen ist (jetziger Standort Schliemannstraße 23, im Stadtbezirk Prenzlauer Berg), atmet das Haus (evangelischer Kindergarten, Gemeindeschwesternstation) noch immer ein Stück Freiheit für den, der den grauen Straßenfronten entfliehen möchte. Treppenaufgänge und Hinterhof sind mit bunten Kindermalereien verziert.

Wolliner Straße   Schräg gegenüber, an der Einfahrt zur Wolliner Straße, kündet ein Lebensmittelgeschäft von wiedergewonnenem ostdeutschen Selbstbewußtsein. »Wir verkaufen Ost« — Brandenburger Landwaren wurden dank ihrer Frische, der Qualität und ein bißchen aus alter Gewohnheit nach einigen Monaten der Abstinenz wieder ein Schlager bei den traditionellen Konsumenten. Das ging soweit, daß ein sehr bekannter, nicht ganz uneitler westdeutscher Fruchtsafthersteller das Markenzeichen »Havelland« für seine Produkte verwendete, ohne tatsächlich in jedem Fall havelländisches Obst einzusetzen. Mit Hilfe der deutschen Justiz fanden havelländische Obstbauern bei ihm eine neue Absatzlinie.

Die Wolliner Straße führt uns zunächst zum Arkonaplatz. In ei- **Arkonaplatz** **❸**
nem so verwahrlosten Zustand wie heute ist der Platz erst, seit die
Stadtverwaltung den wöchentlichen Trödelmarkt an dieser Stelle
untersagt hat.

Das Pissoir ist in seiner Mischung von Jugendstilelementen mit
fernöstlichen Proportionen ein einzigartiges Beispiel für den Berliner Eklektizismus nach der Jahrhundertwende. Vielleicht wird es
eines Tages wieder geöffnet sein.

Gleich am Eingang zur Swinemünder Straße erkennt man am **Swinemünder Straße**
Portal der Nummer 120 auf der rechten Seite einen hellen Fleck:
Hier hing bis 1991 noch eine Tafel mit dem Hinweis, daß an dieser
Stelle »am 9. Februar 1984 die zweimillionste Wohnung der DDR
seit dem VIII. Parteitag (auf dem die SED den Konsum als Trieb-
kraft des Sozialismus entdeckte) von Erich Honecker übergeben
wurde«. Eine schöne Erinnerung daran, wie im Osten Deutschlands selbstverständliche Entwicklungen zu politischen Leistungen hochstilisiert wurden — und wie die Mächtigen von heute mit
der Geschichte ihrer Stadt umgehen.

Dreihundert Meter im Norden stößt die Swinemünder Straße
auf den ehemaligen Grenzstreifen. Am Haus Swinemünder Str. 20
sieht man an der Hausecke noch, wo einstmals die »Hinterlands-
mauer« aufgemauert war. Wer dieses ca. drei Meter hohe Stück
Beton vor dem 9. November 89 überkletterte, war ein Todeskandi-
dat. Der Grenzstreifen erstreckte sich von hier über ca. 40 Meter
bis zur eigentlichen »Mauer« am Fußweg der Bernauer Straße —
gespickt mit Sicherungszäunen, Signalleinen, Panzersperren. Der *Die Mauer als*
Asphaltweg, der heute mitten im Grünen zum Spaziergang einlädt, *Museumsstück*

Bernauer Straße	war einst der Fahrweg der Grenzposten, über den die Kübelwagen mit den ertappten Grenzverletzten rollten — oder mit dem, was dienstbeflissene Soldaten ohne Moral von ihnen übriggelassen hatten. Einen Eindruck von all dem soll einmal das »Mauermuseum« vermitteln, das auf dem abgesperrten Gelände ca. einen Kilometer weiter westlich entsteht.
Brunnenstraße ❹	Auf dem Weg zu diesem Museum passieren wir die Brunnenstraße. Hier wurde 1961 das erste Stück Mauer errichtet und hier begann man 1990 symbolisch auch mit dem Abriß. 1991 ruhte die Arbeit am Mauermuseum, weil viele Menschen in Berlin kein Verständnis auch nur für einen einzigen Meter des Schandmals mehr haben. Auch die Kirchengemeinden des benachbarten Friedhofs erheben Anspruch auf das Gelände, unter dem die Gräber ihrer Ahnen liegen. Das »Deutsche Historische Museum«, der Rechtsträger des Mauermuseums, spielt auf Zeit, setzt auf das langsame Verheilen der Narben und argumentiert derweil mit den Millionen von Touristen, die alljährlich nach Berlin kommen und die Mauer sehen wollen.
Bergstraße	An der Westseite des Friedhofs kündet nur noch ein kleiner Asphaltfleck von der einst belebten Bergstraße. Hier rollte der Verkehr, spielten am Bordstein die Kinder. Da die Häuser, die früher an der Westseite der Straße standen, im Zuge der Grenzsicherung abgerissen wurden, wird die Bergstraße niemals wieder erstehen.
Am Nordbahnhof ❺ *Ein Stück Kulturgeschichte*	Auch das Schicksal des Nordbahnhofs im Gelände zwischen Garten-, Invaliden- und Chausseestraße besiegelte der Mauerbau. Bahnhof im Osten, Gleise im Westen — nach dem 13.8.63 fuhr hier kein Zug mehr. Lediglich unter der Erde hält seit dem Abriß der

Mauer wieder die S-Bahn der Nord-Süd-Linie, die in den Jahren der Teilung den Stadtbezirk Mitte mit einem einzigen Halt am Bahnhof Friedrichstraße unterquerte. Für die Fahrgäste war die Fahrt durch die gesperrten Bahnhöfe bis 1989 wie ein Stück Geisterbahnfahrt. Zwischen schwach beleuchteten Schuttmassen drehten ein paar schwerbewaffnete Transportpolizisten ihre Runden. Sie paßten auf, daß sich niemand durch die vermauerten Eingänge bohrte, um den Westzug zu besteigen.

Die Kreuzung Invalidenstraße/Chausseestraße wird durch das **Invalidenstr./** Gebäude der Physikalischen Fakultät der Humboldt-Universität **Chausseestr.** beherrscht. So schön das Haus ist, so sinnlos ist es an dieser Stelle. Die steten Erschütterungen durch die Straßenbahn machen jedes mechanische Experiment von vornherein sinnlos. Auf dem Hof des Gebäudes steht eine Sandsteintafel mit den Namen berühmter Physiker, die an der Berliner Universität wirkten.

Links neben dem Supermarkt in der Chausseestraße erinnert eine Stele an das Haus, in dem am 1. Januar 1916 enttäuschte Sozialdemokraten, unter ihnen Rosa Luxemburg und Karl Liebknecht, den Spartakusbund gründeten. Im 2. Stock des Hauses hatte Liebknecht damals seine Anwaltskanzlei. Zwei Jahre später entstand aus diesem Bund die Kommunistische Partei Deutschlands.

In der Chausseestr. 125 sitzt das Brechtzentrum Berlins. Hier, **Chausseestr. 125** im Hinterhaus und mit dem Blick auf den Friedhof, lebte Bertolt **❻** Brecht vom Herbst 1953 bis zu seinem Tode am 14. August 1956. Brecht kam zuerst 1924 als Theaterdramaturg nach Berlin. Hier gab es erfolgreiche aber auch umstrittene Premieren seiner Stücke, u.a. am Deutschen Theater und am Theater am Schiffbauer Damm. Brecht mußte 1933 emigrieren. Nach seiner Rückkehr aus den Vereinigten Staaten ließ er sich erneut in (Ost) Berlin nieder, wo er u.a. das Berliner Ensemble gründete.

Das Bett, in dem er starb, kann genau wie der ganze im ursprünglichen Zustand belassene Haushalt besichtigt werden. Mittlerweile ist das Haus nicht nur als Wohnstätte des großen Dichters interessant, sondern selbst schon ein Stück Kulturgeschichte — so lebte man in den »Fünfzigern«. Im Keller des Hauses befindet sich der »Brecht-Keller«, in dem nach Originalrezepten von Helene Weigel gekocht wird.

Gegenüber (Chausseestr. 13) steht das Haus, das einst August **Chausseestr. 13** Borsig als Zentrale seiner Maschinenfabrik errichten ließ. Die Geschichte Borsigs am Oranienburger Tor ist die alte Geschichte vom tüchtigen Deutschen, frei nach dem Motto: »Selbst geschafft aus eigner Kraft«.

1837 gründete Borsig hier seine Maschinenbauanstalt. 1838 baute er die Dampfmaschine, mit der die Wasserkünste von Potsdam-Sanssouci betrieben wurden. Drei Jahre später verließ die erste Dampflok die Werkstätten, die sich mit der Zeit zu Werkhallen mauserten, 32 Jahre später rollte die 3.000. Lokomotive vom Gelände. Weitere dreißig Jahre später verzogen sich die qualmenden Schornsteine und lärmenden Eisenhämmer wie ein

Spuk: Die Berliner Schwerindustrie (neben Borsig produzierten hier noch viele andere Firmen, u.a. Schwartzkopff) zog an den Stadtrand, dorthin, wo sich heute Stadtbezirke wie Wedding oder Lichtenberg erstrecken. Einziges Denkmal des industriellen Aufschwungs an der Oranienburger Chaussee blieb das 1899 errichtete Borsig-Haus.

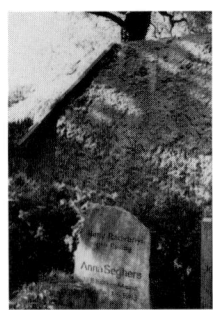

Neben dem Brechthaus befindet sich der Eingang zum Dorotheenstädtischen Friedhof, der den Dichter und seine Frau Helene Weigel nunmehr mit August Borsig und vielen weiteren Berliner Größen vereint. Die Philosophen Fichte und Hegel, die beiden bekannten Berliner Architekten Schadow und Schinkel, Rauch, dessen Skulpturen noch heute an vielen Stellen der Stadt zu bewundern sind, die Schriftsteller Heinrich Mann und Arnold Zweig und die in der DDR hoch geschätzte Anna Seghers, Hanns Eisler, der bekannteste Berliner Komponist dieses Jahrhunderts, ja sogar Ernst Theodor Litfaß, der Erfinder der nach ihm benannten Säule, fanden hier ihre letzte Ruhestätte.

Direkt neben dem Eingang zum Dorotheenstädtischen liegt der Eingang zum Französischen Friedhof. Das meistbesuchte seiner Gräber birgt die sterblichen Überreste Daniel Chodowieckis, eines Berliner Malers und Grafikers. Niemand übermittelte der Nachwelt ein so genaues Bild vom Berlin des 18. Jahrhunderts wie er.

Über die Mauern des Friedhofes blicken die gardinenlosen Fenster eines gelben Backsteingebäudes: Das gerichtmedizinische Institut ist das lebendigste Totenhaus Berlins. Während im Sektionssaal hinter den großen Fenstern im Erdgeschoß forensische Pathologie betrieben wird (zu deutsch: die Opfer »ungeklärter Todesfälle« seziert werden), erfahren Studenten im Hörsaal unter dem Dach (seine Fenster gehen auf die Oranienburger Straße), worauf bei der Leichenschau zu achten sei, damit das Zusammenspiel mit Polizei und Justiz klappt. Und der Dozent entläßt sie mit den Worten: »Die Leute, die sie nächste Woche im Sektionssaal liegen sehen, laufen heute alle noch quicklebendig draußen herum. Denken sie daran, wenn sie vor dem Abendbrot zu Hause das Gas aufdrehen.«

Friedrichstraße An der Kreuzung 100 Meter rechter Hand vom Ausgang der Friedhöfe weisen nur noch die Straßenschilder darauf hin, daß Berlin einmal hier zu Ende war: Die Chausseestraße verwandelt sich in Richtung Süden in die Friedrichstraße. Zwischen beiden Straßen stand noch bis zum Ende des vorigen Jahrhunderts das Oranienburger Tor. Seit der Aufhebung der Berliner Zollschranken 1867 störte es nur noch den Verkehr. August Borsig ließ es abtragen und errichtete es wieder am Eingang seines Landgutes in Groß-Behnitz, eine halbe Fahrstunde westlich von Spandau. Dort kann man es noch heute besichtigen.

Hannoversche Straße Auf der Südseite der Hannoverschen Straße lag eines der politisch brisantesten Gelände der DDR: In dem großen weißen Haus residierte die »Ständige Vertretung der Bundesrepublik Deutschland in der DDR«. Bis 1989 wurde das Gelände streng kontrolliert: Zu jeder Tages- und Nachtzeit streiften zwei Volkspolizisten und zwei Stasi-Mitarbeiter auf dem Bürgersteig auf und ab und beäugten argwöhnisch die Passanten. Der Zutritt ins Haus war nach dem Gesetz frei. Doch wer wieder herauskam, mußte sich eine Personalausweiskontrolle gefallen lassen, während der die Grünbemützten laut die Personalien aus dem Ausweis vorlasen. Unter der Dienstjacke steckte das Funkgerät und in der »konspirativen Wohnung« im Haus gegenüber lief das Tonbandgerät mit. Immer wieder gab es aufsehenerregende Fluchtaktionen auf das Gelände der Ständigen Vertretung. Wenn auch niemand von hier aus direkt den Weg in den anderen deutschen Staat antreten konnte, so schafften es doch die meisten der Besetzer innerhalb weniger Monate nach ihrer Aktion mit regulären Ausreiseanträgen.

Am anderen Ende der Hannoverschen Straße, vorbei am Gebäude der Gerichtsmedizin, das wir schon vom Friedhof aus sahen, kommen wir zum Robert-Koch-Platz. Das Denkmal für den Arzt wirkt wie ein kaum veränderter Abguß des letzten Lenin-Denkmals und zeigt, wie selbst in der (offiziellen) Bildhauerei der DDR jedes Thema über einen Leisten geschlagen wurde, um die Lust am Individuellen zu ersticken. Der Meister schaut anklagend in Richtung der Akademie der Künste. Doch die Oberen des Hauses waren seinem Blick vorsorglich schon 1974 in das ehemalige Volkskammergebäude in der Hermann-Matern-Straße (heute wieder Luisenstraße) 58-59, wenige Meter weiter südlich, ausgewichen.

Robert-Koch-Platz
➐

Robert-Koch-Denkmal auf dem gleichnamigen Platz

Auf ihrer Spur durchqueren wir die Charité, das einstige Vorzeigekrankenhaus der DDR. 1710 wurde hier ein Pesthaus errichtet, das sich zunächst zum Spital mauserte, um dann als Umerziehungsanstalt für Bettler und endlich als Garnisonslazarett zu dienen. Ihren Namen (caritas = Barmherzigkeit) erhielt die Einrichtung vom Soldatenkönig Friedrich Wilhelm I. Und er leistete noch Wichtigeres: Sogar ein Brauhaus und eine Schnapsbrennerei ordnete er ihr zu. Böse Zungen behaupten, aus dieser Zeit stamme der Spruch: »Schnaps ist gut gegen Cholera!«

Charité

1797 wurden hier die ersten Studenten zu Kompaniechirurgen ausgebildet. Abgesehen von den Neubauten aus den siebziger Jahren erhielt das Gelände in der Zeit von 1894 bis 1917 sein heutiges Gesicht. Neogotik und roter Backstein fügten sich zu einem der schönsten Krankenhausbauten Deutschlands. Außer Robert Koch (1843-1910), dem Entdecker des Tuberkel-Bazillus, wirkten hier auch Albrecht von Graefe (1828-70, führte den Helmholtzspiegel in die Praxis ein), der Chirurg Ferdinand Sauerbruch (1875-1951, operierte als Erster am offenen Herzen und entwickelte die erste greiffähige Armprothese) oder Rudolf Virchow (1821-1902, Begründer der modernen Zelllehre). Zu ihrer Zeit galt die Charité als das »Krankenhaus der Welt«. Wenn bis vor wenigen Jahren viele alte Ärzte von Japan bis Südamerika die deutsche Sprache beherrschten, war das der einstigen Anziehungskraft dieser Forschungseinrichtung zu verdanken.

Luisenstraße 60

Im Haus Luisenstraße (ehemals Hermann-Matern-Str.) 60 (damals war es die 45) lebte während des Wintersemesters 1838/39

Stempel als Ersatz für ein Schild

Schumannstraße
❽

der Student Karl Marx. Allerdings wußte er damals selbst noch nichts von den Theorien, die genau 150 Jahre später mit seinem Namen verbunden und in dieser Stadt ad absurdum geführt werden sollten.

Im Haus rechts daneben (Nr. 58/59) gab die Volkskammer der DDR bis 1976 all jenen Gesetzen ihren Segen, die dazu vonnöten waren. Danach residierte hier die schon erwähnte Akademie der Künste. In der Nummer 57 lebte 18 Jahre lang Robert Koch, dessen Denkmal wir eben sahen.

Der spätklassizistische Prachtbau mit dem Ehrenhof in der Luisenstraße 56 wurde 1839/49 als Tierarzneischule errichtet. In den 12 Rundbogenöffnungen im Oberteil des Mittelflügels sind die Reliefbüsten berühmter Veterinärmediziner zu sehen.

Auf dem Hof hinter dem Haus steht ein noch älteres Gebäude: Das 1790 von Langhans errichtete »Anatomische Theater«, damals der größte und modernste, bis heute einer der schönsten Hörsäle der Welt. In Studentenkreisen wird er »der Trichinentempel« genannt. Im Haus Luisenstraße 53 hat Albert Lortzing, der Komponist von »Zar und Zimmermann«, das letzte halbe Jahr seines Lebens verbracht.

Hundert Meter weiter stehen wir an der Kreuzung zur Schumannstraße. Auf der Westseite erinnert ein prächtiges Denkmal an Albrecht von Graefe. Es wurde 1882 von Martin Philipp Gropius entworfen.

In Richtung Osten führt uns die Schumannstraße zu den Kammerspielen und zum Deutschen Theater, die eng mit dem Namen Max Reinhardts verbunden sind. Früher gab es rund um die Schumannstraße sechs Theater, nur diese beiden Bühnen sind geblieben. 1850 wurde hier das Friedrich-Wilhelmstädtische Theater eingeweiht. Erster Kapellmeister war Albrecht Lortzing. Jaques Offenbach schrieb für dieses Haus einige seiner bekanntesten Operetten. Weltruf erlangte es ab 1905 unter der Direktion (und im Besitz) von Max Reinhardt. Künstler wie Lovis Corinth und Max Slevogt schufen Bühnendekorationen für das Haus. Der Naturalismus ging so weit, daß Reinhardt vor der Aufführung Waldduft versprühen ließ und während des Stückes die Besucher mittels Windmaschinen mit Laubblättern überschüttete. 1933 mußte der Jude Reinhardt vor den Nationalsozialisten fliehen. Seinem Nachfolger Hans Hilpert wird bescheinigt, daß er das Theater im Sinne Reinhardts bis 1944 fortführte, ohne sich dem braunen Kulturbetrieb zu beugen. Nach dem großen Zusammenbruch wurde das Haus als erstes Berliner Theater wiedereröffnet — mit Lessings »Nathan der Weise«, der großen Parabel über religiöse Toleranz und multikulturelles Miteinander.

Auf der Südseite der Schumannstraße steht die »Mensa Nord«, wochentags ein empfehlenswerter Versorgungspunkt für Low-Budget-Touristen. Um beim Essenmarkenkauf nicht in die Verlegenheit zu geraten, seinen Studentenausweis vorzeigen zu müssen, sollte man einen der Studenten bitten, eine Marke mitzubringen.

Café und Kneipe funktionieren mit Bargeld und sind trotzdem preiswert. Auf der Südseite des Mensa-Würfels verläuft die Reinhardtstraße. Wenn wir ihr folgen, fällt uns nach wenigen hundert Metern auf der rechten Seite (zwischen den Nummern 18 und 19) der wenig anziehende »Panke-Imbiß« auf. Er ist der letzte Hinweis auf einen einstmals vielbesungenen Fluß, die Panke, die dem Stadtbezirk Pankow seinen Namen gab. Ein aufmerksamer Blick nach Norden enthüllt dank der zerschnittenen Häuserfluchten ihren Verlauf. Leider ist sie ins Unterirdische verbannt — Bauämter in der DDR hatten keinen Sinn dafür, wie sehr ein kleiner Fluß das Stadtbild belebt.

Theater mit Tradition: die Berliner Kammerspiele

Reinhardtstraße

In der Reinhardtstraße 11 gibt es ein Café-Bistro, das besonders in Studentenkreisen sehr populär ist. Fragen Sie unbedingt nach dem ausgezeichneten Pücklereis (gab es im Frühjahr '92 nicht mehr, vielleicht kann die Nachfrage das ändern)!

Direkt an der Mündung der Reinhardtstraße in die Friedrichstraße liegt der Friedrichstadtpalast. Er wirkt wie eine Promenadenmischung aus Industriebau und Haremspalast und ist trotzdem das architektonisch interessanteste Gebäude in der ganzen Friedrichstraße. Hier hat die große alte Revue überlebt, die im Westen angeblich niemand mehr bezahlen kann. Bis zur Wende war das Haus zu jeder Vorstellung ausverkauft. Es war (und ist) das Traumziel vieler Touristen aus den osteuropäischen Ländern, in denen seine Revuen dank des RGW-Fernsehverbundes »Intervision« ein kleines Stück westlichen Glimmers ins Haus brachten. Die Ausstattung des Hauses ist beispielhaft: Die Vorderbühne des großen Saales (1.900 Plätze) läßt sich wahlweise in eine Eisarena, ein Wasserbassin oder in eine Zirkusmanege verwandeln.

Friedrichstraße

Vor dem Kasseneingang steht eine Stele zum Gedenken an Claire Waldoff, die in den zwanziger Jahren mit »Herz und Schnauze« als »die Stimme Berlins« galt.

Friedrichstraße 122

In der Friedrichstraße 122 steht vor einer Edelkneipe ein »Eiserner Ritter«. Solche Figuren (oder ersatzweise abgesägte Kanonenrohre) schützten in vergangenen Jahrzehnten Hausecken und Toreinfahrten vor den Rädern und Steckachsen der ab- und einbiegenden Pferdewagen. Wahrscheinlich rührt die abgeschlagene Nase des armen Ritters von einer solchen Kollision her.

Gleich nördlich vom Friedrichstadtpalast sieht man über eine Freifläche hinweg die notdürftig vermauerte Abbruchseite eines alten Hauses. Bis zur Wende ragten dem Betrachter hier noch die unverhüllten leeren Räume einer der letzten Ruinen Berlins entgegen.

Oranienburger Straße
⑩

Wenn man an der nächsten Straßeneinmündung rechts in die Oranienburger Straße einbiegt, steht man nach hundert Metern vor der Front des Gebäudes. Es ist das »Kunsthaus Tacheles« (Tacheles ist hebräisch und bedeutet Gespräch). Früher war hier der Eingang zu einer Kaufhauspassage, die sich bis zur Friedrichstraße hinüber erstreckte. Den traurigen Rest besetzten während der ämterlosen Zeit der Wende wohnungslose junge Leute aus dem Osten Berlins. Nach der Grenzöffnung galt das Haus als Geheimtip unter den Aussteigern Westeuropas. So kommt es, daß heute in seinen Mauern fast ebensoviel englisch gesprochen wird wie deutsch. Multi-Kultur und Aussteigermentalität machen das Haus zu einer Sehenswürdigkeit ersten Ranges.

Kunst am Bus

Wenn Mimi von Vornehm sich einmal richtig gruseln will, wirft sie ihren Nerz über und besichtigt hier schaudernd die Wohnquartiere der Bohème — die sich in der Regel auch willig besichtigen läßt. Denn die Bewohner des Hauses wissen, daß allein ihr Ruf als Attraktion den Waffenstillstand mit den Behörden garantiert (und die Tatsache, daß bisher niemand ernsthaft Besitzansprüche auf dem Grundstück durchsetzen konnte). Im Haus gibt's jede Menge Veranstaltungen und eine »Gaststätte«, die ein Stück Hausbesetzerflair konserviert. Auf dem Hof entpuppt sich eine Schrottsammlung dem Auge des aufmerksamen Betrachters als Kunstausstellung. Selbst der Hahn, der morgens als einziger Vertreter seiner Art 20.000 Berliner weckt, scheint mehr Aktionskünstler als Herr seiner Hennen zu sein.

Nichts weist am Tage darauf hin, daß wir uns hier auf der »sündigen Meile« Berlins befinden. Wer die tagsüber vorstädtisch wirkende Oranienburger nach Einbruch der Dunkelheit besucht, fühlt sich auf einmal mitten in der Weltstadt. Langsam rollen die Autos durch die Straße und Menschengruppen schlendern die Bürgersteige auf und ab. Niemand hupt, keiner beschleunigt die Schritte, laute Unterhaltungen weichen intensivem Getuschel. Mittendrin die Hauptakteure: langhaarige Damen in weitgeschnittenen Jacken (die sensationelle Oberweiten vortäuschen sollen) und hautengen Glanzhosen (die kombiniert mit außen getragenen Tangas die Beine optisch in die Länge ziehen). Ab und zu rollt einer der Wagen aus der Prozession rechts heraus, stoppt, drei Worte und eine Zahl (bewegt sich derzeit um die 100) werden am offenen Autofenster gewechselt, das Objekt der Begierde steigt ein und ab geht die Fahrt (meist in Richtung Tiergarten) an den nächsten Ort, an dem man sich ohne Angst vor Spannern des lästigen Tangas entledigen kann.

Im Haus Nr. 67 verbrachte Alexander von Humboldt die letzten **Oranienburger** 16 Jahre bis zu seinem Tode 1859. Er wird im Norden Südamerikas **Straße 67** als der wissenschaftliche Entdecker des Kontinents verehrt.

Gegenüber steht einer der schönsten Nutzbauten Berlins: das ehemalige Postfuhramt. Interessant sind die Medaillons in der Fassade: Sie zeigen Personen, die sich in irgendeiner Weise um den Nachrichtentransport verdient gemacht haben. So kommen von Thurn und Taxis, Galvani und Copernikus in eine Reihe. Das Postfuhramt beherbergte früher Pferdeställe und Wagenremisen, Werkstätten und Büros für die Postbeförderung. Inzwischen wird der Bau von der Post als Verwaltungsgebäude genutzt. Schräg gegenüber in der Tucholskystraße steht das Fernsprechamt, in dem bis heute hunderttausende Fernsprechanträge geduldiger Ostberliner ihrer Abarbeitung harren — oder der Stunde, an dem das Fernsprechmonopol der Post fällt.

In der Oranienburger Straße 73—76 befand sich einst die Zentrale der Berliner Rohrpost. Dieses Transportmittel können sie im Original heute noch z.B. in der Berliner Stadtbibliothek (Breite Straße) bewundern.

Direkt gegenüber, in der Oranienburger Straße 30, haben sie sicher längst die Neue Synagoge erspäht. Ihre Kuppel erstrahlt seit

1990 in neuem Glanze. Bis dahin war das Haus ein Geheimtip und nur die Bilder von der Jahrhundertwende zeigten den geheimnisvollen Prachtbau mit seinen maurischen Elementen in ganzer Schönheit. In siebenjähriger Bauzeit wurde er nach den Plänen Knoblauchs und Stülers errichtet. Beide sollten ihr Meisterwerk jedoch nie erblicken, weil sie vor der Fertigstellung starben. Der politische Hintergrund des Hauses war eine Demonstration: Es markierte den Platz der jüdischen Gemeinde mitten in Berlin und war eindrucksvolles Zeugnis ihrer Leistungskraft. Fürst Otto von Bismark erschien persönlich zur Einweihung im Jahre 1866.

Das Gotteshaus war, wie es die jüdische Religion verlangt, in einen Männer- und einen Frauenteil getrennt. Während in den Synagogen vergangener Jahrhunderte die Frauen der Messe jedoch bestenfalls durch ein paar Mauerschlitze folgen durften, saßen sie in Berlins Neuer Synagoge im gleichen Raum wie die Männer, ja sogar über ihnen — auf der Empore. Durch das Mittelportal betrat man das Männervestibül, die beiden Seitenflügel beherbergten die Treppenhäuser zur Frauenempore. Das gesamte Haus soll rund 3000 Gläubige gefaßt haben. Albert Einstein, der Vater der Relativitätstheorie, gab in diesem Haus am 29. Januar 1930 ein Geigenkonzert. Noch vor der Machtergreifung der Nazis wurde hier ein Museum eröffnet, das den Deutschen jüdisches Leben näher bringen sollte. Aber es war bereits zu spät. In der Reichskristallnacht am 8.11.1938 plünderten deutsche Mitbürger das Haus und legten Feuer. Die große Kuppel wurde allerdings erst bei Bombenangriffen im Jahre 1943 zerstört.

1988 sollte das Haus zum dritten Mal Symbol für den Beginn der Veränderung in einem Staat werden: Ein Jahr vor dem Ende der DDR wurde ein offizielles Kuratorium zur Wiederherstellung der Synagoge gebildet. Gleichzeitig wurden erste Zeichen in Richtung

Israel gesandt, daß man bereit war, über jüdische Rechte auch gegenüber dem sozialistischen deutschen Staat nachzudenken. Vorsitzender des Kuratoriums war SED-Chef Honecker persönlich. Es sollte ihm nichts mehr nützen.

Rechts neben der »Neuen Synagoge« liegt das Café Silberstein, eine der stilvollsten Café-Gründungen der Nachwendezeit — aber leider keine der preiswertesten! Die (meist klassische) Musik wird auf ihre Bitte auch gern etwas leiser gestellt, wenigstens für fünf Minuten.

Ein paar Schritte weiter führen die Schritte hinab zur »Assel«, einer Szene-Bar, die den gemütlichen Kontrast zum mondänen »Silberstein« bietet. Hier ist die Stimmung entkrampft, und wer sich einen Abend lang ausquatschen will, hat gute Chancen, Zuhörer zu finden.

Monbijou ⓫

Auf der anderen Straßenseite stand bis 1943 eine der schönsten Sehenswürdigkeiten Berlins: Das Schloß »Monbijou« (französisch: »Mein Schmuckstück«) beherbergte u.a. das Hohenzollernmuseum. Durch einen Bombenangriff wurde es so gründlich zerstört, daß den Wiederaufbau niemand bezahlen konnte. Heute erstreckt sich hier der Volkspark Monbijou mit dem gleichnamigen Kinderbad. Er ist die einzige größere Grünfläche bis hin zum Tiergarten. Bis zum Fall der Mauer war hier die einzige Stelle im Ostberliner Zentrum, an der man sich ungestört von den aufmerksamen Blicken patrouillierender Volkspolizisten in der Sonne räkeln konnte. An heißen Sommertagen werden Seminare aus der nahegelegenen Humboldt-Universität schon mal hierher auf die Wiese verlegt. Zu dem interessant gestalteten Spielplatz kommen die Kinder oft mit der Straßenbahn angereist. Die ruhige Spreeterrasse gleich nebenan vereint über die Zeiten klagende Rentner, brütende Arbeitslose und paukende Studenten zu einer idyllischen Leidensgemeinschaft.

Große Hamburger Str.

An der Einmündung der Großen Hamburger Straße tauchen wir in den ältesten, noch annähernd im Originalzustand befindlichen Teil Berlins ein. Nach wenigen Schritten stehen wir vor einer Grünfläche mit Denkmal. An Stelle der Figurengruppe stand einst das jüdische Altersheim, das zuletzt als Sammellager für die Berliner Juden vor dem Abtransport in die Vernichtungslager diente. Ungefähr 50.000 Berliner Juden verbrannten in den Öfen der KZ's (wenn auch nicht alle durch dieses Haus gingen). Die jüdische Gemeinde selbst nahm die Organisation der »Umsiedlung« in die Hand, in der Hoffnung, so noch am ehesten die Betroffenen schützen zu können.

Die Grünanlage hinter dem Denkmal war einst der erste jüdische Friedhof Berlins. Nur die 14 Grabsteine, die in die Umgrenzungsmauern eingelassen werden, überdauerten den Holocaust, der sich selbst noch auf die Toten erstreckte. 1943 wurden im Auftrag der Gestapo alle Grabsteine von dem Friedhof entfernt und gleich nebenan beim Bau eines Luftschutzbunkers vermauert. Für

Gedenkstein wider das Vergessen

Moses Mendelsohn (1729-86), den großen jüdischen Aufklärer Berlins, wurde nach dem Krieg ein neuer Grabstein gesetzt.

Mendelsohn hatte als Buckliger in seiner Jugend selbst unter den Juden hart für seine Anerkennung zu kämpfen. Er verdiente sie sich als geistreicher Verfechter der jüdischen Emanzipation erfolgreich. Als Mendelsohn 16jährig aus Dessau nach Berlin kam, lebten in der Stadt 209 sogenannte »Schutzjuden«, die sich diesen Status teuer erkauft hatten. Er war Hauslehrer im Dienste ihrer Familien und verschaffte sich so die Mittel, um in der kargen Freizeit Sprachen und Philosophie zu studieren. In Zusammenarbeit mit dem Verleger Nicolai gab er eine wissenschaftliche Bibliothek heraus und machte sich als Literaturkritiker einen Namen. Es gibt Literaturexperten, die glauben, daß der im selben Jahr wie Mendelsohn geborene Gotthold Ephraim Lessing in ihm das Vorbild für seinen »Nathan« sah. Daß beide sich in Berlin mehrfach begegneten, ist historisch belegt.

Große Hamburger Straße

Auf der anderen Straßenseite vermitteln zwei kleine Häuser (zu erkennen am blau-weißen Denkmalschutz-Zeichen) einen Eindruck davon, wie es in der Spandauer Vorstadt vor 200 Jahren aussah.

In der Großen Hamburger Nr. 27 befindet sich die ehemalige Knabenschule der jüdischen Gemeinde. Im Vorgarten stand einst eine Büste Mendelsohns. Er hatte 1778 die erste jüdische Schule Berlins mitbegründet und dafür gesorgt, daß in der Schule auch in deutscher Sprache gelehrt wurde. So schuf er erstmals Bildungsvoraussetzungen für die Kinder der einfachen Juden, die längst nicht mehr alle ihre hebräische Muttersprache kannten. Gleichzeitig förderte er die Emanzipation der gebildeten Juden, in deren Haushalten noch immer ausschließlich hebräisch gesprochen wurde.

Die Kirche auf der rechten Seite der Großen Hamburger ist die Sophienkirche. An ihren Nachbarhäusern fallen noch immer die Einschüsse ins Auge, die von den harten Kämpfen am Ende des Zweiten Weltkrieges zeugen. Die Sophienkirche ist trotzdem die einzige Barockkirche Berlins, die den Zweiten Weltkrieg ohne größere Schäden überstand. 1712 wurde sie von Königin Sophie Luise für die Spandauer Vorstadt gestiftet. Der Turm wurde zwanzig Jahre später hinzugefügt. Auf dem Friedhof der Kirche befindet sich das Grab des Goethefreundes Carl Friedrich Zelter. Er war der Begründer der Berliner Singakademie. Mit diesem Chor machte er die großen Bach-Oratorien populär und rettete sie so vor der Gefahr des Vergessenwerdens.

Gegenüber liegt der Komplex des katholischen St.-Hedwig-Krankenhauses. Nach einem freundlichen Wort zum Pförtner kann man die Durchfahrt zum Hof passieren und steht hier vor dem in neogotischen Formen errichteten ältesten Teil des Hauses. Er wurde 1851-54 nach Plänen des Kölner Dombaumeisters Statz errichtet.

Sophienstraße
⑫

Die nächste Straße schräg nach rechts ist die Sophienstraße. Sie wurde (wie die Husemannstraße im Stadtbezirk Prenzlauer Berg) schon zu DDR-Zeiten weitgehend originalgetreu restauriert und

Das Scheunenviertel

Wer sich heute auf die Spuren des Scheunenviertels östlich des Alexanderplatzes — die ehemalige Spandauer Vorstadt — begibt, findet nur noch wenig von dem, was einst so prägend für diese Gegend war: ostjüdisches Leben.

Doch wer sich ein wenig mit der Geschichte dieser »eigentümlichen Mixtur aus vielen Bestandteilen, nicht nur Ghetto, nicht nur Unterwelt, nicht nur billiges Amüsierviertel, nicht nur Zuflucht der aus Polen eingereisten armen Juden, nicht nur ein ›Zille-Milljöh‹« (Günter Kunert), beschäftigt hat, der wird bei seinen Streifzügen durch die alten Straßen und Gassen noch vieles entdecken, was an das alte Scheunenviertel erinnert.

Die Geschichte des Scheunenviertels begann im Jahre 1672 mit einer kurfürstlichen Verordnung. Nach dieser sollten Schuppen und Scheunen aus dem Stadtinneren verschwinden und vor den Stadttoren neu aufgestellt werden. So entstand rund um den heutigen Luxemburgplatz das sogenannte Scheunenviertel, das sich dann zu Beginn des 19. Jahrhunderts durch die Errichtung von Mietskasernen territorial ausweitete (Alte Schönhauser Straße, Münz-, Rosenthaler-, Wilhelm-Pieck-Str., Almstadtstr., Max-Beer-, Linien-, Münz-, Mulackstr.).

Mit dem Ausbau der Residenz Berlin entwickelte sich dieses Viertel zu einer bürgerlichen Vorstadt mit Theatern, Hospitälern, Friedhöfen, Gärten und Wohnhäusern. Im Zuge der industriellen Entwicklung zum Ende des 19. Jahrhunderts ging der gutbürgerliche Flair immer mehr zurück; das Scheunenviertel wurde zum Quartier ärmerer Schichten. Miets-Kasernen mit den typischen lichtlosen Hinterhöfen boten den Armen und Ärmsten notdürftige Zuflucht. Das Scheunenviertel verkam zum Gauner- und Kaschemmenviertel Berlins.

Seine spezifische Prägung erhielt es zu Beginn dieses Jahrhunderts durch die jüdischen Einwanderer aus Osteuropa. Bis in die 20er Jahre hinein ließen sich die auch von den deutschen Juden kulturell und gesellschaftlich isolierten Ostjuden im Scheunenviertel nieder und versuchten dort, sich als Handwerker oder Kaufleute eine neue Existenz aufzubauen. In diesen Jahren entstanden zahlreiche Synagogen, Bet- und Talmudschulen. Koschere Fleischereien, Backstuben, Märkte und Kneipen verliehen dem Viertel bald ein ganz eigenes Gesicht.

In seinem Werk »Berlin, Alexanderplatz« beschreibt Döblin sehr genau dieses Nebeneinander von Vertriebenen und Außenseitern der Gesellschaft im Scheunenviertel. In einem Reiseführer aus den 20er Jahren heißt es: »...Bärtige Männer mit ›Proppenzieherlöckchen‹, in langen schwarzen Kaftanen füllen die Straßen, fremde Laute tönen an unser Ohr, fremdartige Schilder in hebräischer Sprache haften an den Türen und Lokalen. Man glaubt sich plötzlich in eine Stadt Rußlands versetzt...«

Die Rassenpolitik der Reichsregierung in den 20er Jahren, die sich gegen die Ostjuden als »unerwünschte Ausländer« richtete, fand ihre barbarische Fortsetzung während der Nazidiktatur, die Traditionen und Lebensweise dieses Viertels brutal zerschlug. Nur wenige Bewohner des Viertels überlebten die braune Diktatur.

Die Gebäude, die den 2. Weltkrieg noch relativ unbeschadet überstanden hatten, wurden in der Nachkriegszeit und in den Jahren des »Aufbaus des Sozialismus« völlig vernachlässigt. Ganze Straßenzüge wurden abgerissen oder verfielen, viele Häuser sind unbewohnbar geworden. Erst in den 80er Jahren wurden einige Gebäude — so in der Sophienstraße — restauriert. Der lautstarke Protest der Bürgerinitiative »Spandauer Vorstadt« verhinderte den weiteren bedenkenlosen Abriß historisch wertvoller Bausubstanz durch die SED-Herrschaft. Ihr und dem sich im November 1990 gegründeten gemeinnützigen Verein zur Vorbereitung einer Stiftung Scheunenviertel e.V. ist zu verdanken, daß die kulturelle und geistige Tradition des Scheunenviertels nicht der Vergessenheit anheim fiel. Ziel der Stiftung ist es, im Zuge der Restaurierung des Viertels dessen kulturelle, soziale und geistige Traditionen wiederzubeleben, die Geschichte des Viertels zu erforschen und zu dokumentieren sowie die Gedanken der geistigen und religiösen Toleranz, die hier gelebt wurden, zu verbreiten. Eine für Anfang 1994 geplante Ausstellung soll Geschichte und Gegenwart des historischen Viertels östlich des Alexanderplatzes anschaulich dokumentieren.

Die Spandauer Vorstadt wurde 1990 zum Flächendenkmal erklärt. Nach dem Bundesbaugesetz ist das Viertel als zusammenhängendes Stadtgebiet nur vorläufig geschützt.

Ohne die engagierte Arbeit der Leute vom Scheunenviertel und die finanzielle Unterstützung von Sponsoren als auch des Senats wird dieses in Berlin einmalige Viertel die Schwelle des kommenden Jahrhunderts wohl kaum überdauern. Doch der Wiederaufbau der Synagoge in der Oranienburger Straße, die Ansiedlung von Handwerk und Gewerbe im Viertel sowie von Einrichtungen der Jüdischen Gemeinde lassen für die Zukunft hoffen.

Ingeborg Dittmann

vermittelte, als das Parken in ihr noch verboten war, ein wenig Alt-Berliner Flair. Wer sehr viel Phantasie hat, kann sich auch heute noch an einem schönen Sommertag im Biergarten des Sophien-Eck in jene Zeit zurückversetzen. Hier stimmt Restaurierung auch im Detail: Alte Zunftzeichen und Hausbemalungen weisen auf traditionelle Gewerbe hin, die (abgesehen vom Klempner) auch schon vor 200 Jahren hier hätten tätig sein können. Genaue Erläuterungen gibt es im Heimatmuseum Berlin-Mitte in der Sophienstraße 23.

Sophienstraße 18 Das schönste Haus der Straße ist das Handwerkervereinshaus in der Nummer 18. Der Verein entstand 1844 als » Verein zur Förderung christlicher Sitte und Geselligkeit unter den jungen Männern des Gewerbestandes«. Von Anfang an war das Vereinsleben stark politisiert (Parteien im heutigen Sinne gab es damals ja noch nicht). Nach dem Revolutionsjahr 1848 war der Verein erst einmal zehn Jahre lang verboten. Das Haus in der Sophienstraße 11 bezog er kurz nach der Jahrhundertwende. Wie in den Räumen des Hauses Geschichte gemacht wurde, kann man auf der Tafel in der Durchfahrt nachlesen. Die ineinander verschlungenen Hände auf dem Medaillon an der Vorderfront sollen wahrscheinlich an die Vereinigung von KPD mit Teilen der USPD erinnern, die 1920 in diesem Haus stattfand. Nach der Vereinigung von KPD und SPD in der sowjetischen Besatzungszone 1946 wurde das Symbol von der SED usurpiert.

Wer von hier aus brav zur nächsten Straßenkreuzung trottet,

sieht zwar das Haus Sophienstraße 11, das nach Expertenmeinung vor 1780 erbaut und damit das älteste Gebäude der Straße ist. Aber er läuft an einer der größten Sehenswürdigkeiten der Straße vorbei. Eine unscheinbare Toreinfahrt (Sophienstraße 6, links neben dem Sophienclub) führt nämlich auf die Hackeschen Höfe, ein weitverzweigtes System von Durchgängen und Plätzen, durch das man bis zum Hackeschen Markt gehen kann. Streng genommen sind es neun Höfe, die die Treppenaufgänge A bis J aufnehmen. Architektonisch am interessantesten ist der (in Nord-Süd-Richtung) letzte Hof. Seine Jugendstilkacheln zeigen, welche Investitionen der Lebensraum Hinterhof zu Anfang unseres Jahrhunderts lohnte. Wenn wir durch die Durchfahrt auf die Straße treten, stehen wir wieder am Ausgangspunkt unseres Rundgangs.

Sophienstraße 6

Jens Weber

Hinterhofszene

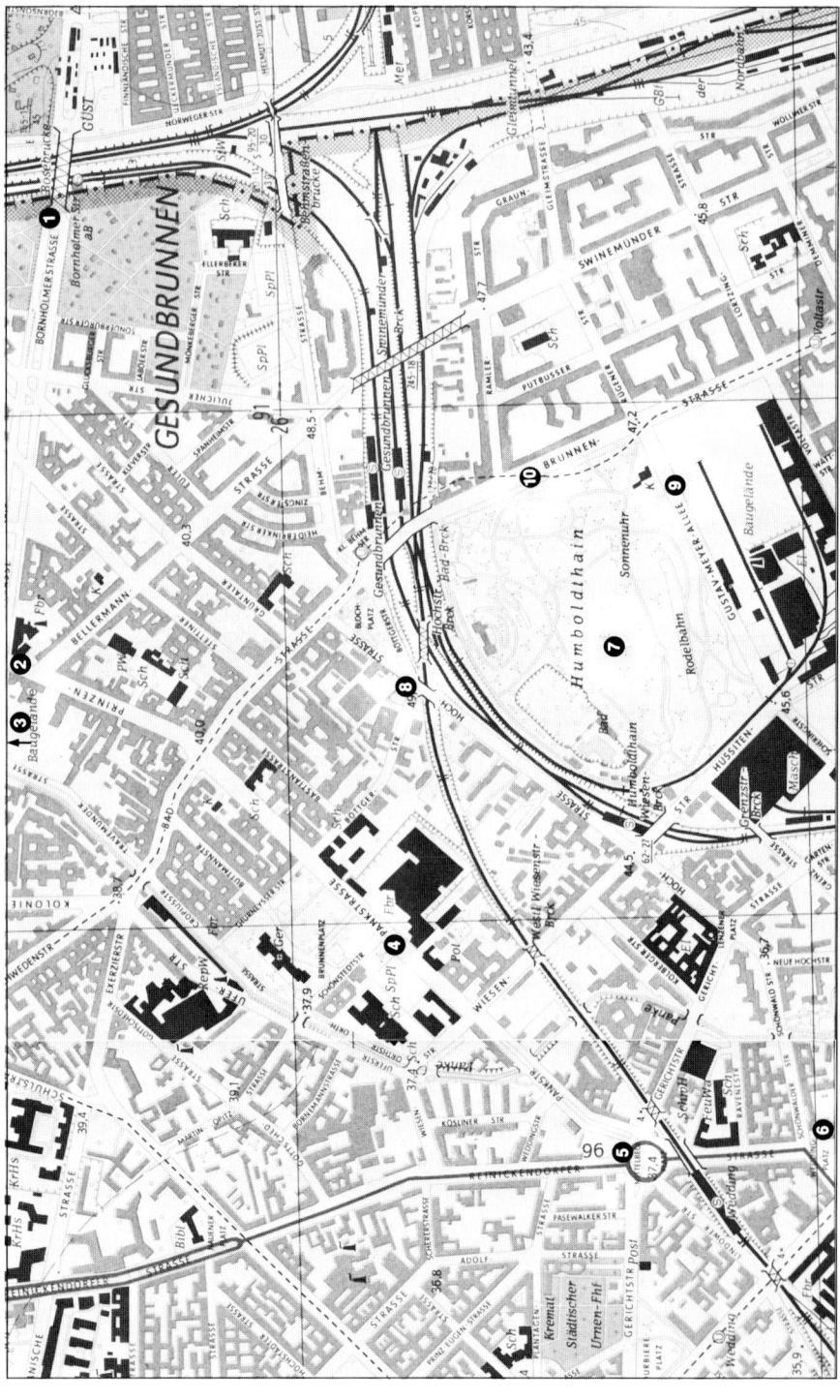

Aus rot ist grün und braun geworden

Wedding

Ausgangspunkt: S-Bahn Bornholmer Straße (S1)
Endpunkt: U-Bahn Gesundbrunnen (U8)
Dauer: ca. 2,5 Stunden

Der graue Arbeiterbezirk im Norden Berlins verheißt nur auf dem Papier allen verliebten Pärchen eine gemeinsame Zukunft. Denn der Wedding hat nichts mit dem heiligen Bund der Ehe, den die Engländer »wedding« nennen, gemeinsam. In einer Urkunde, ausgestellt am 22. Mai 1251, wurde ein Dorf mit dem Namen Weddinge inklusive einer Wassermühle an der Pankowe (der heutigen Panke) als Immobilie des »Kriegsmanns« Friedrich von Kare »dem ehrwürdigen Propste Jakob und dem Frauenkloster der heiligen Jungfrauenkirche bei Spandow für 21 Mark Silber verkauft«.

Am Anfang steht die Schrift, die diesen Handel festhält, denn »die Handlungen der Gegenwart pflegen bisweilen in späteren Zeiten unterzugehen, wenn sie nicht durch die Hilfe der Schrift befestigt werden«. Die Pfründe selbst wechselten mit dem Glauben ihren Wert. 1766 übernahm der Hofapotheker und Arzt Heinrich Wilhelm Behm die alte Mühle und gründete dort auf Geheiß seines Monarchen Friedrich I. die Bade- und Trinkkurheilanstalt »Friedrichs-Gesundbrunnen«, weil der zumindest medizinisch aufgeklärte Fürst im Wasser der Panke eine heilende Kraft vermutete. Auf Religion und Wissenschaft folgte alsbald das Kapital. Mit dem beginnenden Industriezeitalter stampften zahllose Unternehmer Manufakturen aus dem Weddinger Boden: Schering, AEG, später Osram und Essig-Kühne. Arbeiter bevölkerten das Viertel, und mit ihnen kam Farbe in den Bezirk: Rot war die Gesinnung, wie der Backstein der eilig errichteten Mietskasernen.

Nur die Häuser sind übriggeblieben. 1989 erzielten die Republikaner mit 10% der Wählerstimmen ihren stadtweit größten Erfolg. Ein halbes Jahr später brach auch der Nachbarstaat hinter der Mauer mit der politischen Tradition der Arbeiterbewegung von einst. Die vormals unbedarften Randbereiche von West-Berlin rückten in die Mitte der künftigen Metropole.

Seit der spätherbstlichen Wiedervereinigung hat sich dennoch kaum etwas an der Panke verändert. Nur der Autoverkehr auf der Osloer Straße will am Tage nicht mehr abreißen. Nachts bleibt alles beim alten. Die Hochzeit des Wedding von Kirche, Kur und Kommunismus ist vorübergegangen, ihre Spuren stellt das Heimatmuseum Wedding in der Pankstraße 47 aus.

Gerade, weil aber zwischen Weimar und Kaltem Krieg die meisten Zugänge zur Geschichte verschüttet wurden, wollen die Menschen im Wedding sich immerfort erinnern. Rentner nutzen selbst die kürzesten Busfahrten für ein Gespräch über die alte Zeit, Flaneure aus dem Ostteil der Stadt suchen seit Mauereröffnung nach Kinos, Kneipen und anderen Lebenszeichen, von denen ihre Eltern erzählt haben. Selten werden die Grenzgänger fündig und auch mit den Alten im Bus reden die Zugezogenen nur ungern. So bleiben die wirklich Kiezerfahrenen in muffigen altdeutschen Kneipen und klassischen Imbißstuben wie der weißen Bude an der Osloer-/Ecke Grüntaler Str. unter sich. Wehmut macht mit der Zeit ziemlich betrunken, und am Abend finden die letzten Heimischen nicht einmal den Weg nach Hause.

Anders die Studenten und Neu-Berliner, für die der Wedding als billiges Auffangbecken willkommen ist, bis sie in Schöneberg oder Kreuzberg eine bessere Bleibe finden. Auch sie haben schon nach wenigen Jahren den Werdegang der Stadt verinnerlicht und sich dem bohemistischen Geist angepaßt: kaum den Wohnsilos rund um die Panke entronnen, wird ein Strich unter dieses Kapitel gezogen — und die ersten unsicheren Schritte im Großstadtleben vergessen.

Am 9. November 1989 war dann alles ganz anders: Der Wedding glich einem Film, einem Science Fiction-Melodram in der Machart von Steven Spielberg. Die Straßen waren hell erleuchtet, als ob man UFOs willkommen hieße. Die Menschen tanzten auf den Straßen, die Autos standen neben ihnen auf den Bürgersteigen. In dieser Nacht wollte man entfesselt sein, egal aus welchem Stadtteil man kam: Charlottenburg, Wedding, Pankow, Prenzlauer Berg, alle waren eine fröhliche Familie: »Das ist besser als wie besoffen sein!«, so hallte es von der Straße in die dunklen Stuben hinauf bis zum frühen Morgen und dann noch den ganzen Tag und die Nacht, fast eine Woche lang. Katerstimmung knapp drei Jahre danach: die Bösebrücke, die Ost und West einmal verband, hat sich wenig verändert.

Bornholmer Straße
❶

Die Brücke an der Bornholmer Straße hat zwei Gesichter, wenn man vom S-Bahnsteig die behelfsmäßig konstruierte Stahltreppe erklommen hat. Links liegt der Prenzlauer Berg mit weiten kahlen Flächen, auf denen Gebrauchtwagenhändler frisch übertünchte Auslaufmodelle von Opel und VW feilbieten. Die Straße für eine erste Probefahrt wird noch gebaut, bis zur Schönhauser Allee hinunter graben Arbeiter die abgewetzten Pflastersteine aus und schütten die Löcher mit Teer zu. Davor stauen sich die von Westen heranbrausenden Autos, hupen verärgert und müssen doch der Dinge harren, bis ein Stadtrat irgendwann einmal die Fahrbahn wiedereröffnen wird. Gen Westen rollt der Verkehr indes ohne Hindernisse. Er zieht die ankommenden Wanderwilligen mit sich fort, in den Wedding. Schon nach wenigen Schritten sind Straße und Fußgängerweg großzügiger angelegt.

Der erste Eindruck, den das ehemalige Elends- und Arbeiterviertel vermittelt, ist grün. Am Fuße der Bornholmer Brücke wurden bereits 1925 Kleingartenkolonien angelegt, die während der Mauerjahre eine Schrebergartenidylle in nächster Nachbarschaft zum »Feindesgebiet« abgaben. Heute sitzen kaum noch »Laubenpieper« auf den Terrassen ihrer selbstangelegten Freizeitheime. Die Abgase des unentwegten Verkehrsgedränges haben auch an diesem Flecken Berliner Erde die Luft verpestet; der Lärm tönt lauter als jede Grillparty. Allmählich gewöhnt man sich an den Krach, der über weite Strecken den Spaziergang begleiten wird.

Erholung am Weddinger Nettelbeckplatz

Eine baufällige Fassade an der Osloer Straße 12 sticht auf einmal aus den sonst gleichförmigen Häuserfronten hervor. Die »Fabrik Osloer Straße«, die 1981 vom Bund Deutscher Pfadfinder als Projekt für ein Stadtteil- und Kulturzentrum aus der Taufe gehoben wurde. Die früheren Montagehallen waren 1977 von der ehemaligen Zündholzmaschinenfabrik »A. Roller« als heruntergekommene Ruinen im Straßenbild hinterlassen worden. Seitdem bemühen sich Jugendarbeiter und Aktive aus der alternativen Szene darum, von der Reparaturwerkstatt »Autokiste« bis zum »Putte e.V. — Ausländer- und Sonderprojekt Wedding«, in Arbeitsgemeinschaften eine feste Anlaufstelle für ausländische und deutsche Jugendliche zu schaffen. Mit wachsendem Erfolg werden Konzerte mit türkischen Bands durchgeführt, Übungsräume zur Verfügung gestellt und Lesungen oder Diskussionen zum Thema »Ausländerfeindlichkeit« veranstaltet. Viele Kids von den umliegenden Straßen treffen sich hier nachmittags zu Billard und Tee, abends finden Tanz- und Theateraufführungen in einer der umgestalteten Hallen

Osloer Straße

statt. Allein die Vorderfront verliert nur schleppend ihr abgerissenes Antlitz zerschlagener Fenster und provisorischer Bauzäune, an denen der Rost nagt.

Prinzenallee 58
❷

Gleich um die Ecke liegt ein weiteres alternatives Biotop. Auf dem Hinterhof der Prinzenallee 58 hat sich das »Nachbarschaftshaus Prinzenallee« in dem massiven Bau einer ehemaligen Hutfabrik eingenistet, deren jüdischer Besitzer durch die Nazis enteignet worden war. Als das Haus in den frühen achtziger Jahren unter der Abrißbirne weichen sollte, wurde es kurzerhand instandbesetzt. Mittlerweile leben etwa 100 Menschen in dem Gebäude, das 1983 per Nutzungsvertrag mit den Eigentümern legalisiert werden konnte. Außer Groß-WGs auf drei Etagen und einer als Veranstaltungsraum genutzten Werkhalle befinden sich noch diverse Probekeller, sowie Schweiß- und Tischlerwerkstätten in dem Komplex. Wer will, kann auch ins hauseigene »Café Esscapade« hereinschauen, wo nicht nur der Kontakt zur Nachbarschaft im Kiez gesucht wird, sondern auch die »Gruppe 65«, eine Initiative von RollstuhlfahrerInnen aus der Umgebung, sich wöchentlich trifft. Aus der Bastion des »Häuserkampfes« ist eine beispielhafte Mietergemeinschaft in Selbstverwaltung geworden; ein selten gebliebener Sieg der BesetzerInnen.

Osloer Straße 102
❸

Die anderen, etwas arrivierteren Kulturzweige haben in Sachen Kiezleben fast vollständig versagt. Darüber läßt sich anhand der BBK-Bildhauer-Werkstätten in der Osloer Str. 102 eine Menge in Erfahrung bringen. Auf dem Grünstreifen, der mit der Überquerung der Panke die beiden dreispurigen Verkehrsführungen der Osloer Straße voneinander trennt, stehen ein paar bunte Stahl- und Steinskulpturen herum, wie bestellt und nicht abgeholt. Ein lustig blaurotgelb angepinseltes Clownsgesicht aus Altmetall, ein Findling, der wie ein Geschütz zwischen zwei verrosteten Speicherrädern ruht, ein monolithisches Relief aus Aluminium. Es sind Exponate aus den Werkstätten, die ein wenig abseits der Straße in der früheren Geldschrankfabrik des Kunstschlossers S.J. Arnheim liegen. Sie sind von außen neu-sachlich modernisiert worden und für Besucher unzugängliches Betriebsgelände: Kunst — Betreten verboten? Das war nicht immer so. 1981 hatte eine Gruppe junger Künstler aus der Off-Szene die Hallen kurzfristig besetzt, um auf dem Gelände Kunst und Kultur in das triste Leben des Wedding zurückzubringen. Die »Kulturinitiative Pankehallen e.V.« war aus der Taufe gehoben.

Bereits im Sommer 1982 konnte mit den ersten »Weddinger Kulturwochen« auf die neue Einrichtung aufmerksam gemacht werden. Ein kommunales Kinoprogramm und Theatergruppen folgten. Im darauffolgenden Jahr wurden bei bitterster Kälte Teile des Konzertspektakels »Berlin Atonal« in den unbeheizten Hallen durchgeführt. Die Kunst kam eigentlich erst ganz zum Schluß. Die weitläufigen Räumlichkeiten wurden besonders für Installationen und die Ausstellung riesenhafter Stahlskulpturen genutzt.

Mit der Verbreiterung der Panke und dem Ausbau eines Rückstaubekkens fanden die alternativen Bemühungen ein jähes Ende. Der Baurat der

(Kein) Fußball in Berlin

Wer als Fußballfan nach Berlin kommt, wird zunächst enttäuscht sein. Vor zwei Jahren gab Hertha BSC ihr letztes unrühmliches Bundesligaintermezzo. Weit zurück liegen die Zeiten, als die Berliner Traditionsmannschaft im oberen Drittel der Bundesliga spielte und in der Saison 74/75 sogar Vizemeister wurde. Damals kamen noch einige Nationalspieler aus West-Berlin, doch vergangen längst sind die Zeiten von Erich Beer (von dem böse Zungen übrigens behaupten, er sei in Wahrheit der illegitime Sohn des verflossenen Bundestrainers Helmut Schön gewesen, allein aus diesem Grund hätte er in der Nationalmannschaft gespielt), die Jahre des unüberwindlichen »Berliner Funkturms« Uwe Kliemann, die großartigen Pässe des trickreichen Mittelfeldmannes Jürgen Mohr, (von dem der taz-Sportchef ›Matti‹ behauptet, er sei der größte Fußballer gewesen, den Berlin je hervorgebracht hätte), vorbei auch die Tage des ehemaligen Nationalmannschaftstorhüters Wolter. Kurz und schmerzlos war das Gastspiel des Mariendorfer Clubs »Blau-Weiß 90«, der in der Saison 86/87 recht tragisch scheiterte: In nur wenigen Jahren waren die Blau-Weißen zwar aus den unteren Klassen der Amateurligen bis in die höchste deutsche Spielklasse aufgestiegen, spielten dort recht gefällig doch glücklos und stiegen wie erwartet nach einem Jahr wieder ab. Ihre besten Mannen, der legendäre Stürmer Leo Bunk, der dann bei Stuttgart auf der Reservebank vergammelte oder der kopfballstarke Karl-Heinz Riedle, der inzwischen einer der Stürmerstars der Nationalmannschaft ist, wurden hurtig verkauft.

In der regulären Meisterschaft versagten zwar die Blau-Weißen, doch in der Deutschlandhalle, bei Hallenturnieren waren sie zwei Jahre lang eine der besten deutschen Mannschaften. Ein bißchen sentimental denkt man zurück: damals, als die Blau-Weißen selbst die Münchner Bayern problemlos in der Halle düpierten. Nachdem Blau-Weiß noch in der 2. Bundesliga Halbzeitmeister der Saison 91/92 geworden war und als Aufstiegsfavorit gehandelt wurde, war der Fall dann tief: In der Rückrunde konnte man nur mit viel Glück noch die Klasse halten, bekam aber auf Grund einer katastrophalen wirtschaftlichen Situation die Lizenz entzogen und stieg ab. Danach ging alles ziemlich schnell. Am 28.6.92 ging »Blau-Weiß 90« in Konkurs. Am 29.6.92 wurde der »SV Blau-Weiß Berlin« gegründet, der in erster Linie auf den Breitensport setzt.

Auch die anderen Westberliner Vereine blieben nach der Teilung der Stadt im bezahlten Fußball eher glücklos: Tennis-Borussia wurde in den Spielzeiten 74/75 und 77/78 jeweils Zweitletzter; Tasmania 1900 stellte gar in der Saison 65/66 mit 8:60 Punkten und 15:108 Toren einen bis heute gültigen Negativrekord auf.

Wer als Westberliner hochklassigen Fußball sehen wollte, mußte lange Jahre in den Ostteil der Stadt gehen und konnte dort, im Stadion der Weltjugend, den mehrmaligen DDR-Meister, den Stasi-Club FC Dynamo (jetzt als FC Berlin drittklassig) bewundern, dessen ehemalige Stars wie die aktuellen Nationalspieler Andreas Thom und Thomas Doll mittlerweile in den Westen verkauft wurden. Als neugieriger Fußballfan konnte man sich dort auch über die etwaigen Verbindungen der rechtsradikalen Fans des Ostberliner Lieblingsclub »Union« mit den rechtsradikalen Fans des Westberliner Traditionsvereins Hertha BSC informieren. Eine Zeit lang nach der Wende registrierte man als irritierter Westfußballfan manchmal auch folgende Sprechchöre der

Ostberliner Fußballhooligans: »Wir wolln unsern alten Führer wieder haben — Erich Mielke, wir wolln unsern alten Führer wieder haben...«

Doch Berliner Fußballanhänger widerlegen zuweilen auch das Vorurteil, sie seien sämtlich rechtsradikal. In der Brunnenstraße (50 Meter von der U-Bahnstation Rosenthaler Platz) hat der »Verein zur Förderung des internationalen Jugendfußballs«, in dem sich Anfang '92 die »Antifaschistische Fan Initiative« und die »Fußballfans gegen Rechts« zusammenschlossen, seinen Sitz. In dem kleinen Laden mit dem Namen »Anstoß« versucht man, dem Fußballfan-Schläger-Image etwas entgegenzusetzen. Von hier aus werden Flugblattaktionen vorbereitet, Konzerte, Feten oder »antifaschistische Fußballturniere« organisiert. Außerdem trifft man sich an einschlägigen TV-Terminen zum gemeinsamen Fußballgucken.

Fußballberlin ist zwar zweitklassig, doch dem Fußballerleben schadet das eigentlich nicht. In wenigen deutschen Städten zum Beispiel kann man so begeisterte Fans erleben, wie bei den Spielen des türkischen Clubs Türkyemspor, der sein Stadion am Fuße des Kreuzbergs in der Katzbachstraße hat. Die zumeist türkischen Zuschauer sind nicht weniger enthusiastisch als die des Hamburger Kultvereins »FC St. Pauli«. Nach großen Siegen fahren sie laut hupend im Korso durch die Straßen Kreuzbergs.

Doch beim Fußball geht es nicht nur um Geld, deutsche Meisterschaften und internationale Ehren. Viel interessanter oft als Bundesligaspiele und viel familiärer vor allem als in den großen Stadien geht es bei den kleinen Clubs zu. Beim »FC Internationale« zum Beispiel, der sein Heimstadion in der Schöneberger Monumentenstraße hat und — anders als die großen Clubs — auf unbedingten Angriffsfußball setzt. Hundert andere Clubs findet der, der bei seinem Berlinbesuch sich für anderthalb Stunden unters fußballinteressierte Volk mischen möchte und in den kleinen Sportstätten viel eher als im menschenleeren Olympiastadion ein paar Rentner findet, mit denen sich bei Bier, Korn und Currywurst ganz trefflich übers Leben plaudern läßt.

Für den, der einfach nur so einmal kicken möchte, haben sich die Zeiten allerdings verschlechtert. Das spielen auf der Wiese vor dem Reichstag, wo bis Mitte 1990 noch tagtäglich, bei Wind und Wetter, ein paar dutzend Hobbyfußballmannschaften sich den Ball zuschoben, ist mittlerweile verboten. Wer sich jetzt noch mit Berlinern spielend verbinden möchte, sollte am Wochenende gen Wedding in den Schillerpark oder den Humboldthain, nach Neukölln in die Hasenheide (nebenbei eines der schönsten Berliner Freizeitgelände) oder auf das Gelände des ehemaligen Anhalter Bahnhofs ziehen.

Detlef Kuhlbrodt

Bezirksverwaltung verfügte den teilweisen Abriß der Hallen und setzte die Initiatoren kurzerhand auf die Straße. Statt erneut zu besetzen, ließ man sich dummerweise auf das Spiel des Senats ein und verfaßte Beschwerdebriefe, sammelte Unterschriften und nutzte die lokale Presse zur Klage über die negative Haltung der Weddinger Bezirksverordneten zur Subkultur.

Osloer Straße

Binnen eines Jahres wurde Abhilfe geschaffen und das vormals selbstbestimmte Kulturzentrum an der Panke den Kunstprofis mit hochschulischer Reife überlassen. Wie im Bethanien die Druckwerkstätten wurde eine Art Dienstleistungszentrum für Bildhauer eingerichtet, indem einzelne Räume monatlich für eine horrende Summe auch an Künstler vermietet werden. Ansonsten stehen zur Bearbeitung von Stahl und Stein Maschinen und allerlei Gerät zu Tagespreisen zur Verfügung. Schon bald fand sich ein großzügiger Sponsor, der sich die Räume zur Stipendiatenförderung auserkoren hatte. Doch der Zigarettenmulti Philipp Morris brachte nicht nur Geld mit, sondern auch Ärger. Als sich die Skandale um den amerikanischen Senator Jesse Helms häuften, der als Rassist und Schwulenfeind von der Firma ebenso bezahlt wurde wie die Kunst, schritten Mitglieder der Act Up-Bewegung und anderer organisierter Schwulenverbände zur Tat. Sie riefen zum Boykott der Zigarrettenmarke auf und forderten eine Absage der Kunst an das schmutzige Geld. Nachdem die angesprochenen Verwaltungsträger des Senats die Forderung ignorierten, ging man zur Offensive über. Bei einer Ausstellungseröffnung im Frühjahr 1991 wurden Flugblätter gegen Phillip Morris verteilt, es kam zu Handgreiflichkeiten, woraufhin die Polizei eingriff. Der Fall wurde von der Presse aufgegriffen, der Werbeeffekt für den jungen, modernen und kulturbeflissenen, weltoffenen Raucher war dahin. Die Zigarette zog sich aus der Werkstatt zurück, übrig blieb ein städtischer Kunsthandwerksbetrieb, der Vielfalt nur noch nach Auftragslage produziert. Die Objekte an der Osloer Straße hat sich der Stadtteil aus schlechtem Gewissen gegenüber den initiativlos gewordenen Anwohnern selbst gestiftet.

Natürlich kann ein Bezirk mit fast einer viertel Million Einwohnern nicht von Kultur allein leben. Von den Werkstätten führt eine kleine Brücke über die Panke in die zweitgrößte Geschäftsstraße des Wedding. Neben dem Einkaufszentrum um den Leopoldplatz findet man hier vom türkischen Teppich bis zur ökologisch angebauten Melone alles für den täglichen Bedarf. Vor fünfzig Jahren jedoch befand sich auf diesem Ende Berlins das Vergnügungsviertel, die »Reeperbahn« von Spree-Athen.

Schon zu Zeiten der friederizianischen Kurbesessenheit hatten sich Gaststätten an der vermeintlichen Heilquelle angesiedelt. Mit dem Proletariat des industriellen Umbruchs kamen die Kneipen, Tanzsäle und Bumslokale, für die Berlin dann später von Döblin bis Zille heiß geliebt werden sollte. Und die Kinos. Allein an der Badstraße standen vier Filmpaläste, die noch bis in die sechziger Jahre hinein bewegte Bilder zeigten. Mit dem Mauerbau blieb ein

Großteil des Publikums aus. Die Kinos wurden abgerissen oder zu Supermärkten umgebaut. Nur in den Hinterhöfen der Badstraße findet man noch Spuren der Vergnügungswelt, Notausgänge und vernagelte Türen zu den ehemaligen Festsälen, die heute nur noch als Lagerschuppen genutzt werden.

Ein bißchen hat der Straßenzug zwischen Pankstraße und Gesundbrunnen mit der Grenzöffnung vom früheren Treiben zurückerlangt. Bis 1989 hatten nur Rentner aus der DDR zum Einkaufsbummel herüberschauen dürfen. Heute ist ein Teil der alten Geschäftigkeit wieder hergestellt.

Der ehemalige Rotlichtbetrieb hat sich jedoch nicht wieder neuangesiedelt, vielleicht auch, weil Videotheken inzwischen das lasterhafte Vergnügen ersetzen. Etwas weiter die Pankstraße hinauf findet sich dann doch noch ein anrüchiges Lokal mit dem Namen »Thai-Fun«, daneben liegt das »Vanessa-Studio«. Ein cleverer Wirt hat die Lage der Männerglück verheißenden Clubs für sich zu nutzen gewußt. Zwischen beiden Etablissements hat er sein Café »In Between« angesiedelt. Dort gibt es Sandwich, Kaffee und Limonade, manchmal spielen einige Gäste auch Rommée oder Canasta. Geschichte findet man auf der gegenüberliegenden Straßenseite.

Pankstraße
❹

Das »Heimatmuseum Wedding«, ein ausgemustertes Schulgebäude in der Pankstraße 47, wurde zur 750-Jahr-Feier Berlins zum Ausstellungsort für die Geschichte des Wedding erwählt. Bis 1982

Die Badstraße 1954

hatte die Schule bald 150 Jahre der Erziehung gedient, anfangs noch unter kirchlicher Gemeindeverwaltung, später zog dann das Berufsamt in die Räume ein, nach dem Krieg wurde wieder Mathematik gelehrt. Zuletzt übten sich dort Schornsteinfeger im Umgang mit Schadstoffen: die Grundschule war zur Berufsschule für das Baunebengewerbe umgewandelt worden. Im jetzigen Heimatmuseum sind charakteristische Räume aus dem Wohnbild des historischen Arbeiter-Wedding rekonstruiert worden: »Ein Kohleherd mit zusätzlicher Gasflamme nebst Kochgeschirr ist hier zu betrachten, ebenso andere Küchenutensilien, an die sich ältere Menschen gerne, aber auch mit gemischten Gefühlen erinnern werden«, schreiben die Autoren Gabriele Lang und Joachim Gestel in einem Führer über Berliner Heimatmuseen. Aber viele der Sozialwohnungen in den armgebliebenen Straßen von der nahegelegenen Bellermannstraße bis zur Biesenthaler und Wriezener Straße unweit der Prinzenallee sehen noch heute nicht viel anders aus. Man sollte im Museum nicht vergessen, daß der Wedding nach wie vor der Bezirk von sozial Schwachen und sogenannten Randgruppen ist. Daher irritieren der dokumentierte Prunk der Gründerjahre, die Firmengeschichte von AEG und das historische Labor des Pharmakonzerns Schering auch ein wenig. Sie erscheinen neben den proletarischen Stübchen als gleichwertig, was aber auch als ein Zeichen gelesen werden kann, wie sehr man Ursache und Wirkung im »roten« Wedding in eins zu lesen versucht ist.

Früher ist man der Geschichte anders begegnet, wovon die mittlerweile geschlossene Ex-Besetzerkneipe »Barrikade« ein unbeirrbares Zeugnis abgelegt hat. Der Name stand für den »Blutmai« aus dem Jahre 1929. Damals war es in einer kleinen Seitengasse der Kösliner Straße zu den härtesten Auseinandersetzungen zwischen Polizei und Kommunisten gekommen. Innerhalb von 48 Stunden waren mehr als 30 Menschen den Schießereien zum Opfer gefallen, alles durchweg Zivilisten und organisierte Arbeiterkämpfer. Für die Arbeiterbewegung hatten die Auseinandersetzungen tiefgreifende Konsequenzen: Auf dem folgenden Parteitag der KPD verkündete Ernst Thälmann unter dem Eindruck der 1. Mai-Auseinandersetzungen die Theorie vom Sozialfaschismus. Von nun an blieben die Kommunisten und Sozialisten verfeindet, bis sich die beiden politischen Gruppierungen unter den Nazis in den selben Konzentrationslagern wiederfanden. Die Grabenkämpfe haben bis heute nicht aufgehört. Die Kreuzberger Krawalle zum »Tag der Arbeit« erzählen diese Geschichte fort. Die »Barrikade« in der schmalen Buttmannstraße parallel zur Pankstraße mußte indes einem Import/Exportgeschäft weichen.

Die meisten Kneipen im Wedding wollen von solchen Traditionen indes nichts mehr wissen. Einzig die Trübsal, die viele der einkehrenden Stammgäste ausstrahlen, hat sich gehalten. Viele verbringen ihr Leben am Tresen, bis zum Ende. Wer Hausverbot hat, lungert vor der Tür herum oder rottet sich an einer der unzähligen

Buttmannstraße

Imbißbuden zusammen. Die Perspektive ist nicht viel anders, als sie der amerikanische Journalist H.R. Knickerbocker 1932 im »Berliner Tageblatt« geschildert hatte:

» Hinter den Stäben des eisernen Gitters, welches das Büfett einfaßte, waren eine von Fliegen beschmutzte Schüssel mit abgebratenem Pferdefleisch und ein paar Pferdewürstchen zu sehen. Die Gäste im Lokal hatten Hunger, sie saßen an ihren Tischen und starrten auf das Pferdefleisch hinter den Eisenstäben. Es war Essenszeit, aber niemand bestellte etwas. Der Hunger dieser Leute hatte nichts mit der Essenszeit zu tun.

Vierzig Menschen waren im Gasthaus, und vor nur zweien von ihnen stand etwas auf dem Tisch. Ein alter Mann und eine verschlampte Frau hatten einen Becher Malzbier vor sich. Erst nahm er einen Schluck, stellte den Becher auf den Tisch und blickte auf das Pferdefleisch; dann nahm sie einen Schluck, stellte den Becher auf den Tisch und blickte auf das Pferdefleisch.

Wir waren nicht in Rußland. Auf dem Schild über der Tür stand › Zum Ollen Fritz ‹, und ein Lokal, das sich nach dem größten Hohenzollern nennt, muß selbst im roten Wedding deutsch sein. Hier im Norden Berlins bot sich eine Gelegenheit, das Elend Deutschlands, wenn auch nicht in seinem ganzen Umfang, so doch ganz gewiß in seiner bittersten Form kennenzulernen, und im › Ollen Fritz ‹ gab es mehr als genug Zeugen, die eine Antwort auf die Frage wußten, warum die deutsche Reichshauptstadt von allen Städten außerhalb Rußlands die meisten Kommunisten zählt.

Die Gäste lehnen mich nicht ab. Meine Uniform entsprach ganz der ihren — Uniform der Obdachlosen — Lumpen. Meine Gefährten, Sachverständige auf dem Gebiet, das ich erforschen wollte, waren besser gekleidet. Max, der im Jahre 1929 bei den Barrikadenkämpfen in der Kösliner Straße eine führende Rolle gespielt hatte, war von Beruf Schmied, aber er trug einen steifen Kragen. Abgesehen von vier Jahren Zuchthaus, die er wegen Anstiftung zu kommunistischen Revolten dort verbracht hatte, war er nun schon seit 1923 auf der Suche nach Arbeit. Vor kurzem war er wieder wegen einer aufrührerischen Rede verurteilt worden; in wenigen Tagen hatte er seine Strafe anzutreten. Hans, das Oberhaupt des Roten Frontkämpferbundes im Bezirk Wedding, wurde seit drei Monaten von der Polizei gesucht. Otto war Journalist. Alle drei waren langjährige Mitglieder der Kommunistischen Partei.

, Genosse ‹, rief Max, › vier kleine Bier. ‹ Der Kellner strahlte über das ganze Gesicht: es war die größte Bestellung des ganzen Abends. Die Leute an den Nebentischen wandten ihre Köpfe, um mit apathischem Neid die üppigen Genossen zu betrachten, die sich vier Bier zu 15 Pfennig leisten konnten.

Unter einem Schild, auf dem zu lesen war › Männerheim — Bett fünfzig Pfennig ‹, saß ein halbes Dutzend Männer; sie hatten die Köpfe auf den Tisch gelegt und schliefen. Ich fragte: › Warum gehen die Leute nicht ins Männerheim, wo sie richtig schlafen können? ‹ — › Weil sie keine fünfzig Pfennig haben ‹, antwortete der Kellner.

Ein großer junger Mensch — sein hagerer Hals kam aus einem zerlumpten Mantel hervor, der ihm um die Beine schlug — ging mit einem ehemals weißen Frackhemd im Zimmer umher. Er wollte es gegen den Preis einer Pferdewurst verkaufen, konnte aber keinen Abnehmer finden. Er selbst hatte kein Hemd an.

Der Kellner holte einen Kamm und eine Schere aus der Tasche und ging an das andere Ende des Zimmers, wo er einem Gast die Haare zu schneiden begann. In der Ecke ihm gegenüber lag ein Haufen zerbrochener Stühle. Auf dem Tisch zwischen beiden Ecken saßen drei Mädchen. Sie wollten belegte Brote auf Pump haben und versprachen, um zwölf Uhr wiederzukom-

men und zu bezahlen. Der Wirt schlug ihr Anliegen ab. Er zweifelte nicht daran, daß sie zahlen würden, wenn sie das Geld hätten, aber er glaubte nicht, daß auch nur eine von ihnen bis zwölf Uhr 50 Pfennig verdienen könnte. «

Sechzig Jahre später bekommt man ein »Heiße Hexe«-Sandwich aus der Mikrowelle, und ein Junkie versucht sein geklautes Mountain-Bike an den Mann zu bringen. Vergeblich. Die Stammgäste im »Präpel-Eck« oder im »Laternchen« haben gerade noch genügend Geld für einen Klaren und ein kleines Pils. Wenn überhaupt. Kommunisten trifft man mit viel Glück im etwas weiter abgelegenen »Zum Zum« an der Prinzenallee. Ein Vater trinkt mit seinem halbwüchsigen Sohn. Der Alte trägt ein »Motörhead«-T-Shirt, der Junge mag lieber die »New Kids On The Block«. Beide jobben in einer Pizzafabrik am Rande der Stadt. Falls die Arbeit ausbleibt, werden sie ins »Präpel-Eck« wechseln. Noch können sie sich eine Gesinnung leisten.

Mag der Wedding zwar von seiner nördlichen Entfaltung aus betrachtet depressiv und trübe erscheinen, so will doch der untere Teil von der Armut nichts mehr wissen. Richtung Reinickendorfer Straße strahlt der Bezirk die Zuversicht des Wirtschaftswunders aus. Bei »Möbel Höffner« kaufen junge Paare sich ihren Hausrat zusammen, dem zahlungsunfähigen Kunden schaut das gegenüberliegende Amtsgericht auf die Finger. Den Opel kann man in zeitgenössisch kapitalistischer Kompromißlösung im Autohaus Weiss an der Ecke zur Wiesenstraße teilfinanzieren. Die Häuser sind von Bautrupps saubergeleckt worden, die muffigen Arbeiterwohnungen mit Plumpsklo im Hof haben Thermofenster und eine Sandkiste mit Klettergerüst erhalten. Wer wollte sich über diese Wohnblöcke beschweren?

Der Nettelbeckplatz lacht breit über das kugelrunde Gesicht. **Nettelbeckplatz** Man sieht ihm die freundliche Federführung der Sozialdemokra- **❺** ten an. Noch in den frühen siebziger Jahren wurde der großzügig angelegte Umbau in Planung genommen, den selbst die allgemeine Wende zur CDU nicht mehr verhindern konnte. Heute stehen rund um den kühn geformten Realismusbrunnen mit planschenden Berliner Punk-Gören aus Bronze eine ganze Schar von Containerwägelchen, die Landprodukte aus dem brandenburgischen Umland anbieten. Wer leckere Quarkzipfel, frisch in Fett ausgebacken, einmal probieren möchte, der sollte sich auf dem Marsch durch das Stadtgebiet ruhig hierher verirren.

An einem ausrangierten S-Bahnhof vorbei geht der Weg Richtung Schering. Das verfallene Schild weist die Station als ehemaligen Bahnhof Wedding aus. Dort verlief eine der entscheidenden Kampflinien, als der letzte Volkssturm aus Alten, Kindern und Kranken das Tausendjährige Reich für den Führer im herrschaftlichen Bunker am Potsdamer Platz verteidigen sollte. Die Einschußlöcher sind bis heute geblieben. Nur am Prenzlauer Berg lassen sich ähnlich viele Wundmale in der Architektur zählen.

Programmkino im Roten Wedding

Neben dem Alhambra ist das Sputnik-Kino als einziges der früher zahlreichen Lichtspielhäuser noch in Betrieb. 1984 war der vorhergehende Filmveranstalter mit dem damaligen »Momo« pleite gegangen, worauf am 1. Mai das »Sputnik« mit neuer Belegschaft und einem Programm an den Start ging, das es binnen kürzester Zeit zur heißgehandelten Adresse für schräge Undergroundfilme aus den Sixties, revolutionäre Kunststreifen und blutige Splattermovies machte. Filmgrößen aus dem Berliner Untergrund luden hier zur Premierenparty ein, Nick Cave hielt dort seine erste Lesung ab. Selbst die New Yorker Noise-Gitarrenband Sonic Youth wählte das Kino für eines ihrer Konzerte in den Anfangsjahren. Mittlerweile hat sich auch die Off-Szene etabliert. Nach einer Umbaupause zeigt das Sputnik nicht mehr nur abwegige Filme aus dem Horrorgenre, sondern vom cineatischen Melodram bis zur Erstaufführung einer früher verpönten Hollywoodproduktion eigentlich alles.

Einige Hausnummern weiter liegt das Prunkstück des Wedding, das dessen Wandel vom Elendsquartier zum Kleinbürgerkiez beinahe im Alleingang ermöglicht hat. Die Firma Schering war noch 1987 der größte Arbeitergeber in ganz Berlin und der einzige Großkonzern mit Zentrale in der Mauerstadt. Seit 1858 der Apotheker Ernst Schering den Boden an der nördlichen Grenze zu Berlin-Mitte erwarb, sind hier pharmazeutische Mittel produziert worden, nicht immer zur gesundheitlichen Zufriedenheit der Anwohner. Über der Fabrik hängt das eine ums andere Mal eine Dunstglocke, die beißenden Geruch verströmt. In der Nazizeit sollen führende Wissenschaftler des Konzerns in Konzentrationslagern

Ausrangierter Bahnhof

mit brutalen Mitteln an der Sterilisation von Frauen gearbeitet haben. Andererseits wurden bis 1938 Juden bei ihrer Flucht vor den Nazis von der Geschäftsleitung unterstützt.

Um das aluminiumverkleidete Werksgebäude haben sich am Weddingplatz einige Kneipen angesiedelt. Als Stammladen für Droschkenfahrer hat sich insbesondere das Taxemoon einen Namen gemacht. Wer abends am Flipper oder beim Bier dort hängenbleibt, kann sicher sein, immer ein schnelles Taxi für den späten Heimweg zu finden.

Zu Fuß sollte man ruhig einen kleinen Abstecher über die ehe- **Chaussee-Straße** malige Grenze wagen. Die Müllerstraße mündet an dieser Stelle in ➏ die Chausseestraße, in deren Verlauf man in das weiterhin unbebaute Niemandsland kommt. Einige hundert Meter entfernt liegt das »Stadion der Weltjugend«, das außer von ein paar Feierabendkickern nicht mehr genutzt wird. Die weiten Tribünen sind verfallen oder mutwillig kaputtgeschlagen, überall breitet sich Ruinenstimmung aus. Ein Rundgang um den Rasenplatz führt erschreckend nahe vor Augen, wie dünn und brüchig die Schicht ausgefallen ist, mit der die Risse im Gesamtbild Berlins nach der Wiedervereinigung verkittet wurde.

Von der Liesenstraße führt der Weg zum Humboldthain hinauf. **Humboldthain** In Sichtweite ragt links die katholische St. Sebastianskirche empor. ➐ An ihrer Tür befindet sich das Bild St. Sebastians, des unschuldig Getöteten. Nicht ohne Grund. Hier stand bis ins Jahr 1842 der letz- *Ecke Chausseestraße /* te öffentliche Galgen Berlins. Der heutige Gartenplatz hatte früher *Müllerstraße im* gleich mehrere Namen: Galgenplatz, Schinderberg, auch Teufels *Wedding* Lustgarten. Jede Hinrichtung wurde von der Menschenmenge wie

ein Fest gefeiert, so die von Friedrich II. verfügte Verbrennung des 28jährigen »Mordbrenners« Johann Christian Höpner, gegen die zuvor noch weite Teile der Bevölkerung opponiert hatten. Vergebens.

Am 2. März 1837 fand hier die letzte öffentliche Hinrichtung statt. Die Witwe Charlotte Sophie Henriette Meyer, die des Mordes an ihrem Mann beschuldigt war, sollte mit dem Rad von unten herauf zu Tode gebracht werden. Der Maler W. Hartmann fertigte von dieser Tortur ein Aquarell an. Danach lag der Leichnam der Frau noch fast zwei Monate (!) zur Schau gestellt auf dem Rad. Täglich fanden sich Neugierige zur Besichtigung der allmählich verwesenden Frauenleiche ein. So fügen sich schaurige Bilder aus dem England eines Charles Dickens in den Arbeiteralltag von Berlin ein.

Strafvollzug 1837: Hinrichtung der Witwe Meyer auf dem Gartenplatz (Aquarell von W. Hartmann, 1880)

Kurz vor dem kleinen Hügel, der neben den S-Bahngleisen zum Humboldthain hinaufführt, sind die Hochstraße und die Gerichtstraße von einigen gewitzten Hauseigentümern besonders herausgeputzt worden, als hätte man den Wedding an dieser Stelle für eine Hochzeit zurechtgemacht. Ein kleiner Park wurde hier am unteren Ende der Panke angelegt, Kinder spielen auf Marmortischen Pingpong, Mütter sitzen mit den Kleinsten auf dem Miniaturspielplatz, der so aussieht, als wäre Walt Disney unter die Realisten gegangen. Gegenüber erstreckt sich über mehrere Hinterhöfe bis an die Wiesenstraße der Gewerbehof Gerichtstraße 12/13.

Gerichtstraße 12/13

Noch in der Gründerzeit als Mischraum für Bewohner und Werktätige eingerichtet, sind in den späten siebziger Jahren die meisten Mieter ausgezogen. Der Lärm aus den Kleinbetrieben schmälerte den errungenen Lebensstandard. Künstler bemächtigten sich der Räume und bauten großflächige Ateliers aus. Die meisten Etagen werden von Filmemachern und Stahlbildhauern bewohnt, die aufgrund der hohen Mieten mit ihrem Zierat im gleichen Raum schlafen. Die frühe Störung durch das Kreischen der Bohrer und das Knarren der Drehmaschinen nehmen sie in Kauf. Schließlich ist Gewerberaum inzwischen ebenso rar wie Wohnfläche. Einzelne Künstler können sich den arbeitsteiligen Spielraum Wohnung-Werkstatt leisten: A.R. Penck kommt ab und zu in die Gerichtstraße, um zu trommeln, Raffael Rheinsberg sammelt dort lediglich sein Material für Großprojekte. Für die kleinen und unauffälligen Maler kann die Nachbarschaft der Prominenz allerdings das Ende ihrer Karriere bedeuten. Der Mietpreis steigt mit dem Volk, das sich um ihre Stars ansiedelt. Ein Kunstkiez wäre in naher Zukunft denkbar, wenn auch nicht zu bezahlen.

Hochstraße
❽

Parallel zur Häuserflucht durch die Hinterhöfe verläuft noch unscheinbarer der nun schon wieder abbruchreife Teil der Hochstraße. Auf der linken Seite liegt von angestaubten Gründerzeitbauten umrankt das schönste Geschäft im ganzen Wedding. Fast immer ist es aus irgendeinem Grund geschlossen, so daß meistens nur ein Blick durch die vergitterten Fenster fällt. Dahinter sammeln sich Schätze aus Übersee, die Matrosen auf der Amüsiermeile gegen eine Flasche Schnaps oder verliebte Blicke eingetauscht haben: Holzfiguren der Indianer, verziertes Schiffsmobiliar, Steuerräder, Kompasse und Sextanten; Südseeantiquitäten, die in einer Großstadt mitten im Binnenland so aufregend und wunderlich wirken, wie die ausgestopften Tiere, die an den Wänden hängen. Eine Geschichte dazu weiß nicht einmal der Ladeninhaber, der gerade wieder in Urlaub gefahren ist.

Wer nicht am Gesundbrunnen, an der Bornholmer Straße oder vom U-Bahnhof Voltastraße in den Wedding vorstoßen will, kommt zwangsläufig über Humboldthain. Das Bahnhofsgelände und die gesamte Umgebung sind eine wilde Mischung all der Graffiti-Künstler der Stadt, die des nachts mit einem Satz Spraydosen bewaffnet die Brückenpfeiler und Wände verschönern. Besonders auffällig ist der Schriftzug von »Sare«, einem Schnellsprüher der Graffiti- und Rap-Truppe »Glorious Five Artists«. Die Geschwindigkeit ist der Handschrift abzulesen, doch die Buchstaben sind barock verschnörkelt, lasziv und ornamental, auf keinen Fall Geschmiere. Den Bahnhofseingang haben Amateure »zugebombt«. Man sieht den dicken Edding-Strichen die Angst davor an, ertappt zu werden. Für sogenannten Vandalismus hat die BVG (Berliner Verkehrs-Gesellschaft) ein Preisgeld von bis zu 5.000 DM Prämie ausgesetzt. »Sare«, den Profi an der Spraybüchse, scheint es nicht zu stören. Als eine S-Bahn aus Buch vorbeifährt, ist über die volle Waggonbreitseite sein Logo gesprüht. Nachts ist kein Wagen vor ihm sicher.

Eigentlich sollte man zu einem Spaziergang durch den Wedding nur an einem Samstag oder Sonntag ansetzen, denn dann kann man an der Gustav-Meyer-Allee den vielleicht einzigen waschechten Berliner Flohmarkt erleben. Die Märkte am 17. Juni oder der Krempelmarkt gegenüber dem Potsdamer Platz sind mittlerweile reines Händlerterrain geworden, im Wedding aber läßt sich weiterhin wühlen, bemustern, feilschen und weitergehen, die Grenzen zum Spiel mit dem Verkauf sind noch nicht aufgehoben. Man findet zwar keine antiquarischen Erstausgaben von Schopenhauers Schriften oder eine Original-Zille-Zeichnung, aber es macht ungemein Spaß, zwischen alten Donald-Heften und Abba-Platten nach Dingen zu suchen, die für einen ganz persönlich von Wert sind. Da auf diesem Markt kein Kulturgut feilgeboten wird, kann man Erinnerungsstückchen aus dem eigenen Leben finden: Nußknacker, die so oder ähnlich schon bei der Großmutter auf dem Büfett gestanden haben, plüschige, blaue Hausschuhe, in denen die Füße der Mutter hätten stecken können. Der meiste Hausrat kostet nicht mehr als eine Mark, dementsprechend belebt ist der Markt. Schon morgens um acht Uhr herrscht ein reges Treiben wie zum Sommerschlußverkauf, gegen Mittag stromern Punks und Künstler über den Markt, um irgendwelche dekorativen Utensilien für ihr Heim zu erstehen. Der ganze Handel wird von Popcornständen und

Gustav-Meyer-Allee
❾

Spaziergang im Humboldthain kurz nach der Bunkeraufschüttung

Würstchenbuden nach Ur-Berliner Geschmack abgerundet. An sich kann man direkt vom Flohmarkt hinter einem der Stände die Böschung hochklettern; für den Spaziergang sind die sandigen Schotterwege aber wahrscheinlich besser geeignet.

Der Humboldthain bietet mit Sicherheit einige Kilometer Wanderfläche, obwohl das grüne Schild am Eingang eher einen schwäbischen Lustgarten vermuten läßt. Noch weniger vorstellbar wird die Dimension des Parks, wenn man einen Blick auf seine Geschichte wirft. Der ursprünglich 1869 als Volkspark angelegte Humboldthain sollte auf etwa 30 Hektar Land ein Naherholungsgebiet für alle Arbeiterfamilien darstellen. Doch mit den Nazis verschwand auch das Vergnügen in der freien Natur. Ab Oktober 1941 mußte der Park einem Hochbunker weichen. Mit Flakgeschützen zur Flugabwehr versehen, bot der Bunker den heranrückenden Alliierten dann später ein wichtiges Ziel für die Offensive. Durch das unentwegte Bombardement stand am Ende des Krieges nicht ein Baum mehr neben dem anderen, nur der dickwandige Panzerbau hatte überlebt. Und sollte auch auf lange Sicht stehenbleiben. Ein erster Sprengungsversuch durch die Franzosen 1948 mißlang kläglich. Nur die östlichen Teile waren bei dem Vorhaben zusammengebrochen, auf der Westseite ragte der Beton weiterhin wie eine Wacht empor. Also ließ man das Gebäude mit dem Trümmerschutt des zerstörten Berlin aufschütten, wie man es auch am Teufelsberg im Grunewald getan hatte.

Nach der erneuten Bepflanzung hatte die Stadt ein weiteres Markenzeichen im Erscheinungsbild erhalten: Die Humboldthöhe überragt nun den gesamten Wedding und ist mit einer Höhe von bald 85 Metern die Aussichtsplattform über ganz Berlin. Bei gutem Wetter sieht man tief in den Ostteil der Stadt hinein, bis zum Riesenrad im Lunapark an der Oberspree. Der Aufstieg ist so beschwerlich wie eine richtige Bergtour im Schwarzwald oder dem Vorgebirge, auch wenn man lediglich ein zugeschüttetes Gebäude erkraxelt. Oben angekommen, trüben Hakenkreuze und Runen den Blick in die Ferne. Als wollte die unter dem Kunsthügel schlummernde Geschichte geweckt werden, versuchten Neonazis, die letzte Bastion der Faschisten für ihre Zwecke wiederzugewinnen und als Ort des Schreckens zu reinstallieren. In den achtziger Jahren hatte man im Bezirksrat festgestellt, daß durch einige noch offene Zugänge junge Skinheads in den Bau eindringen konnten, um dort ungestört Sitzungen abzuhalten. Bei einer Besichtigung fand man Nazi-Schmierereien, heute ist der Bunker nicht mehr zugänglich.

So hat auch der Lustgarten des Wedding eine traurige Vergangenheit in die Bezirksgeschichte geschrieben. Den meisten Fußballern und Sonnenbadegästen mag sie in Vergessenheit geraten sein.

Brunnenstraße ❿

Vom Humboldthain sind es nur wenige Schritte zur Brunnenstraße hinüber. Dort knüpfen türkische Nachbarn an die Tradition von Arbeit und Vergnügen an, die das Viertel berühmt und berüchtigt gemacht hat. Modegeschäfte, Gaststätten und Tanzlokale wechseln sich ab. Deutsche Mitbürger verirren sich nur selten in die Bars ihrer türkischen Kollegen. Wie in vielen anderen Städten hat man auch im Wedding nicht gelernt, miteinander zu leben. Dennoch trotzt die türkische Gemeinde den »Ausländer Raus!«-Sprü-

Flohmarkt

chen, im weltlichen ebenso wie im religiösen Umgang mit der vermeintlichen Fremde. In manchen Häusern hat sie eine Moschee
völlig unkompliziert in einer Etagenwohnung untergebracht; auch
die Kneipen, in denen Männer abends Karten spielen, sind provi-
sorisch, aber manifest. Wer sie betritt, wird freundlich empfangen.
Es scheint, als wüßten die türkischen Mitberliner, daß aus der Geschichte des Wedding zu lernen, die spezifischen Probleme des Bezirks zu lösen bedeutet. Man versucht aufeinander zuzugehen, weil
gerade die Isolation bei Arbeitslosigkeit und Angst vor der Zukunft die Menschen ein Stück näher rücken lassen sollte. Die Fans
von Deutschtum und Verdrängungspatriotismus dagegen haben
mit ihren Stammkneipenburgen das schlechtere Los gezogen. Hertha BSC wird auch in nächster Zeit nicht wieder stellvertretend für
ihre treuen Frösche aus dem Wedding aufsteigen können. Ihr Treffpunkt liegt an der Behmstraße, der Straße, die nach dem Mann benannt wurde, der mit seinem Kurbad die Blütezeit des Bezirks ein-
geläutet hatte. Ein kurzer Blick, und man entscheidet sich doch,
lieber die S-Bahn zu besteigen und woanders Berlin zu suchen.

Harald Fricke

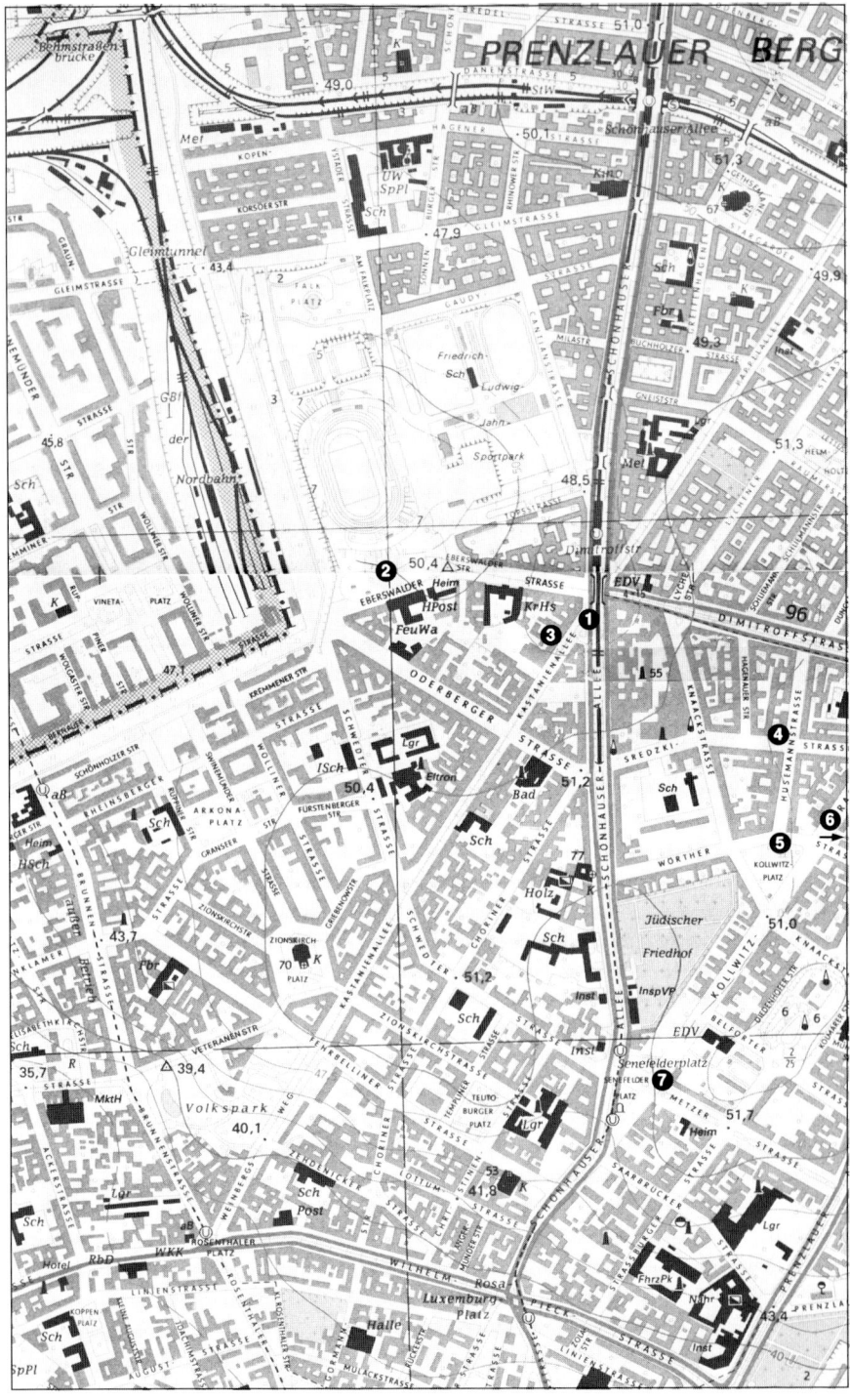

Currywurst und Kiez-Cafés: Fete bei Käthe

Prenzlauer Berg 1

Ausgangspunkt: U-Bahn Eberswalder Straße
  (U2, Straßenbahn 46, 49, 22, 70, 13, 4)
Endpunkt: U-Bahn Senefelder Platz (U2)
Dauer: ca. 2 1/2 Stunden

Dort, wo sich die Eberswalder und Dimitroffstraße, die Pappel-, Kastanien- und Schönhauser Allee kreuzen, schlägt das Herz des Prenzlauer Berges. Hier, sagt man, ist Berlin am berlinischsten. Und inmitten all des Miefs, des Lärms und der Hektik hat einer eine Wurschtelbude hingestellt: Max Konnopke. »Konnopke« ist der älteste Würstchenstand im Prenzlauer Berg, von Legenden umrankt und von den Bewohnern geliebt.

Prenzlauer Berg: neues Wappen

Der Betrieb, schon immer Privatbesitz, ist ein Phänomen. Im Jahre 1930, als schon das Familienunternehmen gegründet wurde, bestand es aus einem Zelt, einem Tisch, einem Wurstkessel und dem untrüglichen Instinkt für den besten Standort. Verkauft wurde von abends sieben Uhr bis früh um vier. Sieben Tage die Woche. Auch auf den Sommerfesten, Laubenpieperbällen und Kinderfesten war Konnopke vertreten. Das Geschäft begann zu florieren. In den Sechzigern entdeckte Sohn Günther das Geheimnis der Currywurst. Seither wird diese durch eine spezielle Ketchupmischung veredelt. Das Rezept kennen nur die Familienmitglieder. Hatte Konnopke mit Fleischknappheit zu kämpfen oder war der Stand aus bautechnischen Gründen geschlossen — verkauft wurde immer etwas. Anstelle der Würste gab es dann Eis, Fischfilets oder Obst und Gemüse aus dem hauseigenen Garten.

Schönhauser Allee

Nicht selten war Konnopkes Imbißstand Umschlagplatz für Gerüchte. Er selber blieb davon nicht verschont. So sagte man ihm nach, daß er auch einmal Pferdefleisch verkauft haben soll. Verewigt wurde Konnopke auf einem Rezept. Ein Berliner Arzt schrieb auf die Krankmeldung statt einer Diagnose einfach »Konnopke«...

Den Abstecher in den nahegelegenen Jahn-Sportpark sollten nicht nur Fußballfans unternehmen. Der Sportpark, anläßlich der III. Weltfestspiele der Jugend 1951 in Berlin gebaut, führte zu DDR-Zeiten alljährlich Weltklasse zum »Olympischen Tag« nach Berlin. Älteren Bewohnern ist dieser Platz als »Exer« bekannt —

Eberswalder Straße

einst kaiserlicher Exerzierplatz. Am Rande des Exerzierplatzes, an der sogenannten »Einsamen Pappel«, versammelten sich 1848 Tausende Arbeiter und erhoben ihre Forderung nach politischen Rechten. Auch in den darauffolgenden Jahren war die »Einsame Pappel« Treffpunkt revolutionärer Arbeiter. Nachdem der Baum gefällt werden mußte, wurde an der Topsstraße ein Ableger gepflanzt.

Kastanienallee
❸

Unweit davon ein Treffpunkt ganz anderer Couleur: der »Prater«. Als eine Berliner Institution wurde er 1852 weit in der Vorstadt als Bierausschank gegründet. Seitdem die Pferdebahn durch die Kastanienallee fuhr, wurde der »Prater« zu einem der beliebtesten Ausflugsziele und wandelte sich zur Vergnügungsstätte mit Sommertheater, Gartenkonzerten und Operettenabenden, später zu einer Versammlungs- und Kundgebungsstätte. Hier sprachen Clara Zetkin, August Bebel und Rosa Luxemburg, sang Ernst Busch seine Lieder und trug Erich Weinert seine Gedichte vor.

Der russische Architekt Wladimir Rubinow gestaltete zusammen mit Udo Schulz 1960 im Prater-Garten eine Freilichtbühne, und 1967 richtete sich in dessen Gemäuern das Kreiskulturhaus Prenzlauer Berg ein. Das unterhält vis-à-vis auch eine Galerie. In den letzten Jahren sorgte vor allem der Sonntags-Schwoof für ein volles Haus. Ansonsten las sich das Kulturangebot des »Praters« wie das Ankündigungsplakat einer Veranstaltung des Demokratischen Frauenbundes der DDR: Pratermarkt mit Kaffee und Kuchen, Kinderfeste, Tanz im Saal und Garten. Die Auftritte des

Wo Berlin am
berlinischsten ist

hauseigenen Pantomimen-Theaters und die »Woche des Gestischen Theaters« brachten Höhepunkte in das Etablissement. Eberhard Kube, der Mimenkünstler und Leiter des Theaters, entschied sich damals für Prenzlauer Berg, weil »dieser Bezirk so lebendig« ist. »Es gibt keine großen Ministerien, keine Paläste, es gibt keine großen Theater, sondern überwiegend Arbeiterwohnungen. Dazu kommt die günstige Verkehrslage.« Die sei geradezu ideal. »Hier am Prenzlauer Berg ist das zur Zeit katastrophal, weil die Leute hysterisch werden. Sie merken inzwischen, durch die Vereinigung, daß der Besitz von Grund und Boden kapitalträchtig ist.« Ginge es nach Kube, bliebe der »Prater« Spielstätte des Mimen-Theaters. Doch die Entscheidung liegt in anderer Hand. Wer heute am »Prater« vorbeikommt, wird enttäuscht sein. Er steht vor zugemauerten Eingängen. Schilder künden von den Bauherren, die dahinter werkeln. Auch der »Prater-Garten« blieb davon nicht verschont. Inzwischen jedoch ist er wieder eröffnet.

Während des Bau-Booms in der Gründerzeit bebaute man aufgrund der teuren Grundstückspreise die Flächen so eng wie möglich. Hinterhöfe entstanden. Die mußten, laut damaliger Polizeiverordnung, mindestens eine Größe von 17 Fuß im Quadrat haben. Bedenkt man, daß die Häuser fünf Stockwerke besaßen, ist das eine geradezu winzige Fläche. Wichtig war nur, daß der Wagen der Feuerwehr wenden konnte. Heute ist die Bausubstanz mehr als schlecht. Der Mörtel bröckelt an vielen Stellen, Fenster sind blind oder teilweise mit Brettern vernagelt. Unbewußt holt uns die Vergangenheit ein. Verblichene, verwitterte Inschriften, Überreste unzähliger kleiner Läden und Werkstätten erinnern an alte Zeiten. Mit der Vereinigung verwandelte sich das Bild des ganzen Bezirkes. Wer aber noch nie drei oder vier hintereinanderliegende Höfe gesehen hat, sollte die eine oder andere Toreinfahrt passieren. Er wird eine Überraschung erleben. Wie in der Nr. 12. Nach vier Durchfahrten, drei engen Hinterhöfen weitet sich der Blick: ein großer, phantasievoll gestalteter Hof breitet sich aus. Der »Hirsch-Hof« — so steht es an der Toreinfahrt. In der Mitte die über zwei Meter hohe Drahtskulptur eines Hirsches sowie Stuckteile und Marmorkapitelle vom alten Stadtschloß. Die wurden von der Müllhalde im Ahrensfelder Wald geborgen. Der Hof ist das Ergebnis einer Bürgerinitiative mit einer langen Geschichte.

1981 gab es eine Bürgerinitiative zur Begrünung eines Hofes. Es war die erste überhaupt in Ostberlin. Die anderen folgten später — auf staatliche Anordnung und mit Unterstützung des Rates. Aber in dem Jahr zählte diese Aktion zur Ausnahme. Einer der Bewohner hatte die Idee, und dann waren es an die zwanzig junge Leute, die mitmachen wollten. Alle sollten ihre Ecke bekommen: Die Kleinen ein Baumhaus mit Rutsche und Sandkasten; eine überdachte Bühne als Treff für Puppen-, Gitarren- und andere Spieler für die Mittleren, und für die Großen eine Liegewiese. Ein langer Behördenkampf begann. Zunächst wurde alles erstmal vom Rat

Kastanienallee

Durchblick: Hinterhöfe

Prenzlberg

Die Grenzen des Bezirkes Prenzlauer Berg sind Ergebnis eines Verwaltungsaktes. Sie wurden 1920 durch das »Gesetz über die Bildung einer neuen Stadtgemeinde Berlin« gezogen. Dabei schrieben sie eine Trennung fest. Aus »Alt-Berlin« wurden sechs neue Bezirke. Drei von ihnen — Mitte, Prenzlauer Berg und Friedrichshain — liegen heute auf Ostberliner Seite. Den Statistikern war der Prenzlauer Berg wohl vertraut. Auf den gut 10 Quadratkilometern Fläche lebten im Jahre 1920 316.659 Einwohner. Das am dichtesten besiedelte Berliner Stadtviertel wurde in dieser Hinsicht von keinem anderen übertroffen. Auch heute wohnen dort noch gut 150.000 Einwohner. Es ist somit nach wie vor der am dichtesten besiedelte Bezirk Berlins. Das sagt viel über Lebens- und Wohnqualität zu unterschiedlichen Zeiten aus.

Die Wende hat das Bild des Bezirks verändert. Zeugen sind die Baugerüste, die dem Kiez einen neuen Akzent geben. Sie weisen auf die Baufälligkeit hin, unterstreichen gleichzeitig aber auch eine neue Aktivität.

Alteingesessene Bewohner des Prenzlauer Berges mokieren sich übrigens lautstark, wenn Ortsfremde oder Besucher über den »Prenzelberg« schreiben. Da beharren sie auf der amtlichen Abkürzung »Prenzl. Berg«, wenn schon die vertrauliche Kurzform gewählt wird. Und was so geschrieben wird, klingt auch so — »Prenzlberg«.

Renate Mühle

---

mehrfach geprüft und begutachtet. Ausschlaggebend war dann die westdeutsche Ausstellung »Stadtpark — Parkstadt, Bürger planen ihre Stadt«, die zur gleichen Zeit lief. Da sollen einige gefragt haben, wo hier die Beispiele sind. Neue Möglichkeiten taten sich auf. Das Resultat kann heute noch besichtigt werden.

Oderberger Straße

Der andere Hofausgang führt in die Oderberger Straße. Gleich daneben das »Entweder Oderberger« — ein ehemaliger Treffpunkt der Akteure des Herbstes '89. In jenen Monaten konnte es schon passieren, auf die Versammlung einer Betroffenen-Vertretung zu stoßen. Oder auf Mieter, die darüber berieten, wie sie eine behutsamere Stadterneuerung durchsetzen könnten. Denn einerseits fehlte das Geld, und andererseits standen schon private Luxussanierer vor der Tür sowie Abrißvorstellungen auf dem Papier.

Am anderen Ende der Oderberger Straße, zur Schönhauser Allee hin, stoßen wir auf einen unübersehbaren Gebäudekomplex, der einst zur Schultheiß-Brauerei gehörte. Der »Wehrbau« im romanisierenden Stil vereinigte Produktionsstätte, Lagerhallen und Bierrestaurant. Es ist eines der wenigen in voller Ausdehnung erhaltenen Beispiele eines Werkgeländes des späten 19. Jahrhunderts.

Jetzt beherbergt die alte Brauerei einen Möbelmarkt, ein Sportlerheim, den »Franz«-Klub (ein Kulturtreff der Jugend) und die »KulturBrauerei«. Diese soll zum größten multifunktionellen Kulturzentrum Europas werden. Musiker, Bildhauer, Schauspieler, Regisseure aus ganz Europa werden aufeinandertreffen, um sich gegenseitige Impulse zu geben. Eine Bühne wird gleichzeitig Gale-

KulturBrauerei

rie sein, ein Konzertsaal Spiel- und Malraum für Kinder. Auf dem *Neue Aktivitäten* Hof finden Open-Air-Konzerte statt oder andere Veranstaltun- *in altem Viertel* gen.

Schon 1981 dachten Enthusiasten daran, das Gelände kulturell zu nutzen. Doch das Interesse staatlicherseits war gleich null. Nach der Wende hatte der Magistrat, nach der Vereinigung der Senat für das Projekt ein offenes Ohr. Angetan von dem Gedanken der Ver- mischung von Ost-West-Kultur im weitesten Sinne, vom Zusam- mengehen von Kunst und Kultur unterschiedlicher Art und einem damit einmaligen Kiez-Zentrum, bewilligte der Kultursenator für bereits konkret gewordene Projekte der »KulturBrauerei« Gelder. Das ehemalige Kesselhaus und die alte Kantine wurden proviso- risch hergerichtet. Dort gibt es wöchentlich ein Liedercafé, klassi- sche Konzerte, Theateraufführungen und Ausstellungen. Populä- rer wird die »KulturBrauerei« durch die Sendung »Einspruch«, die bundesweit ausgestrahlt wird. Dadurch flimmert wöchentlich ein Stück »KulturBrauerei« in die Wohnzimmer.

Gleich neben der »KulturBrauerei« wird die Szene fortgesetzt: im Café »Bla Bla«. Schwarze, alte Ledersofas, weiße Wände und rauchgeschwängerte Luft. Die 68er Szene wiederholt sich.

Ganz anders eine Ecke weiter — in der Husemannstraße. Sie ist **Husemannstraße** zur 750-Jahr-Feier Berlins mit viel Aufwand in ihrem ursprüngli- ❹ chen Zustand wieder hergestellt worden. Pastellfarbene Fassaden, güldene Zunftzeichen, gußeiserne Laternen und Straßenschilder. Die »Genossenschaft der Berliner Figaros, Hundepfleger und Kosmetiker« unterhält im Haus Nr. 8 das einzige Museum seiner

Art: das »Friseur-Museum«. Es gleicht einem Raritäten-Kabinett der jahrtausendealten Kulturgeschichte der Barbiere. Da gibt es Brennscheren, Flakons, Bartbinden sowie aus echtem Haar geflochtene Bilder. Auch die zur Zahnbehandlung nötigen Werkzeuge können hier bestaunt werden. Die Barbiere waren einst für die Zahnbehandlung zuständig. Das Museum »Berliner Arbeiterleben um 1900« ein paar Häuser weiter gibt Einblicke in das Leben des Proletariats um die Jahrhundertwende.

»Disneyworld« nannten die Prenzlberger ihre Straße. Es war ein Gemisch aus Wohlwollen und Ironie. Zwischenzeitlich ist die Straße von Anwohnern und Touristen vollständig akzeptiert. An warmen Sonnentagen sitzen sie auf der Straße vor den Cafés und Restaurants. Das Restaurant »1900« und das »Rosenstübchen« mit seinem Plüschambiente grenzen unmittelbar an den Kollwitzplatz.

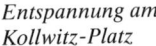

Diese grüne Oase inmitten des Prenzlauer Berges scheint noch völlig unberührt von den täglich schneller sich vollziehenden Veränderungen in der unmittelbaren Nachbarschaft. Inzwischen hat sich aber der Platz mit dem Denkmal für die Malerin und Bildhauerin Käthe Kollwitz zum Herzstück von Prenzlauer Berg entwickelt. Hier »bei Käthe« ist oft Fete, heißt es in Szene-Kreisen.

Das von Gustav Seitz 1958 geschaffene Bronzedenkmal zeigt eine vom Leben gezeichnete Frau. Für Kinder ein idealer Tummelplatz. Sie scheren sich wenig darum, daß sie auf einer »großen Künstlerin« herumtollen. Käthe Kollwitz hat über fünfzig Jahre hier gewohnt. Das Wohnhaus, in dem sie mit ihrem Mann, dem Armenarzt Karl Kollwitz, lebte, wurde 1943 zerstört. An dieser Stelle

Entspannung am Kollwitz-Platz

steht in einer Grünanlage die Plastik »Schützende Mutter«, 1951 von Fritz Diederich nach einem Entwurf von Käthe Kollwitz in Kalkstein gehauen.

»Schützende Mutter«

Käthe Kollwitz gehörte zu den wenigen Mutigen, die 1935 zur Beerdigung von Max Liebermann gingen. Er wurde auf dem Jüdischen Friedhof in der Schönhauser Allee beigesetzt; sein Begräbnis wurde eine schweigende Protestversammlung gegen die Nazi-Diktatur. Die engagierte Künstlerin wurde zu Beginn der Naziherrschaft aus der Akademie der Künste ausgeschlossen und erhielt Ausstellungsverbot. Im Juli '36 wurde sie von der Gestapo verhört, die ihr mit Konzentrationslager drohte. Von da an trugen Käthe und Karl Kollwitz ständig ein schnell wirkendes Gift bei sich. Bis zum August 1943 wohnte Käthe Kollwitz am Wörther Platz (heute Kollwitzstraße). Kurz vor Kriegsende starb sie 1945 in der Nähe von Dresden.

In der Nacht vom 2. zum 3. Oktober 1990, genau 0.00 Uhr, wurde auf diesem Platz die »Autonome Republik Utopia« ausgerufen. Die — wie es im Gründungsaufruf hieß — »Heimat aller werden soll, die der Realität ins Auge schauen und trotzdem ihre Hoffnung auf eine menschliche Zukunft partout nicht aufgeben wollen«. Allen Teilnehmern der »Antifête« ist ein Papier ausgestellt worden, das zum Aufenthalt in der Wahlheimat berechtigt. Im Café »Westphal« wurde dann die neue Staatszugehörigkeit begossen — mit Kirsch-Whisky, einer »hochgeistigen« DDR-Erfindung.

Auf dem Kollwitzplatz legen wir am besten eine kleine Pause ein. Gelegenheit, ins Gespräch zu kommen, zu klönen oder sich einfach von der Stimmung einfangen zu lassen.

Rykestraße 53 ❻

Im Hof der Nr. 53 der Rykestraße steht die einzige Synagoge von Berlin, die durch die Nazis 1938 nicht zerstört wurde. Der Grund dieser »Rücksichtnahme« waren die direkt angrenzenden Häuser. SA-Truppen schändeten die jüdische Gebetsstätte und machten sie zum Pferdestall. Dennoch blieb sie gut erhalten. 1953 wurde die Synagoge instandgesetzt und anschließend neu geweiht. Das Gotteshaus mit dem Beinamen »Friedenstempel« bietet 2.000 Menschen Platz. Die zu DDR-Zeiten nur 200 Mitglieder zählende Gemeinde hatte oft Probleme, die für die jüdische Andacht notwendigen zehn Männer zusammenzubekommen. Ein zweites Problem war der Rabbiner, den es eine Zeitlang nicht mehr gab. So mußte er zu den Feiertagen aus Ungarn oder Großbritannien gerufen werden.

Synagoge

Nicht weit von der Synagoge entfernt, auf einer kleinen Anhöhe und umgeben von Grünanlagen, stoßen wir auf ein Wahrzeichen von Prenzlauer Berg: den ersten Berliner Wasserturm, den eine englische Firma 1855/56 zu bauen begann. Zuvor drehten sich an dieser Stelle Windmühlen. 1877 nahm der massive Wasserturm seine Arbeit auf, bis 1915 die Anlage stillgelegt und dann zum Wohngebäude umgebaut wurde. Nach der Machtergreifung der Nazis war der Keller des Turms berüchtigte Folterstätte. Eine Ge-

Wohnungen mit ein-maligem Grundriß im Turm

Schönhauser Allee

denktafel erinnert an die Opfer des faschistischen Terrors. Heute befinden sich in den sechs Etagen des denkmalgeschützten Turms Wohnungen, die in ihrem Grundriß einmalig sein dürften.

Von hier kommen wir wieder auf die Wörther Straße, die linkerhand zur Schönhauser Allee führt. Unweit davon befindet sich der Jüdische Friedhof, der 1827 vor den Toren der Stadt angelegt wurde. Doch kurz nach der Einweihung erregten die Begräbniszüge Aufsehen bei den Mitgliedern des Hofes. Denn die Familie Friedrich Wilhelm III. sollte nicht mißgestimmt werden, wenn sie in ihren Karossen vom großen Stadtpalais ins Sommerschlößchen fuhr. Die Weisung hieß: einen anderen Zugang benutzen. Der lag auf der Rückseite des Friedhofs. So wurden die Verstorbenen über einen holprigen Feldweg zu ihrer letzten Ruhestätte gebracht. Dieser Weg ging als »Judengang« in die Geschichte ein. Heute ist der Feldweg für Passanten kaum sichtbar. Ende des 19. Jahrhunderts wurde in Weißensee der neue jüdische Friedhof in Betrieb genommen. Seitdem fanden kaum mehr Begräbnisse statt. Auf dem Friedhof in der Schönhauser Allee wurden mehr als 5.000 Juden beigesetzt, darunter so berühmte wie der Musiker Giacomo Meyerbeer (gest. 1864), der Verleger Leopold Ullstein (gest. 1899) und der Maler Max Liebermann (gest. 1935). Faschisten schändeten Gräber, Bomben zerstörten Park und Gebäude. Eine Metalltafel an einem Schacht erinnert, daß sich hier 1944 Kriegsgegner versteckten, die noch kurz vor Kriegsende von den Nazis entdeckt und an den Bäumen erhängt wurden. Der Nachwelt als Mahnung, so steht es auf dem Gedenkstein am Haupteingang, soll der Friedhof in diesem Zustand erhalten bleiben.

Viertel in Bewegung

Von der Großstadthektik entrückt, fühlt man sich im Schatten der großen Bäume wie an einem verwunschenen, friedlichen Ort. Nicht einmal Straßenlärm dringt auf das Friedhofsgelände vor. Der gelbe Backsteinbau gleich daneben wurde 1883/87 als eine »Altersversorgungsanstalt« der jüdischen Gemeinde errichtet. Später zu DDR-Zeiten beherbergte er die Polizei-Inspektion des Prenzlauer Berges. Im Oktober '89 wurden in deren Garagen viele der festgenommenen Demonstranten mißhandelt.

Vorbei an dem Besetzer-Haus, übrigens eines der ersten gleich nach der Wende, stoßen wir auf den Senefelder Platz. Hier finden wir das von Rudolf Pohle 1892 geschaffene Marmorbildwerk. Es stellt Alois Senefelder dar, den Erfinder der Lithographie. Wie bei dem von ihm entwickelten Steindruck steht der Namenszug, den die Putten an den Sockel geschrieben haben, in Spiegelschrift. An diesem Denkmal endet auch unser Rundgang.

Senefelder Platz

Drei Möglichkeiten gibt es noch. Erstens: Wer nicht weiterlaufen möchte, kann sich in die U-Bahn setzen und in Richtung Alex fahren. Zweitens: Diejenigen, die noch nicht pflastermüde sind, können, immer den Fernsehturm im Blickfeld, bis zum Zentrum spazieren. Dabei mal in die eine oder andere Querstraße einbiegen. Auch dort gibt es noch viel Sehenswertes. Für die dritte Gruppe bleibt das Lokal »Altberliner Bierstuben«, um den Hunger zu stillen und den Durst zu löschen. Empfehlenswert auch das »Metzer Eck«. Hier schlemmte Katharina Witt, trank Manfred Krug sein (Schultheiß)Bier und kehrten andere berühmte Künstler ein. Wer noch, das verrät der Mann hinter dem Tresen ...

Renate Mühle

Wandmalerei am Kollwitz-Park

Drehorgeln, Denkmäler und Gasometer verschwanden

Prenzlauer Berg 2

Ausgangspunkt: S-/U-Bahn Schönhauser Allee
(S8, S10, U2)
Straßenbahn 46, 49, 22
Endpunkt: S-Bahn Ernst-Thälmann-Park (S8, S10)
Straßenbahn 24, 58, 74
Dauer: 2 Stunden

Der Prenzlauer Berg hat viele Seiten. In den Augen ehemaliger Privilegierter wirkt er anders als in den Augen derer, die sich hier eingerichtet haben, die hier protestierten und derer, die um keinen Preis weg wollten. Mit anderen, neugierigen Augen sollte der Besucher den Kiez entdecken. Die »offiziellen« Besucher der damaligen Hauptstadt der DDR erlebten den Bezirk nur als vorbeihuschende Kulisse. Dann stand eine Schar »unauffälliger« Männer am Straßenrand. Sie vertraten das »Volk«. Die damalige »Protokollstrecke« der Politprominenz führte über die Schönhauser Allee entweder nach Wandlitz oder nach Pankow. Den Bewohnern bescherte sie eine Reihe von Unannehmlichkeiten wie Staus und Parkverbot. Einzig die hellen Fassaden an der Schönhauser Allee schienen den vorbeirauschenden Gästen aufgefallen zu sein. Sie suggerierten den Eindruck, in dem einst armen Bezirk werde alles getan, um die Bausubstanz zu erhalten. Auch die zahlreichen kleinen Geschäfte dürften den Anschein von »Wohlstand« geweckt haben. Jedenfalls bei den ärmeren Ländern. Den alltäglichen Ärger mit der »zentralen Kommandowirtschaft« bekamen die Gäste nicht mit.

Prenzlauer Berg: altes Wappen

Schönhauser Allee
❶

Der S-Bahnhof Schönhauser Allee (früher Nordring) gehörte zur Ringbahn, bis der Mauerbau 1961 den Ring durchschnitten hat. Wenn es bald wieder auf dem direkten Weg zum Wedding geht, ist der Umsteigebahnhof einer der wichtigsten Knotenpunkte des innerstädtischen Verkehrs. Gleich neben dem Bahnhof entstand ein kleiner Markt. Von Frischgemüse bis zum Schmuck ist fast alles erhältlich. Auch Imbißstände haben dort ihren festen Standort.

Hundert Meter weiter in Richtung Gethsemanekirche (die von der U-Bahn aus nicht zu übersehen ist) finden wir über einer Toreinfahrt ein Firmenschild »Orgelfabrik Inh. G. Bacigalupo«. Sie war einst die größte in Berlin. Die Firma, 1877 gegründet, zog spä-

Grüne Oase in trister Gegend: Helmholtz-platz

ter in den achtziger Jahren in die Schönhauser Allee. Zu der Zeit soll sich im Prenzlauer Berg eine italienische Kolonie gebildet haben. Besonders nach dem 71er Krieg hieß es: In Deutschland liegen die Goldstücke auf der Straße. So wanderte Bacigalupo zu Fuß über die Alpen. Das einzige, was er mitbrachte, war ein Gewerbeschein. Damals galt der Orgelbau als Bettelgewerbe. Im gleichen Haus gab es eine italienische Gaststätte, dessen Wirt Bacigalupos Drehorgeln je nach Güte für zwei bis vier Mark die Woche an Italiener vermietete. Mit schwarzem Filzhut und umgeschnallter Orgel sind sie dann von Hof zu Hof gezogen, eine Kinderschar immer hinterher. Die Leute warfen eingewickelte Geldstücke aus den Fenstern, und die Kinder haben sie in den Hut gesammelt. Zille hat dieses Milieu in seinen Bildern festgehalten. Anfang der Neunziger bekamen die Italiener dann keine Spielerlaubnis mehr. Es durften nur noch Deutsche orgeln. Bis 1950/60 waren Leierkastenmänner (Volksmund) in Deutschland zu finden. Sie zogen von Hof zu Hof, von Haus zu Haus, und eine Kinderschar lief wie damals hinterher und sammelte das eingewickelte Geld auf. 1978 ist das Geschäft aufgelöst worden. Irgendwelche Kunsthändler sollen die letzten Leierkästen abgekauft und später für Devisen ins Ausland verscherbelt haben.

Gethsemanekirche
❷

Wir gehen weiter zur Gethsemanekirche, ein Bauwerk, »das eine kurze, aber wesentliche Zeit zu den eigentlichen Parlamenten dieser Republik gehört hat...«, wie es später in einer Kiezzeitung zu lesen war. Für viele Christen und Nichtchristen hat die Gethsemanekirche ihre zweite Weihe in den September-, Oktober- und Novemberwochen im Jahr 1989 erfahren. Nie hat dieses Gebäude

(1891/93 erbaut) in seinen Mauern mehr Menschen aufgenommen als in dieser Zeit. Annähernd 3.000 Berliner standen dicht gedrängt bis auf die Seitentreppen. Sie haben einander in Solidarität Mut zum Handeln und Kraft zur Gewaltlosigkeit gegeben. Sie gingen aufrecht und friedlich aus der Kirche und den Polizeiketten entgegen. Und nie zuvor war die Hoffnung auf eine bessere, gerechtere Gesellschaft größer als in jenen Tagen. Hunderte von Kerzen in den Fenstern der näheren Umgebung brannten als Ausdruck der Solidarität. Die brutalen Übergriffe der »Staatsorgane« waren ein letztes Aufflackern des maroden und überlebten Systems. Eine Gedenkplatte erinnert an die Zeit »des stürmischen Herbstes« 1989. Auch heute noch finden in der Gethsemanekirche Foren zur Auseinandersetzung mit der DDR-Vergangenheit statt.

Gethsemanestraße

Hinter der Kirche, in der Gethsemanestraße, finden wir den ersten privaten Verlag, der sich kurz nach der Wende gegründet hat. Es ist der Verlag von Christoph Links, ein kleiner Buchverlag, der sich vornehmlich auf Politik und Zeitgeschehen des 20. Jahrhunderts spezialisiert hat. Christoph Links war vier Jahre im Aufbau-Verlag tätig, bevor ihn die Wende zum Unternehmer werden ließ.

Stargader Straße

Wir kommen zurück auf die Stargader Straße, deren Eintönigkeit hin und wieder unterbrochen wird. Zum Beispiel durch eine Pizza-Stube, durch ein Galerie-Café oder durch die Messel-Häuser. Sie sind Beispiel für die fortschrittliche Architektur der Jahrhundertwende und für die Bemühungen, enge Hinterhöfe zu vermeiden. Alfred Messel (1853—1909) entwarf diese für den »Berliner Spar- und Bauverein«. Die Straßenfassaden werden malerisch belebt durch Balkone.

Wer Kaffee-Durst verspürt, kann hier in eines der vielen Cafés einkehren. Entweder in das Café »Flair«, das wegen seines Farbtons auch »Café Lila« genannt wird. Nicht nur außen, auch in den Innenräumen dominiert dieser Farbton. Selbst die Chefin trägt Lila. Soweit man Platz in dem kleinen verqualmten Raum findet, ist er ein angenehmer Ort zum Verweilen. Gediegener und »frischer« ist es im Café »Papillon« mit Hinterhofatmosphäre. Hier treffen mehrere Stilarten aufeinander. Im Hinterhof das Übliche: lärmende Kinder, Mülltonnen, und aus den Wohnungen schallt Musik von verschiedenen Radiostationen. Dennoch — das Gewirr um einen herum entspannt und gibt ein wohliges Gefühl.

Bei unserem weiteren Rundgang sollte in die eine oder andere Seitenstraße eingebogen werden. Egal, in welcher Straße wir gerade sind (auch mal auf die Hinterhöfe schauen — sie bringen »Kunstwerke« zum Vorschein), jede führt zum Helmholtzplatz, einer kleinen grünen Oase in dieser tristen Gegend. Aber gerade dieses Stück Berlin ist es, was Wärme ausstrahlt. Denn dieser Bezirk lebt — zu sehen und zu spüren an jeder Ecke. Nicht umsonst wollte und will jeder in den Prenzlauer Berg. Die damaligen Hausbesetzungen verliefen nicht so spektakulär. Manchmal genügte einfach nur der Weg zum Hauswart, um sich einen Schlüssel zu holen. An-

Helmholtzplatz

deren, die weniger Glück hatten, drohten Geldstrafen. Aber rausgesetzt wurde fast keiner.

Was wäre der Prenzlauer Berg ohne seine Kneipen. Zur Geschichte und Tradition gehören sie auf jeden Fall. Ob das das »Keglerheim« ist oder der »Schusterjunge« oder der »Hackepeter«, sie alle befanden sich in den zwanziger Jahren in fester Hand politischer Strömungen. Im »Hackepeter« verkehrte die SA, das andere Lokal war Treffpunkt der SPDler, und im »Keglerheim« hielten sich die Kommunisten auf. Da die Kneipen in einem Dreh lagen und liegen, kam es oft vor, daß sich die Leute Straßenschlachten lieferten.

Kehren wir zurück zum Helmholtzplatz, auf dem sich zu jeder Zeit eine illustre Gesellschaft zusammenfindet. Von hier kommen wir auf die Prenzlauer Allee. Nicht zu übersehen ist ein Gebäudekomplex, der jetzt das Bezirksamt beherbergt.

Das ehemalige Asyl für Obdachlose, das Städtische Hospital und Siechenhaus ist zum Städtischen Krankenhaus geworden. 1878, unterm Kaiser als vorbildliche Wohlfahrtseinrichtung für 5.000 Personen eingeweiht, bestürmten während der Weltwirtschaftskrise täglich bis zu 5.000 verarmte Leute die »Palme«. Weil irgendwann am Anfang eine Kübelpalme am Eingang gestanden haben soll, wurde diese Einrichtung so genannt. Zum Asyl gehörten das große Backsteingebäude, in dem obdachlose Frauen, Kinder, Familien und Kranke untergebracht waren. Die Entlausungsanstalt befand sich in den gleichen Gemäuern. Daß die Berliner regen Gebrauch davon machten, belegt eine Auflistung aus dem Jahre 1926. Ihren eigentlichen Zweck erfüllte die »Palme« jedoch mit der Aufnahme von »Krüppeln und Elenden, Bettlern und Arbeits

Das frühere Siechenhaus die »Palme«

scheuen, Säufern, Strolchen und Verbrechern, abgerissen, verwahrlost und völlig verkommen, aber auch von Menschen, die sich in augenblicklicher Not befanden«. Das berichteten die Berliner Otto Behrendt und Karl Malbranc, als sie dem Bezirk 1928 ein erstes literarisches Denkmal setzten. Obdach wurde nur für 14 Tage gewährt. Unter dem Nazi-Regime dann bot die »Palme« unter der Parole »Heim ins Reich« den deutschstämmigen Österreichern, Ungarn, Polen, Tschechen und Rumänen Unterkunft.

Prenzlauer Allee
❹

Nicht weit von diesem Gebäudekomplex entfernt steht das modernste Planetarium Berlins — das Zeiss-Großplanetarium. Die imposante Dreiviertelkugel des Kuppelbaus (Durchmesser 30 m) ist nicht zu übersehen. Effektvoll werden das Cosmorama, zugleich Herzstück des Planetariums, sowie die über 100 Spezialprojektoren und zwei Laseranlagen genutzt, um das Universum den Zuschauern sichtbar zu machen. Begleitende Kinder können sich zwischenzeitlich auf dem Spielplatz neben dem Planetarium tummeln. Der Platz ist mit Sternbildern entlehnten Phantasiegestalten ausgestaltet und stimmt die Kinder auf die Astronomie ein.

Wir befinden uns am Rande des Ernst-Thälmann-Parkes. Dorn im Auge war unter der DDR-Regierung das alte Gaswerk an der

Ecke Dimitroffstraße. Es stank, war dreckig und erinnerte an die ehemals proletarische Welt. Das alte Gaswerk wurde 1981 stillgelegt. Der Abriß folgte, und auf dem Terrain sollte eine parkähnliche Neubausiedlung entstehen. Inzwischen steht sie, schon Jahre. Aber den eigentlichen Ärger löste die Sprengung der drei nach dem Krieg erhaltenen Gasometer aus. Die klinkerverblendeten Rundbauten wurden gemocht. Ein für den Stadtbezirk weithin sichtbarer, charakteristischer Bau. Der erste Aufschrei. Viele plädierten für seine Einbeziehung in die entsprechende Parkanlage. Andere planten ein Bierzelt, ein Sommertheater oder Freilichtkino etc. Plötzlich hieß es, die Gasometer werden gesprengt. Sie wurden über Nacht zum Thema auf Versammlungen, von Eingaben und Beschwerden. Die erste öffentliche Besetzung von Häusern fand statt. Jugendliche hielten diese besetzt, um von der Sprengung abzuhalten. Ein Zusammenkommen beider Seiten, um Für und Wider zu diskutieren, fand nicht statt. Mit der Sprengung ist für manche ein Stück Prenzlauer Berg zusammengebrochen. Auf diesem Areal entstand dann zwischen 1983 und 1985 ein modernes Park- und Wohngebiet im Einheitsstil der Großplattenbauweise. Die markante Bronze-Büste für den im KZ Buchenwald von den Nationalsozialisten ermordeten kommunistischen Politiker Ernst Thälmann (1886—1944) schuf der sowjetische Bildhauer Lew Kerbel. Noch steht das Denkmal, von der ersten Denkmalstürmerei verschont geblieben. Ob auch von einer zweiten?

Das zum Park gehörende Kulturhaus besteht aus mehreren Häusern. Im Klubhaus, dem ehemaligen Verwaltungsgebäude des

Vom einstigen Gaswerk an der Dimitroffstraße blieben nur drei Gebäude

Ernst-Thälmann-Park
❺

Gaswerkes, sind alle Räume von der Kellerbar bis zum kleinen Theater unterm Dach mit interessanten Programmen auf vielseitige Begegnungen eingerichtet. Der einzige Neubau dieser »Kulturkette« wurde in Form einer Wabe gestaltet. Es bietet zugleich Restaurant, Café und ist Treffpunkt zu verschiedenen Veranstaltungen. Eine originelle Gaststätte »Zur alten Gaslaterne« befindet sich in unmittelbarer Nähe. Eine Plastik mit urwüchsigen Berliner

Noch steht das Denkmal

Ein schöner Verlierer

Wenn man mit Friedrich Steinhauer, der »Nachtigall von Ramersdorf« zusammensitzt, denkt man oft an's fröhlich existenzialistische Donald-Duck-Prinzip: Aufstehen — scheitern, wieder aufstehen — wieder scheitern. In jeder Geschichte, die er erzählt, wimmelt es von Filmprojekten, die irgendwie dann doch nicht klappen, von Regisseuren, die ihn über's Ohr gehaun haben, von traurigen Kindheitserlebnissen, scheußlichen Teufelsaustreibungen, von kleinen oder großen Mißgeschicken. Wo man jedoch selbst Freunde irgendwann genervt unterbricht, wenn sie nur von den Gemeinheiten berichten, die das Leben an ihnen vergnügt verübt, ist Friedrich jedoch ein schöner Verlierer. Wenn er singt, so vermag er wie nur wenige die Herzen seiner Zuhörer zu bewegen.

Der hagere Sänger und Schauspieler kam vor neun Jahren von München nach Berlin, um in dem Rosa v. Praunheim-Film ›Horror Vacui‹ die Hauptrolle zu spielen. Er bekam zwar hervorragende Kritiken, mit dem Star werden hatte es dennoch nicht geklappt. So verdient er sein Geld weiter vor allem mit kleineren Film-Rollen, als Stargast diverser Veranstaltungen oder als Kneipensänger.

Bis vor einem Jahr wohnte er noch in einem Hotel am Stuttgarter Platz in Charlottenburg. Inzwischen hat es ihn ins Scheunenviertel verschlagen. Bei seinen Auftritten in Ostkinos und -kneipen, im ›Babylon‹, im ›Checkpoint‹ oder im Literaturcafé »Kiryl« hat man manchmal das Gefühl, seine Kunst finde hier mehr als im Westen begeistertes Verständnis.

Und auch seine Kunst hat sich im Laufe der Jahre weiterentwickelt. Aus dem traurig begeisterten Sänger, der seit acht Jahren die Berliner Kneipenwelt ärgert oder begeistert, ist ein Entertainer geworden, der die Geschichte, die er zuvor nur am Tisch erzählte, nun auch auf der Bühne einzusetzen weiß. Als unbedingtem Künstler gilt ihm die Trennung zwischen privatem und öffentlichem Leben nichts. Er vervielfacht seine Wirklichkeit und variiert seine Erlebnisse aufs Schönste. Die Geschichten, die meist hoffnungsvoll beginnen, enden fast immer mit einen ›...und dann ist es wieder nichts geworden‹.

Manchmal gibt es die Niederlage, die durch die Erzählung zum Sieg wird und manchmal auch den Verzicht, der den Sieger brüskiert, gar zerschmettert: »Der Didi Hallervorden war der Hauptdarsteller in der ›Nonsens-Schau‹ in München. Ich war Nebendarsteller und da hab ich drei Wörter von ihm genommen und er hat gesagt: ›Das können Sie doch nicht machen. Sie können mir doch nicht drei Wörter wegnehmen!‹ Da hab ich gesagt: ›Aber entschuldigen Sie doch bitte. Sie werden doch da kein Interesse haben für diese drei Wörter, die ich gerne sprechen möchte. ›Hat er gesagt: ›Das sind meine drei Wörter, die gehören zu meiner Rolle und die muß ich haben.‹ Da hab ich gesagt: ›Dann nehmen Sie eben Ihre drei Wörter. Ich brauch auch nicht mehr mitmachen.‹«

Allein oder mit einem begleitenden Klavier, ganz hoch und ganz tief, singt die Nachtigall ihre Lieder. Die kommen aus den Zwanzigern oder den Fünfzigern, aus Paris, New York und Moskau. Nachdem er im schönsten Kino der Stadt, dem ›Babylon‹ am Rosa Luxemburg Platz gesungen hat, erzählt er bei einem Pfefferminztee aus seinem Leben:

»Meine Mutter hatte Soubrette werden wollen. Ihre Eltern haben es jedoch nicht geduldet. ›Das sind alles Zigeuner‹, haben sie gesagt, ›die Schauspieler sind Zigeuner.‹

Meine Mutter hat gesagt: ›Was ich nicht werde, wirst du und hat es möglich gemacht, daß ich zum Stuttgarter Rundfunk gekommen bin. Ein Kind war ich noch, acht oder zehn Jahr. Wie ich ins Studio gekommen bin, da stand einer hinter einer Glasplatte in einem Glaszimmer. Meine Mutter hat mich vorgestellt und er hat gesagt: ›Da woll'n wir mal langsam anfangen.‹ Er spielte alte Evergreens. Ich hab gesagt, er spielt zu schnell. Da spielte er wieder langsamer, da hab ich gesagt, er spielt zu langsam. Sagte der Pianist: ›Gnädige Frau, so schön ihr Junge auch singt. Es ist unmöglich mit ihm zu arbeiten. Er schikaniert so derart — einmal sagt er, ich spiele zu schnell, einmal sagt er, ich spiel zu langsam. Wir kommen nicht in's Zeug, weil ihr Sohn unmöglich ist.‹ Da sind wir wieder gegangen und meine Mutter hat gesagt: ›Ach, was sollen wir nur machen...‹

Wir haben überall gewohnt, in Stuttgart, Frankfurt, Köln, in Trier, in Linz, in Düsseldorf. Das kam, weil immer Gefahr für mich gelauert ist, weil ich von selber in die Nachtlokale gegangen bin zum Singen. Die Leute haben gesagt: ›Was ist denn da los. Der Kleine singt in den Lokalen da rum und sammelt das Geld ein. So geht das nicht. Den tun wir am besten in eine Erziehungsanstalt. Und die Alte stecken wir in so ein Arbeitshaus.‹ Wenn wir so in Gefahr waren, erwischt zu werden, sind wir bei Nacht und Nebel abgehauen.

Ich bin dann aufs Gratewohl, durch Zufall zum Film gekommen. Ich hab mal in Wiesbaden in einer Konditorei Eis gegessen, da sagten die Leute: ›Ach, schau mal den kleinen Jungen. Der bestellt sich so eine Portion für zehn Mark. Da kriegt der doch einen ganz kalten Magen.‹ So haben die Leute geredet und da hat ein Regisseur sich für mich interessiert und hat gesagt: ›Junge, darf ich mal mit dir sprechen?‹ Da sag ich: ›Ich wart auf meine Mutti und an sich möcht ich mit niemanden sprechen.‹ Hat er gesagt: ›Du bist ein aufgeweckter kleiner Junge und ich möchte gern einen Film machen mit dir, weil du so ein aufgeweckter kleiner Junge bist.‹ Da hat der damals einen Kurzfilm mit mir gemacht.

Am Anfang habe ich immer Statistenrollen gespielt. Manchmal auch kleine Kinderrollen. Später habe ich in Reklamefilmen gespielt. Unter anderem über Geldangelegenheiten: Der Dracula und sein Diener. Erst sollte ich den jungen Dracula spielen. Weil ich als Junge, vorne zwei Zähne verloren gehabt hab. Hab ich gesagt: ›Nein, ich spiel den Dracula nicht. Ich leg mich nicht in einen Sarg rein.‹ Stattdessen spielte ich dann den Diener.

Ach, als Junge hab ich wie ein Engelchen ausgesehen. Jetzt seh ich aus wie ein Dracula. Furchtbar. Weil ich mit Typen zusammengekommen bin, die schwarze Magie betrieben haben. Weil ich rauschgiftsüchtig war. Lange hab ich gebraucht, bis ich überhaupt davon losgekommen bin. Drei Tage haben sie mich eingesperrt und dann hab ich erstmal so 'ne Kur machen müssen. Dann hab ich nichts mehr genommen.

Ich hab dann auch Theater gespielt. Da ist mir auch so ein Mißgeschick passiert. Die haben da gesagt: ›Jetzt bist du doch schon langsam ein Mann. Du kriegst von uns zwanzig Mark, wenn du ein Maß Bier auf ex aussaufst.‹ In der Pause bin ich dann hingegangen und hab es auf ex ausgesoffen. Hab ich gefragt: ›Wo sind die zwanzig Mark?‹ Von zwanzig Mark war nicht mehr die Rede gewesen. Haben die mich so betrogen.

Entdeckt worden bin ich von dem Georg Ringswandl. Der hatte mich singen gesehen und gemeint, ich könnte in seinem Stück mitmachen. Das hieß ›der Gurkenkönig‹. Der Eckehard Schmidt, der jetzt Schallplatten und Filme macht, hatte gesagt: ›Der singt ja wie 'ne Lerche.‹ Hat der andere gesagt: ›Ne, der singt nicht wie 'ne Lerche, der singt wie 'ne Nachtigall.‹ Sagt der: ›Wo bist du denn her.‹ — ›Ja. Jetzt wohn ich in Ramersdorf.‹ Da sie wußten, daß ich Friedrich heiße, haben sie mich dann ›Friedrich, die Nachtigall von Ramersdorf‹ genannt.

Wenn ich als Schauspieler keine Arbeit bekomme, gehe ich durch die Lokale und fange an zu singen. Einmal hab ich in so einem Lokal gesungen, da war ein Besoffener drin, dem hat mein Gesang nicht gefallen. Und als ich dann gesungen hab, kommt er und macht 'ne Mettwurst an meine Hose. Und sein Hund kommt, riecht und beißt mich in's Bein rein.

Weil ich auch oft so sehr schöne Kleider liebe, hab ich oft zwei Hosen gleichzeitig angezogen, weil ich gedacht hab, am Tage ziehe ich die an und in der Nacht zieh ich die andere an. Bin ich auf die Toilette gegangen, hab ich die eine obendraufgezogen, die andere wieder unten drunter. War ich wieder dufte angezogen.

Oder wenn ich singen tu, und es gefällt euch nicht, aber warum gefällt es euch denn nicht? — Ja, es ist nicht unser Stil. Aber braucht ihr trotzdem nicht so stur zu sein, könnt ihr mir trotzdem was geben, sonst sollt ihr in eurem Leben auch kein Glück haben. Ich hab extra mein Zwerchfell angestrengt und hab mir extra Mühe gegeben, hab extra probiert vor dem Fenster.«

Detlef Kuhlbrodt

Typen stimmt uns auf die Atmosphäre ein: rustikal und lukullisch. Allerlei Kurioses um die Gaslaterne kann der Gast nebenbei erfahren oder ein Edikt begutachten, mit dem sich 1819 Gegner der Gasbeleuchtung zu Worte meldeten: »Sie macht die Pferde scheu und die Diebe kühn, sie verschlimmert die Sittlichkeit. Die künstliche Helle verscheucht in den Gemütern das Grauen vor der Finsternis, das die Schwachen von mancher Sünde abhält.«

Hier endet unser Rundgang. Der nach dem Park benannte S-Bahnhof befindet sich ganz in der Nähe. Wer aber noch Lust hat, sollte sich ein Wohnviertel ganz anderer Art ansehen. Gleich hinter dem S-Bahnhof liegt die »Flamensiedlung«, ein von Bruno Taut **S-Bahnhof** 1927 entworfener Wohnkomplex. Breite, begrünte Wohnhöfe lie- **Ernst-Thälmann-Park** ßen trotz der von den Behörden geforderten Wohndichte ein zum Wohle der Bewohner zukunftsorientiertes städtebauliches Konzept erkennen. 1979 wurde die ursprüngliche alte Gestaltung wiederhergestellt: gelb-, rot-, blau- und schwarzgestrichene Türen, Fenster und Simse bilden einen wunderschönen Kontrast zum weißen Putz.

Zur anderen Seite runter, in Richtung Zentrum, stoßen wir auf **Volkspark** den Volkspark Friedrichshain. Wer das Stück nicht mehr laufen **Friedrichshain** kann, sollte sich durch die Straßenbahn hinbringen lassen. Der **❻** Park bietet Erholung und viele Spielmöglichkeiten, nicht nur für Kinder. Doch was ist nun das Typischste von Berlin? Das ist und bleibt der Berliner. Und den gilt es erstmal zu entdecken...

Renate Mühle

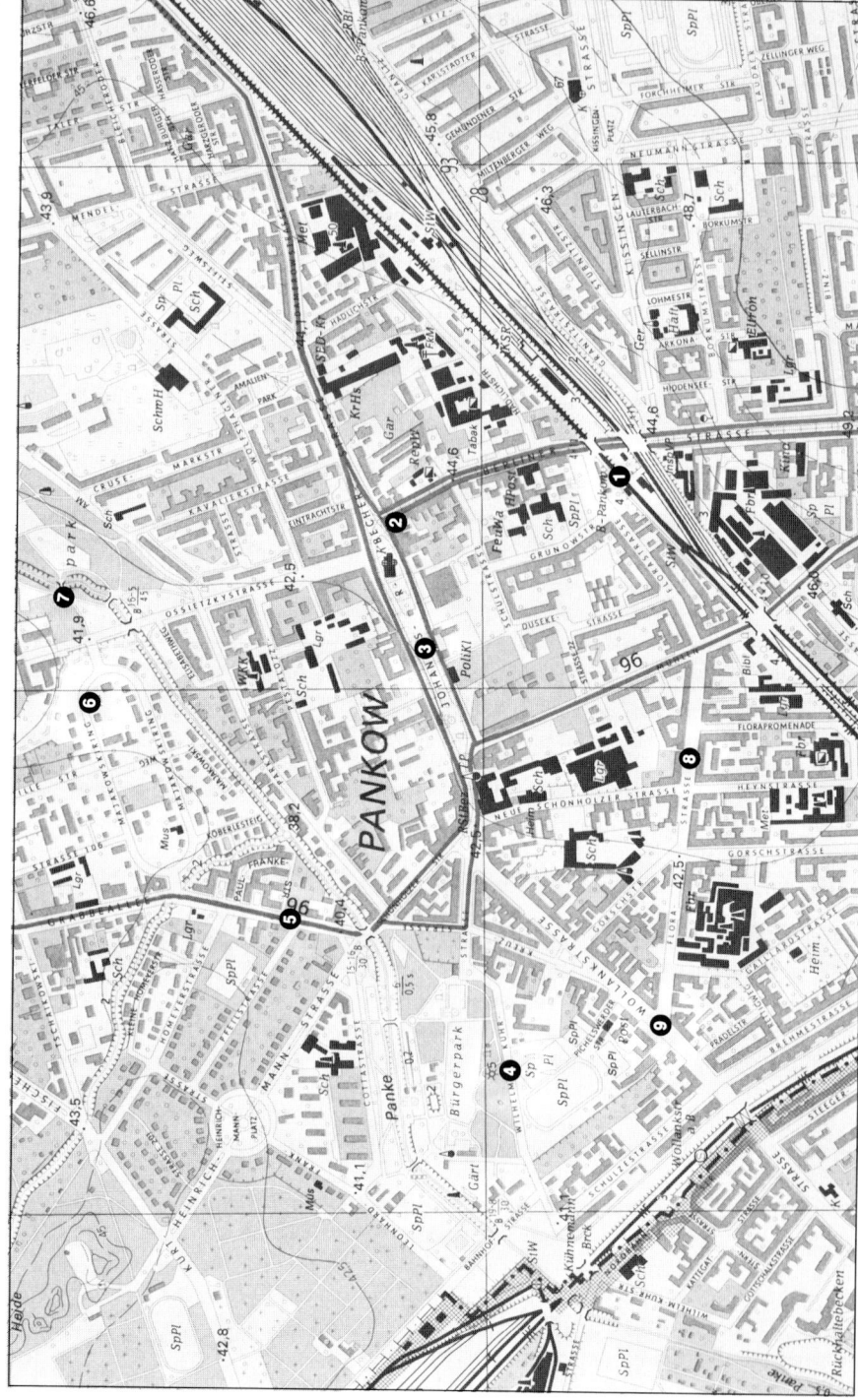

Schicket neben Ollem im Dorf

Pankow

Ausgangspunkt: S-Bahn Pankow (S8, S10)
Endpunkt: S-Bahn Wollankstraße (S1)
Dauer: 3 Stunden

»Komm, Karline, komm, Karline, komm, wir woll'n nach Pankow gehn, da ist es wunderschön...« — den Berliner Gassenhauer hat man wohl sommerwärts eher auf den Lippen als Udo Lindenbergs »Sonderzug«. Wie auch immer, wer durch Mitte oder den Prenzelberg getippelt ist, hat vielleicht anderntags Lust auf's Grüne und so'n bißchen beschaulicheres Flanieren. Das kann man allemal in Pankow haben. Pankow — das war die letzten Jahre etwas in sich mit berlinisch-spröder Eleganz. Wer nach Pankow mit der S-Bahn kam, wurde mit höchstem Bahntempo durch schleusenhaften Grenzbeton manövriert, dort, wo man heute wieder den Bahnhof »Bornholmer Straße« passiert. Damals gespenstisch, bedrohlich, um so mehr, wenn man kurz darauf ortsunkundig in die Pankower Kleinstadtidylle mit ihrem ältesten Berliner Wochenmarkt auf dem Dorfanger vor der Kirche fiel. Die Ruhe hatte etwas Unwirkliches und wurde äußerlich von lediglich zwei störenden Wanderarten durchbrochen: Ströme von Sommergästen und das in Kolonnen anrückende werktätige Jubelvolk, welches als Garnierung bei Staatsempfängen die Straßen zum Amtssitz des Staatsoberhauptes der DDR säumte. Heute pulsiert es im Stadtkern wie überall in Berlin. Der Wedding ist nah. Von der Wollankstraße aus ist man mit der Bahn in 10 Minuten wieder in Mitte.

Blechlawinen ergießen sich durch Pankows Herz — kurz vor dem Infarkt. Die Ruhe ist dahin. Aber in den vielen Parks und verträumten Nebenstraßen kann man zu Fuß entrinnen. Der Kiez war, ist und wird also keine Arme-Kleine-Leute-Gegend. Nur rund um den Bahnhof, die Florastraße herunter, findet sich noch das sogenannte proletarische Viertel. Flacher als der Prenzelberg und nicht so tiefgeschichtete Hinterhöfe, doch ein ähnliches Milieu. Aber dorthin geraten wir später. Bevor wir in die Hauptverkehrsstraße und damit ins Getümmel kommen, ein kurzer Blick zurück.

Eine markgräfliche Urkunde erwähnt Pankow erstmals 1311. Die Gegend besiedelten wechselseitig mal Germanen, mal Slaven. Der Name des Ortes färbte offensichtlich vom Flußnamen Panke ab. »panikwa« ist slavisch und

Blumenampeln, Würstchen u.a. bieten die fliegenden Händler an

bedeutet sinngemäß: Fluß mit Strudeln. Die letztlich deutsche Besiedlung ging im 12. Jahrhundert vornehmlich von der Altmark aus. Seinerzeit entstand die Mark Brandenburg, 1144 wurde Albrecht der Bär erster Markgraf. Das Dorf Pankow wurde wahrscheinlich 1230 gegründet. Die Konturen seines stattlichen Dorfangers blieben bis heute zwischen Rathaus und Amalienpark erhalten. 1370 erwarb der Rat von Berlin und Cölln vorübergehend den Ort. Folglich sind es meistenteils Berliner Patrizierfamilien, die das Schulzengut besitzen.

Anfang des 19. Jahrhunderts errichteten immer mehr betuchte Berliner in Pankow und Niederschönhausen ihren idyllischen Sommersitz. Das Entstehen von Nahverkehrsmitteln an der Wende vom 19. zum 20. Jahrhundert ermöglichte schließlich raschere Besiedlung und Ausdehnung von Pankow. Hatte es 1801 noch 286 Einwohner, waren es 1910 schon 45.000. Der Charakter einer Gartenstadt blieb jedoch erhalten. Denn die Industrie fand nur zögernd Zugang zum Ortsgebiet, und zudem gab es immer wieder Bürger, die den wilden Bauspekulationen der Gründerzeit entgegenstanden.

Am 1. Oktober 1920 wurde Pankow, wie andere angrenzende Randgebiete, der Stadt Berlin einverleibt. Zunächst geriet Pankow in den 19. Verwaltungsbezirk zu Berlin. 1938 veränderten sich nochmals die Stadtbezirksgrenzen: Die Linie der Nordbahn begrenzte nunmehr die Bezirke Pankow, Wedding und Reinickendorf.

Berliner Straße
❶

Vor dem Bahnhof rechtsseits-quer muß man sich durch die Stände der fliegenden Händler zwängen, dann steht man auf der Berliner Straße. Es ist die Hauptverkehrsstraße, die Prenzlauer Berg und Mitte mit Pankow verbindet. Der folgen Sie links herunter zur alten Pfarrkirche. Über diesen Zubringer fuhren bereits 1490 die Staatskarossen des Kurfürsten Johan Cicero. 1854 verkehrten hier Pferdeomnibusse nach Berlin. 1873 schuf die Große Berliner Pferdebahn-Aktiengesellschaft die Linie Pankow-Schönhauser Tor.

Seit 1900 chauffiert die elektrische Straßenbahn die Leute. Diese Straße blieb lange eher Landweg, der erst um die Jahrhundertwende von einer Chausseebau-Aktiengesellschaft ausgebaut wurde. Am 5.1.1892 berichtet der »Norden«: »In der Tat, wird es Zeit, hier eine ordentliche Abhilfe zu schaffen; denn mit dem Flickwerk der letzten Jahre ist es nicht gethan. Für Mensch und Vieh ist das Passieren der Chaussee jetzt eine wahrhafte Quälerei, so sind z.B. alle diejenigen Pferde, die tagtäglich schwere Lasten diesen Weg zu ziehen haben, brustkrank und wirklich bedauernswert. Die Räder fallen alle fünf Minuten in die kaum notdürftig ausgebesserten Löcher und erhalten dabei die ziehenden Thiere einen schweren Stoß. Auch mit den Knochen und dem — Magen der Menschen, die diese Straße dahingeschleudert werden, will man also nun also endlich Erbarmen haben...« Man hatte also damals schon ein Problem mit der Infrastruktur. Derweil ist man wieder am bauen. Neuen Elektroleitungen folgen überall zumindest neue Bürgersteige und Radwege, unten, am Dorfanger, dem eigentlichen Ausgangspunkt aufmerksamer Betrachtung, auf den die Berliner Straße stößt. Doch ganz so flott-verächtlichen Schritts brauchen Sie das alte Asphaltstück nun doch nicht zu durchschreiten. Linker Hand fangen sich die Blicke in Auslagen der vielen kleinen Geschäfte. Das frischrenovierte »Café zur Post« wirbt um Gäste. Daneben in der Nummer 12/13, dem dreigeschossigen Putzbau mit Attikageschoß unterm Satteldach, die Post. Im sacht erhöhten Mittelrisalit flankieren streng klassizistische Säulen den Haupteingang. Über den Seitenportalen sieht man plastische Supraportale mit gegenständlichen Tiermotiven. Das stattliche Gemäuer erbaute Carl Schmidt 1924. Gegenüber hinter der Nummer 123/124 die sachlichen Konturen eines Industriebaues — die Berliner Zigarettenfabrik (ehem. Zigarettenfabrik Garbaty, 1881 gegründet). Doch dann treten wir schon an die Kreuzung Breite Straße.

Schmiedeeiserner Zugang zur Zigarettenfabrik

Berliner Straße 41
❷

Der Blick fällt auf die alte Pfarrkirche »Zu den vier Evangelisten« inmitten des einstigen Dorfangers. Im Sommer verdeckt sie fast die bubikopfartig beschnittene Trauerweide im Vordergrund. Nur eine kühle Schulter und ihre zwei Türme zeigt die betagte Schöne dann noch. Rechts an der Straßenecke die älteste Apotheke von Pankow. Sie hat an anderer Stelle schon seit 1829 existiert. Dieses Haus (Nr. 41) steht seit 1891. Der Apotheker Heinz Höhne soll um 1926 das Lied »Hoch auf dem gelben Wagen« komponiert haben.

Wir gehen hinüber zur Kirche. Sie ist um 1230 von Zisterziensermönchen als Feldsteinbau mit Holzturm errichtet worden und damit das älteste Bauwerk Pankows. Den Turm fegte ein Sturm weg. Der neue mußte dann aus Baufälligkeit weichen. 1857 entschloß man sich zur Erweiterung durch einen neugotischen Backsteinbau nach Plänen von Stüler. Dem mittelalterlichen als Chor verbleibenden Bau wurden ein dreischiffiges Hallenlanghaus und zwei schlanke achteckige Türme mit Spitzhelmen am Ostende der Seitenschiffe angefügt. Alle drei Schiffe bekamen gesondert Satteldächer, die an der Westseite reizvoll mit einer Giebelgruppe abschlossen. In der Mitte je eine Rosette. An den Längsseiten finden sich gleichermaßen drei Fenster und unter dem mittleren je ein Portal. Die Westvorhalle verdeckt seit 1908 teilweise die Stülersche Fassade. Der neuerliche Anbau wird seither als Eingang genutzt. Bei einem Luftangriff 1945 wurden die Kirchtürme stark beschädigt. Man trug damals die Steine der oberen Turmbereiche komplett ab und verwendete sie für darunterliegende Schadstellen. Heute schauen wir also auf eine leicht gekürzte Stülersche Variante. Was dem Pankower Wahrzeichen wenig Abbruch tat.

Wahrzeichen leicht gekürzt

Breite Straße
❸

Vor dem Eingangsbereich bietet sich Gelegenheit, ein wenig zu verweilen. Im kleinen grünen Flecken mit Parkbänken und Buschwerk drumherum entsteht eine Scheinstille, die das quirlige Treiben von den flankierenden Straßenteilen hauchdünn abschottet. Durchs Geäst rechts lugt ein kleinerer rostroter Backsteinbau (Nr. 38), das alte Pfarrhaus von 1871.

Die gesamte Breite Straße (bis unlängst noch Johannes-R.-Becher-Straße) ist der in Ost-West-Richtung langgezogene Angerbereich. Das mittelalterliche Dorf zeigt noch seine Umrisse. Die städtische Bebauung stammt aus dem späten 19. und frühen 20. Jahrhundert. Vereinzelt stehen noch barocke Landhäuser (z.B. Nr. 45) und spätklassizistische Villen, datiert um 1850. Aber die finden sich rechter Hand der Kreuzung, liegen momentan nicht auf unserem Weg.

Wir stürzen uns in Pankows derzeitiges Leben, und das ist bunt und laut. Hektische Geschäftigkeit: »Kleine Konditorei«, Läden, Kreisbüros von SPD und Bündnis 90, »Galerie Pankow«. Der Fußweg quillt vor Menschen über. Auf der Insel grenzt an das winzige Grün hinter der Kirche wenig stimmungsvoll ein Parkplatz. Aber gleich dahinter: der Markt bis hinab zum Springbrunnen, nahe des Rathauses. Immer dienstags und freitags Vormittag und mittwochs Nachmittag bietet sich dieses Schauspiel. Hier präsentiert sich der älteste Wochenmarkt Berlins. Die Händlerszene ist inzwischen bereits auf das linke Straßenufer hinübergewachsen und umklammert den abgetakelten Jugendklub neben der DDR-typischen Kaufhalle. Der Klub (vorübergehend wegen Bauarbeiten geschlossen) in der Nr. 33 war einst Sommersitz des Bismarckschen Bankiers Bleichröder. Dort, wo jetzt der Dorfanger zum Parken dient, stand u.a. 1818 eine »Tabagie«, ein kleines Gasthaus. Der Rheinländer Anton Ringel ließ es 1889 ausbauen. Unter dem Namen »Bellevue« ist das Restaurant berühmt geworden. Ringel verstarb allerdings verarmt, weil er als Präsident des Gaststättenverbandes für die Verluste einer Unterschlagung eingetreten war. 1919 erwarb Paul Kranz das Anwesen und ließ es zum modernen Tonfilm-Kino, dem »Palast-Theater«, umbauen.

Inzwischen haben wir das Rathaus erreicht. An diesem Ort regiert seit dem 31.5.1990 eine Koalition aus SPD, CDU und Bündnis 90, in der es allenthalben knirscht und kracht. Hinter der Fassade aus roten Backsteinen, rotem Sandstein und dem Sockel aus schlesischem Granit übt man sich in demokratischen Spielregeln und Parteiränkeleien. Seinerzeit, anno 1901, bekämpften die Sozialdemokraten den Rathausbau nach Entwürfen von Wilhelm Johow als zu prunkvoll. Aber sie konnten sich damals schon nicht durchsetzen. Das alte Rathaus auf 1.125 qm enthielt 90 Büroräume, einen großen Sitzungssaal, zwei Sitzungszimmer, die Wohnung des Bürgermeisters Richard Gottschalk im 2. Stock über dem Ratskeller. Die erste Kupferbedachung und die schweren Bronzeklopfer am Eingang wurden Opfer der »Materialnot« im I. Weltkrieg. Vorübergehend bekam so das Gebäude eine Schieferhaube. Die vier allegorischen Sandsteinfiguren unter Baldachinen an der Frontseite stellen Bürgertugenden dar: Arbeit, Gerechtigkeit, Mildtätigkeit und Treue. Die »Treue« wurde im II. Weltkrieg zerstört. 1987 wurde das Figurenensemble durch den Bildhauer Jürgen Kliemes wieder ergänzt. Die neue Figur benannte man nunmehr »Bürgerehre«. Auch diese Turmspitze war ursprünglich länger. Um zwei Drittel. Um 1910 verbog sie ein Sturm. Alsdann wurde sie schlichterdings gekürzt. Im Goldenen Buch des Ratskellers heißt es dazu 1903: »Fest der Grund, die Spitze wackelt, wer nicht hält den Mund, mit dem wird nicht gefackelt.« Nun denn. Der harmonische Rathausanbau (Nr. 24a) Ecke Neue Schönholzer Straße kam erst 1927 dazu. Carl Schmidt vereinigte die beiden Gebäude

Kostbarkeit im
Pankower Rathaus:
Trauzimmer im
Jugendstil

äußerlich zu einem Ganzen, indem das gleiche Material verwandt wurde, Simse und Fensterhöhen fortgeführt wurden. Den »Sämann« über dem Eckeingang schuf der ehemalige Pankower Bildhauer Burbott.

Wilhelm-Kuhr-Straße
❹

Erholung hinter Schmiedekunst: Bürgerpark Pankow

Die Wilhelm-Kuhr-Straße verlängert optisch den Anger und begrenzt südlich den Bürgerpark. Kuhr war 1865-1914 Pankower Bürgermeister. 1907 erwarb er für etwa eineinhalb Millionen Mark aus der Gemeindekasse den Privatpark des Killisch von Horn und verhinderte damit den Verkauf des Geländes an Bodenspekulanten. Aber wir wollen nicht weiter verweilen. Zwei Häuser sind vielleicht interessant: die Nr. 1, ein zweigeschossiger Putzbau unterm Satteldach, wurde um 1860 erbaut. Die Rahmungen der Fenster sind nach spätklassizistischen Formen gestaltet. 1984 wurde die Hausfassade rekonstruiert. Wie insgesamt Mitte der 80er Jahre viele ältere Gemäuer Pankows frische Farben bekamen. Das Haus gehörte dem Dorfschmiedemeister Louis Schmidt, der zugleich Gemeindeschöffe und stellvertretender Gemeindevorsteher war. Die Nr. 3 kaufte nach dem I. Weltkrieg Reinhold Burger, der eine Glasbläserei für medizinische Zwecke betrieb. Der Mann entwickelte Anfang des Jahrhunderts die Thermosflasche.

Erfinder übrigens hat Pankow noch einige aufzuweisen. Beispielsweise Max Skldanowsky. Der zeigte zum ersten Mal in Deutschland »bewegte Bilder«. 1895 stellte er in einem hiesigen Gartenrestaurant sein »Bioscop« vor. Paul Nipkow, der Ingenieur, kam als erster auf die Idee, wie man bewegliche Bilder per Funk übertragen kann. Die »Nipkow-Scheibe« kam allerdings nicht recht zum Zuge, weil sie von der elektronischen Bildröhre eingeholt wurde. Nächste Ecke rechts biegen wir in die Kreuzstraße und befinden uns nach ein paar Schritten vor dem Eingang zum Bürgerpark.

Durch den Park zwischen Kuhr- und Cottastraße fließt die Panke. Seit 1907 ein Ort für's Volk. Auf den Bänken im schützenden Schatten schwatzen wohl wie eh und je die Alten. Füttern die Spatzen, Kinder sind fasziniert vom Wasserspiel des Springbrunnens, tummeln sich beim Ballspiel miteinander, während Frauen aus Picknickkörben Decken-»Tische« füllen. Pärchen kuscheln an den seichten Hängen zur Panke. Ganz wie in dem alten Schlager. Daneben versuchen sich unbewegliche Angler.

Naturgemäß sind wir schon wieder auf geschichtsträchtigem Boden. Doch der Ansässige genießt schlichtweg die naturreiche Gegenwart, Sommerkonzerte oder -feste. Ein Ort zum Verweilen. Während Sie sich vielleicht im Flüßchen die Füße kühlen, können wir ja noch ein wenig in der Geschichte graben: Baron Killisch von Horn, der Herausgeber der Berliner Börsenzeitung, kaufte 1854 das Grundstück der ehemaligen Papiermühle an der Panke. Er ließ es vom späteren Inspektor des Botanischen Gartens, Wilhelm Perring, zu einem Park gestalten. Von den zahlreichen Bauten blieb über die Zeiten nicht viel erhalten. Nur das üppige triumphartige

Eingangsportal italienischen Stils ist noch eine Augenweide. Nordwärts ist ein loggienartiger Pavillon auszumachen. Er ist ein Restteil der sich an der Panke erstreckenden Gartenmauer, die 1965 abgebrochen wurde. Im Park stößt man auf mehrere Denkmale: die Büste Heinrich Manns (von Gustav Seitz, 1954); das Denkmal für Julius Fucik (von Zdenék Nemecék, 1974). Nach dem II. Weltkrieg diente der Park dem Gemüseanbau. Den Baumbestand schützten die Bürger mit Tag- und Nachtwachen. Anfang der sechziger Jahre gestaltete E. Stein die Parklandschaft teilweise neu. Wir verlassen den Park rechtsseits der Panke und überqueren die Kreuzung in Richtung Schloß Niederschönhausen.

In der Grabbeallee flutet wieder im Ampelrhythmus der Verkehr. Auf den ersten Blick macht dieses Streckenstück wenig her. Aber treten Sie näher hinein. Keine Wegminute rechts wird eine interessante Wohnanlage sichtbar. Grabbeallee 14/26. Historisch gesehen ein treffliches Beispiel für die Abkehr vom Mietskasernentyp. Paul Mebes wandte sich mit seinem Entwurf einer freien Gestaltung von Wohnanlagen mit gleicher Wohnqualität zu. Möglich wurde dies durch die etwa dreieckige Grundstücksform, die eine Privatstraße (Paul-Franke-Straße) vollends erschließt. Die dreistöckigen Klinkerverblendbauten mit Satteldächern umsäumen weit geöffnete Gartenhöfe. 1908/09 wurden die Bauten für den »Beamten-Wohnungs-Verein zu Berlin« hochgezogen. Typisch für den Reformbau sind vielzählige Vorbauten wie Erker, Veranden, Loggien. Ganz verschiedenartig verzierte Hauseingänge finden sich: ornamentaler und figürlicher Schmuck, geschaffen von Walter Schmarje, darunter ein Medaillonrelief, das eine Cari-

Grabbeallee
❺

Wohnanlage Grabbeallee: Abkehr von den alten Mietskasernen

tas darstellt; ein Ziehbrunnen und viele in Kerbschnittmanier gefertigte Klinker. Die Gesamtkomposition ist eine Augenweide. Ja, hier läßt es sich leben. Ob dieses angenehme Wohnen in Bälde für die derzeitigen Mieter noch bezahlbar sein wird, bleibt abzuwarten. Ebenso wie die Fragen nach den zukünftigen Eigentümern der unzähligen Villen in diesem Bezirk und rund um Berlin.

Majakowskiring ❻

Heute schon beinahe langweilig: das sogenannte »Städtchen«. Rechts biegen wir von der Grabbeallee in den Majakowskiring ab. Die ehemaligen, zum Teil noch heutigen Anwohner sagen genug: Nr. 2: Gästehaus der DDR-Regierung, Nr. 5: Horst Sindermann (letzter Volkskammerpräsident der DDR vor der Wende), Nr. 9: Egon Krenz, Nr. 10: Otto Gottsche, Nr. 12: Lotte Ulbricht, Nr. 26: Emmi Dölling, Nr. 28-30: Walter Ulbricht (nach 1973 abgerissen), Nr. 29: Wilhelm Pieck, Nr. 32: ab 1969 MfS, Nr. 34: Johannes R. Becher, Nr. 46-48: Otto Grotewohl, Nr. 50: Hilde Benjamin, Nr. 58: MfS (ab 1990 Rehabilitationszentrum). Vor Wandlitz war dieser Ring das erste Regierungswohnviertel der nunmehr verblichenen DDR. Die gestreckte symmetrische Ringstraße ist hauptsächlich mit Villen aus den 20er und 30er Jahren bebaut. Die ehemaligen Bewohner werden ohne Frage schon Ansprüche angemeldet haben. Die Vorstadtidylle trügt.

Tschaikowskistraße

Von hier aus ist es nur ein Katzensprung zum Schloß und seinem Park durch die Stille Straße. Das Schloß an der Mündung Tschaikowskistraße ist dem Bürger unzugänglich. Aber die Tore zu seinem inneren Park sind jetzt jedem am Wochenende geöffnet. Ob das so bleibt, fragt sich ebenfalls. Wenn sich Bonn für neue ständige Bewohner entschieden hat, wird es sich zeigen. Doch wir sparen uns den Genuß eines weitläufigen Parkspaziergangs für ein anderes Mal auf. Brauchen Sie Quartier? Oder irgendwann ein Konferenzzimmer? Dann fragen Sie in der Tschaikowskistraße 1 (Telefon 4802670) an der Rezeption nach. Der Bund nutzt derzeit eine Reihe von Gästehäusern der gewesenen DDR-Regierung als Hotels. Nein? Dann gehen Sie zurück durch die Stille Straße, streifen linksrum noch einmal kurz den Majakowskiring und treten auf die Ossietzkystraße. Anders gelangt man wochentags nicht dorthin (3-Minuten-Weg). Von hier haben wir noch einen weiten Einblick in das Parkgelände.

Schloß Nieder- schönhausen ❼

Die Geschichte des Schlosses verbindet sich vor allem mit dem Namen der Königin Elisabeth Christine, ungeliebte Gattin Friedrich II. Er verpaßte ihr sozusagen mit der Thronbesteigung 1740 dieses Schloß mit Garten als ständigen Wohnsitz bis zu ihrem Ende 1797. Doch die Historie reicht weiter zurück: Seit 1375 ist es als »Herrensitz Schönhausen« erwähnt. Die Besitzer wechselten. 1691 erwarb der damalige brandenburgische Kurfürst Friedrich III. das einstige Gutshaus von der Witwe Grumkow und ließ das Gutshaus in holländischer Manier zum Schloß ausbauen. Das erste Bauprojekt leitete Joachim Arnold Nering. 1704 erhielt Joachim

Friedrich Eosander von Göthe den neuerlichen Auftrag zur Umge-

staltung. Dabei entstand die noch vorhandene Dreiflügelanlage und anstelle des Mansarden- ein Satteldach. Stilistisch folgte der Architekt dem Vorbild von Schloß Versailles. Die heute noch sichtbaren äußeren Schloßformen entstanden nach 1760. Johan Boumann übernahm die künstlerische Leitung. Haupt- und Gartenfront wurden verlängert. Die barocke Fassade klar gegliedert. Ein Mauerzug verband nun die seitlichen Flügel, die den Ehrenhof begrenzten. Damit verschwand die ehemalige Hufeisenform des Hauses, das jetzt rechteckig gestaltet ist. An der Südseite des Schlosses legte man zwei Galerien an. Peter Josef Lenné begann ab 1827 den verwilderten Park französischen Stils zu einem weitläufigen Landschaftspark zu modellieren. Die Pläne blieben unvollendet.

Wechselvolles Schicksal eines einstigen Gutshauses: das Schloß in Pankow

Bis 1918 besaßen noch die Hohenzollern das Anwesen als Wohn- bzw. Sommersitz. 1918 ging es in Besitz des preußischen Staates über und wurde 1936 für Ausstellungszwecke restauriert. Ab 1946 nutzte es die sowjetische Militäradministration als Schülerinternat. Mit der Gründung der DDR 1949 übernahm es repräsentative Funktionen für die neuen Staatsherren. Erst als Amtssitz des Staatsoberhauptes, später des Staatsrates, und letztlich diente es als Gästehaus der Regierung. Seither war der innere Teil des Parks geschlossen. Trotz der unpassenden Plattenbauten, die rechts vor dem Schloß während der DDR-Zeit entstanden, ist die ursprüngliche Wirkung des Schlosses als Ruhepol in der Parklandschaft nicht verwirkt.

Wir wollen zurück zum Markt, um von dort zur Florastraße zu gelangen. Die Ossietzkystraße führt uns. Ob die Straße noch lange den Namen des großen Weltbühnen-Machers und Friedensnobelpreisträgers trägt, ist nicht gewiß. Sie hieß früher Schloßstraße und

Ossietzkystraße

Neue Namen braucht das Land

Mit Lenin fing es an. Sein Kopf rollte zuerst. Der Begründer des Sowjetstaates, seit dem 19. April 1970 in übermenschlicher Größe auf dem Leninplatz im Stadtbezirk Friedrichshain ansässig, leistete erheblichen Widerstand. Für die Ewigkeit gebaut, mit einem Betonsockel von 26 Metern Durchmesser, die Figur aus rotem ukrainischem Granit, 19 Meter hoch, blickte der Führer des Proletariats mit erhobenen Augenbrauen genau 21 Jahre in das weite Rund des nach ihm benannten Platzes unweit des Zentrums der Stadt. Ganze Heerscharen von (Ab)-Bauarbeitern bissen förmlich auf Granit, als sie mit ihren Preßluftgeräten und Bohrausrüstungen ans denkmalstürmerische Werk gingen. Aber es ging nicht.

Lenin erwies sich als außerordentlich hartnäckig. Die kalkulierten Hunderttausende DM waren bereits verbraucht. Was hätte im sanierungsbedürftigen Ostberlin mit diesem Geld nicht alles getan werden können! Doch die Sache war längst zu einem Politikum ersten Ranges avanciert. Lenin mußte weg, koste es, was es wolle. Und es kostete. Baufirmen entwickelten ausgeklügelte Methoden, dem Beton zu Leibe zu rücken. So zog sich die Sache über Wochen, ja Monate dahin. Der Protest gegen diese Art von Aufarbeitung der DDR-Geschichte wurde von den zuständigen Herren im Senat ignoriert. Ebenso wie diverse Vorschläge aus dem Volk, etwa jenen, das Denkmal zu begrünen, sozusagen Gras über die Sache wachsen zu lassen.

Aber: Wer oder was ist im Jahre nach der deutschen Vereinigung schon das VOLK? Es darf Steuern zahlen, u.a. auch für den Abriß dieses und vieler anderer Denkmäler; oder für die Umbenennung zahlreicher Straßen in Ostberlin. Zusammengenommen kostet das Millionen — in einer Zeit, da die Bundesregierung von drastischen Sparmaßnahmen spricht. Da möchte man den Bürgern Köpenicks fast zu ihren gewählten Stadtbezirksvertretern gratulieren. Die beschlossen nämlich — ganz im Gegensatz zu Bezirken wie Lichtenberg oder Hellersdorf — es vorerst bei den alten Straßennamen bewenden zu lassen, aus Kostengründen.

Einzusehen wäre ja noch, daß Straßennamen nach belasteten Personen der jüngeren DDR-Geschichte allmählich verschwinden — etwa die Albert-Norden-Straße (jetzt Cecilienstraße) in Hellersdorf. Weshalb aber aus der U-Bahn-Station »Frankfurter Tor« die Station »Rathaus Friedrichshain« wurde, ist schon weniger einzusehen. Ebenso weshalb die nach Antifaschisten benannten Straßen umbenannt werden sollen — etwa die Coppi-, Schulze-Boysen- oder Harnackstraße. Aus der Lichtenberger Jaques-Duclos-Straße wurde die Möllendorffstraße. Der Generalfeldmarschall aus dem 18. Jahrhundert scheint uns näher zu sein als der Führer der KP Frankreichs. Auch der einstige Abgeordnete im Preußischen Landtag und spätere Mitbegründer der CDU, Otto Nuschke, schien verdächtig. Die nach ihm benannte Straße in Mitte wurde zur Jägerstraße. Welche Namen werden die nächsten sein? Majakowski? Thälmann? Karl Marx?

Nun hat der Berliner Senat eine Denkmalkommission berufen. Die wirds schon richten. Ein Denkmal, so ist im Lexikon zu lesen, ist ein historisch bedeutsames Zeugnis vergangener Zeiten. Der Abriß von Denkmälern ist ein Eingriff in die gewachsene Stadtgeschichte. Vielleicht wäre das Anbringen von Tafeln mit erklärenden Einordnungen des entsprechenden Denkmals in sein historisches Umfeld der bessere Weg?

Ingeborg Dittmann

dafür wird es wohl wieder Mehrheiten geben. Aber was verbindet *Demontage einer Ära*
den Journalisten mit der Gegend? Im »Weltbühnen-Prozeß« vor
dem Reichsgericht Leipzig wurde Ossietzky wegen Landesverrats
und angeblicher Militärspionage zu eineinhalb Jahren Gefängnis
verurteilt. Nach dem Reichstagsbrand 1933 verhafteten ihn die Faschisten. Er wurde in mehreren Konzentrationslagern mißhandelt.
Weltweite Proteste erzwangen 1938 seine Freilassung. Den bereits
Schwerkranken überführte man in das Nordend-Krankenhaus in
Niederschönhausen, wo er am 4. Mai 1938 verstarb. Seine Grab-
stätte befindet sich auf dem Städtischen Friedhof Niederschönhausen (Buchholzer Straße).

Wir sind wieder an der Kirche. Wenn Sie mögen, können Sie
noch links herunter einen kleinen Abstecher unternehmen. In drei
Minuten stehen Sie dann vor dem Kavaliershaus in der Breite Stra- **Breite Straße 45**
ße Nr. 45. Älteren Pankowern wird es noch als »Villa Hildebrand«
bekannt sein. Benannt nach dem einstigen Besitzer, dem Pfeffer-
küchler und Schokoladefabrikinhaber. Jetzt bemüht sich der Pankower Kunstverein e.V. um die Rechtsträgerschaft. Baujahr und
Autorenschaft des Landhauses sind nicht exakt bekannt, und so
streiten sich die Geister. Auf jeden Fall aber handelt es sich um einen eingeschossigen verputzten Massivbau mit Kuppelwalmdach
und Dachgauben. Der spätbarocke Bau gliedert sich in sieben Achsen. Die Mitte wurde durch ein genutetes Portalrisalit betont. An
den Ecken reichten die Putzquaderungen ursprünglich bis zum
Dach und schlossen mit Konsolsteinen ab. Putzbänder betonen
den Stil. Es ranken sich wilde Gerüchte um die etlichen Kavaliers-
häuser von Pankow zu Christines Zeiten. Dies ist das letzte, das
noch steht, soll aber nie als ein solches genutzt worden sein.

Florastraße
❽

Schweinefleisch im Floraviertel

Heynstraße

Wer diesen Linksschwenker ausläßt, überquert gleich den Anger und nimmt den kleinen Parkweg (neben dem Jugendklub), der zur Dusekestraße führt und direkt in die Florastraße mündet. Die Wohnbauten, die die Dusekestraße flankieren, entstanden um 1930 in Formen der Neuen Sachlichkeit.

Wat so'n Berliner is, der mag so'ne Straße: Schicket neben Ollem. Blumen in de Balkone vor Vatters Malocherhemden uf de Strippe. Der hängt bestimmt im »Flora-Stübchen« oder »Flora-Eck«. Uf 'ne Molle. Flora-Flair — och en Leben...

Den Namen hat die Verbindung zwischen Berliner- und Wollankstraße von den 9 Gärtnereien und weiten Blumenfeldern, die hier auf 15 Grundstücken um 1900 bewirtschaftet wurden. Flora — die Göttin der Blumen. Wir stoßen genau auf eines der besonders herausgeputzten Flora-Häuser. Die Nr. 40, Parterre mit stattlicher Metzgerei und edler Drogerie. Über dem Portal thront bürgerstolz die Jahreszahl 1895. Die meisten der viergeschossigen Wohnhäuser entstanden um die Jahrhundertwende. Die Fassaden sind größtenteils vereinfacht, zeigen aber bei einigen Gebäuden noch figürlichen oder ornamentalen Schmuck (z.B. Nr. 74). Interessant ist es, auch mal etwa 15 Meter in die Mühlenstraße einzukehren. Dort (Nr. 11) ragt zwischen Wohngebäuden die alte Mälzerei der Schultheiß-Brauerei ein Loch in den Himmel. Sie ging als erste 1874 in Betrieb. Das Gelände erstreckt sich bis hinüber zur Neuen Schönholzer Straße. Es sind vier- bis sechsgeschossige Klinkerverblendbauten des späten 19. Jahrhunderts. Die Fronten gegliedert durch Lisenen. Die Eckbauten tragen Zeltdächer und sind so besonders hervorgehoben. Produktionstypische Dachaufbauten wie heute rauchlose Schornsteine und Lüftungsrohre gehören zur charakteristischen Pankower Stadt-Silhouette. Im Bezirk Pankow sind derzeit 93 Bauten und Bereiche unter Denkmalschutz gestellt. Wer so richtig in der Stadtchronik kramen will, der biege mal eben kurz rechts von der Flora- in die Heynstraße ab. In der Nr. 8 befindet sich in der ersten Etage das sehenswerte Heimatmuseum. Dort ist dienstags Sprechtag (8.00 bis 18.00 Uhr). Aber telefonisch (489 40 47) kann man sich auch anderweitig vereinbaren.

Weiter hinunter auf der Flora, an der Nr. 16, dem neuen Figurentheater und der Bildergalerie »Homunkulus« (Telefon: 482 40 46) vorbei, erspähen wir Ecke Görschstraße die Ossietzkyschule.

Das Pankower Gymnasium (einst Oberlyzeum, in der DDR-Zeit Erweiterte Oberschule) war zu Beginn des 20. Jahrhunderts die größte Schule ihrer Art im Raum Berlin. Der gewaltige Bau gehört zu einer Reihe von Schulbauten in der Nähe (Wollankstr. 131, Neue Schönholzer Straße 10) und wurde 1909/10 unter Leitung von Carl Fenten errichtet. Die Ossietzkyschule ist eine ausgedehnte Anlage mit mehreren, um einen trapezoiden Hof gruppierten Gebäude im Renaissancestil. Die Höhe des Baues und die reichen, vielgestaltigen Aufbauten in der Dachzone geben der Schule imposante städtische Wirkung. Viergeschossig, L-förmiger Grundriß, erheben sich über den Schmalseiten prächtige Giebel mit figürlichem Schmuck. An der Südseite ein erkerartiger Treppenturm mit Haube. Die Schule überragt das prunkvolle Haupttreppenhaus im Winkel zwischen beiden Flügeln mit üppig geschmücktem Portal. Den Turm schließt eine kupfergedeckte Kuppel mit Laterne und offenem Umgang ab. Gehen Sie ruhig mal hinein. Im ovalen Treppenhaus spürt man förmlich den kritischen Geist junger Leute, der sich hier mit und nach der Wende gehalten hat. Die Gymnasiasten haben sich während der allerorten üblichen »Neu-Namensgebung« wieder für den Namen Ossietzky entschieden.

Kurz nach der Schulbesichtigung treten wir auf die Wollankstraße. In Sichtweite — links, am S-Bahnhof — endet unser Rundgang. Aber bevor wir uns von diesem Berliner Kiez verabschieden, noch eine haarsträubende, dennoch wahre Geschichte, die die Köpenikkiade fast in den Schatten stellt:

Wollankstraße

Den Schaustellersohn Otto Witte aus der Wollankstraße könnte man als eine gelungene Promenadenmischung aus Eulenspiegel und Casanova charakterisieren. Seinen Unterhalt verdiente er sich als Feuerfresser, Raubtierbändiger und Tiefseetaucher. Aber er war auch Inhaber einer Abdeckerei, später einer Obstplantage. Selbst als Parteigründer versuchte er sich. Mit acht Jahren reiste er mit Zirkusleuten. Lernte zaubern und wahrsagen. Nach seinen Aussagen versuchte er in Addis-Abeba mit einer Prinzessin zu türmen. Gefaßt, floh Witte aus dem Gefängnis. In der Türkei verdingte er sich als Fremdenführer. 1912, während des Balkankrieges, trat der Mann in die Türkische Armee ein. Ein Jahr darauf brachte er es schon zum Major. Das war die Zeit, in der der Türkische Prinz Halim Eddin zum König von Albanien gekrönt werden sollte. Doch der Prinz weilte in Konstantinopel und wußte nicht, daß Albanien selbständig geworden war. Indes machte sich der dreiste Otto Witte auf nach Tirana. Unterwegs beschaffte er sich in einem Kostümverleih eine Phantasie-Uniform und präsentierte sich den neuen albanischen Würdenträgern als ihr künftiger Monarch. Er ließ sich wahrhaftig krönen, gab Empfänge, Festmahle und nahm Militärparaden ab. Zwischenzeitlich erfuhr der echte Amtsanwärter von dem frechen Treiben und wollte den Hochstapler verhaften lassen. Der aber machte wieder rechtzeitig »flinke Füße«. Otto Witte soll später in seinem Personalausweis die Bezeichnung »ehemaliger König von Albanien« eintragen haben lassen. In der Zeit der Weimarer Republik gründete Witte die »Fraktionslose Partei des Mittelstandes, der Bauern, Kleinhändler und Schausteller«. 1930 soll sie immer noch zirka 10.000 Mitglieder gehabt haben. Nach dem II. Weltkrieg sah man den greisen Ex-König arg heruntergekommen mit einem selbstgebautem Wagen seine Kohlen einfahren. 1958 trat der Mann, will man der Stadtchronik Glauben schenken und wir tun das in diesem Fall, von der Zirkusbühne »Leben« ab.

Petra Elsner

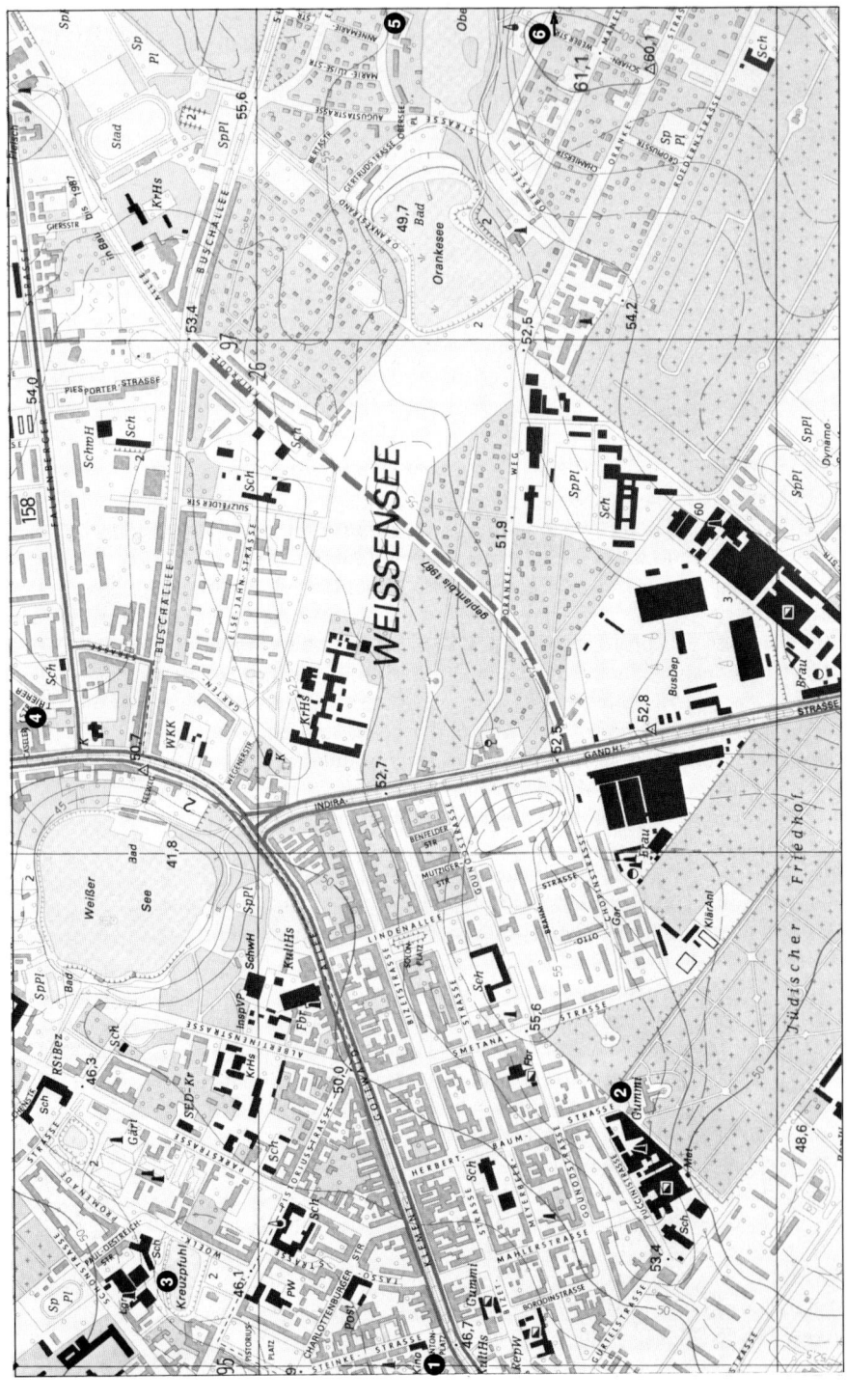

Europas größter jüdischer Friedhof

Weißensee

Ausgangspunkt: Antonplatz
(Straßenbahnen 3, 20, 24, 28, 58, 70)
Endpunkt: Oberseestr./Konrad-Wolf-Str.
(Straßenbahnen 15 und 63)
Dauer: 2 Stunden

Weißensee ist ein Kind der Gründerzeit. In den 30er Jahren zwischen dem gewonnenen Deutsch-Französischen Krieg 1870/71 mit seinen einträglichen Kontributionen und der Jahrhundertwende stieg die Einwohnerzahl des Gutes am See, der damals noch der »Große See« genannt wurde, von ganzen 467 auf kleinstädtische 34.456.

Der Antonplatz, an dem unser Spaziergang beginnt, entstand in jenen Jahren. Seinen Namen hat er von Anton Schön, der sich das bleibende Verdienst erwarb, ab 1874 Aufsichtsratsvorsitzender der »Weißensee Actien-Gesellschaft« gewesen zu sein und seinem Bruder, dem größten Immobilienhai der Gegend, finanziell unter die Arme gegriffen zu haben. Alle »Vornamen-Straßen« im Stadtbezirk sind Denkmäler für Verwandte und Bekannte des Gustav Adolf Schön, und er selbst verewigte sich gleich zweimal — in der Gustav-Adolf- und in der Schönstraße.

Der Antonplatz ist das Herz Weißensees und sagt damit schon **Antonplatz** eine Menge über den Stadtbezirk aus. Hier dominieren niedrige ❶ Häuser und trotzdem ist das Stadtgrün entlang der großen Magistrale äußerst spärlich verteilt. Keine Wohngegend für Leute mit dickem Portemonnaie. An der Ostseite des Platzes gibt's einen kleinen Park mit einem Denkmal von Karl-Heinz Schamal, das die örtlichen Behörden schon einmal zu ernsthaften Bedenken provozierte: Der Gärtnerbursche mit dem scharfen Spaten hat an den Füßen Sandalen — entgegen jeder Arbeitsschutzbestimmung. Das Kino »Toni« an der Westseite des Platzes ist der letzte Zeuge der großen Filmzeit Weißensees: Bevor die UFA nach Babelsberg zog, hatte sie in dieser Gegend ihre Produktionsräume. Klassiker wie Friedrich Wilhelm Murnau produzierten teilweise noch in Weißensee.

Die zweite Station unseres Rundgangs ist der größte jüdische Friedhof Europas (ab 17 Uhr und samstags geschlossen!). Sein sehenswerter Haupteingang liegt am Südende der Herbert-Baum-

Das Kino »Toni«:
Relikt aus großer
Stummfilmzeit

*Keine Wohngegend
für Leute mit dickem
Portemonnaie:
Weißensee*

**Herbert-Baum-
Straße**
❷

Straße. Die Straße hat ihren Namen vom prominentesten Toten auf dem Friedhof: Herbert Baum war Kopf einer Widerstandsgruppe, die besonders durch ihren Anschlag auf die Ausstellung »Das Sowjetparadies«, die die Nazis 1942 veranstalteten, bekannt wurde.

Männer sollten nicht vergessen, eine Kopfbedeckung mitzubringen — zur Not können sie eine Kappe bei der Friedhofsverwaltung ausleihen. Hier gibt es auch Pläne, aus denen die Lage einzelner Gräber ersichtlich ist.

Die Erbbegräbnisse der Trauerstätte sind ein schönes Bilderbuch der Kunst- und Architekturgeschichte — und in aller Ruhe bei Vogelgezwitscher zu genießen. In der Mitte des Friedhofs gibt's ein Ehrenfeld für die jüdischen Soldaten des I. Weltkrieges — vielleicht die einzige Anlage aus jener Zeit, die unter der DDR-Ägide rekonstruiert wurde. An die sechs Millionen jüdischen Opfer des Nazi-Terrors erinnert das Rondell am Eingang des Friedhofs.

Bemerkenswerte Gräber gibt es auf diesem Friedhof wider Erwarten wenige: Er wurde erst 1880 eingeweiht und die berühmten Berliner Juden der Jahrhundertwende sind zum größten Teil weit weg von ihrer Heimat gestorben. Immerhin findet man hier die Gräber von Lesser Ury, dem Maler, den Verleger Samuel Fischer und den Kaufhausbegründer Hermann Tietz (HerTie). Interessant ist auch das Grabmal Mendel von 1924. Es wurde von Walter Gropius entworfen. Die dorische Säulenhalle über dem Grab des Kammersängers Joseph Schwarz hat eine besondere Geschichte: In dem Hohlraum zwischen Dach und Decke verbargen sich in der Nazizeit tage- und wochenlang verfolgte Juden. Doch das Versteck war so gut, daß es einer an den nächsten weitersagte, bis es eines Tages der Falsche erfuhr und an die Nazipolizei meldete. Der Friedhof selbst wurde niemals geschändet — man brauchte ihn als Aushängeschild für die Weltöffentlichkeit und als Begräbnisstätte für

*Eingang des größten
jüdischen Friedhofs
in Europa*

die dank deutscher Ehepartner in Berlin verbliebenen Juden. So kommt es, daß an vielen Gräbern Sterbejahre vermerkt sind, in denen es offiziell längst keine Juden mehr in Berlin gab.

Unser nächstes Ziel ist der Kreuzpfuhl, einen Kilometer im Norden. Dank der sinnreichen Fußgängerhürden auf der Berliner Allee (mit 323 Hausnummern übrigens eine der längsten Berliner Straßen) lohnt sich der Umweg an der Albertinenstraße vorbei. **Albertinenstraße** Wer sich die Mühe macht, 100 m in die Straße hineinzugehen, kann das sehenswerte alte Weißenseer Rathaus bewundern, das die Polizei derzeit mit Antennen und Fenstergittern verunziert.

Der weitere Weg führt über die Pistoriusstraße. Pistorius war seit **Pistoriusstraße** 1821 der Besitzer des Weißenseer Rittergutes. 1817 hatte er einen Brennapparat entwickelt, mit dem er die Kartoffelbrennerei zu hoher Blüte führte. Er wurde der bedeutendste Spritproduzent Preußens und Preußen zum Zentrum des Weltspiritushandels.

Gleich am Anfang der Straße, in der Nummer 8, befindet sich das Weißenseer Heimatarchiv. Es ist Donnerstag- und Sonntagnachmittag geöffnet.

Ein kleiner Abstecher an der nächsten Kreuzung in die Parkstra- **Parkstraße** ße führt uns vor eine der größten privaten Bibliotheken Berlins (nicht zu besichtigen). Im Haus Nr. 94 lebt Prof. Jürgen Kuzcynski, einst der führende Wirtschaftshistoriker der DDR. Er war ein Meister in der Gratwanderung zwischen der Wahrheit und dem, was die DDR-Führung davon der Öffentlichkeit zubilligte. Sein Buch »Briefe an meinen Urenkel«, das Mitte der achtziger Jahre zu dem Geheimtip der ostdeutschen Intellektuellen avancierte, sagte eine Menge Dinge laut, die außer Kuzcynski niemand in der Öffentlichkeit zu sagen wagte — oder sagen durfte.

Das Gebiet um den Kreuzpfuhl ist ein baugeschichtliches Denk- **Kreuzpfuhl** mal von eigenem Reiz. James Carl Bühring entwarf das »Gemein- ❸ deforum Kreuzpfuhl« und ab 1908 wurde es gebaut. Zur damaligen Zeit waren die roten Backsteinhäuser mit ihren zahlreichen Verzierungen eine Alternative zur Mietskasernenarchitektur z. B. des Prenzlauer Bergs — allerdings eine Alternative nur für Leute, die sich das leisten konnten. Werfen Sie unbedingt einen Blick auf

Alternative zur Mietskasernenarchitektur: Wohnhof in Klinkerbauweise

den Innenhof des Wohnblocks zwischen Paul-Oestreich- und Amalienstraße und träumen Sie einen Augenblick davon, was ein engagierter Eigentümer daraus machen könnte.

Amalienstraße

Das denkmalgeschützte Standesamt auf der Nordseite der Amalienstraße ist zwar ebenfalls mit roten Backsteinen, aber im Stil der neuen Sachlichkeit errichtet. Es gehört zum Komplex der »Weltlichen Schule«, zusammen mit der Schule nebenan und dem derzeitigen Weißenseer Rathaus. Das heutige Standesamt wurde einst als Rektorenhaus errichtet. Die Schule selbst wurde 1928 von der SPD finanziert und war eine der ersten Berliner Schulen, in denen der Religionsunterricht offiziell abgeschafft wurde.

Schule im Stil der Neuen Sachlichkeit

Ein erneuter Abstecher in die Parkstraße konfrontiert uns wieder mit einem Stück DDR-Geschichte. Die Nummer 76-77 sah schon zu Vorwendezeiten so geschmacklos-edel aus. Eingeweihte erzählen, daß hier die Firma Gerlach-Import-Export residierte, die in die dubiosen Geschäfte des Koko-Imperiums Alexander Schalck-Golodkowskis verwickelt gewesen sein soll.

Der »Weiße See« hieß bis Ende des vorigen Jahrhunderts einfach »Großer See«, erst danach bürgerte sich der Name des Dorfes auch für den See ein. Er besitzt keinen natürlichen Zufluß und ist so ein zuverlässiger Anzeiger für den Grundwasserspiegel in der Gegend. Sein Wasser wird von einer riesigen Fontäne in Bewegung gehalten. Sie sichert das Überleben der Fische und bietet im Sommer willkommene Abkühlung für die Ruderer, die in den Booten vom Verleih am Südufer über den See schippern. Der schönste Teil des Parks am Weißen See liegt an seiner Südseite, die »Attraktionen«, eine Freilichtbühne und ein Damwildgehege, am Nordufer des Sees. Warum die armen Tiere hier eingepfercht sind, weiß keiner mehr so recht — als Besuchermagnet haben sie jedenfalls ihre Anziehungskraft längst verloren.

Trierer Straße
❹

Auf der anderen Seite der Berliner Allee liegt, in fünf Sekunden durch die Caseler Straße zu erreichen, die Trierer Straße versteckt. Architekturfans sollten diesen Punkt auslassen: Bruno Tauts berühmtes »Papageienhaus« ist heute nur noch ein Monument der Bauqualität der zwanziger Jahre. Ohne einen Pinselstrich hat es bis heute überdauert und ist dabei bewohnbar geblieben. Die Bemalung, einst von Karl Schmidt-Rottluff, dem Avantgardisten des deutschen Expressionismus und Mitglied der »Brücke«-Gruppe, entworfen, ist freilich nur noch zu erahnen.

Berliner Allee

200 Meter die Berliner Allee in Richtung Süden hinunter finden wir den letzten Zeugen des alten Weißensee vor 1870. Die Dorfkirche wurde um 1300 errichtet und die Feldsteine im Turmunterbau sind noch aus dieser Zeit. Erst dreizehn Jahre später wurde die Urkunde verfaßt, die heute als der älteste Hinweis auf die Existenz des Straßendorfes zwischen Berlin und Bernau gilt. Das Langhaus der Kirche ist zweihundert Jahre jünger, erst 1899/1900 erhielt die Kirche mit Querhaus und Chor ihre heutige Form. Montag und Mittwoch von 16-18 Uhr kann man das Gotteshaus besichtigen.

Die Buschallee und Suermondtstraße entlang (man kann auch zwei Stationen mit der Straßenbahn Nr. 10 oder 70 fahren) kommen wir nach einem guten Kilometer zum einzigen innerstädtischen Naturschutzgebiet Berlins (»innerstädtisch« steht hier für »umbaut«, im Grunewald und in Karow gibt es weitere), dem »Faulen See«. Rund um das halbverlandete Gewässer gibt's undurchdringlichen Sumpf und die Eingangsbarrieren sind so gesichert, daß man sein Mountainbike schon über den Kopf stemmen müßte, um die Ruhe der Natur zu stören. So können hier 48 Vogelarten halbwegs unbehelligt brüten — beobachtet wurden in diesem Gebiet schon über 150 verschiedene Arten. Es lohnt sich, ein Fernglas mitzubringen — und die Ohren offenzuhalten.

Zwei Minuten südlich der Suermondtstraße liegt der Obersee, und obwohl er schon zu Hohenschönhausen gehört, soll hier die letzte Station unseres Rundgangs sein. In der Oberseestraße steht die Villa Lemke, ein Meisterwerk Ludwig Mies van der Rohes (1886-1969). Der unauffällige rote Backsteinbau blieb von Umbauten weitestgehend verschont. Die Villa Lemke ist ein Frühwerk des Meisters (dessen bekanntester Bau in Berlin die Nationalgalerie Preußischer Kulturbesitz im Kulturforum Tiergarten ist) und Zeugnis besten Bauhausstils. Konserviert wurde sie über 40 Jahre vom Ministerium für Staatssicherheit, das rund um den Obersee fast alle Grundstücke besetzte. Die Villa wurde als Wäschelager genutzt, weil sie dank der riesigen Fensterflächen nach DDR-Richtlinien nicht wirtschaftlich zu beheizen war. So betrieben die Geheimdienstler vorbildlichste Denkmalpflege, ohne daß ein Denkmalpfleger von diesem Kleinod auch nur eine Ahnung hatte. Zur Zeit der Drucklegung dieses Buches war das Haus Di-So 14-18 Uhr geöffnet, seine künftige Nutzung allerdings noch umstritten. Wer sein Haus in diesem Stil nachbauen wollte, wird heute keine Baugenehmigung mehr bekommen — Fenster ohne Sockel sind unseren wenig kunstsinnigen Beamten zuwider.

Oberseestraße

Die Oberseestraße mündet in die Konrad-Wolf-Straße, die bisher an der Umbenennung nur knapp vorbeischlitterte. Konrad Wolf kämpfte im II. Weltkrieg als Offizier der Sowjet-Armee gegen Deutschland und war nach deren Sieg der jüngste Stadtkommandant in der sowjetischen Besatzungszone. Sein Film über diese Zeit »Ich war 19« gehörte zu den Klassikern der DDR-Filmgeschichte. Wolf hatte sich eine Integrität erworben, die ihm später gestattete, sich als Vorsitzender des Verbandes der Film- und Fernsehschaffenden der DDR auch für kritische Gegenwartsdarstellungen und -darsteller einzusetzen. Sein Bruder Markus Wolf leitete jahrzehntelang die Hauptverwaltung Aufklärung der Staatssicherheit — den Auslandsnachrichtendienst der DDR.

Konrad-Wolf-Straße

Von hier aus fahren die Straßenbahnen Nr. 15 und 63 am S-Bahnhof Landsberger Allee vorbei bis zum S-Bahnhof Hackescher Markt, direkt zwischen Friedrichstraße und Alex.

Jens Weber

Friedhöfe

Als West-Berlin noch Insel war, ging man an Wochenenden häufig auf die nahegelegenen Friedhöfe, um im Innern der Stadt, die kein wirkliches Außen hatte, ein wenig Ruhe zu finden. Lübars, Glienicke oder Steinstücken waren keine Alternative; künstlich wirkten die Randbezirke, denn man sah oder fühlte noch zumindest die Grenze. Eine der ersten Fragen bei neuen Bekanntschaften war häufig, ob sie oder er auch gerne auf Friedhöfe gehe. Betrunkene Freundschaften wurden nachts nach der Kneipe und nachdem man ein paar Zäune überklettert hatte, inmitten der Gräber des Matthäifriedhofs wirklich. In den wundervollen Baumalleen, zwischen Mond, Wolken, Wind und merkwürdigen Geräuschen bestand ein Spiel darin, sich ohne einander aus dem Blick zu verlieren, voneinander zu entfernen, um ganz langsam wieder aufeinander zuzugehen. War man weit genug voneinander entfernt, war der andere für ein paar Momente wirklich ein ganz anderer, vor dem man sich ein bißchen gruseln konnte (gerade wenn man wußte, daß Leute ja tatsächlich sterben) und es gab einen Punkt der Entfernung, wo Erkennen und Fremdheit oszillierten; auch in einem selbst, denn man konnte sich auch vorspielen, daß man selbst ein ganz anderer wäre. Mit Leuten, die nicht romantisch veranlagt waren, waren nächtliche Friedhofsbesuche eher unbefriedigend.

In der Vorstellung ist der Friedhof immer ein fester Ort, der sich nicht bewegt, weil sich die Leute, die dort liegen, nicht bewegen. So kann man schön nachdenken, während sich verwandte Heger und Pfleger mit Harken und kleinen Unkrautwegmachern über die Gräber bücken. Vielen Alten ist der Friedhof natürlicher Lebensraum. Neben dem Kaufmann an der Ecke einer der wenigen öffentlichen Orte, die übrig geblieben sind. Oft setzen sie ihren Namen schon auf den Grabstein des verstorbenen Lebensbegleiters. Auf manchen Grabsteinen liest sich das Leben wie ein Abzählreim, dessen einzelne Glieder sich immer mehr vom konkreten Körper entfernen: ›Geliebt, beweint und unvergessen‹ (›verliebt, verlobt, verheiratet‹).

Gibt es mehrere übriggebliebene Generationen, wird der Tote an seinem Familienplatz lokalisiert: ›Mutti‹; Frau, Mutter und Oma; ›lieber Mann, unser guter Vater‹. ›Vati‹ oder ›Papi‹ werden meist vergeblich gesucht. Die Koseform ist Frauen und Kindern vorbehalten, während tote Männer die Autoritätsplätze besetzen. Nur ein Monument von 1919 auf dem Zentralfriedhof Friedrichsfelde mit der Gedenkstätte der Sozialisten durchbricht dieses Muster. Dort gedenken die ›graphischen Hilfsarbeiter und Hilfsarbeiterinnen‹ ›ihrer Führerin‹.

Manche stehen sinnend, weil sie die Stimme noch im Ohr haben von jemandem, der jetzt dort unten liegt. ›Warum‹ ist eine gängige Grabinschrift; das dazugehörige ›darum‹ formuliert sich auf den Grabmälern und -platten ganz unterschiedlich. Die einen lassen die Toten von den Qualen des Lebens sprechen: ›Weinet nicht an meinem Grabe/ Gönnet mir die ewige Ruh/ denkt was ich gelitten habe/ eh ich schloß die Augen zu‹; die anderen lassen die Toten für die ›Sache des Friedens‹ gestorben sein, ehren die, die für den Sozialismus gestorben, gefallen oder ermordet worden sind. An den Gräbern der Sozialisten verbanden sich die Lebenden mit den Toten zu einem gemeinsamen Kampf. Am Grab soll etwas von der Kraft der Toten auf die Lebenden übergehen und helfen, den Tod zu überwinden. ›Kämpfende Jugend erschrickt nicht der Tod‹ heißt es auf der Tafel für Herbert Neumann, der mit 20 für die Kommunistische Jugendinternationale gestorben ist.

Träumt allein und einsam vor sich hin: Zentralfriedhof Friedrichsfelde

Doch ›mit der Ruhe auf dem Friedhof ist es in Berlin vorbei‹ (»Spiegel«). ›Wie auf dem Rummelplatz‹ sei es zeitweise gewesen, wird der Inspektor des Jüdischen Friedhofs Weißensee in Ost-Berlin zitiert. In Weißensee sei das tatsächlich eine Zeitlang so gewesen, berichten Friedhofsführer, doch insgesamt »können wir das nicht bestätigen«, erklärt Ulrich Kratz-Whan vom »Kultur Büro Berlin«, einer »Initiative arbeitswilliger Kunsthistoriker, Künstler und Pädagogen«, die seit einem Jahr arbeitet und mittlerweile 10 kundige Führungen über Berliner Friedhöfe anbietet. Durchschnittlich kommen etwa 5-15 Leute zu den Friedhofsführungen. Vor zwanzig Jahren sei das zwar noch »undenkbar« gewesen, erzählt der Kunsthistoriker Andreas Bernhard, der 4 Friedhöfe in seinem Programm hat, doch das Interesse ist schon seit »acht bis zehn Jahren vorhanden«. Jörg Kuhn, ein anderer Friedhofsfreund, der seinen Magister über Mausoleen des 19. Jahrhunderts schrieb, will ebenfalls einen Friedhofstourismus nicht bestätigen. Zwar sei »das Interesse an Friedhöfen in jedem Fall gestiegen« und es gäbe immer mehr Magister- und Doktorarbeiten zur Grabmalskunst, doch der Berliner hätte schon seit jeher ein »intimes Verhältnis« zu Friedhöfen gehabt. Solch ein »persönliches Verhältnis« sei zum einen etwas ganz anderes als Tourismus, zum anderen würden fast ausschließlich BerlinerInnen an den Führungen teilnehmen. In seinem Publikum zwischen »zwanzig und siebzig« wären Frauen ab 45 am stärksten vertreten.

Schon immer wurden die Friedhöfe als stille Orte zum Lesen oder Nachdenken benutzt, meint Jörg Kuhn. Einige Punks würden auch recht gerne des Nachts in Mausoleen feiern. »Promis« seien nicht mehr so gefragt und der Zentralfriedhof Friedrichsfelde mit der Gedenkstätte der Sozialisten träumt allein und einsam vor sich hin und ist vielleicht gerade deshalb einer meiner Lieblingsfriedhöfe, mag der Lichterfelder Friedhof mit seinen Parkanlagen, Wissenschaftlern und Schriftstellern auch schöner, mögen Fichte, Hegel und Brecht auch auf dem Französischen bzw. Dorotheenstädtischen Friedhöfen vor dem Oranienburger Tor noch so sehr locken.

Detlef Kuhlbrodt

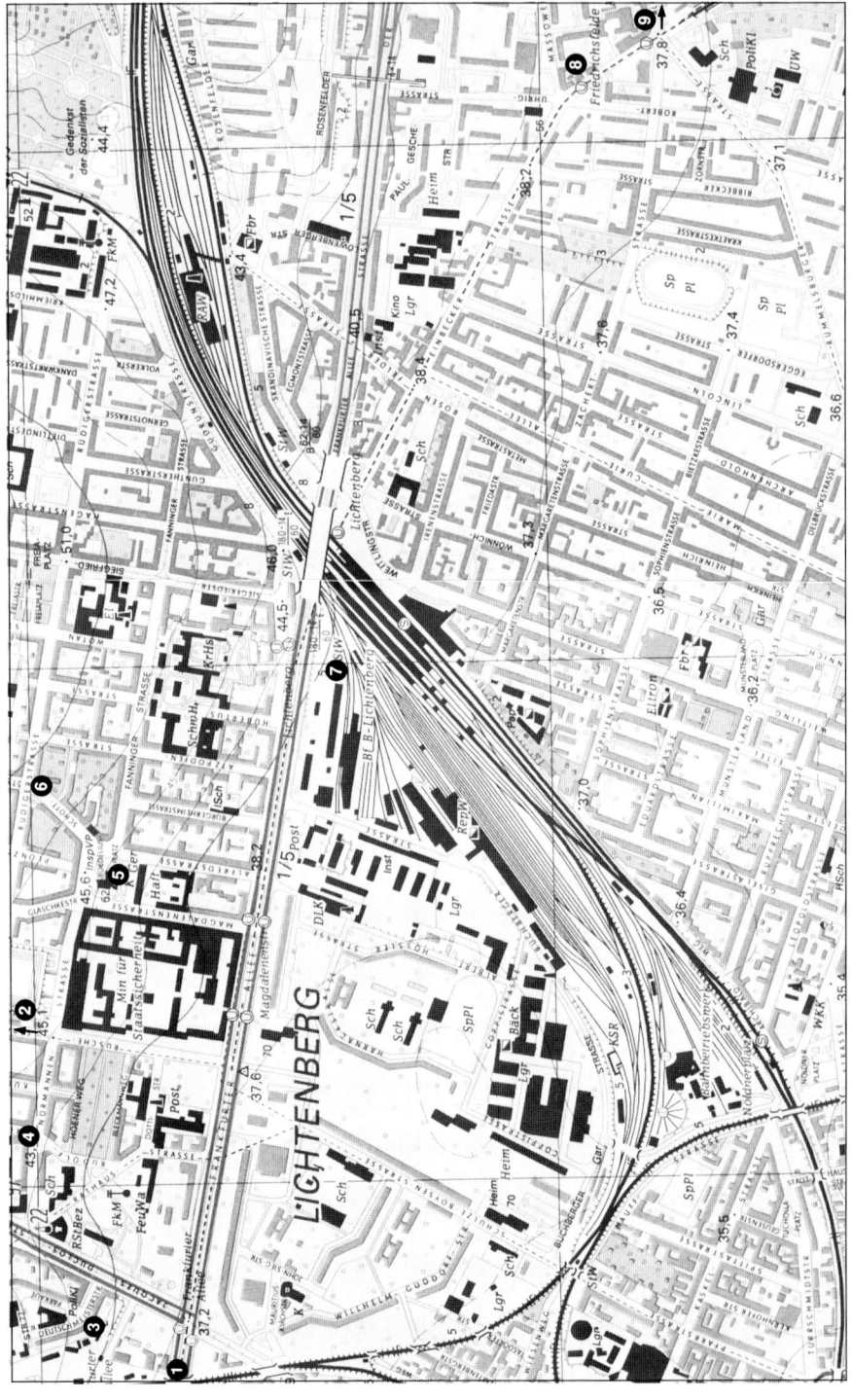

Platz für Stasi, Streiks und Sozialisten

Lichtenberg

Ausgangspunkt: U- und S-Bahn Frankfurter Allee(S8, S10, U5)
Endpunkt: U-Bahn Tierpark (U5)
Dauer: ca. 3 Std., mit Tierparkbesuch ca. 5 Std.

Im Osten der Stadt grenzt der Stadtbezirk Lichtenberg unmittelbar an Friedrichshain (vom Stadtzentrum her) und an Hellersdorf (Stadtgrenze zum Land Brandenburg). Er ist nach einem 1288 erstmals urkundlich erwähntem Dorf benannt. 103 Jahre später fiel das Kämmererdorf Lichtenberg an die Stadt Berlin, die es zeitweilig verpachtete.

1907 erhielt Lichtenberg das Stadtrecht. Nach 1890 war hier ein großes Industriegebiet entstanden. Bei der Schaffung Groß-Berlins 1920 wurde Lichtenberg ein Stadtbezirk Berlins, nachdem ihm die Landgemeinden Biesdorf, Kaulsdorf, Mahlsdorf, Marzahn, Friedrichsfelde, das Gut Hellersdorf sowie das Gutsvorwerk Karlshorst zugeschlagen worden waren. Nach der Errichtung der Satellitenvorstadt Marzahn Mitte der 70er Jahre verkleinerte sich Lichtenberg erheblich; gleiches passierte dann Ende der 80er Jahre, als Hellersdorf zum eigenständigen Stadtbezirk wurde. Insgesamt wurden Lichtenberg zwei Drittel seiner Fläche entzogen. Übrig blieben das Kerngebiet um den Lichtenberger Bahnhof, Friedrichsfelde und Karlshorst. Auf 26 qkm wohnen 172.000 Einwohner. Lichtenberg ist der Ost-Berliner Bezirk mit dem höchsten Ausländeranteil. Hier leben rund 7.300 ausländische Bürger.

Das Gelände um die Lichtenberger Herzbergstraße war zu DDR-Zeiten das größte Gewerbe- und Industriegebiet Ostberlins. Noch 1989 beschäftigten Großbetriebe wie Elektrokohle Lichtenberg und Autotrans etwa 18.000 Leute. Heute sind es nur noch etwas mehr als 3.000. Das Bezirksamt will die Gegend um die Landsberger Chaussee (ehemals Leninallee), Rhinstraße, Herzbergstraße bis zur Frankfurter Allee als Gewerbestandorte erhalten. Ein Gewerberahmenplan sieht die Neuansiedlung von Betrieben vor, etwa 30.000 Arbeitsplätze könnten so entstehen. Doch noch stehen ungeklärte Eigentumsfragen über Grund und Boden im Wege — wie fast überall in den neuen Bundesländern. Nicht zu verantworten wäre, wenn Lichtenberg als traditioneller Industriestandort zum Industriemuseum werden würde, so Rainer Bosse, Fraktions-

chef der PDS, der stärksten Fraktion nach den Wahlen zur Bezirksverordnetenversammlung im Frühjahr 1992 in Lichtenberg.

Eher traurige Berühmtheit gewann der Stadtbezirk durch die
geballte Ansiedlung des in der DDR allgewaltigen Stasi-Appara-
tes. An der Frankfurter Allee, Ecke Ruschestraße, ließ sich die Stasi einen protzigen Gebäudekomplex hinstellen — das Ministerium
für Staatssicherheit. Nur ein paar Kilometer weiter stadtauswärts
folgte mit einem weiteren Monumentalbau in den 80er Jahren die
Bezirksverwaltung Berlin der Staatssicherheit. Für politischen
Zündstoff bis in diese Tage sorgte nach der Wende in der DDR im
Januar 1990 die Besetzung des verhaßten Stasi-Komplexes. Auch
die in unmittelbarer Nähe gelegene Gedenkstätte der Sozialisten
sowie der Bahnhof Lichtenberg und der Tierpark gerieten in den
letzten Monaten immer häufiger in die Schlagzeilen. Daher soll unser Spaziergang vor allem an diesen markanten Punkten vorbei-
führen.

Frankfurter Allee
❶

Nur etwa zehn Fahrtminuten sind es vom Alexanderplatz bis zur
U- und S-Bahn-Station »Frankfurter Allee«, wo unser Rundgang
beginnen soll; kommt man vom Fernbahnhof Lichtenberg, fährt
man nur zwei Stationen mit der U 5 in Richtung Alex. Die Frankfurter Allee ist die Fortsetzung der Karl-Marx-Allee, die am Alex
beginnt und bis zum Frankfurter Tor führt. Richtet man den Blick
von unserem Ausgangspunkt stadteinwärts, blickt man geradewegs
auf den Fernsehturm und die ca. zwei km entfernten Türme des
Frankfurter Tors. Bei guter Sicht kann man die einstigen Prachtbau-
ten an der Karl-Marx-Allee erkennen — eine 90 Meter breite Straße, die 1952/53 als erste sozialistische Straße Berlins nach den

Frankfurter Allee:
Auferstanden aus
Ruinen

Plänen des Architekten Hermann Henselmann entstand. Damals hieß sie noch Stalinallee, und Tausende von freiwilligen Berliner Schülern, Studenten, Hausfrauen, Rentnern halfen bei der Beseitigung der Trümmer. Ein Zeitzeuge von damals erzählte mir, mit welch ungebremstem Enthusiasmus sie als junge Leute damals diese nicht ungefährliche Arbeit taten, im Bewußtsein: Das, was wir aufbauen, wird erstmals uns allen, dem Volk, gehören.

Eng mit dem Bau der Stalinallee ist jener Tag verbunden, der als historisches Datum in die ostdeutsche Nachkriegsgeschichte eingehen sollte: der 17. Juni 1953. Am 16. Juni hatten die Bauarbeiter der Stalinallee beschlossen, in den Streik zu treten, um gegen eine zehnprozentige Normerhöhung zu demonstrieren. Sie forderten Löhne nach der alten Norm, freie und geheime Wahlen, den Rücktritt der Regierung. Am Morgen des 17. Juni trafen sich die Bauarbeiter, mit denen sich Tausende Arbeiter anderer Berliner Betriebe und Teile der Bevölkerung solidarisiert hatten, am Strausberger **Strausberger Platz** Platz und zogen ins Zentrum. Die sowjetische Kommandantur ver- **❷** hängte den Ausnahmezustand über die Stadt. Noch am gleichen Tag wurde vom ZK der SED die Normerhöhung rückgängig gemacht. Der Aufstand der Berliner Bauarbeiter wurde als von westlichen Kräften initiierte Provokation dargestellt. Nicht wenige gerieten nach dem 17. Juni in die Fänge der Staatssicherheit, andere verließen das Land.

Wendet man den Blick nun wieder stadtauswärts, hat man die **Möllendorffstraße** stark frequentierte Kreuzung Frankfurter Allee/Möllendorffstraße vor sich. Wir biegen links in die Möllendorffstraße ein, die erst *Frankfurter Allee vor* seit Januar 1991 wieder nach dem Generalfeldmarschall von Möl- *der Zerstörung*

lendorff benannt wurde, der 1783 ein von den Berlinern geachteter Gouverneur der Stadt war. Von April 1976 bis Ende 1991 hieß diese Magistrale, die ins Lichtenberger Neubaugebiet um die Landsberger Chaussee (ehemals Leninallee) und den Anton-Saefkow-Platz führt, Jacques-Duclos-Straße, benannt nach dem französischen KP-Führer. Nach wenigen Schritten erblickt man auf der rechten Straßenseite das Rathaus Lichtenberg, ein im Stil der Gründerzeit 1897/98 errichteter Monumentalbau mit Klinkerfassade und vielen Türmchen. Links geht die Deutschmeisterstraße ab. Hier, im Hof der Nr. 4, befindet sich das Heimatgeschichtliche Kabinett Lichtenberg. Es ist dienstags und mittwochs (von 9 bis 17 Uhr) geöffnet, wird aber wahrscheinlich noch Ende 1992 umziehen müssen.

Deutschmeister-straße ❸

Parkaue

Geht man nun ein paar Schritte die Parkaue entlang, steht man vor dem »Carousel«, dem ehemaligen Theater der Freundschaft für Kinder und Jugendliche, das 1950 auf Regierungsbeschluß als Zentrales Kinder- und Jugendtheater übergeben wurde. Das Theater, an dem vorwiegend junge Schauspieler engagiert sind, hat sich in den mehr als vierzig Jahren seines Bestehens nicht nur bei Vorschulkindern und Schülern einen guten Namen gemacht. Hierher strömen auch die Mitzwanziger, wenn Jazz-Tage, Kabarett-Abende oder Chanson-Veranstaltungen angesagt sind.

Hinter dem Theater bietet der Lichtenberger Stadtpark viel Grün und fußmüden Touristen ein ruhiges Plätzchen zum Verschnaufen. Hier fand in den 80er Jahren jeweils im August der »Liedersommer der FDJ« mit vielen nationalen und internationalen Sängern, Liedermachern und Rockgruppen statt. Für junge Familien mit Kindern gab es Märchenspiele im Zirkuszelt und Familienkirmes. Schade, daß diese Tradition nach der Wende in der DDR nicht von freien Trägern fortgeführt wurde; wohl eine Frage fehlender Finanzen.

Normannenstraße ❹

Wir laufen die wenigen Schritte zur Möllendorffstraße zurück, überqueren sie, laufen am Rathaus vorbei und gelangen in die Normannenstraße. Hier begann vor der Wende bereits die »Bannmeile« des Ministeriums für Staatssicherheit, das im Umkreis seines Hauptgebäudes kilometerweit Straßen für den Durchgangsverkehr sperrte und die Wohnungen in den umliegenden Häusern für eigene Mitarbeiter beschlagnahmte. Nach ca. fünf Minuten gelangt man zur Normannen-/Ecke Ruschestraße und steht vor dem einst doppelt und dreifach gesicherten Haupteingang des Stasi-Komplexes. Das Gelände gleicht einem Städtchen mit mehreren Gebäuden, Verkaufsstellen, Poliklinik, Parkplätzen und Garagen. Heute haben sich hier »Hinz und Kunz« häuslich niedergelassen. Mehrere Etagen hat die Deutsche Reichsbahn in Beschlag. Ebenso das Finanzamt, das gleich mehrere Stadtbezirke betreut. Die KKH empfängt hier ebenso ihre zahlreichen Kunden wie diverse Versicherungsgesellschaften, frei niedergelassene Ärzte, und Zahnärzte, Weiterbildungsgesellschaften oder Anwälte. Ein Fitness-

Center verspricht gesunde Ernährung im Winter, die Handelskette *Mielkes*
EDEKA preist Billigartikel an. Auch die einst stasiinterne Polikli- *Arbeitszimmer*
nik ist nun für jedermann geöffnet.

Hier, wo sich noch bis 1989 kilometerlang die Akten mit den
akribisch geführten Berichten über Tausende und Abertausende
Bürger dieses Landes stapelten, haben heute die Vertreter der Opfer ihren Sitz: Der Bund der Stalinistisch Verfolgten e.V., die Op-
fer-Hilfs-Organisation für die Betroffenen der Stalin-, Ulbricht-
und Honecker-Diktatur, die Forschungsstätte Antistalinistische
Aktion (ASTAK), das Dokzentrum für die Aufklärung der SED-
Verbrechen e.V.; am 7. November 1990 wurde hier die »For-
schungs- und Gedenkstätte« eröffnet, die werktags von 11-16 Uhr
zu besichtigen ist.

»Die Forschungs- und Gedenkstätte sieht ihre Aufgabe in der
Förderung der bewußten Auseinandersetzung mit der Geschichte
der DDR, insbesondere in Hinblick auf das Wirken des ehemaligen
Ministeriums für Staatssicherheit (MfS). Dabei ist es uns ein besonderes Anliegen, die Erinnerung an jene Menschen wachzuhal-
ten, die auf die eine oder andere Weise Opfer diese Machtappara-
tes wurden. Das Museum bietet seinen Besuchern die Möglichkeit,
sich über Struktur und Arbeitsweise der Staatsicherheit zur informieren. Man kann durch die Arbeitsräume des MfS-Chefs Mielke
gehen sowie Gegenstände politischer Selbstverherrlichung und
Observierungstechnik besichtigen. An Hand von Betroffenenbe-
richten ehemaliger DDR-Bürger können sich die Besucher selbst
ein Bild von den Repressivmaßnahmen des MfS machen…

Das Museum beherbergt eine im Aufbau befindliche Bibliothek
mit Lese- und Arbeitsräumen sowie eine Dokumentation zur Ge-

schichte der DDR, speziell zum MfS und dessen Auflösung. Unser museumseigenes Lesecafé bietet interessierten Besuchern die Möglichkeit zu weiterführenden Gesprächen.« — So die Initiatoren in einer Selbstdarstellung.

Die Bevölkerung mißtraute dem Nachfolger des MfS, dem im November '89 von der Regierung Modrow berufenen Amt für Nationale Sicherheit (AfNS), ebenso wie dem Komitee zur Auflösung des Staatssicherheitsdienstes; Anfang 1990 war die Stimmung erheblich angespannt, da die Arbeit von Justiz und Untersuchungskommissionen in Bezug auf die Aufarbeitung des Stasi-Erbes wenig erfolgreich war. Als Mitte Januar Informationen durchsickerten, daß die MfS-Zentrale in der Normannenstraße noch immer funktionsfähig arbeite, versammelten sich Tausende Menschen vor dem Objekt. Am 15. Januar stürmten kurz nach 17 Uhr mehrere tausend Menschen den riesigen Konplex. Sie durchwühlten Büros, zerstörten Fenster, Türen und Einrichtungen und plünderten selbst Lebensmittelvorräte aus den Kellerräumen. Bis heute ist nicht sicher, ob nicht Teile der Stasi selbst hinter dieser Aktion steckten. Nachdenklich stimmt jedenfalls die Schilderung eines Bürgerrechtlers, der berichtete, daß die Tore in jenen entscheidenden Minuten von innen geöffnet worden seien. Sicher indes dürfte sein, daß sich unter die Erstürmer zahlreiche Mitarbeiter diverser Geheimorganisationen gemischt hatten. Was an diesem Tag alles vernichtet oder beiseite geschafft wurde, wird wohl nie geklärt werden können.

Roedeliusplatz
❺

Die Normannenstraße führt direkt zum Roedeliusplatz. Das große graue Gebäude am Roedeliusplatz — es wurde 1906 als königliches Amtsgericht eröffnet —, das neue Amtsgericht Lichtenberg, ist den Berlinern ebenfalls aus jüngster Geschichte in unguter Erinnerung. Nur wenige Monate vor der Wende waren hier, im ehemaligen Stadtbezirksgericht, Bürgerrechtler und Oppositionelle festgehalten und verurteilt worden. Dazu genügte in jener Zeit bereits das Mitführen eines Transparentes bei der Liebknecht-

Das einstige Ministerium für Staatssicherheit von außen

Luxemburg-Demonstration im Januar '88 mit den Worten: »Freiheit ist immer auch die Freiheit Andersdenkender«.

Weiter geht unser Spaziergang, vorbei an der Glaubenskirche, die Rüdigerstraße entlang. Wir überqueren die Siegfriedstraße, laufen an Altneubauten der 60er und 70er Jahre vorbei und gelangen nach etwa 10 Minuten zum Haupteingang der Gedenkstätte der Sozialisten Friedrichsfelde, wohin die eben erwähnten alljährlichen Januardemonstrationen der Berliner führten. Doch schauen wir zuvor noch einmal nach rechts, über die Gleise von Fern- und S-Bahn, zur Lichtenberger Brücke. Achtspurig rollt der Verkehr dort stadtein- oder stadtauswärts über die breite Spannbetonbrükke. Ein Relikt aus der Berliner Verkehrsgeschichte verkündet am Wegesrand: 1 Meile bis Berlin. Es ist einer der letzten 18 noch erhaltenen Meilensteine, denn meilenweit war einst der Weg vom Vorort Lichtenberg nach Berlin.

Rüdigerstraße
❻

Die »Meilenstein-Idee« hatte 1730 ein gewisser Postrat Grabe. Der schlug vor, die preußischen Poststraßen vermessen zu lassen und mit Säulen zu markieren. So konnten auch die Fahrtkosten der Postkutschen genau berechnet werden. Eine Meile entsprach 7,53 Kilometer. Da ein Meilenstein 190 Taler und 90 Groschen kostete, ließ der als geizig bekannte König Friedrich Wilhelm I. nur wenige Meilensteine aufstellen. Dieser in Lichtenberg stand seit 1848 an der Chaussee nach Frankfurt und ersetzte hölzerne Wegweiser.

Meilenweit war der Weg nach Berlin

Der als Fernbahnhof ausgebaute Lichtenberger Bahnhof ist Verkehrsknotenpunkt von Fern-, S- und U-Bahn. Mit täglich ca. 85.000 Fahrgästen zählt er zu den wichtigsten Fernbahnhöfen Berlins. Anfang der 80er Jahre wurde er ausgebaut und modernisiert, erhielt eine weiträumige, mehrgeschossige Bahnhofshalle mit Serviceeinrichtungen, Gaststätten, großer Schalterhalle und Verkaufsräumen. Wer per S- oder U-Bahn in die Neubaugebiete Marzahn, Hellersdorf oder Hohenschönhausen gelangen will, passiert diesen Bahnhof. Hier ist auch der erste hauptstädtische Haltepunkt für die Fernzüge aus Richtung Osten. Tausende von Polen kamen hier täglich zu DDR-Zeiten an, um ins Einkaufsparadies Westberlins per S-Bahn weiterzureisen. Nach dem Sturz der Ceaucsescu-Diktatur in Rumänien kamen Hunderte von rumänischen Familien, die auf Asyl in Deutschland hofften. Die Bahnhofshalle wurde für viele zum Nachtquartier. Das rief die in der nahen Weitlingstraße beheimatete rechtsradikale Jugendszene auf den Plan. In leerstehenden Häusern hatte hier die Nationale Front (NF) ihren Hauptsitz. Schlägereien zwischen Skinheads und Ausländern, aber auch mit Einheimischen verhalfen dem Lichtenberger Bahnhof Anfang der 90er Jahre zu traurigem Ruhm.

Bahnhof Lichtenberg
❼

Wenden wir unsere Aufmerksamkeit nun der Gedenkstätte der Sozialisten zu. Diese befindet sich auf dem Terrain des 1881 nach einem Plan von Stadtgartendirektor Hermann Mächtig angelegten Zentralfriedhofs Friedrichsfelde. Er gehört zu den größten Friedhöfen Berlins.

Friedrichsfelde
❽

In jedem Jahr an einem Januarsonntag demonstrieren Hundert-tausende Berliner zu dieser Gedenkstätte des revolutionären Kampfes der deutschen Arbeiterklasse. Sie ist die bedeutendste Begräbnisstätte der deutschen Arbeiterbewegung. Die alljährliche Januardemonstration hat eine lange Tradition. Zu Beginn der zwanziger Jahre hatte die Zentrale der Kommunistischen Partei Deutschlands beschlossen, für im Kampf gefallene und verstorbe-ne Revolutionäre eine würdige Gedenkstätte zu schaffen. Beson-ders Rosa Luxemburg und Karl Liebknecht, die im Januar 1919 von der reaktionären Soldateska ermordet worden waren, sollten hier ihre letzte Ruhestätte finden, aber auch Sozialdemokraten wie Wolf Braun (1862-1929), einer der Gründer der österreichischen Sozialdemokratie; Hermann Weyl (1866-1925), Berliner Arzt und Mitglied des preußischen Landtages oder Johannes Stelling (1877-1933), in den 20er Jahren sozialdemokratischer Ministerpräsident von Mecklenburg-Schwerin. Die notwendigen Mittel für die Ge-

Letzte Ruhe auf dem Armenfriedhof: Grab Karl Liebknechts

denkstätte konnten damals nur mühsam durch Spenden von Ar-beitern aufgebracht werden. Aus Furcht vor der politischen Aus-wirkung hatte der Magistrat lange Zeit versucht, dieses Vorhaben zu verhindern. Überliefert ist der Ausspruch des zuständigen Be-amten: »Damit die Kommunisten endlich Ruhe geben, sollen sie ihre Verbrecherecke haben!«

Am 15. Juni 1924 war die Grundsteinlegung. Entwurf und Aus-führung hatte einer der bekanntesten Architekten Deutschlands, Mies van der Rohe, übernommen. (Jahre später mußte er sich da-für in den USA im Exil wegen »unamerikanischer Haltung« vor dem McCarthy-Ausschuß verantworten.) Das Mahnmal wurde am 13. Juni 1926 feierlich enthüllt. Es bestand aus einer Mauer mit ka-stenförmig vorspringenden Ziegelsteinen und war 12 Meter lang, 4 Meter breit und 6 Meter hoch. Links waren Rosa Luxemburgs Worte zu lesen: »Ich war — ich bin — ich werde sein.« Von nun an hinderten weder Hunger noch Kälte noch die Gummiknüppel der Polizei die Berliner daran, einmal jährlich an einem Sonntag im Ja-nuar mit einer Demonstration nach Friedrichsfelde der Toten der deutschen Arbeiterbewegung zu gedenken. Auf der letzten Kund-gebung vor der faschistischen Machtergreifung, am 15. Januar 1933, zogen in 18 Marschkolonnen Kommunisten, Sozialdemo-kraten und parteilose Arbeiter bei klirrender Kälte zur Gedenk-stätte. Nach der Machtübernahme durch die Nazis wurde das Mahnmal von der Gestapo überwacht, und 1935 wurde es von den Faschisten zerstört und dem Erdboden gleichgemacht.

Nach 1945 beschloß der Berliner Magistrat, die Erinnerungs-stätte wieder aufzubauen. Das ehemalige Denkmal wurde zu-nächst behelfsmäßig nachgebildet. Am 13. Januar 1946 fand die erste Liebknecht-Luxemburg-Demonstration nach dem Ende des Zweiten Weltkrieges statt; der Weg nach Friedrichsfelde war von Ruinen gesäumt. Am 14. Januar 1951 weihten die Berliner mit ei-ner großen Kampfdemonstration die nunmehr an den Eingang des

Zentralfriedhofs verlegte Mahnstätte in ihrer heutigen Gestalt ein. Die Ideenskizze dazu stammte von Wilhelm Pieck, dem ersten Präsidenten der DDR. Die Entwürfe fertigten Richard Jenner, Hans Mucke und der Gartengestalter Reinhold Lingner. Den Mittelpunkt der Anlage bildete ein vier Meter hoher Monolith aus rotem Porphyr mit der Schrift: »Die Toten mahnen uns«.

Auf dem Friedhof Friedrichsfelde

Nach der Neueinweihung 1951 bestimmte allein das Politbüro der SED, wessen sterbliche Überreste hier beigesetzt wurden. Namen wie Wilhelm Pieck, Otto Grotewohl und Walter Ulbricht erinnern an die politische Führung der DDR in den Anfangsjahren. In den 70er Jahren war die Gedenkdemonstration immer mehr zu einem propagandistischen Großaufmarsch geraten — stundenlang übertrug das DDR-Fernsehen live, wie Tausende und Abertausende Berliner an der Partei- und Staatsführung vorbeidefilierten, die sich ihr eigenes Podest vor dem Mahnmal errichten ließ und gnädig zur Masse herunterwinkte. Viele Berliner, die mit ihrem Marsch nach Friedrichsfelde ehrlichen Herzens Karl und Rosa ehren wollten, fühlten sich vereinnahmt und scherten schon vor den von der Stasi streng bewachten Toren des Friedhofs aus der Menge aus oder blieben ganz weg.

Was die Partei- und Staatsführung der DDR von dem politischen Erbe Rosa Luxemburgs und Karl Liebknechts wirklich hielt, das zeigte sich am 17. Januar 1988. Damals wurden namhafte Bürgerrechtler, zum Beispiel Vera Wollenberger, aus dem Demonstrationszug herausgezerrt, weil sie ein Transparent mit der Aufschrift trugen: »Freiheit ist immer auch die Freiheit der Andersdenkenden«. Ein Ausspruch Rosa Luxemburgs...

Wer sich in den kalten Januartagen nach der Wende in der DDR auf den Weg nach Friedrichsfelde machte, tat dies aus freien Stücken und eigener Überzeugung. Und es waren, wie auch in diesem Jahr, wieder Zehntausende. Michael Hirsch, der Baustadtrat von Lichtenberg, meint, daß sich die Gedenkstätte in der jetzigen Form nicht erhalten könne. Die Pflege der Anlage kostet jährlich mehr als 40.000 Mark. Das ist das eine. Das andere sei die behutsame Aufarbeitung der Geschichte. Baustadtrat Hirsch kann sich durchaus vorstellen, daß es Umbettungen geben könne: »An der Kremlmauer war so etwas ja auch möglich.« Möglich macht die neue Freiheit indes auch etwas anderes: Antisemitische Schmiereien, umgestürzte Grabsteine und Hakenkreuze auf den Gedenktafeln an der Friedhofsmauer — im Januar 1992. Mehrere Tausend Berliner protestieren dagegen bei einer Gedenkkundgebung zum Ort der mutwilligen Zerstörung. Da fallen einem unwillkürlich Parallelen zum Jahre 1933 ein.

An einer Kleingartensiedlung entlang erreicht man nach ca. 10 Minuten die Rhinstraße, die linkerhand bis ins Neubaugebiet Marzahn führt. Wir biegen rechts ab, überqueren eine Brücke am S-Bahnhof Friedrichsfelde und laufen in Richtung Tierpark. Nachdem wir die Kreuzung Rhinstraße/Alt Friedrichsfelde über-

Tierpark
❾

*Wer sitzt hinter
Gittern?*

quert haben, gelangen wir zu der 1951 erneuerten Dorfkirche Friedrichsfelde. Sie bildet einen angenehmen Kontrast zu den elf und mehrgeschossigen zahlreichen Neubauten des Wohngebietes am Tierpark. Jetzt sind es nur noch ein paar Meter bis zum alten Haupteingang des Berliner Tierparks. Der 160 ha große Park auf dem ehemaligen Gelände des Schloßparks Friedrichsfelde wurde am 2. Juli 1955 eröffnet und gehört seitdem zu einer der Hauptattraktionen der Hauptstadt. In den 50er Jahren hatten viele Berliner freiwillige Aufbaustunden geleistet, um den Aufbau des Tierparks zu ermöglichen.

Als der Park eröffnet wurde, besaß er etwa 400 Tiere in 120 Arten; heute sind es 7.229 Tiere in 904 Arten. Damit gehört der Ostberliner Tierpark zu den größten Tiergärten der Welt. Im Jahr 1991 besuchten noch mehr als 1,3 Millionen Besucher den Park; vor der Öffnung der Mauer im Herbst 91 waren es weit über zwei Millionen. Nach der Vereinigung Berlins am 3. Oktober 1991 wurde die Frage laut, ob der Tierpark überhaupt noch eine Perspektive neben dem Westberliner Zoo habe. An allen Ecken fehlte Geld (Eintrittsgelder waren bis dato spottbillig), staatliche Subventionen waren über Nacht weggeblieben. Gegen den jahrzehntelangen verdienstvollen Tierparkdirektor Prof. Dr. Heinrich Dathe wurde ein regelrechtes Kesseltreiben entfacht. Er sollte seine auf dem Gelände des Parks bewohnte Villa verlassen und seines Postens enthoben werden. Die Mehrheit der Ostberliner stand hinter Prof. Dathe, der sich durch seine Zuchterfolge und seine wissenschaftlichen Arbeiten auch international einen Ruf gemacht hatte. Der alte Mann konnte nicht verwinden, daß man ihm seine Lebensaufgabe nehmen wollte und verstarb im Jahre 1991.

Daß Tierpark und Zoo in einer Stadt wie Berlin gut nebeneinander bestehen können und beide Besuchermagneten geblieben sind, hängt zum einen mit ihrer unterschiedlichen geografischen Lage zusammen, zum anderen damit, daß beide auch wesentliche Unterschiede haben. Während im Berliner Zoo rund 15.000 Tiere auf dichtgedrängtem Raum zu bewundern sind, hat der Tierpark weitläufige Freigehege, große Anlagen wie das Alfred-Brehm-Haus für Großkatzen und seine tropische Flughalle für Hunderte von Vögeln, Terrarium, Elefantenhaus, Reptilienhaus, großzügige Spazierwege, Wasserflächen und Teiche. Hier leben zahlreiche Wisente, Flamingos, Pelikane und vom Aussterben bedrohte Tierarten wie Hawaiigänse. Als einziger Zoo der Welt schaffte es der Tierpark, Pelikane bereits in der dritten Generation zu züchten; 33 mal gab es seit 1961 bereits Nachwuchs. Attraktion 1992 war eine arabische Oryx-Antilope, eine ebenfalls vom Aussterben bedrohte Tierart. Auch ein in China beheimateter Weißlippenhirsch ist hier erstmals in Europa nachgezüchtet worden. Die neuste Anlage ist ein Gehege für Halbaffen (Varis).

Am nördlichen Ende des Parks liegt das Schloß Friedrichsfelde, das im 17. Jahrhundert als Lustschloß für einen Marinedirektor er-

baut wurde. Seit seiner Wiedereröffnung im Jahre 1981 finden dort Konzerte, Vortragsabende und Ausstellungen statt.

Lustschloß eines Marinedirektors: Schloß Friedrichsfelde

Wir verlassen den Tierpark am neuen Haupteingang am Bärenzwinger. Mehrere Braunbären, die auch von der Straße aus beobachtet werden können, tummeln sich hier in einer Felsenschlucht.

Wir befinden uns nun direkt an der U 5-Haltestelle »Tierpark«. Links führt die »Straße am Tierpark« nach Karlshorst, einem weiteren Teil Lichtenbergs, mit der berühmten Galopprennbahn. Vor uns erhebt sich ein weit ausgedehntes Neubaugebiet, das in den 70er Jahren errichtete Hans-Loch-Viertel. Für eine Zwei-Zimmer-Wohnung mit Bad und Balkon zahlte man hier zu DDR-Zeiten unter 100 Mark Miete (Heizung und Warmwasser incl.).

Karlshorst

In die Wohngebietsgaststätte »Bärenschaufenster« ist heute ein Möbel-Discounter eingezogen. Die Existenz des Jugendklubs im Würfelbau nebenan dürfte nur noch eine Frage der Zeit sein. Schon sind große Handelsketten im Gespräch, die ins Haus einziehen sollen. Rechter Hand, neben Kaisers Kaufhalle und einem 21geschossigen Wohnhochhaus, befindet sich das Jugendtourist-Hotel »Am Tierpark«, wo man allein oder auch mit der Gruppe relativ billig übernachten kann. Mit der U-Bahn ist man in ca. 13 Minuten schnell im Zentrum der Stadt, am Alexanderplatz. Steigt man nach zwei Stationen aus, ist man am Bahnhof Lichtenberg; vier Stationen sind es bis zum Ausgangspunkt unseres Rundgangs, der Frankfurter Allee.

Ingeborg Dittmann

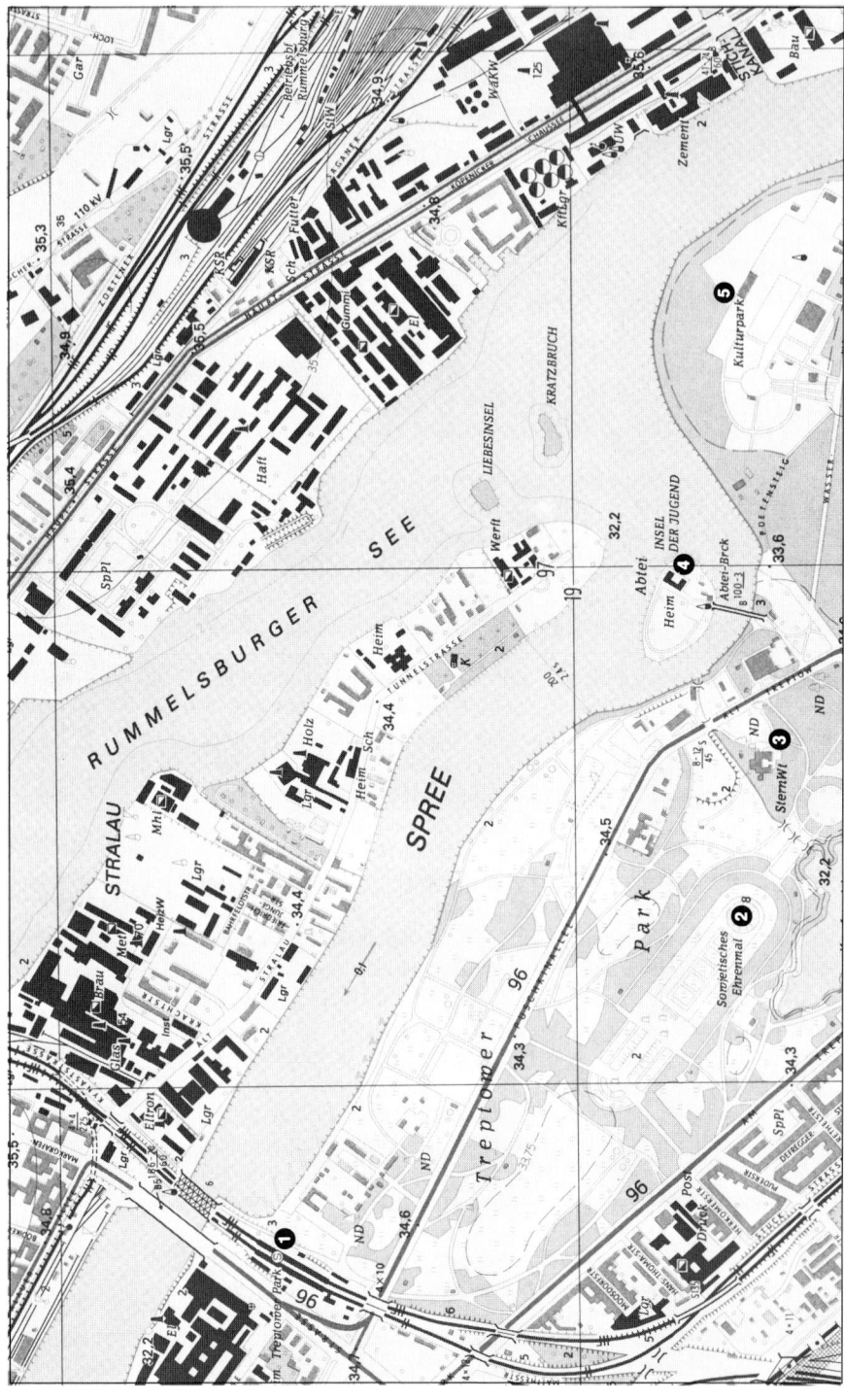

Plastik, Blumen und ein Schälchen Heeßen im Park

Treptower Park

Ausgangspunkt: S-Bahn Treptower Park (S6, S8, S9, S10)
Endpunkt: S-Bahn Plänterwald (S6, S8, S9, S10)
Dauer: 2 Stunden (bei Besuch des »Spree Parks« entsprechend mehr Zeit einplanen)

Die kleine Fischersiedlung Trebow erhielt 1740 den Namen Treptow. Friedrich II. ließ hier Siedler seßhaft werden. Sächsische Kolonisten strömten in das bis Eingangs des Jahrhunderts zum Kreis Teltow gehörende Treptow. Die südliche und westliche Seite des Stadtbezirkes war bis zur Wende im Jahre 1989 einer der längsten bezirklichen Mauerabschnitte Berlins. Die S-Bahn durchquert den Stadtbezirk, in dem rund 103.000 Berliner leben, vom Stadtzentrum her kommend in Richtung Spindlersfeld, Königs Wusterhausen und zum Flughafen Berlin-Schönefeld.

Zu DDR-Zeiten war Treptow nach Köpenick der zweitgrößte Industriestandort der Hauptstadt. Zu den Großbetrieben zählten: der VEB Elektro-Apparate-Werke Treptow, der VEB Kühlautomat, der VEB Metall-Hütten- und Halbzeugwerke, der VEB Kali-Chemie, der VEB Berlin-Chemie . . . Im Ortsteil Adlershof war die Akademie der Wissenschaften mit ihren zahlreichen Forschungsinstituten tätig. Für die medizinische Forschung war neben der Charité in Mitte das Klinikum Buch von großer Bedeutung.

Heute kämpfen die meisten dieser Betriebe ums Überleben, es gab in den Jahren 90/91 zahlreiche Stillegungen, Konkurse, Massenentlassungen.

Auch die Akademie der Wissenschaften wurde abgewickelt, Tausende Wissenschaftler wurden in die Warteschleife und schließlich in die Arbeitslosigkeit entlassen. Viele der Institute und Forschungseinrichtungen genossen ein hohes internationales Ansehen, so das Institut für Herz- und Kreislaufforschung oder das Institut für Optik und Spektroskopie.

In Adlershof war auch seit 1956 das Fernsehen der DDR/Deutscher Fernsehfunk angesiedelt, dessen zwei Sender nach der Wende ein durchaus akzeptables Fernsehprogramm lieferten. Wie im Einigungsvertrag festgeschrieben, wurde der Deutsche Fernsehfunk Ende 1991 abgewickelt. Am 31.12.1991 kam schließlich das totale black out.

Eingangstor zu Ruhe und Entspannung: Baumschulenstraße

Neben Köpenick ist auch Treptow mit viel Wasser und Grün ein hervorragendes Ausflugsgebiet für Berliner und Touristen. Besonders der Plänterwald und der Treptower Park laden zu erholsamen Stunden abseits des Großstadtgetriebes ein. Unser Rundgang ist genau das Richtige für diejenigen, deren Zeitfond begrenzt ist und die unweit des hektischen Stadtzentrums für ein paar Stunden Ruhe und Erholung suchen. Wer bei den Rundgängen durch die Berliner City fußlahm geworden ist, seinen Kopf auslüften möchte, ein wenig Ruhe und Entspannung sucht, folge unserer Route durch den Treptower Park. Hierher gelangt man nämlich per S-Bahn (Richtung Königs Wusterhausen oder Spindlersfeld oder Schönefeld) vom Alexanderplatz aus in ca. 12 Minuten. Taucht nach dem zentralen Verkehrsknotenpunkt Ostkreuz nach 2 Minuten die Spree auf, an deren rechtem Ufer zahlreiche weiße Schiffe (der Berliner sagt ›Dampfer‹) anlegen, ist klar, wir sind am Treptower Hafen angelangt. »Treptower Park« heißt die S-Bahn-Station. Hier beginnt unser kleiner erholsamer Spaziergang.

Treptower Park

❶

Vorm Bahnhofsausgang stehend wenden wir uns zunächst nach links und werfen einen Blick in den kleinen Treptower Hafen. Die großen Sichttafeln geben Auskunft über die Schiffsrouten. Von hier aus kann man Fahrten nach Köpenick (Luisenhain), zum Müggelsee, nach Charlottenburg, zum Wannsee bis nach Woltersdorf oder Senzig unternehmen. Die Schalter, an denen man Fahrscheine erwerben kann, sind täglich ab 9 Uhr geöffnet; die Saison beginnt Ende April. Es gibt Frühschoppen- und Mondscheinfahrten, Rundfahrten mit Modenschau, Disco und volkstümlicher Hitparade. Auch Gruppenfahrten kann man hier buchen. Ein schwimmendes Restaurant lädt diejenigen ein, die sich vor dem Spaziergang durch den Park erst einmal stärken wollen.

Wer den Tag noch vor sich hat und Lust verspürt, sich aufs Wasser zu begeben, bitteschön (siehe dazu auch den Kasten »Venedig, Amsterdam, Berlin«). Wir bleiben am Wasser, laufen die Uferpromenade entlang, immer parallel zur mit alten Platanen bestandenen Puschkinallee, auf der sich ein ständiger Autostrom stadteinwärts bewegt. Hier am Spreeufer merken wir zum Glück nichts davon: hohe alte Bäume und Rasenflächen schützen uns vor Lärm und Abgasen. **Puschkinallee/Uferpromenade**

Früher fuhr man mit Pferdegespannen in den Treptower Park und den angrenzenden Plänterwald, ein Gebiet von über 230 Hektar. Das mag idyllischer gewesen sein, doch per S-Bahn ist man halt schnell und relativ billig am Ziel. Das nutzten schon in den 20er Jahren zahlreiche Arbeiterfamilien, die aus Mitte, Kreuzberg oder Neukölln am Wochenende zum Treptower Park kamen. Der Park wurde in den Jahren 1876/82 nach Plänen des damaligen Gartenbaudirektors Johann Gustav Meyer an der heutigen Puschkinallee als Volkspark im Stil englischer Landschaftsgärten angelegt. Beliebt bei den Berlinern waren die großen Liege- und Spielwiesen. Die Überlegung, hier einen weiträumigen Park anzulegen, ging auf eine bereits 1861 eingebrachte Initiative der im Magistrat regierenden Liberalen zurück. Das Konzept für den Park berücksichtigte vor allem die Bedürfnisse des damaligen großstädtischen Bürgertums. Breite Wege und Promenaden, Wasserflächen zum Kahnfahren im Sommer oder Schlittschuhlaufen im Winter, zahlreiche Restaurationen und Schmuckgärten prägten das Bild dieses im Süden Berlins gelegenen Parks. Daß das herrschende Bürgertum damit auch einen sehr pragmatischen Zweck im Auge hatte, beweist vielleicht folgender Auszug aus einem Magistratsbericht von 1861: »...unbestreitbar ist, daß solche im wohlgepflegten Zustand erhaltenen Anlagen eines der geeignetsten Mittel sind, den Sinn über die Sorge um die materielle Existenz zu erheben und rohe Gesinnung, wo sie vorhanden, zu mildern.«

Auf etwas mehr als der heutigen Fläche des Parks fand im Jahre 1896 die große Berliner Gewerbeausstellung statt, eine Superschau von Wilhelm II. Zu diesem Zwecke wurde der erst neugeschaffene Park wieder umgewühlt, ganz im Interesse der sich ungestüm entwickelnden deutschen Großindustrie à la Krupp, Borsig und Siemens sowie der Großbanken. Die mehreren Millionen Reichsmark, die diese Supershow kostete, zahlte letztlich der Steuerzahler. Etwa da, wo heute das sowjetische Ehrenmal ist, wurde ein See für militärische Schauspiele angelegt. Unter echten Palmen wandelten die Besucher zur Nachbildung der Cheopspyramide. An Pomp und Aufwand wurde nicht gespart, um die Weltmacht des deutschen Kaiserreiches zu repräsentieren. Nach der Ausstellung wurde der See wieder zugeschüttet, der Park in etwa wieder in seinen ursprünglichen Zustand versetzt.

Vor und nach dem ersten Weltkrieg war der Treptower Park häufig Treffpunkt und Versammlungsstätte der Berliner Arbeiterbewegung. Der Treptower »Wahlrechtsspaziergang« vom 5. März 1910 ist in die Geschichte eingegangen. Damals wollte die preußische Polizei eine Massendemonstration für ein demokratisches Wahlrecht mit Waffengewalt verhindern. Daraufhin verlegten die Demonstranten ihren Protestzug in den Tiergarten. Zwischen 1911 und 1914 fanden im Park zahlreiche Kundgebungen gegen die imperialistische Kriegsgefahr statt. So demonstrierten hier am 3. September 1911 über 200.000 Berliner Werktätige unter dem Motto »Gegen Kriegshetze! Für Völkerfrieden!« Zu den Teilnehmern sprachen August Bebel und Karl Liebknecht. Während der Weimarer Republik zogen Arbeiter aus dem Berliner Osten vom Treptower Park aus zu ihren Protestdemonstrationen ins Stadtzentrum.

Rosengarten

Wir laufen weiter in Richtung Rosengarten. Vertreter der Weltjugend haben hier in den Augusttagen des Jahres 1973 während der X. Weltfestspiele der Jugend und Studenten über 5.000 Rosenstöcke gepflanzt. Im Rosenhag fand zu DDR-Zeiten alle zwei Jahre die Ausstellung »Plastik und Blumen« statt. Bildhauer aus dem In- und Ausland stellten bis in den Herbst hinein ihre neuen Werke vor. Überqueren wir am Rosengarten die Puschkinallee, befinden wir uns direkt vor dem Eingang zum Sowjetischen Ehrenmal.

Sowjetisches Ehrenmal
❷

Die monumentale Mahn- und Gedenkstätte wurde in den Jahren 1946/48 auf der ca. 12 ha großen Fläche der einstigen Spiel- und Liegewiese errichtet, zum Gedenken an die etwa 7.000 im Kampf um Berlin gefallenen Soldaten der Roten Armee. Manche Quellen sprechen von 20.000 Gefallenen; auf diesem Areal wurden mehr als 5.000 Rotarmisten beigesetzt. Die Gedenkstätte wurde ganz im Stil des sozialistischen Realismus der Stalin-Ära von den Architekten und Bildhauern Belopolski, Wutschetitsch und Walerius errichtet — als Symbol des Sieges der Sowjetarmee über dem Hitlerfaschismus.

Der Standort für dieses Mahnmal ging auf einen Vorschlag des späteren Präsidenten der DDR, Wilhelm Pieck, zurück. 1.200 Arbeiter, darunter 200 Steinmetze und 90 Bildhauer, waren an dem Bau beteiligt. Am 8. Mai 1949, dem »Tag der Befreiung«, wurde das Sowjetische Ehrenmal eingeweiht.

Trauert um ihre Kinder: »Mutter Rußland«

Vom Eingangstor in der Puschkinallee führt der Weg zunächst zur Statue der trauernden »Mutter Rußland«. Links gibt eine breite Promenade den Blick zur Hauptanlage frei. Zwei Pylonen in Form riesiger Fahnen aus rotem Granit bilden den »Vorhang« für das Hauptfeld; ihnen zu Füßen links und rechts jeweils die Bronzeskulptur eines knienden Soldaten. Gehen wir nun in Richtung Mausoleum, kommen wir an 16 Sarkophagen vorbei, die in Reliefs Szenen aus den Kriegsjahren 1941 bis 45 zeigen. Dazu jeweils an der Frontseite ein Zitat von Stalin (rechts vom Feld in deutsch, auf der linken Seite in russisch). Die Hauptfigur der Gedenkstätte auf dem Ehrenhügel (unter ihr das Mausoleum mit dem mosaikge-

schmückten Kuppelsaal) ist knapp 12 m hoch. Es ist die Skulptur *Sowjetisches Ehren-*
eines Sowjetsoldaten, der auf seinem linken Arm ein gerettetes *mal in Treptow*
deutsches Kind trägt. Die rechte Hand umfaßt das gesenkte
Schwert, unter dem Teile des zerschlagenen Hakenkreuzes zu erkennen sind. Im Kuppelsaal des Mausoleums gibt es ein Ehren-
buch, in dem die 5.000 Namen der hier in Gemeinschaftsgräbern
bestatteten Sowjetsoldaten eingetragen sind.

Wir verlassen nun das Gelände des Ehrenmals wieder durch den **Puschkinallee**
Eingang Puschkinallee, bleiben auf dieser Straßenseite und erreichen nach wenigen Schritten die Archenhold-Sternwarte. Die **Sternwarte**
Gründung der Sternwarte geht auf den Astronomen Friedrich Si- ❸
mon Archenhold (1861-1939) zurück und steht eng mit der Berliner Gewerbeausstellung von 1896 in Zusammenhang. Archenhold hatte sich dafür eingesetzt, daß damals das mit 21 Metern
längste Fernrohr der Welt gebaut und während der Ausstellung im
Freien aufgestellt wurde. Der große Refraktor hat einen Linsen-
durchmesser von 58 Zentimeter; das glich damals einer Weltsensa-
tion. Der Bau wurde nur durch umfangreiche Spenden Berliner
Arbeiter möglich, ebenso die Errichtung der Sternwarte selbst in
den Jahren 1908/09. Das auf einer Lafette mit vielen Hebeln, Rollen, Seilen und Winden aufgebockte Fernrohr, heute noch der
größte bewegliche Refraktor der Welt, kann man Mittwoch bis
Sonntag besichtigen.

Die Sternwarte beherbergt auch eine große Sammlung aller
astronomischer Instrumente. 1962 wurde eine Satellitenbeobach-
tungsstation eingerichtet. Öffentliche Führungen durch die Sternwarte und ihre Einrichtungen und Beobachtungen am Fernrohr

*Sternwarte mit
Kinderkino*

finden fast täglich statt, auch Voranmeldungen sind möglich. Erwähnenswert auch das Kino der Sternwarte, in dem vor allem schöne Kinderfilme laufen.

Die Büste rechts vor dem Eingang erinnert an den Begründer
der Sternwarte, Friedrich Simon Archenhold, der 1933 als Jude
von den Nazis aus Amt und Würden vertrieben wurde und 1939
verstarb.

Überqueren wir nun die Puschkinallee, stehen wir direkt vor
dem legendären Ausflugslokal Haus Zenner. Seit April 1992 ist es
die »Eierschale« Zenner, die dritte Gesamtberlins. Natürlich wurde der traditionelle Name Zenner beibehalten, denn so heißt dieses
zu Beginn des 19. Jahrhunderts vom Magistrat in Auftrag gegebene
»Gasthaus im eleganten Styl« nun schon seit fast zwei Jahrhunderten. Den Auftrag, dieses Haus anstelle der »Spreebudicke« zu
bauen, erhielt 1817 der Architekt Carl Ferdinand Langhans. Das
»Neue Gasthaus an der Spree« wurde am 11. Juni 1822 eröffnet;
hier verkehrte das »bessere Publikum«. Die Familie Zenner machte das Lokal dann über Generationen zu einem Begriff. 1913 wurde
Zenner erstmals im Baedeker erwähnt. Für einen Terrassenplatz
mit herrlichem Ausblick auf den Park und die Halbinsel Stralau mit
ihrer berühmten Dorfkirche zahlte man damals immerhin zehn Sil-
bergroschen. Diesen Obulus muß heute keiner mehr zahlen, doch
schaut man sich die Preise für Getränke und Menüs an, könnte man
zu der Auffassung kommen, die heutigen Besitzer schlagen »die

paar Silberlinge« gleich mit drauf. Zu DDR-Zeiten war das noch anders. In dem im Krieg zerstörten Lokal, das im Jahre 1955 wieder eröffnet werden konnte — weitestgehend im ursprünglichen Zustand —, speiste man mehr als billig. Und so zogen besonders die einfachen Leute an Sonn- und Feiertagen samt Familie oder mit Kollegen zum »Tempel der Lebensfreude«. Besonders in den Augusttagen, wenn »Treptow in Flammen« stand, blieb bei Zenner kein Stuhl leer. Das Volksfest mit großem Feuerwerk hat Tradition. Ein cleverer Pächter des Lokals hatte jeweils am 24. August, dem Bartholomäustag, Fanfarenbläser am Spreeufer postiert. Sie sollten die vielen Leute zum Lokal locken, die gegenüber in Stralau den Stralauer Fischzug feierten — das älteste und größte Volksfest Berlins.

Das Volksfest geht bis ins 16. Jahrhundert zurück; es sollte die Grenzstreitigkeiten zwischen den im alten Fischerdorf Stralau lebenden Fischern begraben. Sehenswert ist die alte Dorfkirche aus dem 15. Jahrhundert, deren Turm, 1823/24 von Stadtbaurat Friedrich Wilhelm Langerhans erbaut, sichtbar schief steht. Die spätgotische Kirche beherbergt einen Flügelaltar mit drei geschnitzten Frauenfiguren. Hier sind auch die beiden einzigen noch erhaltenen spätgotischen Chorfenster zu besichtigen, die Berlin zu bieten hat.

Ziemlich genau dort, wo Zenner steht, soll im Jahre 1568 eine Fischerhütte mit dem Namen »der Trebow« gestanden haben. Ende des 18. Jahrhunderts ließen sich hier sächsische Colonisten nieder, die rund um das Lokal ihr »Schälchen Heeßen« an den Mann und die Frau brachten. Da dafür eine Konzession nötig war, kam eines Tages eine kluge Sächsin auf die Idee, statt Kaffee nur noch heißes Wasser auszuschenken — was keiner verbieten konnte. Den Kaffee brachten die Familien dann selbst mit, gaben denselben in der Kaffeeküche ab und erhielten eine 1 Liter große Kanne Milchkaffee zurück, zum stolzen Preis von 10 Pfennigen. Der Liter käme heute auf siebenfünfzig, aber wer kann sich das heutzutage schon leisten? Aus gesundheitlichen Gründen, versteht sich. Zwei Mollen à 0,5 l zu je 4 DM sind da schon eher drin und »in«. Denn in Zenners Biergarten gehts besonders an den Tanzabenden lustig zu.

Ein paar Meter entfernt, am Ufer der Spree, gabs übrigens einmal einen Tunnel zur gegenüberliegenden Halbinsel Stralau. Die AEG hatte ihn 1895 bauen lassen. Seit 1899 fuhr eine Tunnelbahn unter der Spree hindurch, bis zum Jahre 1930. Dann verfiel das Bauwerk langsam und wurde während des Zweiten Weltkrieges schließlich gänzlich zerstört.

Vorbei am leider ausgebrannten Restaurant Plänterwald gelangen wir zur Abteibrücke, eine 76 Meter lange Stahlbetonbrücke, die zur »Insel der Jugend« führt. Während im Zenner die ältere Generation das Tanzbein schwang, war die Insel seit jeher Domizil der Jugend. Zu DDR-Zeiten fanden hier häufig Liederfestivals und Rockkonzerte statt, es gab Diskussionsveranstaltungen, Vor-

Eingang zu den Spreeterrassen

träge, Kino, Klubabende im Jugendklub. Nach der Wende wurde es ziemlich still auf der Insel. Im Klub gibt es Ausstellungen, Gespräche, Kino oder Theater für Kinder, ein Familiencafé an den Wochenenden. Die Insel, einst Abteiinsel genannt, hat auch anno dunnemals bessere Zeiten gesehen. Ein geschäftstüchtiger Berliner hatte darauf eine künstliche Ruine errichten lassen — die Abtei. Das romantische Lokal machte selbst Zenner Konkurrenz. Ganz sicher werden sich in absehbarer Zeit wieder geschäftstüchtige Unternehmer finden, die den Reiz der Insel entdecken; hoffentlich bleibt die Jugend dann nicht außen vor.

Von der Abteibrücke, die 1916 von französischen Kriegsgefangenen erbaut wurde, reicht der Blick bis hinüber zum Heizkraftwerk Klingenberg mit seinen beiden 140 Meter hohen Schornsteinen. Dieses Kohlekraftwerk entstand in den 20er Jahren und wurde über Neiße, Oder und Spree mit schlesischer Kohle versorgt. Für die Bewohner der Umgebung ein ständiges Ärgernis; bis ins mehrere Kilometer entfernte Hans-Loch-Viertel konnte man bei ungünstigem Wind keine Wäsche im Freien trocknen, stets legte sich eine Schmutzschicht auf die Wäschestücke.

Kulturpark Plänterwald ❺

Wir laufen am Uferweg weiter in Richtung Plänterwald. Musik und lautes Stimmengewirr weisen uns den Weg zum Kulturpark Plänterwald. Ein Riesenrad, das seinem Namen Ehre macht, Karussells und Gaststätten locken seit Jahren besonders an den Wochenenden und in den Schulferien Berliner Familien und ihre Gäste. Heute nennt sich das einst staatliche Unternehmen Spree Park GmbH, die Anzahl der Karussells hat sich mehr als verdoppelt, es gibt eine Wildwasserbahn, Autoscooter und alles, was zu einem richtigen Rummel noch so gehört. Aufs Mehrfache gestiegen sind auch die Eintrittspreise. Was zu DDR-Zeiten für 1 bis 2 Mark zu haben war, kostet nun 18 DM für Erwachsene und 15 DM für Kinder von 3 bis 12. Dafür darf man dann aber auch so oft Karussell

Venedig, Amsterdam, Berlin

Außer Venedig und Amsterdam hat keine Stadt in Europa ein solches Wasserwegenetz wie Berlin. Grüne und schmutziggraue Wege bilden zwischen Tegeler-, Wann- und Müggelsee ein einzigartiges Netz, das besonders die südlichen und westlichen Stadtbezirke durchzieht. Spree und Havel verdankt die Hauptstadt Existenz und Bedeutung. Berlin und Cölln wurden im 12. Jahrhundert an einer Furt durch die Spree gegründet, Spandau dort, wo der Fluß in die Havel fließt. Die Wasserstraßen ermöglichten billige Massenguttransporte zu einer Zeit, als an Eisenbahnen noch nicht zu denken war. Mit Zugpferden (und oft genug per Manneskraft) wurden die Zillen getreidelt, die Ketziner Ziegel und Rüdersdorfer Kalk in die Stadt brachten, in der das Bauen darum so billig war wie kaum irgendwo sonst in Deutschland. Mit der Eisenbahn war die Blütezeit des Wassertransportes vorbei. Doch ganz hat er seine Bedeutung nie verloren: auch heute noch schippern hunderte Lastkähne über die Spree.

Der erste Dampfer, der seinen Kohlengruß über Berliner Gewässer verteilte, hieß »Prinzessin Charlotte« und durchpflügte am 27. Oktober 1816 auf seiner Jungfernfahrt die Havel zwischen Spandau und Wannsee. Die Dampfmaschine machte die Berliner Flotte zu einem der wichtigsten Nahverkehrsmittel, das sich dank günstiger Preise auch noch lange Zeit gegen die S-Bahn behaupten konnte. Berlins größte Reederei, die Stern und Kreisschiffahrt (ohne Bindestrich) schipperte im Jahre 1911 über drei Millionen Fahrgäste übers Wasser. Zu dieser Zeit gab es in der deutschen Hauptstadt fast zweihundert Passagierschiffe.

Mit der relativen Verbilligung der S-Bahn wurden Berlins Dampferkapitäne zusehends zu Sonntagsfahrern degradiert. Eine Renaissance erlebten sie noch einmal nach dem Krieg, als die Wasserstraßen, weil unzerbombt, die einzig befahrbaren Straßen im Berliner Raum und Holz der einzig beschaffbare Brennstoff war. Da fuhr der Liniendampfer wieder mehrmals täglich zwischen der Glienicker Brücke am Stadtrand von Potsdam zur Heerstraße in Charlottenburg — als Ersatz für die S-Bahn, deren Gleise erst wieder instand gesetzt werden mußten. Viele Berliner fuhren per Schiff zum Hamstern auf's Land. Die wöchentliche Linie nach Hamburg war im Sommer 1945 keine extravagante Ausflugsfahrt, sondern die einzige zuverlässige und preiswerte Verbindung in die Hafenstadt. Doch das währte nur kurz. Bald fuhren die Züge wieder und für Wochenendvergnügungen fehlte noch ein paar Jahre das Geld.

Durch die Blockade, mit der die Sowjets auf die Währungsreform in den Berliner Westsektoren reagierten, schien das Dampferfahren zunächst völlig unterbunden, zumindest im Westteil der Stadt. Alle Schiffe der Stern und Kreisschiffahrt waren im Osten geblieben. Über Nacht stand Berlins größte Reederei ohne Schiffe da. 1949 fing sie mit einem einzigen Kahn von vorne an und beförderte 1958 schon wieder über eine Million Passagiere. Für den Sonntagsausflug von Tegel nach Wannsee waren die verbliebenen Wasserstraßen noch immer lang genug.

In der DDR wurde 1949 die »Weiße Flotte« gebildet, ein Name, der bis 1989 geradezu ein Synonym für die Personenschiffahrt zwischen der Insel Rügen und den Saaletalsperren war. Die Weiße Flotte Berlin schaffte weiter bleichgesichtige Großstadtbewohner ins grüne Umland der nunmehrigen Hauptstadt der DDR, wenn auch nur in Richtung Osten. Die »Dampferfahrt« am Wochenende (die Berliner fahren bis heute »mit 'm Dampfer«, wenn auch nur noch ein einziges echtes Dampfschiff über die Berliner Gewässer qualmt) wurde durch staatliche Zuschüsse in der DDR preiswert gehalten. Schon für ein paar Groschen ging man an Bord, und die Fahrt rund um die Müggelberge, Berlins Dampferparcours Nr. eins, kostete weniger als fünf Mark.

Seit 1991 gehört die Weiße Flotte wieder zur Stern und Kreisschiffahrt. Damit fahren zwei Drittel der ca. 60 Berliner Personenschiffe unter einer Flagge.

Berlins Wasserwege lassen sich von drei großen Häfen aus erforschen. Im Osten liegt der Hafen Treptow an der Spree, von der gleichnamigen S-Bahn-Haltestelle aus schon zu sehen. Richtung Osten führt der Weg nach »jwd« (janz weit draußen): auf den Müggelsee oder die Dahme, die in Köpenick in die Spree mündet. Wer mit dem Dampfer der Stadt entfliehen will, vielleicht von einer Anlegestelle aus durch den Wald wandern oder die Stimmung in den berühmten Ausflugsgaststätten erleben will, ist hier richtig. 3-4 stündige Touren führen rund um die Müggelberge, und Ausflugslokale wie Rübezahl, Müggelturm oder Marienlust sind keine dreißig Wanderminuten voneinander entfernt.

Spreeaufwärts führt die Tour zunächst durch das einstige Industriezentrum von Ostberlin, nach Köpenick, über den einzigen Spreetunnel (ein Fußgängertunnel in Friedrichshagen, in dem man übrigens das einzige Echo der Stadt erleben kann — freilich nur als Fußgänger und nicht vom Dampfer aus), den Müggelsee mit FKK- und sonstigen Strandbädern, durch die Gärten Klein Venedigs und hinüber zur Dahme. Vorbei am Gosener Delta, dem »Spreewald Berlins«, fährt man dahmeabwärts zurück nach Köpenick über die alte Regattastrecke der 1936er Olympiade.

Interessanter sind die Schiffsfahrten von Treptow in Richtung Westen, denn sie führen direkt durchs Stadtzentrum. Zwischen Palast der Republik und Fernsehturm hindurch, direkt durch die Friedrichstraße und am Reichstag vorbei führt die Route in den Tiergarten, weiter zur Schloßbrücke Charlottenburg und von dort nach Spandau. Hier gehts entweder in den Norden, zum Hafen Tegel, oder nach Süden, zum Großen Wannsee.

Tegel ist aus unerfindlichen Gründen der meistfrequentierte Hafen der Berliner Personenschiffahrt. Man erreicht ihn am schnellsten im zehnminütigen Fußmarsch von der Endstation der U 6. Die Touren über den Tegeler See zu den Halden des Stahlwerks Hennigsdorf oder die Standardroute havelabwärts nach Wannsee gehören mit Sicherheit nicht zu den Highlights der Berliner Personenschiffahrt.

Einen Einblick in ein einzigartiges Stück preußischer Kulturlandschaft geben die Touren ab Wannsee. Hier führt die »Standardrunde« an der Pfaueninsel mit dem romantischen Schlößchen von 1797 vorbei, das einst nach Skizzen einer königlichen Konkubine entstand, direkt unter der historischen Glienicker Brücke entlang, auf der früher Ost- gegen Westspione ausgetauscht wurden, zwischen den Jagdschlössern Glienicke und Babelsberg hindurch und über Griebnitz- und Stölpchensee zurück nach Wannsee. Die einzigartige Parklandschaft, die an den Ufern zu bewundern ist, hat das Berliner Gartengenie Peter Joseph Lenné (1789-1866) geschaffen.

Wer mehr Zeit hat, fährt von Wannsee quer durch's Potsdamer Stadtzentrum zum Schwielowsee und genießt den Anblick der herrlichen Berglandschaft rund um den eiszeitlichen Rinnensee. Der Damm, der den See in zwei Teile schneidet, ist das Grab des Berliner Schlosses, das in den 50er Jahren gesprengt wurde. Etwas Besonderes gibt es in Petzow zu sehen. Das Dorf hat seine Gesamtanlage aus dem vorigen Jahrhundert bis ins wiedervereinigte Deutschland hinein gerettet und ist ein echter Geheimtip — mit Dampferanlegestelle, versteht sich.

Jens Weber

fahren, wie man mag. Um 19 Uhr schließt der Vergnügungspark am Ufer der Spree seine Pforten, es sei denn, es findet gerade ein Konzert auf der großen Freilichtbühne statt oder der beliebte Tanz unterm Riesenrad, mit 45 Metern Höhe das Wahrzeichen des Kulturparks.

Vom Haupteingang aus könnten wir nun mit einer originellen Parkbahn zu unserem Ausgangspunkt, dem S-Bahnhof Treptower Park, zurückfahren. Man kommt vom Ausgang des Parks aber auch recht bequem zum S-Bahnhof Plänterwald. Wir lassen das 1910 im Renaissancestil erbaute Treptower Rathaus Ecke Neue Krugallee/Bulgarische Straße rechter Hand hinter uns und biegen rechts in den Weg »Am Plänterwald« ein. Der Bahnhof Plänterwald liegt zwischen Baumschulenweg und Treptower Park. Stadteinwärts braucht die S-Bahn nicht viel länger als etwa 15 Minuten bis zum Alexanderplatz.

Ingeborg Dittmann

Freizeit auf dem Wasser: Abtei Treptow

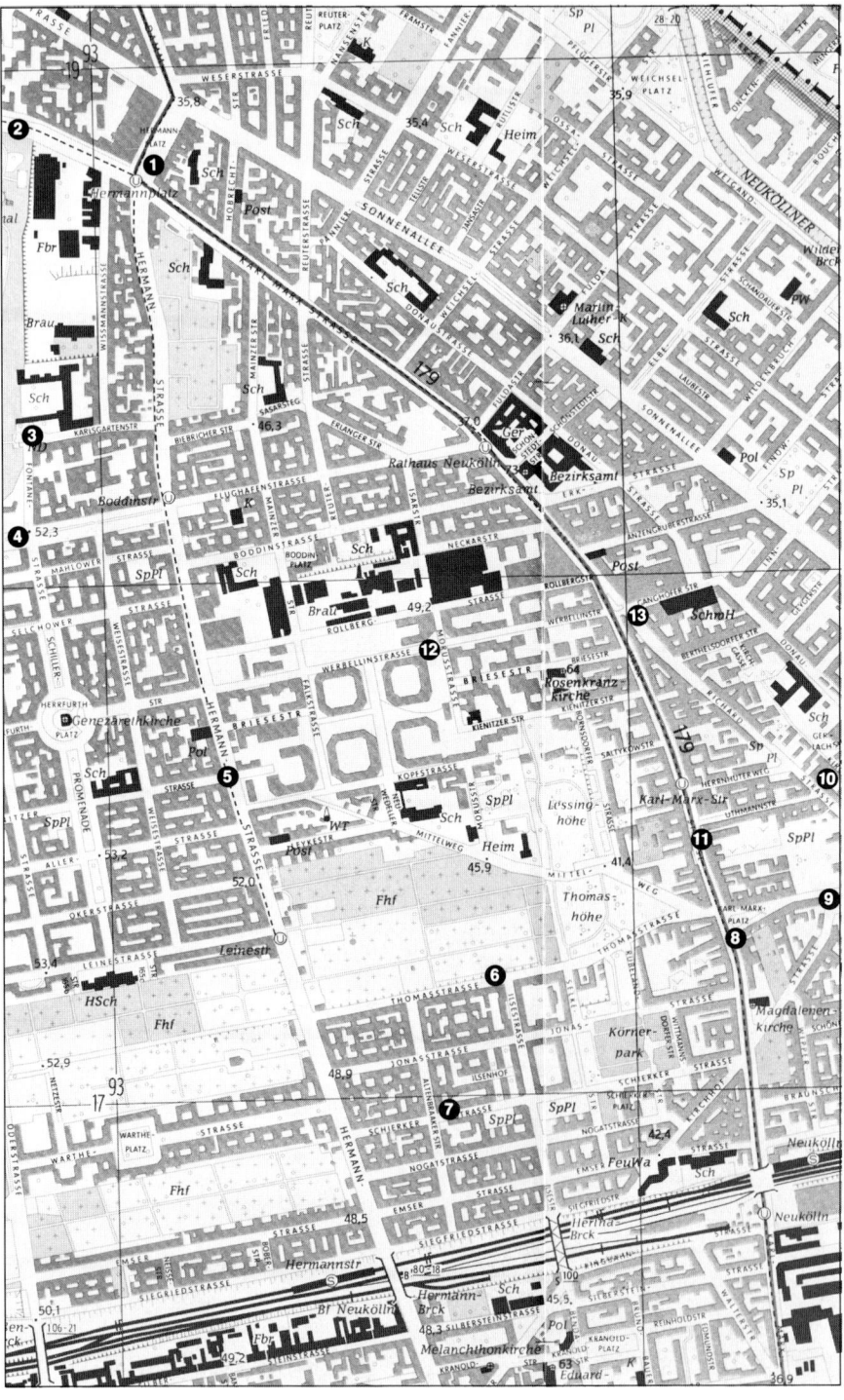

Auf der Suche nach Rixdorf

Neukölln

Ausgangspunkt: U-Bahn Hermannplatz (U 7/U 8)
Endpunkt: U-Bahn Rathaus Neukölln (U 7)
Dauer: gut 3 Stunden

Die Wanderung führt in den mit über 300.000 Einwohnern bevölkerungsreichsten Berliner Bezirk, der sich vom Hermannplatz,
dem Tor zu Neukölln, in südöstlicher Richtung erstreckt. Die erste
Siedlung wurde hier 1360 urkundlich erwähnt als Teil der Besit-
zungen des Johanniterordens. 1435 wird das Dorf, es hieß damals
Richardsdorp, von der Doppelstadt Berlin-Cölln gekauft. Ab 1737
entstehen nach Ansiedlung von böhmischen Flüchtlingen zwei
Dörfer: Deutsch- und Böhmisch-Rixdorf, die sich später vereinigen und als größtes Dorf, als Großstadt schon mit fast 80.000 Einwohnern, 1899 Stadtrecht erhalten. 1912 wird die Stadt auf eigenen Wunsch in Neukölln umgetauft. An Kaisers Geburtstag werden die alten Rixdorfer Namensschilder eingesammelt. 1920 wird
Neukölln der 14. Bezirk von Groß-Berlin. Er besteht seitdem aus
den Ortsteilen Neukölln, Britz, Buckow und Rudow.

Die Umbenennung von 1912 ist heute gut nachzuvollziehen. Rixdorf von
1910 war ein Schlaf- und Friedhofsviertel mit über 200.000 Einwohnern;
zwar mit der besten Luft unter den damaligen Großstädten, aber mit sehr ge-
ringem Steueraufkommen. Es gab Tausende kleiner Wohnungen, beste-
hend aus Stube und Küche, wie es in den Bauplänen heißt, und es wohnten
oft vier bis zehn Menschen — Schlafburschen nicht mitgerechnet — in einer
Wohnung. Doch der Gemeinde fehlte das Geld für die notwendigen Infra-
strukturmaßnahmen. Die gute Kommunalpolitik, seit Boddin (1874—
1907 »auf Lebenszeit« erster Mann in Rixdorf) ein Begriff, sollte fortgesetzt
werden. Das Dreiklassenwahlrecht gab die Legitimation zur ungebroche-
nen Herrschaft der wenigen Eigentümer und »Steuerbürger« über die Vie-
len; aber das öffentliche Geld reichte nicht einmal für neue Schulbauten. Da
gab es für die kommende Oligarchie, die damals sogar noch hier wohnte,
nur wenige Möglichkeiten: Ausgleichsmittel aus Berlin, dem Rixdorf täg-
lich die Arbeitskräfte zulieferte, anzufordern, die Gemeindesteuern zu er-
höhen oder Imagepflege zu betreiben.
   Vor den Wahlen von 1912 sollten die Gemeindesteuern nicht erhöht wer-
den; Berlin gab keine Ausgleichsmittel, weil es ja auch so von den in seinen
Grenzen arbeitenden Rixdorfern profitierte. Faktisch blieb den kommunal-
politisch aktiven Ratsherren also nur die dritte Alternative: Imagepflege.
   Der Ruf als Vergnügungsviertel — »In Rixdorf ist Musike« — sollte in der
Hoffnung abgeschüttelt werden, mehr Gemeindesteuerzahler fürs neue
Neukölln zu gewinnen. Heute würde man Wohnungen und Bauland für
Führungskräfte zur Verfügung stellen, damals klammerte man Hoffnun-

Goldenes Tanzpaar auf dem Hermann-platz

Hermannplatz
❶

1929 war dies das größte Kaufhaus auf dem Kontinent

gen an die Namensänderung. Doch der Erfolg blieb gering. Auch in den folgenden Jahrzehnten blieb Neukölln im wesentlichen Arbeiterschlafstadt, durchwachsen mit dem üblichen notwendigen Kleingewerbe.

Unsere Wanderung durch Rixdorf/Neukölln beginnt am Hermannplatz. Wenn Sie hier in der Platzmitte aus der U-Bahn steigen, stehen Sie im Zentrum Neuköllns und trotzdem geographisch genau an der Bezirksgrenze zu Kreuzberg. Hier gabeln sich die Neuköllner Hauptstraßen, und hier befindet sich der Rest des — wie es 1929 in der Werbung hieß — größten Kaufhauses auf dem Kontinent, mit direktem Zugang von der U-Bahn. Vor der heutigen Betonfassade dreht sich unglaublich langsam das moderne goldene Rixdorfer Tanzpärchen von Schmettau. Nach Norden verläßt der Kottbusser Damm den Platz hin zur alten Stadtgrenze Berlins am Kottbusser Tor; er war früher lange ein im Überschwemmungsland der Spree liegender Verbindungsweg, von dem man erzählt, daß der Herr die feine Dame auf den Armen über den oft schlammigen Damm tragen mußte. Nach Süden verläßt die Hermannstraße den Platz und gleichzeitig das Urstromtal, in dem wir uns befinden. Südöstlich führen die Karl-Marx-Straße (früher: Berliner und Bergstraße) und die Sonnenallee (früher: Kaiser-Friedrich-Straße) nahezu parallel, dem Urstromtal folgend, in den Bezirk hinein. Zentral an der Karl-Marx-Straße (seit 1947) — wie früher die Kirche im Dorf — liegen Amtsgericht, Rathaus und Post an einer Krümmung der heute von der Linienführung der U-Bahn bestimmten Hauptgeschäftsstraße, auf halber Strecke zum ehemals wichtigen kommerziellen Nebenzentrum am Bahnhof Neukölln.

Zurück zum Kaufhaus. Aus dem einst großartigen Dachgarten des Kaufhauses mit seinen beiden markanten Türmen, wo ein reichhaltiges Musik- und Unterhaltungsprogramm geboten wurde, ist eine Autoabstellfläche geworden. Sie können mit dem Auto oder mit dem Fahrstuhl rauffahren und sich umsehen, doch die Aussicht ist begrenzt. Der Kottbusser Damm, die mit öffentlichen Mitteln wiederhergestellten Fassaden (die Höfe sind noch sehenswert) und der Gebäudekomplex zwischen Hermannstraße und der Karl-Marx-Straße, wo der alte Rollkrug stand, sind gut zu sehen. Auf vielen alten Bildern ist das Wirtshaus Rollkrug zu erkennen, ein Zeugnis der ältesten Bebauung vor dem Hintergrund der sandigen Rollberge.

1818 wurde es von einem Wirt gekauft, der den »Rollkrugverein« zur Förderung der Enthaltsamkeit von spirituellen Getränken gründete und, konsequent wie er war, selbst nur noch Bier ausschenkte. Das Kino, das dann seit der Neubebauung dort mit gleichem Namen bestand, war Anfang der 70er Jahre ein Stadtteilkino der Berliner Filmfestspiele — bis heute noch eine Rarität, daß sie sich in die Außenbezirke wagten. Dort diskutierte zum Beispiel der Regisseur Herzog mit dem Publikum. 1909 allerdings dürfte dort kaum mit dem Publikum gesprochen worden sein, als sich Prinz Heinrich einen Film über das Luftschiff Zeppelin ansah.

Wer hat eigentlich das Kaufhaus zur Ruine gemacht, damals, 1945? Selbst in den Veröffentlichungen des Konzerns sind verschiedene Darstellungen zu lesen, obwohl der Sachverhalt klar und unbestritten ist. Nicht die alliierten Luftbomben und nicht die Panzer der Roten Armee vernichteten das Kaufhaus, sondern der Sprengstoff der Waffen-SS zerlegte das als Lager dienende Kaufhaus fachgerecht von innen. Für Monate hätten die Vorräte gereicht, die auf diese Weise der alsbald hungernden und frierenden Bevölkerung vorenthalten wurden. Wer in den U-Bahnschächten Schutz suchte, den ließ man absaufen, als auch die Decken unter dem Landwehrkanal gesprengt wurden. Neben dem Rathaus und den zerstörten Brücken blieb dieses Kaufhaus das eigentliche Mahnmal des Krieges in Neukölln, zumindest bis in die 50er Jahre.

Unser Weg führt jetzt die Straße Hasenheide am Kaufhaus entlang bis zur Jahnstraße. Gegenüber liegt die »Neue Welt«, heute ein Veranstaltungsort (mit historischer Decke) und Einkaufszentrum. Doch bis in die 70er Jahre war die »Neue Welt« — wenn auch schon etwas gealtert — wichtiger Versammlungsort: hier sollte im letzten Moment das Bündnis zwischen den kommunistischen und sozialistischen Jugendorganisationen gegen die braune Gewaltherrschaft geschlossen werden. Und hier bekam vom Berliner Polizeipräsidenten von Jagow 1912 der französische Sozialist Jean Jaurès das Verbot, in seiner Muttersprache zu reden, als er dort zum Internationalen Antikriegstag sprechen wollte. Der Erfolg der Veranstaltung wurde dadurch allerdings eher größer. Jaurès sprach deutsch, und der Saal konnte gar nicht all die Menschen fassen, die gekommen waren. Tausende mußten draußen geduldig die Bei-

Hasenheide 108
❷

Neukölln — hier gibt es noch eine Karl-Marx-Straße

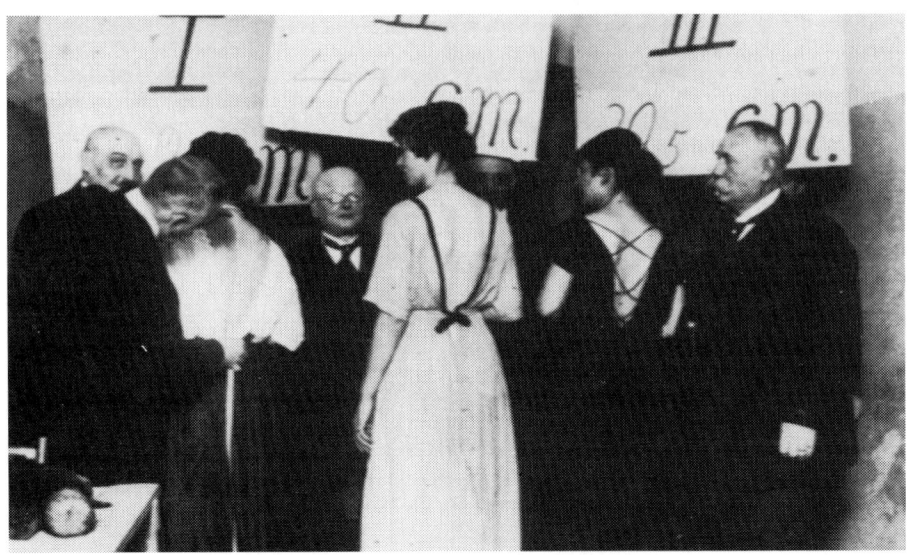

Prämierung des tiefsten Rückenausschnittes beim Bockbierfest in der »Neuen Welt« (1920)

Denkmal an die Trümmerfrauen

Jahnstraße

fallsstürme abwarten, die dieser Vertreter des »Erbfeindes« drinnen für seine vom Willen zur Verständigung der Völker im Zeichen des Klassenkampfes getragenen Rede bekam. Daß hier auch Karl Liebknecht vor seinem Strafantritt von Tausenden Anhängern verabschiedet wurde, sei noch am Rande erwähnt.

Für die Soldaten der Berliner Garnison waren die Buden in der Hasenheide schon lange beliebter Vergnügungsort, doch die Bockbierfeste in der Neuen Welt besuchten selbst die Arbeitersportvereine nach ihren Versammlungen. Vor bayrischer Alpenkulisse mit großer Rutsche — »von der Jungfrau in den Saal« — erfreute man sich damals am Anblick sonst verdeckter Damenbeine, wenn diese wie die von Käfern auf der Rutsche zappelten. Was gab es nicht alles in der »Neuen Welt«: vom Bärenführer und Artisten bis zu bekannten Stars und Politikern war alles da. Vor dem endgültigen Aus und dem Umbau der »Neuen Welt« feierte zuletzt 1981 die »Alternative Liste« hier ihren Einzug ins Abgeordnetenhaus.

Gegenüber der Ecke Graefestraße steht im Park ein Denkmal, das an die »Trümmerfrauen« der Nachkriegszeit erinnert, ohne deren harte Arbeit der Wiederaufbau Berlins undenkbar gewesen wäre.

Wer nicht so weit geht, stößt schon am Eckhaus Jahnstraße/Hasenheide auf eine andere Spur. Turnvater Jahns Büste ziert dort ein Privathaus. Gegenüber liegt der Jahnpark mit seinem Denkmal auf einem bemerkenswerten Sockel. Er besteht aus Steinen, die von den treuen Jüngern der einst fortschrittlichen, nationalen Turnbewegung aus allen Teilen der Welt gestiftet wurden. Haben Sie entdeckt, welcher Stein die längste Reise hinter sich hat? Der Stein vom Zuckerhut in Rio kann noch überboten werden! Und noch andere Hinweise sind dem seit 1936 gemauertem Fundament zu entnehmen: 24 Turnvereine kämpften auf dem Leipziger Schlachtfeld von 1813.

Wenige Meter entfernt hatte Friedrich Jahn mit seinen Schülern und Anhängern 1811 den ersten öffentlichen Turnplatz eröffnet. Turnen als Wehrertüchtigung gegen die französischen Besatzer, das war noch tragbar. Aber später, im großen Fürstenpuzzle nach 1814, war es den Herrschenden nicht mehr geheuer. Jahn wurde sechs Jahre eingesperrt und das Turnen verboten. Doch auch die nächsten Turnplätze befanden sich wieder hier im Umkreis, dort wo heute auf dem Rasen Volleyball gespielt wird oder Nachfahren und Nachfolger der berühmten Neuköllner Artisten am Wochenende jonglieren.

Zigarettenetikett mit Bildnis des Turnvaters

Der Weg führt jetzt im Park weiter in südlicher Richtung parallel zur Wissmannstraße. Links die Reste der Bergschloß-Brauerei, aus denen ein Begegnungszentrum für ausländische Bürger wird, nachdem die Wohnbebauung durch Abschreibungsgesellschaften verhindert wurde. Ganz unscheinbar, in einer Nische vor dem Schulzaun, finden Kenner der Turngeschichte und der Befreiungskriege das Denkmal Friedrich Friesens und keine 20 Meter weiter, an der Ecke Karlsgarten/Fontanestraße, die ›Jahneiche‹ mit einer holzgeschnitzten Erinnerungstafel an den ersten Turnplatz.

Karlsgarten/ Fontanestraße ❸

Die Schule im Rücken ist die Kurt-Löwenstein-Schule. Löwenstein war nach 1918 wohl der international bekannteste Neuköllner. Als USPD-Reichstagsmitglied und nach einigen Auseinandersetzungen um seine Wahl als Oberstadtschulrat wählte ihn die Arbeiter-Mehrheit in Neukölln 1921 zum Stadtrat für Volksbildung. Hier, auf kommunaler Ebene, verwirklichte er einen Teil seiner bereits für die USPD-Programme formulierten Ziele, die im Reich machtpolitisch nicht zu verwirklichen waren.

Löwenstein richtete weltliche Gemeinschaftsschulen ein, die heute noch als Muster machbarer sozialistischer Schulpolitik gelten, und er war der Förderer der Arbeiter-Abendkurse an der von Fritz Karsen geleiteten Karl-Marx-Schule in der Sonnenallee (heute: Ernst-Abbé-Gymnasium). Notleidenden Abendschülern besorgte er Arbeit, und manch einen hervorragenden Erzieher holte er an die vielen weltlichen Schulen des Bezirks. Daneben war er unermüdlicher Motor der Kinderfreundebewegung, als deren Vorsitzender er die bekannten Kinderrepubliken mitorganisierte. Mehr als 100.000 Kinder waren Mitglieder dieser Bewegung. Zum Glück ist ein Teil seines Nachlasses erhalten geblieben, obwohl die SA ihn als Sozialisten mit jüdischer Herkunft schon vor dem Reichstagsbrand als Haßgegner ausgemacht und seine Wohnung in der Geygerstraße überfallen hatte. Aus den weltlichen Schulen Neuköllns erwuchsen viele Mitglieder der autonomen, sozialistischen und kommunistischen Kämpfer und Kämpferinnen gegen die braune Terrorherrschaft. Die Schüler der weltlichen Schulen waren es, die von den Karstadttürmen oder Häuserdächern ihre Flugblätter warfen, und von denen viele ihre Überzeugung mit dem Tod bezahlen mußten.

Kurt Löwenstein

Der Weg führt jetzt zurück in die Hasenheide — die tatsächlich einmal Jagdgebiet war, bevor sie als Schießplatz eingerichtet wurde — und südlich über den Columbiadamm zwischen Freibad und Jahnsporthalle in den ehemaligen Sport- und Freizeitgürtel der Großstadt. Heute Flughafengelände, war dieses Gebiet bis hin zum Sta-

Columbiadamm ❹

dion Neukölln (1945 nach dem kommunistischen Ringer und Widerstandskämpfer Seelenbinder benannt, dessen Denkmal dort noch steht), ehemals Erholungsgebiet mit Planschbecken und vielen Sporteinrichtungen. Ähnliche kinderfreundliche Einrichtungen gibt es seit der Erweiterung des Flughafens im Altstadtbereich nicht mehr. Die Hasenheide wird von Eltern kleiner Kinder »Hundeheide« genannt, weil dort Hundehalter mit polizeilicher Duldung ihren Lieblingen gestatten, »sanften Terror« auf Wiesen und Spielplätzen auszuüben.

Der weitere Weg erweckt Mauergefühle. Auf einem arg schmalen Weg drängen sich dort ein Radweg (in beiden Richtungen befahrbar), Kinder, die zum Schwimmbad gehen, Spaziergänger und Hundehalter mit ihren Tieren am Zaun lang, während drinnen motorisierte Wächter auf einer überbreiten Fahrbahn den überdimensionierten Flughafen Tempelhof umrunden. Seit Jahren Neuköllner Wirklichkeit und Ärgernis für alle Betroffenen. 1994 entfällt das Besatzungsrecht. Wird der Flughafen, der heute nicht genehmigungsfähig wäre, dann geschlossen oder darf der lärmende und stinkende Terror der fliegenden Bomber über dem Wohngebiet weitergehen?

Hermannstraße
❺

Ins ehemalige Rollbergviertel — oder wie es auch hieß: »Barrikaden-« oder »Bullenviertel« — gelangen Sie über die Kienitzer Straße nach Überquerung der Hermannstraße, der ehemaligen Poststraße nach Dresden. Hier in der Hermannstraße wurde 1928 das größte und modernste Lichtspieltheater mit 3000 Plätzen und Raum für 2 Orchester eröffnet. 1931 erschoß die Polizei drei Frauen, die die Auseinandersetzungen am Vorabend des Ersten Mai von den Balkonen der Häuser Nr. 40 und 177 aus beobachten wollten.

Entlang übriggebliebener Fassaden führt die Kopfstraße in den sanierten »Kiez«. Die Anführungsstriche stehen nicht zufällig, denn die Kahlschlagsanierung hat dort in den 70er Jahren alles verändert. Aus den in wirklich schlechter Qualität in der Gründerzeit gebauten Quartieren sind Sozialbauwohnungen in der gutgemeinten Form von nach außen abgeschlossenen Wagenburgen — vielleicht der Hufeisensiedlung in Britz entlehnt — geworden, ohne Geschäfte und ohne die alte Handwerkerstruktur.

Was für den Besucher zumindest als gut geplant erscheinen mag, kann für manche Anwohner zum Alptraum werden, denn die hohe Fluktuation (wegen der Mieten), der hohe Ausländeranteil (Polen und Türken) sowie die Anonymität der Bewohner untereinander erzeugen kein Gefühl sozialer Eingebundenheit. Eine neue Wohnqualität, wie sie den Planern vorgeschwebt haben mag, ist nur zwischen den Bewohnern gleicher (nichtdeutscher) Nationalität im Entstehen. Aus den Planquadraten des ehemals überwiegend kommunistischen »Kiezes« sind Wohnburgen mit internationaler Mischung geworden. Ob sich der frühere Anteil von 87% Arbeitern hier im Kiez verändert hat, ist nicht gewiß. Mit Gewißheit kann aber behauptet werden, daß mehr als ein Fünftel der Wohnungen eigene WCs hat und das Spülwasser nicht mehr mit der Kanne von der Küche ins Klo mitgenommen werden muß.

Bald erreicht die Kopfstraße den Mittelweg, ein echtes Unikum im erneut rechtwinklig gebauten Viertel. Er ist ein alter Verbindungsweg von Rixdorf über das ehemalige Exerziergelände (der heutige Flughafen) nach Kreuzberg und Schöneberg. Wir gehen jedoch die Kopfstraße weiter, vorbei an den Gemeindeschulen, die, wie auch die weltliche Ruetli-Schule, 1931 Streikschulen waren. Hier kämpften kommunistische Eltern und ihre Kinder gegen die Sparmaßnahmen, die der Sozialist Löwenstein im Bezirk möglichst wirkungslos machen wollte. **Mittelweg**

Flach geht es abwärts; der Kiesabbau hat den Rollbergen ihre Gipfel genommen. Am Ende der Kopfstraße wenden Sie sich rechts in den Park zur Lessinghöhe, vorbei an einem Spielplatz und einem Jugendheim, das der ehemalige Bürgermeister Exner (SPD) mit geradezu staatsmännischer List den Amerikanern abgetrotzt hat. (Er hatte mit Geschick auch verhindert, daß die Hasenheide in den 50er Jahren wieder auf Dauer zum Schießplatz wurde.) Das Jugendheim ist heute Treffpunkt ausländischer Jugendlicher.

Über den Mittelweg und die Thomasstraße führt der Weg weiter zur Selkestraße und zum Körnerpark. Wenige Meter entfernt liegt die Konrad-Agahd-Schule. Agahd war Erzieher und Herausgeber von Kinderzeitschriften in Rixdorf und kümmerte sich um einen effektiven gesetzlichen Kinder- und Jugendarbeitsschutz. An der Schule in der Thomasstraße befindet sich eine Gedenktafel für Werner Seelenbinder, der in der Halle trainierte. **Thomasstraße 39** ❻

Werner Seelenbinder, sechsmaliger deutscher Meister im Ringkampf und Kommunist. Nach zweijähriger Sperre durch die Nazis durfte er 1936 zur Olympiade wieder für Deutschland kämpfen. Auf Auslandsreisen agitierte er gegen den deutschen Faschismus. Er wurde 1944 hingerichtet.

Wenn Sie jetzt in Fortsetzung der Selkestraße über dem Park stehen — vielleicht an der Stelle, wo das Bezirkswappen als Mosaik ins Pflaster gesetzt ist —, dann denken Sie vermutlich eher an eine Baugrube und stehen doch auf den Resten des ehemaligen Windmühlenbergs von Rixdorf. Für Archäologen hat der Begriff »Rixdorfer Horizont« einen besonderen Klang, denn unter Dünen und Geschiebemergel lagerten hier die überraschendsten Funde: Knochen von Löwen, Bären, Hyänen, Vielfraß, Rentier und Wildpferd. Die aufregendsten Funde aber stammen von zwei Nashornarten, das eine, zottig mit Wolle gegen die Kälte gewappnet, das andere aus den wärmeren Zonen. Daneben fanden sich Knochen und gebogene Stoßzähne vom behaarten Mammut der arktischen Fauna und dem Altelefanten der Warmzeit. Die Sohle der Grundmoräne am Rande des Urstromtales, in dem das Wasser des tauenden Eises zwischen Warschau und Berlin nur westlich abfließen konnte, gab nicht nur vorgeschichtliche Funde frei, sondern auch das Reitergrab, ein überaus wichtiges Zeugnis aus der Zeit der Völkerwanderung (400—700 n.Chr.).

Grubenlandschaften wie heute im Braunkohletagebau müssen in der Gründerzeit hier das Bild bestimmt haben. Der Unternehmer Körner machte mit seinen Kiesgruben hier reichlich Kies. Da

Neukölln: Volkspark Hasenheide

Schierker Straße 8
❼

Körner aber nicht nur Geschäfte machte, sondern Sonnenblumen züchtete und repräsentieren wollte, verdanken wir ihm diesen aus seinem Privatgarten entstandenen neobarocken Park, und das Heimatmuseum, die vielen Knochen, Bronzen und Urnen aus seiner Privatsammlung. Sowohl über die Geschichte dieses Kleinods als auch über das Reitergrab informieren heute Tafeln im Eingang zur Galerie. Heute finden hier gut besuchte Ausstellungen und Konzerte statt. Es ist ein sehr beliebter Kulturtreffpunkt geworden. Zur Geschichte dieses Parks, keine 50 Meter unter der Einflugschneise des Flughafens Tempelhof gelegen, gehört aber auch die seiner Erhaltung und Instandsetzung. Sozialdemokraten engagierten sich mit einer Bürgerinitiative gegen ihren eigenen Stadtrat! Vermutlich verdankt der Park, der fast zugeschüttet worden wäre, seine Erhaltung aber hauptsächlich der Verlegung des Zentralflughafens nach Tegel.

Nach einer erholsamen Runde im Park verlassen Sie diesen rechts neben den Wasserkaskaden, folgen der Schierker- und überqueren die Karl-Marx-Straße mit gestärkten Nerven an diesem gefährlichen Fußgängerüberweg. Etwa 100 Meter südlich, am U- und S-Bahnhof Neukölln, lag ein wichtiges Nebenzentrum. Jeder Hauseingang war in den 50er Jahren hier an Kleingewerbetreibende verpachtet, und das Kaufhaus »Kajot« war nicht nur in Neukölln ein Begriff für preiswerte Bekleidung.

Hinter dem erhaltenen Pissoir (»Café Achteck«, nur für Männer!) führt die Kirchhofstraße zwischen zwei Friedhöfen ins alte Rixdorf. Der neugestaltete Karl-Marx-Platz war bis 1986 ein Abstellplatz für Autos. Er erhielt diesen Namen nach dem Krieg, bis dahin hieß er Hohenzollernplatz, dessen Mitte ein großes Reiterstandbild des Kaisers einnahm. Dieses in der Weimarer Zeit umkämpfte Ärgernis vieler Kommunisten und Sozialisten hat erst der Materialbedarf für die Rüstungsproduktion des Zweiten Weltkrieges beseitigt.

Karl-Marx-Straße
Als Einführung ins böhmische Element Rixdorfs sollten Sie in den Kirchhof schauen, der dort hinter dem schmiedeeisernen Tor zwischen den Brandmauern am Karl-Marx-Platz liegt, und die vielen tschechischen Namen derer lesen, die hier begraben sind. (Den Schlüssel können Sie im Blumenladen erbitten.)

Schräg gegenüber befindet sich die einzige verkehrsfreie Grünfläche neueren Datums in unserem Viertel, wo das Grüne in der Regel von Friedhofsmauern oder Zäunen umgeben ist. Sie verdankt ihre Existenz einer Schulplanung, die in den 70er Jahren wieder fallengelassen wurde. Hinter dem Zaun steht auch das von Dubcek enthüllte Comenius-Denkmal.

Richardstraße 35
Der Planung zum Opfer gefallen war dagegen 1971 eine der düstersten Mietskasernen, ein von einer Schweizer Treuhandgesellschaft verwahrlostes Kulturdenkmal erster Güte: die Richardsburg. Sie bestand aus einem Vorder- und fünf Hinterhäusern mit entsprechend vielen kleinen Wohnungen. In diesem Gebäude, das als linke Hochburg galt, bezog die SA ein Lokal. Die Provokation blieb nicht ohne Folgen; Parolen, Sprechchöre, der Diebstahl der Fahne und ein Mietstreik der Bewohner gegen den Pachtvertrag mit dem Wirt führten zu keinem Ergebnis. Trotz ständiger polizeilicher Bewachung wurde am 15.10.1931 aus der Menge heraus der Wirt des Sturmlokals erschossen.

Ehemalige Bewohner der Richardsburg wollen heute in Ruhe gelassen werden und verweisen darauf, daß sie nicht freiwillig ausgezogen sind. Andere erinnern sich an die Kinderfeste in den winzigen Höfen und an das vorbildliche soziale Leben im Häuserblock. 1971 bestätigte die Verwaltung den Eingang einer Petition zu Erhaltung als Kulturdenkmal und ließ dennoch sprengen.

Richardplatz
Nicht ganz so glatt verlief dagegen der Versuch, das Haus Richardplatz 8 abzureißen. Es wurde besetzt und in Selbsthilfe instandgesetzt. Alle Telefonanschlüsse lauteten auf den Namen Krause, und draußen hing viele Jahre folgender Text: »Es ist besser, unsere Jugend besetzt leerstehende Häuser als fremde Länder.«

Hier am Richardplatz standen bereits im 14. Jahrhundert die ersten Höfe des damals dem Johanniterorden gehörenden Dorfes. Der Weg führt jetzt auf der südlichen Seite des Platzes vorbei an den Häusern der Nummer 18 mit Pferdeställen und einer Scheune voller historischer Kutschen (die alljährlich die Attraktion des Weihnachtsmarktes sind) zur Schudomastraße. Dort versteckt sich heute die ehemalige Pfarrkirche von Deutsch-Rixdorf hinter einem Mietshaus, einige Stufen unter dem heutigen Straßenniveau. Heute beherbergt die umgebaute Kirche eine der drei böhmischen

Gemeinden. Es bedarf einiger Phantasie, sich das Dorf vorzustellen: in Form des einfallsreich gestalteten Hauses Schudomastr. 51 rückte um 1875 die Stadt heran. Die alte Schmiede im Mittelpunkt des Platzes stand leicht erhöht, und davor lag ein eiszeitlicher Pfuhl mit Gänsen und Enten, wie er typisch für diese Landschaft war. Direkt hinter den am Platz stehenden Bauernhäusern begannen die Felder, den Fluchtlinien der heutigen Straßen folgend. Auf dem Weg zur Hertzbergstraße stoßen Sie auf zwei Stadtvillen, der Fensterteilung zufolge um 1870 erbaut. In den Höfen geben Scheunen und Ställe noch Zeugnis von ihrer Geschichte.

Nur in wirklichen Notfällen, wie zum Beispiel extremer Kälte, sollten Sie den originellen Likörladen an der Ecke, in dem es Rixdorfer Spezialitäten zu kaufen gibt, aufsuchen, denn Sie wollen ja noch ins böhmische Dorf.

Auf dem Weg zur Ecke Richardstraße überblicken Sie, vor dem Eingang der Schmiede und des Frauenhauses stehend, ein kleines

Richardstraße in Neukölln

Architektur-Museum; Haus Nr. 4: 1920; Nr. 3: aus der Bieder-meier-Zeit; Nr. 3 und 3 A: 1985 (erst nach Protesten mußte die Klingbeil-Gruppe so niedrig bauen); Nr. 2: ungefähr 1960; Nr. 1: etwa 1910.

Seit den 20er Jahren fast unverändert, stellt sich Ihnen die Kirch-gasse dar. Hier übernimmt Egon Erwin Kisch die Führung:

...breitspurig, in brauner Bronze, steht Friedrich Wilhelm I., der Begründer des preußischen Militarismus, auf dem Postament. Ist er hierhergestellt, den ortsansässigen Fremden eindringlich zu sagen, daß man in einer Stadt Preu-ßens ist, trotz dieser Fata Morgana eines böhmischen Dorfes? Nein. Auf der Rückseite ist in Erz gegossen zu lesen, wer dieses Monument aufgerichtet hat: »Die dankbaren Nachkommen der hier aufgenommenen Böhmen.« Das Seitenrelief stellt eine Gruppe aus dem Zug der Emigranten dar, die, vom unerbittlichen Habsburg verfolgt, die Heimat um des Glaubens willen verließen: Mit beladenem Karren und schwerem Ranzen schleppt sich eine Familie ihres Weges, die Mutter, den Säugling so liebevoll-ängstlich an die Brust gelegt, wie der Greis, dem der Bildner einen Comeniusbart gegeben hat, die Kralitzer Bibel unter den Arm gepreßt — das tschechische Wort des Evangeliums. Die andere Seite des Denkmals zeigt im Relief einige Dächer über spärlichen Buden; darunter die Inschrift »Rixdorf 1747«. Das soll be-sagen: Ja, ihr nahmt uns auf, da wir elend von Haus und Hof mußten (Relief 1), aber kümmerlich sah die Gegend damals aus, wo wir uns als Kolonisten niederließen (Relief 2), und blickt umher, wie der Ort heute dasteht! (E.E. Kisch, Böhmisches Dorf in Berlin, Ges. Werke)

Das heute denkmalgeschützte böhmische Dorf ist das einzige von etwa 200 zum Zweck der dichteren Besiedlung Preußens ge-bauten Dörfern, das in großen Teilen noch erhalten ist. Es ist 250 Meter lang mit neun giebelständigen Doppel-Bauernhäusern auf Grundstücken von 14 Metern Breite und etwa 40 Metern Tiefe; Scheunen und Ställe sind noch zu besichtigen.

Kirchgasse 5
⑩

Am 2. März 1753 wurde der erste Baum zum Bau des Hauses gefällt. Grundsteinlegung 21. Mai 1753. Einweihung als Schul- und Anstaltshaus 14. November 1753, Fertigstellung des Betsaals 7. April 1754. Am 27. Sep-tember 1761 wurde der Betsaal in das neue Gemeinhaus (Kirchgasse 14) verlegt.
Die Anstaltsarbeit wurde 1770 aufgegeben. Danach befand sich hier noch bis 1909 die Schule der Brüdergemeine. Ältestes erhaltenes Schulhaus Neuköllns. Der Kelch im Giebel erinnert an die böhmischen Glaubens-flüchtlinge und an die Tatsache, daß sich von 1754 bis 1761 in diesem Haus der erste Betsaal der Rixdorfer Brüdergemeinde befand.

Kirchgasse 6

Büdnerhaus aus der 2. Bebauungsphase. 1760 durch einen Kosaken-überfall und 1849 durch Brand stark beschädigt, aber in Lage und Grund-riß unverändert wiederaufgebaut. Das Haus hat bauhistorisch für die Büd-nersiedlung der zweiten Bebauungsphase eine ähnlich herausragende Be-deutung wie das Haus Richardstraße 80/81 für die Kolonistensiedlung der ersten Bebauungsphase in der Richardstraße. Bis 1770 Ökonomiegebäude für das Schul- und Anstaltshaus Kirchgasse 5.

Kirchgasse 11

1980/81 originalgetreu wiederhergerichtetes böhmisches Büdnerhaus. Entstanden in der 2. Bebauungsphase des Böhmischen Dorfes ab 1748, 1849 durch Brand vernichtet und danach unter Veränderung von Lage und Grundriß wieder aufgebaut. Denkmalschutz.

Richardstraße 80/81 *Das einzige Haus, das in der Art der Kolonistengehöfte aus dem Jahre 1737 nach dem Brand von 1849 im wesentlichen originalgetreu (Giebel zur Straße, in der Firstlinie geteiltes Doppelhaus) wieder aufgebaut wurde. 1980/1983 unter Erhaltung der alten Bausubstanz saniert und restauriert. Das Haus steht heute unter Denkmalschutz und wurde vom Landeskonservator — wie auch das Haus Kirchgasse 5 — als » Wahrzeichen « klassifziert.*

Richardstraße 82 *Nach dem Brand von 1849 auf den alten Grundmauern, aber wie die meisten anderen Häuser auch, um 90 Grad gedreht, also mit der Traufseite zur Richardstraße wiederaufgebaut. Einziges Kolonistengehöft, wo die Nutzungsstruktur Wohnhaus, Ställe, Scheune so, wie sie vor dem großen Brand von 1849 bestand, erhalten geblieben ist.*

Richardstraße 87 *Bis 31.12.1873 Amtssitz des letzten böhmischen Dorfschulzen Daniel Friedrich Wanzlik; sein Nachkomme, Friedrich Wanzlik, war der letzte praktizierende Landwirt im Böhmischen Dorf (bis 1970). Das Haus in der heutigen Form entstand 1875.*

Richardstraße 90 *Eine Brandtafel erinnert an den großen Dorfbrand von 1849. Das Grundstück befindet sich seit 1737 ununterbrochen im Besitz der Familie Adam Krystek bzw. Nachkommen von ihm.*

Richardstraße 97/ 98 A *Der Betsaal der ev.-(böhmisch) reformierten Bethlehemsgemeinde war bis 1874 auch böhmische Schule, erbaut 1750/51, durch Neubau ersetzt 1835 (Denkmalschutz). Das Haus wurde bei dem großen Dorfbrand 1849 gerettet. Auf dem Brandgiebel hinter 98 A befindet sich ein, im Jahre 1981 von der Künstlergruppe Ratgeb geschaffenes, Wandgemälde. Es zeigt im linken Teil eine Ansicht von Alt-Herrnhut, der geistlichen Heimat der meisten hier nach Rixdorf eingewanderten Böhmen, nimmt Elemente des Reliefs am Denkmal Friedrich Wilhelms I. auf und symbolisiert dann den Übergang von der Geschichte in die Gegenwart. Die Person mit dem Zylinder und der Tuba erinnert an die besondere Beziehung der Böhmen zur Musik und an die alte Sitte der Feier des Ostermorgens. (Aus: M. Motel, Die Böhmen in Berlin)*

Über die vollständig erhaltene Uthmannstraße, in der Szenen der »Blechtrommel« von Grass verfilmt wurden, gelangen Sie zu-

Karl-Marx-Straße ⓫ rück zur Karl-Marx-Straße, von deren Lärm Sie brutal in die heutige Realität zurückgeholt werden. Zwischen der Uthmannstraße und dem Herrnhuter Weg wurde am 27. Januar 1912 im »Deutschen Wirtshaus« Kaisers Geburtstag mit großem Programm gefeiert und die Umbenennung Rixdorfs in Neukölln begossen.

Die Geschichte dieser Straße muß noch geschrieben werden. Deutschnationale, jüdische, kommunistische und nationalsozialistische Akzente bestimmten ihr Bild, ebenso die kurze Zeit der Arbeiter- und Soldatenräte. Hier standen die modernsten Kuhställe und die billigsten Kaufhäuser; am Kaufhaus Joseph (heute HERTIE) dagegen hielten uniformierte Türsteher die Kinder fern. Hier fanden die Feiern zum Ersten Mai vor 1933 und nach 1968 statt, als die APO gegen die offizielle DGB-Kundgebung demonstrierte.

Bemerkenswert sind die Toreinfahrten mit Radabweisern in Gestalt von Tierköpfen. Versuchen Sie auch, in die Höfe der Häuser Nr. 141, 139 und 137 zu schauen. Der Saalbau im Hof von Nr. 141 ist nach seiner Restauration wieder ein kulturelles Zentrum geworden, und im Hof Nr. 137 sind in einem historisch einmaligen Ensemble alle Bebauungsphasen erkennbar.

*Wolfgang, genannt
» Wolle «, das Mas-
kottchen des Neuköll-
ner Heimatmuseums*

Wenige Meter weiter, dort wo ein Fast-Food-Lokal gute Ge-
schäfte macht, spielt die Neuköllner Off-Oper, wo die Ex-DDR-
Liedermacherin Bettina Wegner eines ihrer ersten Konzerte im
Westen gab.

In der Werbellinstr., am Fuße des Rollbergviertels, war der **Werbellinstraße**
Milchladen von Max Fechner, eine wichtige Anlaufstelle des Wi- ⑫
derstands gegen die braune Tyrannei, vielleicht genau dort, wo
heute Mickey-Mouse-Mode oder Indianische Kunst verkauft wird.

In der Ganghoferstraße entstand 1914 nach Plänen von Kiehl **Ganghoferstraße**
das erste Kulturzentrum des jungen Neukölln: ein Stadtbad mit ⑬
(inzwischen restaurierten) Mosaiken und die Stadtbücherei, heute
Heimatmuseum Neukölln, im Hof.

Wechselnde Ausstellungen mit leider auch wechselnden Öffnungszeiten zeugen im Museum von der geleisteten Stadtteil-Kul-
turarbeit. Im Dezember 1986 wurde das Heimatmuseum von einer
Auswahlkommission unter Aufsicht des Europarates mit der Aus-
zeichnung »Europäisches Museum des Jahres 1986« geadelt. Um
diesen Titel hatten sich immerhin 74 Museen aus Westeuropa be-
worben!

Es lohnt sich, mal reinzugehen. Es ist kein herkömmliches Heimatmuseum, verwahrt aber trotzdem viele Archivalien der Geschichte, eiszeitliche Knochen, Berichte über die ersten Böhmen
von 1737, den Brand von 1849, der durch die Jagd auf einen Storch
entstanden ist, und Erinnerungen, von denen im Rundgang teilweise die Rede war.

Rudolf Rogler

Von der Endstation zum Umsteigebahnhof

Kreuzberg: SO 36

Ausgangspunkt: Oberbaumbrücke (U-Bahn Schlesisches Tor; U1)
Endpunkt: Admiralbrücke (von dort kurzer Fußweg zur U-Bahn Kottbusser Tor; U1)
Dauer: ca. 3 Stunden

Ganz Kreuzberg hat nur eine einzige Kleingartenkolonie. Dafür stehen in dem Bezirk über 8.000 Straßenbäume den Hunden zur Verfügung, von denen laut Statistik hier auf jeden 50. Einwohner einer kommt. In Wirklichkeit sind es natürlich mehr. Nicht jeder Mischling ist angemeldet. Kreuzberger stehen der Verwaltung eher skeptisch gegenüber. Sie schließen zum Beispiel am seltensten Ehen, obwohl der Großteil der 151.300 Einwohner Kreuzbergs im heiratsfähigen Alter zwischen 20 und 45 Jahren ist.

Auch sonst herrschen in dem Stadtteil, der erst 1920 im Zuge einer Verwaltungsreform ein eigenständiger Bezirk wurde und zu den am dichtesten besiedelten in Berlin gehört, unübliche Zustände: in Kreuzberg werden nicht nur sehr viele uneheliche Kinder geboren, Kreuzberg weist außerdem — dem statistischen Jahrbuch 1991 zufolge — die höchste Rate der Babysterblichkeit auf. Kreuzberger heizen ihre kleinen Wohnungen hauptsächlich mit Braunkohle, weil in den streng geometrisch angelegten Straßen trotz Stadtsanierung und Kriegszerstörungen erstaunlich viele Altbauten stehengeblieben sind, und schlagen sich mit Hepatitis, Salmonellenerkrankungen und TBC herum. Zudem stellen sie den höchsten Anteil der Berliner Sozialempfänger. Doch anders als in Neukölln oder Wedding versinken die Bewohner nicht in Tristesse, sondern versuchen, sich das Leben so angenehm wie möglich zu machen. Noch immer existieren in Kreuzberg unüberschaubar viele Kneipen und Cafés. Bildungsgut wird hier ebenfalls geschätzt. Verglichen mit Gesamt-Berlin leihen Kreuzberger überdurchschnittlich viele Bücher in ihren Bibliotheken aus, eröffnen so überdurchschnittlich viele Ausstellungen wie sie Theaterstücke aufführen und Konzerte geben.

Der nördliche Teil des Bezirks, SO 36, ist der kreuzbergerischere Teil Kreuzbergs (der andere heißt nach der postalischen Bezeichnung schlicht 61). Er ist dafür bekannt geworden, Nische für die

Bohème, für Musiker und Punks, Künstler und Schauspieler, Studenten und Nichtstuer, Siedlungsort für Türken, Araber, Amerikaner, Afrikaner, Schwaben und Asiaten zu sein. Zeitungs- und Fernsehbilder von feurigen Randale-Nächten mit schwarz vermummten Autonomen erweckten den Eindruck, an diesem Ort sei der Untergrund zu Hause. Zwar neigen Kreuzberger zu politischen Außenpositionen (auf der einen Seite konnten die Republikaner bei der Bezirksverordnetenwahl 1992 mit 10 Prozent 5 Mandate verbuchen, auf der anderen erzielte die PDS den höchsten Stimmenanteil in West-Berlin, und Kreuzberg war der einzige Bezirk, in dem die Nonsens-Partei KPDRZ [Kommunistische Partei Deutschlands — Realistisches Zentrum] kandidierte), doch die Mehrheit tendiert zur versöhnlichen Linie links der Mitte: die AL lag mit knapp 30% der Stimmen nur kurz hinter der SPD, die in diesem Stadtteil schon immer gute Ergebnisse verzeichnete. Das Gezeter um eine »Hauptstadt Kreuzberg«, das bayerische Politiker im Zuge der Hauptstadtdebatte anstimmten, hatte andere Ursachen als die verlautbarten. Ausgenutzt wurde nur die Angst vor dem Anderen.

Begünstigt hatte das Andere die geographische Lage Kreuzbergs vor der Vereinigung. SO 36 war eine Insel auf der Insel, im Norden und Osten begrenzt von der Mauer, im Süden vom Landwehrkanal. Nur zwei große Straßen führten aus dem Ghetto — ein Leichtes, das Gebiet von Rest-Berlin abzuschneiden, wie sich die Polizei einmal im Vorfeld angekündigter Demonstrationen dachte. Den Berlinern in den wohlhabenderen Vierteln bedeutete SO 36 das Ende des Westens, seinen Bewohnern dagegen der einzige lebenswerte Ort inmitten preußischer Piefigkeit. In dem heruntergekommenen Arbeiter- und Kleinbürgerbezirk, in dem um 1910 rund 420.000 Menschen lebten, war Platz für Experimente und unkontrolliertes Leben, den sich vor allem Minderheiten nahmen, die anderswo auf Ressentiments stoßen. Doch das multikulturelle Miteinander dieser Gruppen, in Literatur und Filmen bis zum Unerträglichen romantisiert, ist nur ein Nebeneinander. Jede Gemeinde lebt nach eigenen, durchaus strengen Regeln. Wer aus dem Netz herausfällt, muß sich mitunter einen neuen Wohnsitz suchen. Das Besondere in Kreuzberg ist nur, daß sich die Gemeinden in ihrem Anderssein gezwungenermaßen tolerieren. Trotz Rempeleien hier und da, die vor allem entstehen, wenn sich Probleme wie Fremdenhaß oder Frauenfeindlichkeit überschneiden, kommt es selten zu Ausfällen. Die Aggression hat sich gegen den Feind draußen entladen, meist verkörpert in der Polizei.

So war es jedenfalls bisher. Kreuzberg befindet sich im Umbruch: Der Bezirk ist zur Durchgangsstation zwischen Ost und West geworden. Er verbindet den Westen mit der neuen alten Stadtmitte und mit den Arbeitervierteln Lichtenberg und Friedrichshain. Seitdem drängeln sich Autokolonnen durch die Wohnstraßen, und die Cafés und Läden wechseln unter dem Druck der neuen Mieten mit enormer Geschwindigkeit. Was heute eröffnet, kann morgen schon wieder pleite sein. Dabei ist auch mit unbekannten Größen zu rechnen. Die Besitzer des Computerladens, die sich in einem ehemaligen Szene-Lokal niedergelassen hatten, sammelten 1992 nach der alljährlichen 1. Mai-Randale ihre Keyboard- und Soft-

Ware-Kartons von der Straße ein. Die Rolläden bleiben seitdem unten. Wer also der vorgeschlagenen Route folgt — von Ost nach West, kann sicher sein, daß alles schon wieder ganz anders ist als im Folgenden beschrieben. Und wer früher schon einmal hier war, wird sich erinnern.

Türkisch-deutsche Aussichten

Von der neuen Lage Kreuzbergs läßt sich am besten von der Oberbaumbrücke aus ein Bild machen. Das Bauwerk zwischen Friedrichshain und Kreuzberg gibt die Sicht kilometerweit über die Spree frei. Im Südosten ist das Riesenrad des Vergnügungspark Plänterwald zu erkennen, im Nordwesten zeigt der Fernsehturm am Alexanderplatz die Stadtmitte an. Bis vor kurzem war die Brücke ein mythisch aufgeladener Ort. Auf dem 1895 fertiggestellten Gebäude hatten zwei Warttürme mit spitzen Helmen gethront und ihm das Aussehen einer Festungsanlage gegeben. Der Architekt wollte damit auf die mittelalterlichen Torbauten in der Mark anspielen. Als sich dann herausstellte, daß die Durchfahrtsbögen zu niedrig für den Verkehr waren, nahm sich der Baumeister das Leben. Gegen Ende des Krieges sprengten die Nationalsozialisten einen Teil der Brücke. Die trüb beleuchtete Ruine schließlich diente Fußgängern als Grenzübergang und ließ das jeweils andere Ufer an dieser Stelle voller Geheimnisse erscheinen: Die östliche Hafenanlage mit ihrer frühmodernen Industrieromantik war Blickfang für West-Berliner, von Osten sah man die besetzten Häuser am Westufer. Zwei Künstlerinnen bereiteten 1991 mit Fundstücken wie alten Bogenlampen und Rohren diese Vergangenheit auf und verwandelten die Türme in Installationsräume. Nach der halbjährigen Ausstellungszeit wurde die Brücke zur Baustelle erklärt und in der

Oberbaumbrücke
❶

Folge zum Schauplatz von Demonstrationen und Besetzungen. Auf ihr soll die U-Bahn wieder oberirdisch verkehren und der Autoverkehr vierspurig rollen. Damit würde Kreuzbergs Mittelachse, die Skalitzer Straße, zur Durchgangsstrecke.

Die Häuser, die den westlichen Freiheitsdrang gen Osten signalisierten, stehen hinter dem Denkmal für den unbekannten Flücht-

Pfuelstraße

ling, am Spreeufer der Pfuelstraße. Der östliche Hof, in dem die bunte Galerie »Kana Contemporary Art« residiert, weist zum Wasser. Nachts stellt sich zwischen den Hauswänden noch das verheißungsvolle Abenteuergefühl ein, das Kreuzberg vor zehn Jahren beherrschte und von dem die Wohngemeinschaften zeugen, die bis zu ihrer Kündigung in dem alten Speichergebäude ausharren. Jede WG hat ihre Etage anders eingerichtet. Ein gläserner Turm für Badewanne und Toilette ist nichts Außergewöhnliches. Doch tagsüber herrscht in der Pfuelstraße inzwischen eine Betriebsamkeit, die auch nicht die Gottesdienste in der ebenerdigen Moschee dämpfen können. Verschiedene Firmen haben sich zu hohen Preisen eingemietet und warten darauf, daß die letzten jungen Wilden weichen. Im dritten Stock des Vorderhauses wiederum haben »Gebauer & Günther« 1991 eine unaufdringliche Galerie eröffnet, die sie kontemplativer Konzept-Kunst gewidmet haben.

Köpenicker Straße
❷

Die Pfuelstraße führt auf die Köpenicker Straße, die linkerhand vom U-Bahnhof Schlesisches Tor, der vorläufigen Endstation der Linie 1, begrenzt wird. Die frisch hergerichtete Haltestelle birgt, auf der der Oberbaumbrücke abgewendeten Seite, das Kaufhaus Kato, das 1987 anläßlich der Internationalen Bau-Ausstellung restauriert wurde. In ihm finden Diskussionsforen zur Stadtplanung,

Ausstellungen   sowie   Märkte   für   Kunsthandwerk   statt.

Direkt gegenüber liegt das »Bagdad«, ein türkisches Restaurant, das mit Bauchtanz und brechend vollen Tafeln auf Folklore setzt. Dahinter führt die Schlesische Straße ins ehemalige Niemandsland. Auf der rechten Seite stehen die steinernen Relikte des alten Stadttores. Wenige Meter weiter läßt ein Eckhaus das alte Stadtendgefühl ahnen. In den Giebel ist ein Oval eingelassen, durch das zu einer bestimmten Stunde der Mond scheint. »Das Auge von Kreuzberg« wird diese Konstellation genannt, »Bonjour Tristesse« hat jemand darunter gepinselt.

Kurz vor dem ehemaligen Übergang nach Treptow wird es freundlicher. Einige Ecken hinter dem Probehaus der Schaubühne, in dem diese fern ihres Stammsitzes am Lehniner Platz Experimente wagt, stehen ein Schleusenwärterhäuschen und der »letzte Mauer-Wachtturm«, der gar nicht der letzte ist. Seine Benutzer haben ihn lediglich so getauft. Drinnen befindet sich »Das Museum für verbotene Kunst«, und sogar das ist geschwindelt, weil darin nichts verboten ist, sondern eine Gruppe von Kunststudenten Ausstellungen und Performances eilig zur Schau stellt.

Die Stille, die an diesem Fleck Berlins herrschte, hat ihr Reservat auf der Lohmühlen-Insel im alten Flutgraben gefunden, auf einem riesigen Kinderspielplatz und in lauschigen Ecken am Ufer. Der Emil-Heilm-Steg, benannt nach einem Reichstagsabgeordneten der SPD, führt über den Seitenarm des Grabens, durch den sich die Ausflugsschiffe der Stern- und Kreisschiffahrt pflügen. Sie fahren sommers zweimal täglich von der Jannowitz-Brücke in Friedrichshain ab. Eine andere Möglichkeit, mit dem Schiff über die Kanäle zu ziehen, bietet sich am Paul-Lincke-Ufer. Aber bis dorthin ist es noch ein ganzer Kilometer.

Emil-Heilm-Steg
❸

In der Nähe des Heilm-Stegs beginnt die Wrangelstraße, in der es bei hohen Temperaturen wie in einigen Altstädten am Mittelmeer riecht: nach gebackenem Brot, weichem Obst und gebratenem Öl, aber auch nach Müll und Urin. Billige Supermärkte, russische Schuster, Bioläden, Spielzeuggeschäfte und verschiedene Imbißläden wechseln sich auf beiden Straßenseiten ab. Auf den Fußwegen wird viel Bier getrunken, und Punks spazieren herum, denen es längst nicht mehr um revolutionäre Veränderungen, sondern ums bloße Weiterleben geht. Weiter oben, Richtung Hochbahn, steht der »Rote Hecker«, eine verräucherte Stube aus der Zeit der Studentenbewegung, in der sättigende Schwabenkost zu Preisen aufgetischt wird, die sich zwar berufstätige Kreuzberger ohne Kopfrechnen leisten können, doch sicher nicht das Gros der Leute, die auf den Pflanzenkübeln sitzen. In diesem Teil des Bezirks leben besonders viele Sozialhilfeempfänger und Arbeitslose. An der stillgelegten Gleisbrücke, die hinter der Lohmühlen-Insel über den Kanal in ein verwildertes Industriegelände im Osten führt, haben Obdachlose ihr Camp aufgeschlagen. Ihnen allen bietet die katholische Gemeinde in der Mitte der Wrangelstraße Mahlzeiten und einen befristeten Aufenthalt an.

Wrangelstraße

Görlitzer Park
❹

Görlitzer Straße

Spreewaldplatz
❺

Für FreundInnen lebenden Fisches: Fischhandlung an der Lohmühlenstraße

Wenige Meter weiter, hinter einer der Querstraßen, tut sich der Görlitzer Park auf. Einst eine wild wachsende Graslandschaft, ist die Grünfläche nun zu einem Erholungsort mit künstlichen Quellen und anderem Firlefanz geworden. Aber die Anwohner nutzen die Anlage noch nach altem Brauch: In Sommernächten lassen sie im Park Lagerfeuer flackern und Joints kreisen, bis eine Streife zum Löschen auffordert. Im Norden flankiert die Görlitzer Straße den Park. Verschiedene Cafés stellen hier Tische und Stühle auf. Das »Altenburg«, das sich bislang erfolgreich gegen die Mietspekulation zur Wehr setzen konnte, schafft mit Schlagobers und Kaiserschmarrn Kaffeestunden, das »Marabu« war eine der ersten Cocktailbars im Kiez und hat sich eine bescheidene Behaglichkeit bewahrt. Reichlich matschiges Frühstück offeriert das »Mir«, Überbleibsel aus der Zeit, als die Ecke an der Lübbener Straße Treffpunkt junger Sonnenbrillenträger war. Ein Trampelpfad, der quer durch den Park lief, verband die Cafés auf dieser Seite mit den Kneipen auf der Wiener Straße. Auch dort haben Lokale schließen müssen. Mittlerweile führen umständlich geschlungene Pfade über künstliche Hügel hinüber zu dem jungen Schwimmbad am Spreewaldplatz, das neben ständig verschmutzten Gängen und schlechter Luft Wellen-, Sprung- und Massagebecken für Sonderwünsche bereit hält. In zwölf Solarkabinen holen sich die Kreuzberger ihre Bräune ab.

Ursprünglich war diese postmoderne Zivilisationseinrichtung weiß gewesen, aber der Anstrich hielt dem Mitteilungsbedürfnis der Anwohner nie länger als zwei Tage stand. Auch wenn ihnen

jetzt eine lustige Bepunktung in den drei Grundfarben das Sprühen verleiden soll, zieren immer wieder neue Sprüche die Wand. Einer weist auf die Gefahren hin, die Frauen rund um den Görlitzer Park drohen: »Vergewaltiger, wir kriegen Euch!« steht unterm Dach. Als sich die Überfälle häuften, patrouillierte einen Winter lang hier eine Frauenstreife. Die »Freie Republik Kreuzberg«, wie der Bezirk in der mythenüberladenen Erinnerung heißt, will seine Belange selber regeln und übernimmt die Aufgaben der öffentlichen Gewalten. Vor dem »Madonna«, einer alteingesessenen Szene-Kneipe gegenüber dem Schwimmbad, markierte wie in der Praxis der staatlichen Kriminalisten weiße Farbe die Stelle, an der eine Frau angegriffen worden war.

Neben dem »Madonna« leitet Felix die erste Frisierstube in Berlin, die sich auch den Schamhaaren gewidmet hat. Die Preise in dem sparsam plüschig gestalteten Salon halten sich strikt an Bezirksniveau. Wenn auch nicht jeder Schritt gelingt — die Rasiermaschinen werden hier mit unerlaubt hoher Geschwindigkeit geführt —, so wirken ausgesuchte Musik, Hunde und Papageien, Comics im Warteraum, nachlässige Angestellte und zu starker Kaffee schlicht enthusiasmierend. Um der Ernüchterung vorzubeugen, läßt sich nach der Prozedur eine Mütze aufstülpen. Ein Besuch bei »Kaiserschnitt« ist Überzeugungssache.

In Nachbarschaft zu Berlins sympathischstem Friseur führt eine Treppe ins »fsk«, in ein Kino, das sich der freiwilligen Selbstkontrolle unterworfen hat und neben aktuellen Produktionen ein großes Repertoireprogramm aufführt. Daneben hat das »Yellow Sunshine« eröffnet, dessen Einrichtung wie eine Kreuzung zwischen Küche und Apotheke aussieht. Tatsächlich verkauft der freundliche Junge hinter der Theke Ingredienzen, Designerfood in Pulver- und Tropfenform. »Guarana«, das aufmunternde »Inka-Pulver für Kraft, Schönheit, Lebensfreude und Schwung«, avancierte in Kreuzberg zum Verkaufsschlager, nachdem Nasen und Geldbeutel von illegalen Muntermachern Schaden genommen hatten. Wahrscheinlich holt sich das Publikum, das gegenüber im »Morena« vor internationalen Frühstücksgedecken sitzt, bei »Yellow Sunshine« den Nachschub für seine penetrant gute Laune.

Folgt man der Lausitzer Straße, kommt man zum Landwehrkanal, der zwischen 1845 und 1850 nach Plänen des Gartenbaudirektors Josef Lenné erbaut wurde. Noch heute läßt sich in der ganzen Stadt das Kanalsystem erkennen, mit dem Berlin an den Schiffsverkehr zwischen Oder und Elbe angeschlossen werden sollte. Die Kanäle, mit denen das heutige SO 36 erschlossen wurde, umgeben das nördliche Kreuzberg wie eine Grenze. Als die Oberbaumbrücke von der SS gesprengt worden war, bildete der Graben eine »natürliche« Verteidigungslinie. Nach der Teilung der Stadt jedoch verloren die Wasserstraßen ihre Bedeutung. Seitdem legen Lastkähne allenfalls in den großen Industriehäfen an. Auf den Kreuzberger Gewässern verkehren nur noch Personenschiffe.

Lausitzer Straße

Kanalabwärts führt das Ufer zu zwei besonders sorgfältig restaurierten Häusern mit buntem Klinkerwerk und großzügig ausgebauten Dachwohnungen. Darunter haben das »Café am Ufer«, das »Übersee« und das noblere Restaurant »Exil« mit seiner österreichischen Küche ihre efeuumrankten Vorgärten eingerichtet. Am anderen Ufer, das bereits zu Neukölln gehört, handeln freitags Türken und Deutsche mit orientalischen und biologischen Lebensmitteln, mit wollenen Socken, Knöpfen und Leinwand.

Kottbusser Tor
❻

Der Kottbusser Damm scheidet Neukölln und Kreuzberg in zwei gegensätzliche Bezirke und endet nördlich am berüchtigten Kottbusser Tor. Hier herrscht jene unterschwellige Aggressivität, wie sie an bestimmten Plätzen jeder international geprägten Großstadt zu finden ist. Vor der Sparkasse warten Junkies auf die Kleindealer, die ihre Ware an den Bushaltestellen auspacken. Ab und zu tauchen Streetworker auf und verwalten das Elend. Nach Beschwerden der Anwohner wurde ein Entsorgungsschacht für herumliegende Spritzen eingerichtet, doch wird dieser nicht selten aufgebrochen, in der Hoffnung, daß sich aus dem blutigen Abfall eine neue Dosis zusammenstellen läßt. Manchmal hält eine Polizeistreife und greift einen der dünnen Männer ab. An einer anderen Stelle des Platzes, an der täglich Markt gehalten wird, stehen ein paar sympathisch-müde Punks und fordern von den U-Bahn-Passagieren, die hier vorbeikommen, Wegezoll.

Die Kulisse im Hintergrund versinnbildlicht die trostlose Gewöhnlichkeit dieses Treibens: Am Kottbusser Tor erhebt sich das Musterbeispiel der verfehlten Sanierungspolitik der 60er und 70er Jahre. Man möchte die Erbauer zu 10 Jahren Zwangswohnen in ihren eigenen Schöpfungen verpflichten. Werner Jokisch und Johannes Uhl ließen 1969 bis 1974 im Auftrag der NKZ KG das Neue Kreuzberger Zentrum für fast 100 Millionen Mark errichten: 295 öffentlich geförderte Wohnungen, ein Seniorenhaus und mehrere Gewerberäume — ein gigantischer Koloß aus Beton, der zwanzig Jahre nach seinem Guß nicht mehr viel Vertrauen in seine Haltbarkeit weckt. Anstoß zum Bau der Burg gab die Autobahnplanung des Berliner Senats, die im Hinblick auf ein mögliches Gesamtdeutschland ein Tangentennetz um die alte Berliner Mitte vorsah. Halb 36 sollte dem Autowahn zum Opfer fallen und der Betonhaufen am »Kotti« ein Einkaufszentrum werden, das einen Gegenpol zum Hermannplatz am anderen Ende des Damms bilden sollte. Doch der Bauträger ging pleite. Das Vorhaben mußte mit öffentlichen Mitteln halbwegs passabel zu Ende geführt werden. In der zweiten Fertigstellungsphase verhinderten Kritiker die gröbsten Fehler. Anfang der Achtziger wurde die Dresdner Straße, die im Rücken des Riesen ein Schattendasein führt, wieder an den »Kotti« angeschlossen, mit einem zum Fürchten dunklen Durchgang zwischen Kampfsportstudio, Getränke-Spätkauf und anderen notwendigen Einrichtungen.

Hinter der übel riechenden Passage befindet sich ein Parkhaus, das nie benutzt und darum im Zuge der Diskussion um das NKZ zu einer ökologisch orientierten Kindertagesstätte mit verglastem Innenhof, Wärmetransportanlage und luftdiffundierender Außenwand umgebaut wurde. Ein Blick zwischen KiTa und Altenheim wiederum zeigt eine weniger umweltfreundliche Besonderheit des

Bezirks. In einer schmalen Durchfahrt stehen zahlreiche Autowracks herum, nicht etwa nur der Räder und Radios beraubt, sondern oft gründlich und bis auf den letzten Stecker zerbeult und zertrümmert. Welche geheimnisvolle Schrott-Mafia oder ob überhaupt eine dahintersteckt, bleibt Außenseitern verborgen. Die verschiedenen Cliquen und Verbünde trennen Welten. Hinter dem Schrottplatz ist dann ein Ergebnis der sogenannten behutsamen Stadterneuerung zu erkennen, die sich, seitdem die ersten Hausbesetzer in Kreuzberg Alarm geschlagen hatten, auf die Sanierung von Altbauten konzentriert. Besonders gut lassen sich die architektonischen Maßnahmen von der Hochbahn aus betrachten: Hinter entkernten Hinterhöfen, die Kindern Platz zum Spielen geben, recken sich die begrünten Häuser an der Reichenberger Straße der Sonne entgegen.

Die Dresdner Straße birgt mehr, als ihr Nischendasein hinter **Dresdner Straße** dem NKZ vermuten läßt. Auf der linken Seite warten zwei Kinos auf Besucher. Das Programmkino »Babylon« hat sich auf aktuelle Originalfassungen spezialisiert. Im »Kellerkino« dagegen, in einer Ladenwohnung, die gerade einmal 25 Gästen Platz bietet, zeigen ein Regisseur und ein Kameramann lediglich ihre drei eigenen Produktionen. Sie haben eine Schwarz-Weiß-Trilogie über den Alltag in Kreuzberg gedreht und ihn ironisch in zwei durchschnittlich durchgeknallten Typen personifiziert: in einem jungen Türken und seinem deutschen Freund. Gleich daneben stellt die »Galerie Zwinger« Zeichnungen, Skulpturen und Installationen vor, die *Ehe unterm Halb-* sich nur dem erschließen, der Zeit mitbringt. Zu den Repräsentan- *mond: Hochzeit in* ten der Galerie zählen unter anderem der Computerkünstler Brian *Kreuzberg*

Reffin Smith, Eran Schaerf, die Mitglieder der »Tödlichen Doris«, der Zeichner Faulhaber und »Susi Pop«. Das »Diyar« gegenüber spricht eher den multikulturell orientierten Intellektuellen als den Türkei-Touristen an: Zwischen Bildern von Haneti Yeter stehen nüchterne Holztische, und nur in der hinteren Ecke liegen Seidenkissen an der Stelle von Stühlen. Zusammen mit zwei afrikanischen Lebensmittelgeschäften voller Dörrfisch und Kolanüssen und zwei auf Nudeln und House-Music spezialisierten Speiseclubs rundet das türkische Restaurant das Straßenbild ab.

Oranienplatz
❼

Am Oranienplatz beginnt die Kreuzberger Luxusmeile: Die Oranienstraße ist so etwas wie der Kudamm der Armen. Selbstverständlich ist alles eine Frage der Maßstäbe. Als jüdische Geschäftsleute zu Beginn des Jahrhunderts hier ihre Warenhäuser führten und Kreuzberg als ein Zentrum jüdischen Lebens galt, hieß die Oranienstraße sogar »Kurfürstendamm des Ostens«. Heute zeugen lediglich das Kreuzberg-Museum in der Adalbert-Straße und das Berlin-Museum in der Lindenstraße von der Kultur, die den Bezirk bis in die 30er Jahre mitgeprägt hat, bevor die Behörden die Deportation der jüdischen Bürger organisierten.

Wer ein bißchen Geld hat, kann es heute in der »O-Straße« immer noch auf einen Schlag ausgeben. Wer keins hat, darf immerhin zwischen den Läden flanieren, ohne aufzufallen. Um den Inhalt der Portemonnaies buhlen, lose nach Cliquen getrennt, die »Oranienbar«, die auch Heterosexuelle vor dem Tresen akzeptiert, das »Café Anton«, ein Aufenthaltsraum für helle Vor- und Nachmittage, das »Cazzo«, eine intime Bar mit wackligen Tischen, »Bierhimmel« und »Lola« für die, die den ersten Karriereschritt hinter sich wähnen, die »Kogge« für hartgesottene Schnapstrinker, das »Rag« für Dreadlocks, das »TEK« für skateboardfahrende Punks, der »Elefant«, in dem Manfred Krug auftrat, und daneben die »Rote Harfe«, ehemaliger Treffpunkt der außerparlamentarischen Opposition. Weiter ein Second-Hand-Shop, deren Besitzer Touristen

Abenteuer auf der Oranienstraße

gern übern Tisch ziehen, Läden für Knöpfe, Schmuck, umweltbewußte Lederwaren, Oberbekleidung, Gruftie-Trödel, italienische Literatur, Chillums, biologisch unbedenkliche Milchprodukte, Musikinstrumente, Fahrräder und ausgefallene Schuhe, die nie in den gängigen Größen lieferbar sind, zwei Sandwich-Shops, die »Galerie Endart«, ein anarchistisches und ein belletristisches Antiquariat, asiatische und türkische Ex- und Importgeschäfte, Reisebüros und ein Geschäft für Autozubehör, dessen Betreiber das Patent auf den abnehmbaren Mercedes-Stern angemeldet haben soll. In der Nummer 25 haben das Satiremagazin »Titanic« und der Elefantenpress-Verlag ihren Sitz und verkaufen Bücher im Dutzend. Die Neue Gesellschaft für Bildende Kunst ist jüngst in dasselbe Haus gezogen. Wäre es nach dem Willen der Stadtplaner gegangen, verliefe an der Stelle der Oranienstraße jetzt die Autobahn.

Der Heinrich-Platz, Mittelpunkt der Oranienstraße, war Schauplatz aller kleinen und großen Ereignisse im Kiez. Auf ihm wurden

Reisebusse mit Steinen attackiert und Urlaubern mit Geschrei ihre *Willkommen in*
Photoapparate entrissen. Wer sich am Heinrich-Platz verabredete, *Kreuzberg*
war selbst dran schuld, wenn sein Gegenüber zur ausgemachten
Zeit gerade seinen Rausch im Rinnstein ausschlief. Solche Vor- **Heinrich-Platz**
kommnisse waren »damals« an der Tagesordnung und erregten
keinerlei Aufsehen. Das verpatzte Treffen ließ sich denkbar einfach
retten, brachte doch die Bedienung aus der »Harfe« geistesgegen-
wärtig und unaufgefordert schwarzen Kaffee.

Die beiden kleinen Pissoir-Häuschen allerdings, die den Frei-
lufttrinkern so nützlich waren, sind ebenso wie ihre Benutzer verschwunden. Eines dient jetzt als Imbißstübchen, das andere wurde
abgerissen. Auch das Besetzerleben am Platz verläuft längst in ordentlichen Bahnen. Das Eckhaus zwischen Oranien- und Marian-
nenstraße wurde mit viel Farbe und Aufwand renoviert. Trotz steigender Gewerbemieten hält sich an manchen Stellen ein Netzwerk
junger Gemeinschaften, deren Methode einem Mittelweg zwischen kollektivem Arbeiten und wirtschaftlichem Kalkül folgt. Im
Erdgeschoß werden jetzt die T-Shirts verkauft, welche die Werkstatt hinter dem Musikalienhandel herstellt. Doch das Gefühl, im
Kiez in einem Sicherheit spendenden Kollektiv zu wirken und sich
auf den Nachbarn verlassen zu können, existiert nur noch vage.
Vor allem ausländische Bürger glauben nicht mehr recht daran,
und so sind die privaten Schulen, die Unterricht in Kampfsportar-
ten anbieten, immer ausgebucht. Das trifft auch auf die Selbstver-
teidigungskurse für Frauen zu, wie sie zum Beispiel das »Frauenzentrum Schokofabrik«, das für sein Hammambad bekannt ist, in
der Naunynstraße anbietet.

Das »SO 36« versucht, die zunehmend divergierenden Neigun-
gen seiner Nachbarn direkt am Heinrich-Platz unter ein Dach zu
bekommen. Früher war das »SO« ein Konzertsaal, dessen Betreiber in der Grauzone von Legalität und Illegalität wirtschafteten.

Kreuzberger Behörden vermuteten in dem Haus ein Nest von Unruhestif-
tern, denn bei Straßenkämpfen wurde der Innenhof manchmal zum Zu-
fluchtsort vor Wasserwerfern, wie an einem lauen Juni-Sonnabend 1987,
als ein bezirksansässiger Kulturverein das »SO« für einen Konzertabend
überlassen bekommen hatte. Auf dem Heinrich-Platz flogen unter Gebrüll
Flaschen und Steine gegen die Polizei, die die Zufahrtsstraße abgeriegelt

hatte. Die Demonstranten standen in der Falle. Zehn, zwanzig von ihnen, schon völlig durchnäßt, stürmten die Kasse des Clubs: »Macht die Türen auf, die Bullen schießen mit Gas!« Als die ersten Wolken in die Gänge drangen, öffneten die Veranstalter endlich den Einlaß, und just als die Uniformierten hinterher wollten, ließen sie das Rollgitter vor. Der Einsatzleiter drohte, den Laden stürmen zu lassen. Einer der Organisatoren verhandelte aufs Geratewohl: Die Leute würden sich beruhigen, wenn sie ein gutes Konzert zu hören bekämen, phantasierte er. Tatsächlich sah der Anführer von einer Räumung ab, und wer drinnen zur Musik langsam trocknete, konnte später ungehindert abziehen.

Mittlerweile hat sich das »SO 36« die Form eines eingetragenen Vereins gegeben, nicht zuletzt, um mit öffentlichen Mitteln Auflagen der Bauaufsicht zu erfüllen. Seitdem versucht der »SubOpus Verein« die Gratwanderung zwischen den Ansprüchen aus vergangenen Tagen und der Verpflichtung, als gemeinnütziger Verein ein Angebot für ein breites Publikum zu schaffen. Im SO finden jetzt Performancereihen statt, Kiezdiscos und Kinoabende, aber auch Benefiz-Veranstaltungen wie zum Christopher Street Day. Hard-Core, World-Music und Reggae wechseln sich ab. Nur der Dancefloor findet hier keinen Platz, aber der hat sich in Kreuzberg ohnehin nie durchsetzen können. Das »Trash« gibt harte Töne von sich, die »Bronx« in der Wiener Straße spielt Musik für Ewiggestrige, und die »Turbine« mischt ihren Sound aus allen Jahrzehnten.

Am östlichen Ende der Oranienstraße steht die legendäre Ruine des Bolle-Supermarkts, der bei der Mai-Randale 1987 in Flammen aufging und von den Nachbarn, von Rentnern und Familien, einträchtig geplündert wurde. Das sensationelle Ereignis ließ besorgte

Oranienstraße

Kunst am Mauerbau

Soziologen einen Aufstand des vierten Standes voraussagen, der bis heute ausgeblieben ist. Zu dieser Kreuzung hin öffnet sich in der Manteuffelstraße die Tür der »Milchbar«, die sich von einem auf Bananenshakes spezialisierten Café zu einem Wartesaal für Cowboystiefelträger gewandelt hat. Die Besucher der Vernissagen in der benachbarten »Galerie Vincenz Sala« ziehen in den frühen Abendstunden an dem Kontaktbahnhof vorbei in die Schlesische Straße, ins »Mysliwska«, wo eine Schiefertafel polnische Mahlzeiten verspricht. Die Piroggen im »Mysliwska« könnten als die weltbesten gelten, wenn der Wirt nicht selbst auf ein Lokal in New York verweise, das noch viel bessere führen soll. Diesen Mangel macht er aber mit Torten wett, auf denen giftgrüner Überzug wabbert, mit dem Kindergeburtstagskuchen »Kalte Schnauze«, und nicht zuletzt mit Tresenkräften, die ein väterliches Auge auf ihre Kundschaft werfen. Anders als in der »Milchbar«, wo die Verlierer der Balzkämpfe ihre Niederlagen im Whisky ertränken, fällt im »Mysliwska« nur äußerst selten ein Gast vom Hocker.

In regelmäßigen Abständen finden sogenannte »Rundgänge« zwischen der »Galerie Gebauer und Günther«, »Vincenz Sala«, der »Zwinger Galerie«, der »Galerie Rainer Borgemeister« und dem »Künstlerhaus Bethanien« statt, wenn alle fünf am gleichen Tag ihre neuen Ausstellungen eröffnen. Auf dem Weg zum Künstlerhaus Bethanien, in der Muskauer Straße Richtung Mariannenplatz, liegt rechterhand das »Querhaus«, dessen Betreiber die Etagen als Ateliers und Proberäume vermieten. In den »Katakomben« des Querhauses finden regelmäßig Ausstellungen weniger bekannter Künstler statt, im anderen Flügel ist mittlerweile ein Kino untergebracht. Während das Querhaus ein privates Unternehmen ist, handelt es sich beim »Künstlerhaus Bethanien« um eine Institution, die dem Kunstamt Kreuzberg untersteht. Ihre Geschichte würde ein eigenes Buch füllen. Hier sei sie nur kurz angedeutet.

Das Bethanien war ursprünglich ein Krankenhaus. 1845 wurde es von Friedrich Wilhelm IV. gestiftet, 1847 von dem Architekten Theodor Stein fertiggestellt. Später diente es dem Apotheker Theodor Fontane als Arbeitsplatz. Anfang der 70er Jahre wurde es von Künstlern besetzt, die den drohenden Abriß des monumentalen Gebäudes verhindern wollten. Mittlerweile genießt das Künstlerhaus einen internationalen Namen, selbst wenn nicht mehr jede Präsentation Begeisterungsstürme hervorruft. Das Bethanien stellt Ergebnisse diffiziler Gedankenarbeit vor, die sich vor allem mit den Größen Raum, Zeit und Geschichte auseinandersetzt, und vergibt neben Ausstellungsflächen auch Stipendien, die die Nutzung eines der 25 Ateliers oder der Werkstätten einschließen. Darüber hinaus versucht das Bethanien, unter anderem mit einer türkischen Leihbibliothek, den interkulturellen Austausch zu fördern und unterstützt normalerweise, wenn sich nicht Umweltbehörde und Anwohner dagegenstemmen, das Mariannenplatzfest. Alljährlich zu Pfingsten organisiert ein freier Kreuzberger Kulturverein vor dem Haus eine Mischung aus World-Music- und Kiez-Fest mit internationalen Bands, lokalen Matadoren und Grillständen. Für drei Tage herrschen dann auf dem Rasen Friede, Freude und Eierkuchen, und die Besucher vergegenwärtigen sich Kreuzberger Vergangenheit.

Manteuffelstraße

Schlesische Straße

Muskauer Straße

Künstlerhaus Bethanien

Hinter dem Mariannenplatz steht das Georg-von-Rauch-Haus, das ehemalige Schwesternheim des Bethanien. Als erstes besetztes Haus in Berlin wurde es nach dem Vierundzwanzigjährigen benannt, der 1971 bei einer Fahndung nach RAF-Mitgliedern erschossen wurde. Lehrlinge, Schüler, Arbeitslose und Musiker rangen dem Senat nach langen Verhandlungen Nutzungsverträge für den Gebäudekomplex ab. Bekannt ist das Rauch-Haus dann für seine Musik geworden: im Keller unter dem Konzertsaal üben bekannte und unbekannte Bands. Zwischen Rauch-Haus und Thomas-Kirche wächst übrigens eine Kfz-Fundstelle. Mitunter lassen sich auf diesem Fleck geklaute Autos wiederbeschaffen. Warum die Polizei allerdings nicht selbst unter den Bäumen nachschaut, bleibt ebenso ihr Geheimnis wie ihr Glaube an die Wirkungskraft von Jalousien, die eine Wohngemeinschaft vor ihren Fenstern anbringen sollte, weil diese hin und wieder von Stahlkugeln aus dem Nachbarhaus durchschossen wurden.

Moritzplatz
⓫

*Kinderbauernhof auf
dem ehemaligen
Grenzstreifen*

Ritterstraße

Am Rauch-Haus führt ein Weg auf dem ehemaligen Grenzstreifen zum Kinderbauernhof, zu einer der 20 Wagenburgen Berlins, und schließlich über die Heinrich-Heine-Straße auf den Moritzplatz. In den 20er Jahren standen hier das Kaufhaus Wertheim, »Aschingers Bier- und Suppenquelle«, Hotels und Amüsierbetriebe. Ringsum hatte sich die Lampen- und Installationsindustrie niedergelassen. Geblieben sind davon drei einsame Häuser. Alles andere wurde im Krieg zerstört oder danach abgerissen, denn der Platz, an dem sich auch ein Grenzübergang befand, sollte zentrale Auffahrt der Stadtautobahn werden. Obwohl er wieder zentral liegt, ist am Moritzplatz nachts immer noch der Hund begraben. Licht dringt nur aus den Häusern auf der Nordseite, in denen die Gesellschaft der behutsamen Stadterneuerung Berlin, kurz S.T.E.R.N., mit Einrichtungen zum Wärme- und Wassersparen experimentiert hat, ohne zu einem Ende zu kommen. Von dem geplanten ökologischen Ost-West-Handelszentrum ist bislang weit und breit nichts zu sehen.

Südlich des Moritzplatzes biegt die Ritterstraße ab, in der die Bundespost ihre wohl stillste Kreuzberger Station unterhält. Die Ritterstraße durchquert beide Teile des Bezirks. Im Westen dokumentieren ihre Bauten die Auseinandersetzungen um die Stadtplanung, seit Friedrich I. dieses Gebiet den französischen Hugenotten zuteilte. Im Osten, wo verwaschene Sozialbauten den Straßenzug prägen, erhebt sich der Ritterhof, der vor drei Jahren von Grund auf renoviert wurde. Bevor das Handwerk in die Etagen zurückkehrte, wohnten in dem denkmalgeschützten Fabrikkomplex mit seiner reich verzierten Fassade Wohngemeinschaften. Über Jahre waren selbst unter dem großen Schornstein im dritten, finstersten Hinterhof nachts Klavierstücke von Bartok und ein Saxophon zu hören.

Ein paar hundert Meter vom Ritterhof entfernt endet der Erkelenzdamm, angelegt auf dem 1926 zugeschütteten Luisenstädti-

schen Kanal, am Wassertorplatz. Dort haben Mieter und Studenten aus dem Eckhaus eine Energiespeicheranlage gebaut. Aus der
U-Bahn lassen sich die Dachanlagen erkennen, und direkt am Platz
werden die gläsernen, von Grün umrankten Wintergärten sichtbar.

Oranienplatz mit dem Luisenstädtischen Kanal von 1900

An der nächsten Straßenecke steht ein verdächtiges Denkmal,
ein metallener Punk unter einer Uhr, die den Kindern von der rot
geziegelten Sonderschule die Zeit anzeigt. Mitten durchs Schulge-
lände führt die Admiralstraße. Somit muß jeder, der vom Kottbusser Tor hier entlang nach Süden will, diese Uhr passieren, um daran
erinnert zu werden, daß das »Damals« vorbei ist und Nostalgie
nichts nützt. Nur nachts und bei Schneefall wird manch einer sentimental, wenn die Uhr und die überwucherten Höfen der Admiralstraße verschwinden, zusammen mit der beeindruckend langen
Brandmauer, der Häuserwand mit ihren seltsamen Tontöpfen,
dem »Baller-Bau«, Renommierobjekt der IBA mit sozialem Anspruch und geschwungenen Balkonlinien, und dem jüdischen
Denkmal am Fraenkelufer. Dann hat auch die »Galerie stil und
bruch« ihre Rolläden vor den meditativen Skulpturen und Gemäl-
den heruntergelassen. Nur die Gaslaternen auf der Admiral-Brük-
ke werfen ein bißchen Licht in die momentane Zeitlosigkeit, und
vom anderen Ufer des Landwehrkanals winken die Fenster der Cafés und versprechen eine Geborgenheit, die es in Kreuzberg gar
nicht gibt. Doch da drüben liegt schon 61, und das ist ein anderes
Kapitel.

Admiralstraße
⑫

Claudia Wahjudi

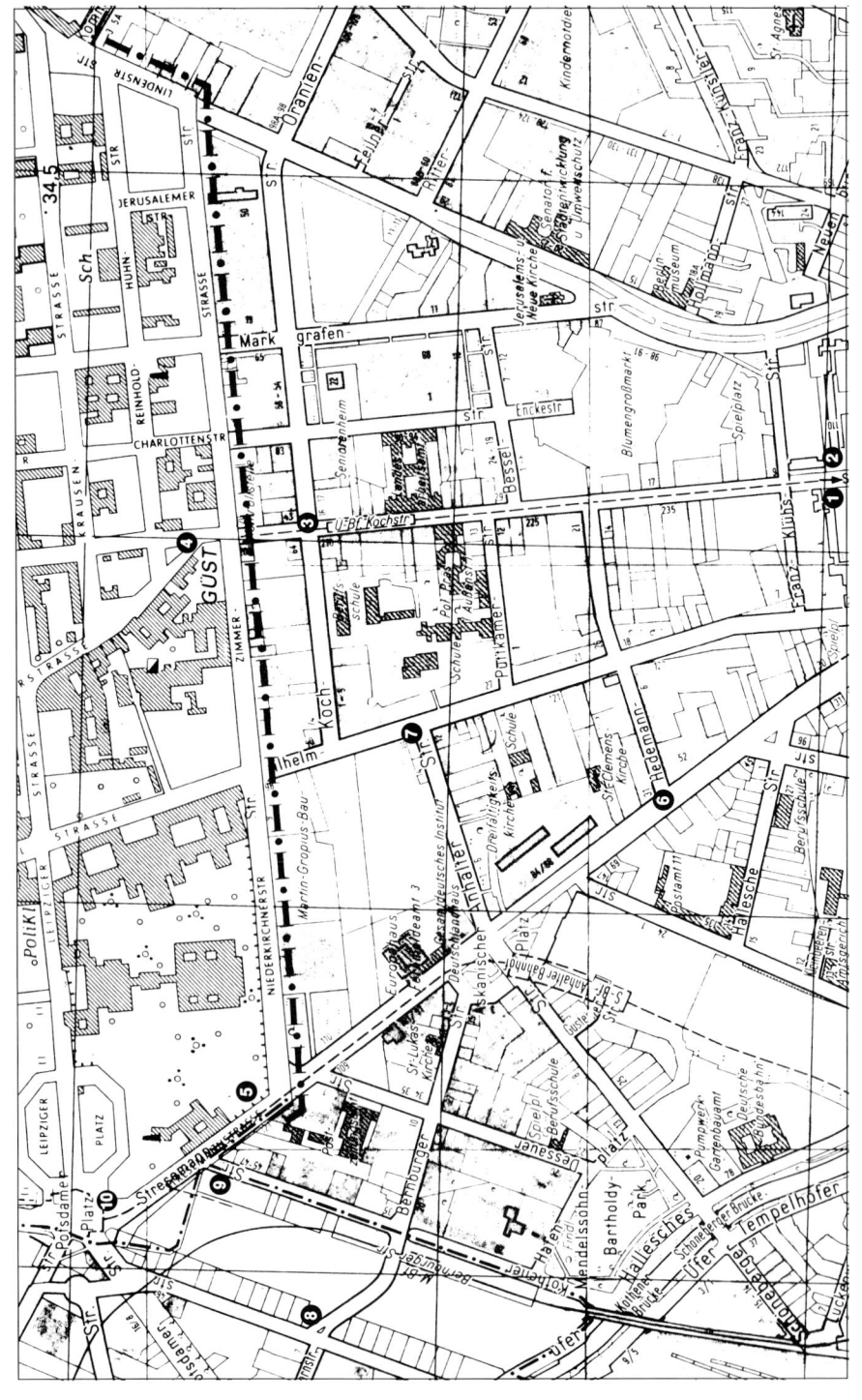

Orte gegen das Vergessen

Vom Halleschen Tor zum Potsdamer Platz und zurück

Ausgangs- und Endpunkt: U-Bahnhof Hallesches Tor
  (U1 und U6)
Dauer: ca. 2,5 Stunden

Vergessen verliert sich die Gegend um den Anhalter Bahnhof, und die Dinge spielen mit der Vortäuschung eines besseren Geschehens, das überall stattfindet, nur nicht hier. Hier ist des Unsäglichen Heimat, hier herrscht ›Rudis Resterampe‹, hier expandiert »A&Z« (Elektronik von A bis Z), hier kann die Musikkneipe ›Dschungel‹ depressiv nie den anderen in der restlichen Innenstadt vergessen. Manisch wiederholt eine Minipizzeria immer nur ›Italia '90‹. Nie sah man einen Gast in dem Minipizza-Italiener, nie einen Erlösungshungrigen in der St. Lukas-Kirche. Stattdessen schlendern schlagerträllernd Jugendliche die Bernburger Straße rauf und runter. Die werden des Nachts umgebracht oder versinken im schönen Großstadtsumpf der Stadt. Doch der ist woanders.

Die Differenz zwischen einer ereignisreichen Geschichte und einer mehr recht als schlecht funktionierenden Gegenwart, die in ihrer Leere und Trostlosigkeit eine andere Zukunft heraufbeschwört, ist in der südlichen Friedrichstadt vielleicht so groß wie nirgends sonst in Berlin. Auf dem Weg wird man auf Vielerlei treffen: auf Spuren unterschiedlicher Vergangenheiten, auf eine mürrisch abwartende Gegenwart und auf eine Zukunft, die am Potsdamer Platz droht oder winkt und sich noch ein wenig Zeit nehmen wird.

Der Großstadtsumpf ist woanders: Potsdamer Platz

Bis 1961 lag die südliche Friedrichstadt zwar noch unmittelbar am Zentrum, doch nach dem Bau der Mauer geriet sie an die Peripherie. Die Stresemannstraße diente in erster Linie als Umgehungsstraße auf dem Weg zur Entlastungsstraße am Tiergarten. Enttäuscht wandten sich lange Jahre Autofahrer aus Westdeutschland wieder ab, die den Straßenschildern nach »Mitte« gefolgt waren in der Annahme, so zum Kudamm zu kommen. Die Wiederinbetriebnahme des Gropiusbaus und des Hebbeltheaters, die monumentale Ausstellung »Mythos Berlin« (1987) am Anhalter Bahnhof lockte zwar Gäste, einen lebendigen »Kiez« jedoch ließen sie nicht entstehen: Menschen, die hier nicht wohnten, fuhren hin, schauten und fuhren wieder zurück.

Wer dennoch neugierig ist, sollte seinen Rundgang am besten am Halleschen Tor beginnen.

Ganz so prominent, wie ihre Pendants in Kreuzberg 36 ist der 1901/02 von Hermann Solf und Franz Wichards erbaute Hochbahnhof sicher nicht, dennoch verweilt man gerne ein bißchen und schaut hinunter auf's immergrüne Wasser des Landwehrkanals. Für damalige Verhältnisse war der Hochbahnhof recht modern. Stolz sprach man davon, daß sich hier Ingenieurs- und Baukunst die Hand gereicht hätten. Heute strahlt das Hallesche Tor den Charme einer längst vergangenen Zeit und ihrer Hoffnungen aus. Im Krieg wurde der Bahnhof teilweise zerstört. Der Versuch, die Hallesche Tor Brücke, über die sich der Bahnhof erhebt, noch im April 1945 in die Luft zu sprengen, gelang nur teilweise. 1947 wurden Bahnhof und Brücke wieder aufgebaut.

Neben dem »Fruchthaus Hübner & Sohn« am Eingang des Bahnhofs, das etwas unaufdringlich Basarähnliches hat, erinnert eine Gedenktafel an Wolfgang Thieß. Thieß, der 1931 von der Hitlerjugend in den kommunistischen Jugendverband (KJVD) übergetreten war und ab Herbst 1933 den verbotenen Verband im Unterbezirk Kreuzberg reorganisierte, hatte hier antifaschistische Flugblätter aus der U-Bahn geworfen. Am 9.9.43 wurde der Widerstandskämpfer in Plötzensee hingerichtet.

Unmittelbar neben dem Hochbahnhof stand bis 1867 das »Hallesche Tor«, eine Passage, an der die nach Sachsen führende Handelsstraße ihren Ausgang nahm. Südlich davon lag der Floß- oder Schafgraben, der in den Jahren 1845-50 nach Plänen von Lenné zum Landwehrkanal ausgebaut und 1883-89 erweitert wurde. Die hölzerne Schafgrabenbrücke ersetzte man 1874/75 durch die jetzige Hallesche Tor Brücke. Mit fast 34 m Breite war sie der breiteste

Einst das Herz der Stadt: Potsdamer Platz um 1915

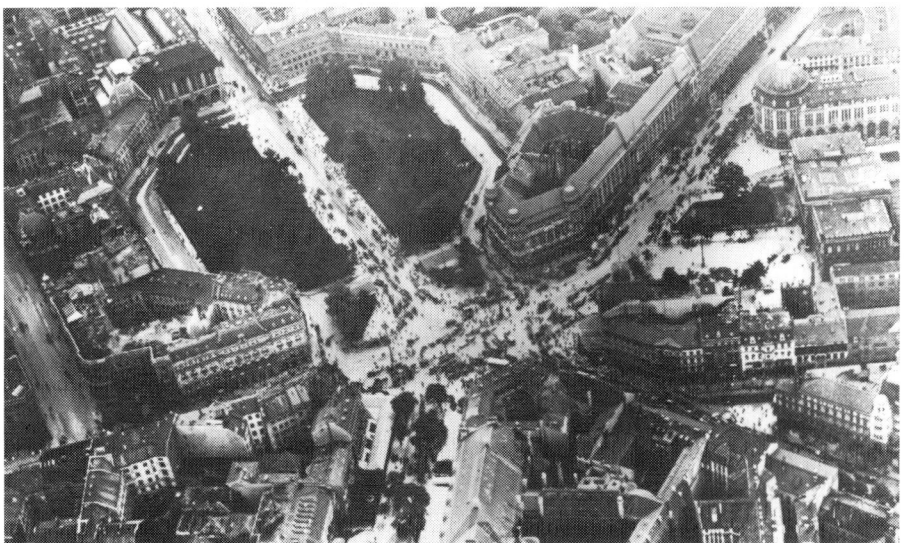

Flußübergang Berlins. An ihrer Hertie und der Amerika Gedenkbibliothek zugewandten Seite träumen zwei Skulpturen — »Schiff-
fahrt« von Otto Geyer und »Fischfang« von Julius Moser — von alten Zeiten.

Bevor man sich dem westlichen Teil der Friedrichstraße zuwen-
det, sollte man wenigstens einen Blick auf die 1954 erbaute »Amerika Gedenkbibliothek« am Blücherplatz werfen. Wer Zeit hat,
kann gerade an grauen Tagen im Innern angenehm melancholische
Lesestunden verleben.

*Die größte öffentliche Bibliothek Berlins und die nach Ausleihzahlen am
meisten genutzte Bibliothek Deutschlands, startete mit einem Bestand von
etwa 100.000 Büchern. Inzwischen können mehr als 1 Mio » Medieneinheiten« entliehen werden. Seit dem Fall der Mauer platzt die vor allem von Studenten und Auszubildenden benutzte Bibliothek aus allen Nähten. Während vor der Wende, 1986 noch etwa 1,2 Millionen › Medieneinheiten ‹ aus-
geliehen wurden, stieg die Zahl im Jahre 1990 auf 1.614.797. Die »AGB«,
eine Spende des amerikanischen Volkes, soll an die Versorgung West-Berlins durch die alliierte Luftbrücke 1948/49 erinnern. 1952-54 wurde sie
nach Entwürfen der Architekten Gerhard Jobst, Willy Kreuer, Hartmut
Wille und Fritz Bornemann erbaut. Wie die meisten nach dem Krieg erbauten Gebäude, hat man hier versucht, die Moderne in Szene zu setzen. Ein
leicht geschwungener Baukörper umkleidet im Erdgeschoß die Publikums-
räume, die durch Glaswände unterteilt sind, als wollten sie das Recht auf
Durchblick betonen. Darüber befinden sich 5 Geschosse mit internen Arbeitsräumen. Im Tiefgeschoß gruppieren sich um einen Innenhof Kinder-
bücherei und die umfangreiche Berlin-Abteilung der Bibliothek.*

Im Elfenbein- oder Glashaus des Wissens hat sich die AGB sicher
nicht eingerichtet. Das wäre auch kaum möglich, denn die AGB
hält sich im Gegensatz zur »sauberen« Staatsbibliothek die soziale
Wirklichkeit nicht vom Leib. Vor dem Eingang steht meist ein
freundlicher Penner, der die Benutzer um ein wenig Kleingeld bit-
tet; in der Bibliothek wächst die Zahl der arbeitslosen Benutzer, die
in Stellenanzeigen blättern. Wie in kaum einem anderen öffentlichen Gebäude reagiert man nicht nur auf die augenfälligen Miß-
stände, die das eigene Haus betreffen — die Bibliothek ist völlig
überlastet und man fühlt sich hier zu recht vom Senat alleingelassen
— sondern man versucht auch z.B. mit Plakaten und Unterschrif-
tenaktionen der überhand nehmenden Ausländerfeindlichkeit ge-
genzusteuern. Zunächst wollte man die »AGB« durch einen Neubau erweitern, inzwischen gibt es auch Überlegungen, Teile oder
die gesamte Bibliothek in den ehemaligen Palast der Republik in
Mitte zu verlegen.

Wir überqueren noch einmal die Hallesche Tor Brücke, gehen **Mehringplatz**
ein paar Schritte und stehen nun auf dem Mehringplatz am Ende
der Friedrichstraße, die hier Fußgängerzone ist. Der Architekt und
erste Baustadtrat Nachkriegsberlins, Hans Scharoun, und Werner
Düttmann sind verantwortlich für die hier Anfang der 60er Jahre
entstandene Architektur. Wer gutwillig ist, mag von einer rührend
häßlichen Hochhauslandschaft sprechen, deren graue Tristesse

auch mit ein wenig Beige und Olivgrün an den Wänden kaum ausgeglichen werden kann. Ins Auge fällt ein gleichsam prototypisches fünfzehngeschossiges AOK-Haus. Der Berliner Künstler Thomas Kapielski hatte unlängst in einem lichtbildgestützten Vortrag mit ungefähr zweihundert Bildern von AOK-Bauten den Beweis antreten können, daß die AOK überall in Deutschland ziemlich ähnlich baut.

Am Gebäudeensemble, das die »historische Stadtgestalt« des ehemaligen Belle Alliance-Platzes »mit modernen Wohn- und Umweltqualitäten« verbinden sollte, läßt sich ein eher technokratisches Stadtplanungsverständnis ablesen: Der »Rohstoff Stadtlandschaft« (Scharoun), der hier schnell geknetet wurde, läßt einem lebendigen Kiez keine Chance. Nach Ladenschluß ist hier alles tot und die seit 1975 gestellte Frage der zwei unsicher schreitenden Beine (eine Skulptur von Rainer Kriester) »wohin gehen wir«, kann man mit einem deutlichen »Nirgendwohin« beantworten. An den Treppen, die zum Platz hinunterführen, erinnern zwei von Albert Wolff und Ferdinand Hartzer entworfene spätklassizistische Figuren — »der Frieden« und die »Geschichtsschreibung« — an die antinapoleonischen Befreiungskriege.

Friedrichstraße

Vom Mehringplatz aus folgen wir der Friedrichstraße bis zur Kochstraße. Wenn man sich umschaut, hat man hier ein bißchen das Gefühl, in den eher freudlosen frühen siebziger Jahren stehengeblieben zu sein. Nur vereinzelt erinnern ein paar Häuser (vor allem zwischen Koch- und Hedemannstraße) aus der Kaiserzeit an bewegte frühere Zeiten. Reich verziert ist die Fassade des 1895 gebauten Hauses Nr. 17, und im Flur der mit einer aufwendig gestalteten Außenwand Friedrichstraße 31 finden sich großflächige Ölbilder, auf denen Berg- und Stadtlandschaften zu sehen sind.

Aus einer anderen Zeit kommt der ziemlich einschüchternd-pompöse Stahlbetonskelettbau in der Friedrichstraße Nr. 34—37a. Das jetzige Landesarbeitsamt, über dessen Eingangspforte immer noch der Reichsadler unheilschwanger über die Gegend schaut, wurde 1940 errichtet und sollte nach Beendigung des Krieges das »Gau-Arbeitsamt« aufnehmen.

Wir überqueren die Kreuzung Kochstraße/Friedrichstraße, bleiben einen Moment am ehemaligen Diplomatenübergang »Checkpoint Charlie« stehen.

Checkpoint Charlie
❸

Am Abend des 27. Oktober 1961 standen sich an dieser Stelle amerikanische und sowjetische Panzer in 200 m Entfernung gegenüber, denn die DDR-Grenzpolizisten hatten kurz nach dem Bau der Mauer versucht, für das militärische und zivile Personal der Westalliierten Paßkontrollen durchzuführen. Man lenkte ein.

Während um den ehemaligen Diplomatenübergang herum immer noch Geschichte von fliegenden Händlern verramscht wird — wer sich für DDR-Devotionalien interessiert, ist hier recht gut bedient — pflegt das »Haus am Checkpoint Charlie« einen anderen Umgang mit der Vergangenheit. Das kleine, oft mißtrauisch von

West-Linken beobachtete Museum widmet sich vor allem der Erinnerung an DDR-Flüchtlinge. Es werden jedoch nicht nur Dinge ausgestellt — Rainer Hildebrandt, der engagierte Leiter des Museums, pflegt auch die zu oft vernachlässigte Tradition lebendiger Geschichte. In unregelmäßigen Abständen finden im »Haus am Checkpoint Charlie« Podiumsgespräche zwischen Stasiopfern und auskunftswilligen ehemaligen Mitarbeitern der Staatssicherheit statt, mit denen einer allzu simplen Einteilung in »gut« und »böse« entgegengewirkt wird. Geschichte wird hier lebendig, wenn z.B. ein ehemaliger Stasiauslandsspion, der als Jugendlicher Opfer der Nazis war und später jahrelang in Bautzen festgehalten wurde, mit anderen ehemaligen Bautzenhäftlingen erregt diskutiert. Wer Lust hat, eine Pause zu machen, dem sei das »Café Adler« schräg gegenüber vom Mauermuseum wärmstens empfohlen.

Ungehinderter Übergang: Checkpoint Charlie

Es gibt noch andere Dinge in der Nähe des »Checkpoint Charlie« zu sehen. Das Haus der linksalternativen »Tageszeitung« zum Beispiel in der Kochstraße 18. Wenige Monate vor dem Mauerfall bezog die »taz« den Gründerzeitbau. Ein Schnäppchen, das der Zeitung in einer für Printmedien extrem schweren Zeit zu überleben half. Gegen vereinzelte Besucher haben die freundlichen Insassen, die eine lange Nacht vom 9. auf den 10. November zusammen mit DDR-Bürgerrechtlern am Checkpoint Charlie alte »Ton-Steine-Scherben«-Hits gesungen hatten, im Allgemeinen nichts einzuwenden.

Kochstraße 18

Von der »Tageszeitung« aus kann man zum Springerhochhaus in der Kochstraße schauen, das seit mehr als zwei Jahrzehnten recht provokativ mit goldleuchtender Fassade in den Osten scheint. Etwa in Höhe »Checkpoint Charlie« wenden wir uns nach links und gehen die Zimmerstraße entlang. In der Mitte der Straße verlief die Mauer: die linke Seite gehörte zum Westteil, die rechte zum Ostteil der Stadt. In der Zimmerstraße 16-18 lag der Sitz der Berliner Filiale des Zentralverlags der NSDAP. Seit Ende der dreißiger Jahre arbeiteten hier verschiedene Referate der »Geheimen Staatspolizei«. Kein Schild erinnert an diese Zeit.

Das Gedenken an die Schreckensgeschichte des Dritten Reichs beschränkt sich auf das Gelände zwischen Niederkirchner (Prinz Albrecht)-, Wilhelm-, Anhalter- und Stresemannstraße (Saarlandstraße), das man durch den Eingang in der Wilhelmstraße (etwa Höhe Kreuzung Wilhelm-/Kochstraße) betreten kann. »Vor 1945 befanden sich hier die Zentralen der nationalsozialistischen Verfolgungsbehörden. Unmittelbar neben dem heutigen Martin-Gro-

In der Gedenkstätte

pius-Bau war seit Mai 1933 die Gestapo (Prinz-Albrecht-Str. 8) **Niederkirchner**
untergebracht. Ab April 1934 wurde das neben den Gestapo-Ge- **Straße**
bäuden liegende ›Hotel Prinz Albrecht‹ als Sitz der ›Reichsfüh- **❺**
rung SS‹ benutzt. Das an der Wilhelmstraße gelegene ›Prinz-Albrecht-Palais‹ wurde zur selben Zeit Zentrale des Sicherheitsdien-
stes (SD) der SS. Bei der Zusammenfassung von Gestapo, Kriminalpolizei und Sicherheitsdienst zum Reichssicherheitshauptamt
wurde das Prinz-Albrecht-Palais zum Dienstsitz des Chefs des
Reichssicherheitshauptamtes. Die Gebäude wurden im Krieg zum
Teil schwer beschädigt und nach 1945 abgerissen.« Lange Zeit lag
das Gelände brach und wurde danach für kommerzielle Zwecke
genutzt. Der 85jährige Berliner Travestiekünstler » Strapsharry« —
Chef von » Dreamboy's Lachbühne« — betrieb hier ein » Auto-
drom«, auf dem man ohne Führerschein fahren konnte. Erst ab
1987 entstand mit der Ausstellung » Topographie des Terrors« ein
stiller » Gedenk- und Lernort«, dessen Besuch unbedingt zu empfehlen ist. Es gibt nur wenige Orte in Berlin, die so überzeugend
und unspektakulär gegen das Vergessen arbeiten. Am Rande stehen nur noch Mauerreste des ehemaligen Prinz-Albrecht-Palais.
Gras und Blumen wachsen hier wie anderswo.

Mehr als jede Großausstellung können wahrscheinlich die Tafeln, die an signifikanten Punkten des Geländes stehen, über die
Vergangenheit mitteilen. Die Sätze sind unspektakulär wie das
Grauen, auf das sie hinweisen: » Im unteren Teil des Sockelge-
schosses, im Südflügel der ehemaligen Kunstgewerbeschule errichtete die Gestapo 1933 ein » Hausgefängnis« mit zwanzig Einzelzellen. Drei Jahre später wurde es um 18 Einzelzellen und eine
Gemeinschaftszelle erweitert«. Hier waren u.a. Erich Honecker,
Robert Havemann, Dietrich Bonhoefer, Georgi Dimitroff, Ernst
Thälmann, Theodor Haubach (SPD), Kurt Schumacher inhaftiert.
Abweichler aus den eigenen Reihen wie Gregor Strasser wurden
hier erschossen. Gelände und das kleine Museum sind täglich außer Montag zwischen 10 und 18 Uhr zugänglich.

Nicht jedem gefällt heute mehr, daß hier an die Nazizeit erinnert
wird: » Die Moderne«, so sagte ein Berliner Stadtplaner, der nach
dem Fall der Mauer von verkehrsgerechten Ost-West-Verbindun-
gen träumte, müsse hier und jetzt » Platz greifen«. Die Schauplätze
des Dritten Reiches — Volksgerichtshof, Führerbunker, Reichssicherheitshauptamt — seien ein » Berliner Gruseltheater«.

Ein » Berliner Gruseltheater« wird an den anderen nahegelege- **Stresemannstraße**
nen Orten des Schreckens sicher nicht veranstaltet. Während man
in der Stresemannstraße, auf dem Gelände der ehemaligen Plau-
mannschen Erziehungsanstalt, gerne mit einer Tafel an Bismarck
zurückdenkt, der hier zur Schule gegangen war, findet sich in der
Hedemann- und Puttkammerstraße kein Hinweis auf das, was hier
in einer Zeit, die man lieber verdrängen möchte, geschehen ist. **Hedemannstraße 10**
Kurz sei darauf hingewiesen: die Hedemannstraße 10 war von Mai **❻**
1930 bis Oktober 1932 Sitz der NSDAP-Gauleitung Berlin und

der Redaktion des Goebbels-Blattes »Der Angriff«; in den Häusern Nr. 14 und 22 arbeiteten Dienststellen der Ämter II und III des Reichssicherheitshauptamtes. In der Hedemannstraße 31 hatte die SA-Gruppe Berlin-Brandenburg von April 1932 bis zum März 1933 ihren Sitz, mit einem der berüchtigtsten »wilden« Folterkeller, in denen nach dem Reichstagsbrand Regimegegner gefangengehalten, gefoltert oder ermordet wurden. Mindestens fünf Menschen wurden hier von der SA erschossen. Weil in dem Haus auch Personen aus dem Wirtschaftsleben festgehalten worden waren, umstellte die Polizei am 29.3.33 auf Anordnung Görings das Gebäude. Die Gefangenen wurden befreit oder der Polizei übergeben. Auf einem Ruinengrundstück der Puttkamerstraße fanden in der Nacht vom 23. zum 24. April 1945 Massenerschießungen von Häftlingen des Gestapo-»Hausgefängnisses« (auf dem Prinz-Albrecht-Gelände) durch die SS statt.

Stresemannstraße

Neben dem Prinz-Albrecht-Gelände an der Stresemannstraße steht der »Martin-Gropius-Bau«. Als einer der ersten Museumsbauten außerhalb der Berliner Museumsinsel wurde das ehemalige Kunstgewerbemuseum zwischen 1877 und 1881 von Martin Gropius und Heino Schmieden erbaut. Zwischen 1978 und 1981 wurde das Gebäude, das im Zweiten Weltkrieg stark beschädigt worden war, vom Berliner Architekten Winnetou Kampmann (der hier nur wegen seines Namens erwähnt wird) wiederaufgebaut. Seit seiner Wiedereröffnung ist das Museum einer der bevorzugten Schauplätze Berliner Großausstellungen. Außerdem haben hier die »Berlinische Galerie«, das »Jüdische Museum« und das »Werkbundarchiv«, das sich der Alltagsgeschichte des 20. Jahrhunderts gewidmet hat, ihre Ausstellungsräume.

Niederkirchner Straße

Auf eine ziemlich wechselvolle Geschichte kann das Haus gegenüber vom Martin-Gropius-Bau in der Niederkirchner Straße zurückblicken: im ehemaligen Preußischen Abgeordnetenhaus, dessen Bau 1892 im Stil einer »spätrömischen Hochrenaissance« begonnen wurde, tagte vom 16. bis 21. Dezember 1918 der Reichskongreß der Arbeiter- und Soldatenräte. Hier fand die Gründung der KPD unter Führung von Rosa Luxemburg und Karl Liebknecht statt, hier war 1920 das Hauptquartier des Kapp-Putsches; hier wurde 1934 der Volksgerichtshof eingerichtet und nach dessen Umzug von Görings »Haus der Flieger« in Beschlag genommen. Nach dem Krieg bezog die DWK (Deutsche Wirtschaftskommission), die bis zur Gründung der DDR die faktische Zentralregierung der SBZ bildete, die Räumlichkeiten. Zu DDR-Zeiten gehörte der Gebäudekomplex zum »Haus der Ministerien«. Danach hatte die »Treuhandanstalt« hier ihren Sitz.

Anhalter Straße

❼

Vom Prinz-Albrecht-Gelände wenden wir uns der Anhalter Straße zu und gehen bis zur Ecke Stresemannstraße. Früher war die Stresemannstraße 68-84 eine der feinsten Adressen Berlins. Bis nach dem zweiten Weltkrieg stand hier das »Excelsior«, eine 1906-1908 erbaute Nobelherberge, die einst zu den renommierte-

sten Hotelbauten der Kaiserzeit zählte. Das »Excelsior« war ehe-
dem das größte Hotel des Kontinents und rühmte sich des größten
Hoteltunnels der Welt. Nach dem Zweiten Weltkrieg fiel es einer
Brandstiftung zum Opfer. Die zwischen 1967 und 1972 für die
»Excelsior Tankstellen GmbH« erbaute neue Anlage gilt vielen
Berlinern inzwischen als eine der größeren Scheußlichkeiten der
Stadt. Wo früher reiche Leute ins Hotel traten, kaufen heute weni-
ger bemittelte Schichten im »Aldi-Markt« oder in »Rudi's Reste-
rampe« ein und essen am Imbißwagen. Drinnen steht ein freundli-
cher Türke, den alle nur »Opa« nennen. Lebensklug und traurig
schaut er, wenn sich Kunden zum wiederholten Male ein paar
Flachmänner und Bier gegen den Kummer holen.

Einst beherbergte das Excelsior Hochhaus in seinem 18. Stock,
den man mit einem gläsernen Fahrstuhl erreichen kann, eines der
besten Restaurants Berlins, das »Saskatchewan«. Lang ists her und
die, die mit leuchtenden Augen von den alten Zeiten des Gebäudes
reden, meinen schon den »Törntower«, eine legendäre Diskothek,
die bis Anfang der achtziger Jahre in den zwei oberen Stockwerken
des Hochhauses lag. In Wirklichkeit hieß sie zwar »Rocktower«,
doch das stört eigentlich niemanden. Hier, am Ende des Westens,
konnte man am besten in den dunklen Osten blicken. Hell leuchte-
te der Grenzstreifen am Rande der Nacht und der Insel und junge
Kiffer versorgten sich hier ein paar Jahre mit existenzialistisch-ro-
mantischen Gefühlen.

Im Gropius-Bau

Stresemannstraße

Das 16. Stockwerk des Hochhauses ist auch heute noch einer der eher seltenen Orte, an denen man das Gefühl hat, in einer Großstadt zu leben. Manch einer findet es zwar im »Berliner Fenster« scheußlich; auch wird moniert, daß man im Café — Restaurant zu viele Touristen träfe, doch vor allem ist es still. Nicht tatsächlich, doch der Blick nach draußen rückt die Softrockmusik aus den Lautsprechern in den Hintergrund. Die Umgebung vor den Fensterreihen ordnet das Gespräch und taucht es in einen sanften Schein von unbedingter Wichtigkeit.

Immer schön wirkt die Stadt dort draußen. Man verliebt sich in die Reihe der Plattenbauhochhäuser an der Leipziger Straße, das Postgirohochhaus am Halleschen Tor, den Fernseh- oder einen Wasserturm — so als erwartete einen dort das eigentliche Leben. Ein wenig kann es noch warten, während sehr weit draußen sanft der Rauch des Reuter Kraftwerks emporsteigt. Am Rande des Potsdamer Platzes springen immer noch todesmutig ein paar Bungyspringer an ihren Gummiseilen ins Leere. Am Nebentisch unterhalten sich die Teilnehmer eines Betriebsausflugs über Computerkurse und lachen herzlich zwischen »Alt, F10, Delete und Enter«.

Gegenüber vom »Excelsior Hochhaus« reckt sich die übriggebliebene Fassade des Anhalter Bahnhofs in den Himmel. Am 10.9.1841 war der Bahnhof eröffnet worden. »Mit den größten englischen Bahnhöfen kann er in Parallele gestellt werden und die Gebäude dürften schöner sein«, hieß es damals im »Berliner Gewerbe-, Industrie- und Handelsblatt«. Besonders rühmte man damals die »ruhige Sachlichkeit« der Architektur. Viele kamen hier wie Heinrich Zille — im Jahre 1867 — in die Stadt: »Es war ein trüber nasser Novemberabend«. Dem Philosophen Walter Benjamin stellte sich »der Anhalter« als »Mutterhöhle der Eisenbahnen, wo die Lokomotiven zu Hause sind und die Züge anhalten mußten« dar. Die Züge gingen zumeist nach Süden. Geblieben ist wenig. Die alten Loks haben eine neue Heimat im Museum für Verkehr und Technik in der Trebbiner Straße gefunden und auf dem ehemaligen Bahnhofsgelände spielen nun Freizeitfußballer, die vom Reichstagsgelände vertrieben wurden. Am südwestlichen Ende erinnert seit mehr als zehn Jahren die Parole an einem Bunker an die Hochzeiten der Friedensbewegung: »Wer Bunker baut, wirft auch Bomben.« Wenn man die alten Photos vom Anhalter Bahnhof betrachtet, wird man fast sentimental.

Den völlig unnötigen Abriß, der 1961 noch vor dem Mauerbau erfolgte — angeblich weil der Bahnhof zum einen nichts Schützenswertes an sich habe, zum anderen, weil er vom Einsturz bedroht gewesen sei, erklärt Helmut Maier im Katalog der Ausstellung »Mythos Berlin« eher psychoanalytisch: »...geschlagen und wieder zu Hause wandte sich die nach innen gewendete Zerstörungswut — Ursache und Wirkung verwechselnd — gegen die übrig gebliebenen Spuren der unheilvollen Geschichte. Das Empfangsgebäude stand beim Bau der Nord-Süd-S-Bahn (also mindestens seit 1935) unter Denkmalschutz. Die Verfügung des Amtes für Denkmalpflege von 1959 (. . .) ignoriert diesen Tatbestand vollkommen. Insofern liegt ein Amtsmiß-

brauch vor, der zur Wiedergutmachung verpflichten würde. Die Legende
von der Einsturzgefahr wurde von den Abrißbefürwortern (. . .) in die Welt
gesetzt; bei den teuren und langwierigen Sprengungen erwies sich die Stabi-
lität des Mauerwerks. Ab August 1945 fuhren bereits wieder Fernzüge aus
der Halle ab — unmöglich bei einer Einsturzgefahr. (. . .) Die meisten Zie-
gelbrocken des angeblich so baufälligen Gebäudes waren noch für die
Maschinen zur Ziegelsplitterherstellung zu stabil. Die Berliner können da-
her heute auf dem Anhalter Ski laufen — man fuhr den Abraum zum Teu-
felsberg. «

Daß im Krieg weniger Häuser zerstört wurden als nach dem Krieg,
ist kein Bonmot, sondern beschreibt die Berliner Wirklichkeit recht
genau. Auch der Rest des Askanischen Platzes um den Anhalter
Bahnhof ist Trauer: gab es hier in den zwanziger und dreißiger Jahren noch 16 Hotels, nun sind es gerade noch drei. Wo früher das
Großstadtleben pusierte, stehen jetzt vier Bänke, auf denen sich
Kunden des Elektronik-Supermarktes »A&Z« ausruhen. Eine ge-
schäftige Vorstadttristesse aus Autoteilverkaufsläden, Autoradio-
spezialisten, einem emsigen, kleinen Modellbaugeschäft, dem
»Deutschlandhaus«, das nach dem Mauerfall nach neuen Aufga-
ben sucht und einem netten Friseur — das Doppelte kostet's, wenn
›D. Danziger‹ Hand anlegt — macht sich hier breit.

Wer genügend Zeit mitgebracht hat, sollte, bevor er die Stresemannstraße hinunter zum Anhalter Bahnhof geht, noch einen Abstecher Richtung Potsdamer Platz machen.

Vor etwa 80 Jahren notierte Bogumil Rocha, von 1908 bis 1934
Pfarrer an der St.-Lukas-Kirche in der Bernburger Straße: »...hier *Der »Anhalter« 1910*

im Westen, wo in blühenden Gärten die Nachtigallen sangen, hell-gekleidete Mädchen unter dem Flieder wandelten und alte, sinnige Herren ihre Rosen pflegten, wo man sich für Wissenschaft und Kultur interessierte und allem hold war, was das Leben hebt und verschönt (...) jetzt ist von alledem, was damals dieser Gegend eigentümlich war, fast nichts mehr vorhanden. Die kleinen Häuser und großen Gärten sind verschwunden und haben gewaltigen Mietskasernen Platz gemacht.« Bis vor ein paar Jahren war dem wenig hinzuzufügen — inzwischen allerdings haben sich zumindest die Wohnverhältnisse gebessert. Zwischen Hafenplatz, Bernburger-, Köthener- und Dessauer Straße hat man innerhalb kürzester Zeit ein zuweilen recht ansehnliches modernes Wohnviertel geschaffen.

Bernburger Straße
❽

Auf der rechten Seite, in der Bernburger Straße 4-5 lädt die St.-Lukas-Kirche alle Evangelen zum Gottesdienst. Das Gebäude wurde 1859-61 erbaut und nach den Kriegszerstörungen in vereinfachter Form restauriert. Im Haus gegenüber — der Bernburger Straße 28 — sind seit zweieinhalb Jahren schon 4 Etagen, in denen früher Theatergruppen, Maler und Musiker beheimatet waren, unbewohnt. In Zentrumsnähe wird sich das wahrscheinlich lohnen.

Nichts erinnert an die 1876 erbaute Rollschuhbahn am Ende der Bernburger, in der ab 1881 die Berliner Philharmoniker musizierten. Wie der Anhalter Bahnhof so wurde auch dieser Bau erst nach dem Krieg abgerissen. Auch den schicken M-Bahnhof Bernburger

Trümmer des
Schreckens

Straße, der sich an der Kreuzung Bernburger-Köthener Straße befand, gibt es nicht mehr. Die Magnetbahnversuchsstrecke wurde nur wenige Jahre betrieben. Neue Verkehrsverbindungen sind in Planung. Auch der Polenmarkt, der neben dem abgerissenen Bahnhof — auf einem inzwischen eingezäunten Gelände — zwischen 1989 und 1990 stattfand, lebt nur noch fort in den Erzählungen der Alten. Ein ähnlich anarchisches, von den Anwohnern oft eher mißtrauisch beobachtetes Verkaufsgeschehen, findet inzwischen ein paar Meter weiter, rund um den »Krempelmarkt« am Reichpietschufer statt.

Recht erholsam und still ist es, von der Bernburger Straße aus Richtung Potsdamer Platz zu gehen. An der Köthener trifft man auf das »Rollheimer Dorf« — eine bislang noch renitente Wohnwagenkolonie, die wohl auch bald neueren Stadtplänen weichen muß. Gegenüber hat »Salto Vitale«, der »Kinderzirkus Berlin«, seine Zelte aufgeschlagen. Gleisreste verweisen auf alte Zeiten, in denen die Straßenbahn (bis '67) noch in West-Berlin verkehrte. Wenn man der Kurve, in der die Köthener- in die Stresemannstraße übergeht, folgt, trifft man auf das letzte Haus am Potsdamer Platz. Grau und traurig steht das 1912 erbaute »Weinhaus Huth« (noch) ganz allein auf weiter Flur (genau an der Kreuzung Potsdamer/Linkstraße). Der Schriftzug »Huth« ist so grau wie die Wand, auf der er steht. Verschiedene Immobiliengesellschaften und das »Bayerische Staatsministerium für Bundes- und Europaangelegenheiten« haben die Erdgeschosse belegt. In den oberen Stockwerken wohnen »normale« Mieter.

Köthener Straße ❾

Potsdamer Platz ❿

»Berlin ist mir höchst unsympathisch. Staub und entsetzlich viele Menschen, die alle rennen, als ob sie die Minute 10 Mark kostete«, schrieb Ernst Reuter, der spätere West-Berliner Bürgermeister, 1913 an seine Eltern. Vielleicht hatte er den Potsdamer Platz gemeint. Doch zwischen Mauerfall und Neubebauung fällt es schwer, sich vorzustellen, daß hier einmal der verkehrsreichste und lebendigste Punkt Berlins war. Glaubt man den Versen, die René Schickele 1912 im »Kondor« veröffentlicht hatte (neuaufgelegt Berlin 1989), war es vor den beiden Weltkriegen auch ein recht poetischer Ort:

Ernst Reuter

Der Potsdamer Platz

Ich geh eine ganz vergoldete Straße entlang
Der Himmel zerfließt im Sonnenuntergang.

Da kommen Frauen, märchenschön,
Und bleiben vor glitzernden Läden stehn.

In Blüten schwimmt der Potsdamer Platz,
Er träumt vom Mond, dem Götterschatz.

Hier prunkte Wertheim mit 83 Fahrstühlen, hier stand der Potsdamer Bahnhof, der nach dem Krieg gesprengt wurde, hier wurde aus dem »Voxhaus« — (gegenüber vom »Weinhaus Huth«) — am 29.10.23 die deutsche Rundfunkära mit einem Konzert des Kapellmeisters Otto Urack eröffnet. Das »Vox-Haus«, in dem später ein Kino seinen Platz fand, hatte den Krieg überlebt. Der Abrißwut westberliner Behörden konnte es nicht standhalten: 1973 wurde es gesprengt.

Solange Mercedes noch nicht baut, eignet sich das Gelände hervorragend zum Spazierengehen. Am Kran vorbei, von dem adrenalinsüchtige Männer gerne 60 m nur von einem Gummiseil gehalten in die Tiefe springen, geht man sinnierend den ehemaligen Mauerstreifen entlang in die Zwischenzeit eines Niemandslandes; vorbei an Souvenirläden, kaputten Wachtürmen und Grenzbaracken am ehemaligen Grenzübergang Potsdamer Platz (an der Leipziger Straße). Flanierend vergißt man hier die Zeit. Vielleicht landet man schließlich am Reichstag, vielleicht auch am Brandenburger Tor. Vielleicht wendet man sich um und geht zurück, über die Stresemannstraße zum Ausgangspunkt des Spaziergangs.

Stresemannstraße

In der ersten Hälfte des 19. Jahrhunderts war die Hirschelstraße (Stresemannstraße) noch so ländlich, berichtet Paul de Lagarde, »daß das Quaken der Frösche an lauen Abenden weithin gehört wurde«. 133 Jahre lang verlief in der Mitte der Straße eine 4 m hohe Stadtmauer. Die Akzisemauer diente in erster Linie wirtschaftlichen Zwecken. Symbolisch erinnern ein paar (allerdings nicht historische) Steine noch an die Stadtmauer. Innerhalb der Mauer hieß die Straße zwischen Potsdamer und Anhalter Bahnhof »Communication«, außerhalb verlief die Hirschelstraße. Nach Abbruch der Akzise, 1867, wurde der zusammengelegte Straßenstrang Königgrätzer Straße genannt. Andere Namen folgten je nach politischer Lage: Budapester-, Friedrich Ebert-, Saarland- oder Hermann-Göringstraße. Nach dem Krieg hieß sie wieder Stresemannstraße.

Die Stresemannstraße ist ein Mischmasch aus Vorstadt und Geschichte; aus Geschichten und Historie. Die Historie ist schnell erzählt: In der neoromanischen Hofkirche der Stresemannstraße 66 liegt das Zentrum der katholischen Ausländerseelsorge für Portugiesen und Kroaten, auf dem Grundstück der Stresemannstraße 30 stand ehedem die »Plaumannsche Erziehungsanstalt«, in der u.a. Turnvater Jahn gelehrt und Bismarck (1822-1827) zur Schule gegangen war. Das 1907/08 mit wuchtiger Fassade im Jugendstil erbaute »Hebbeltheater« im südlichen Teil der Straße ist das einzige Kreuzberger Theater, das den Krieg überlebt hatte. Der Architekt des Baus, Oskar Kaufmann, hatte mit einer im Warenhaus Wertheim ausgestellten »begabten Schlafzimmereinrichtung« die Aufmerksamkeit des Theaterdirektors Eugen Robert erweckt. Für Kaufmann war der Bau der Beginn einer großen Karriere als Theaterarchitekt. Beim Bau half ihm sein Kollege San Micheli Wolkenstein, der allein wegen seines poetischen Namens erwähnt zu werden verdient.

Der Rest ist der Alltag derer, die hier wohnen: der ALDI-Markt ist meist leer, weil viele denken, bei ALDI müßte man grundsätzlich Schlange stehen. Ein paar Meter weiter steht ein ›Euro-Markt‹. Der ist fast immer voll, denn jeder denkt, bei ›Euro‹ müsse man weniger lange warten als bei ALDI. Staunend verfolgt man als Stammgast auf den Plakaten am Eingang Aufstieg und Fall der Euromarkt- oder ›stellv.‹ MarktleiterInnen. Eine Zeitlang gab es erregte Diskussionen über das Für und Wider mit funktioneller Musik umspülter Werbesprüche. Die Berieselungsgegner scheinen sich durchzusetzen. Um welchen Preis — das weiß niemand. Selten nur noch hört man jedenfalls zwischen Rumbarhythmusmaschinen und Synthesizergeigen, daß es »kein Bier auf Hawai« wohl aber im Euromarkt gäbe, lang ists her, daß Euro einem »viel Spaß bei lekkeren Schweinereien« wünschte. Kürzlich hat der Supermarkt seinen Namen verkleinert: »Minimal« heißt er nun. Geändert hat sich nichts.

Im »Stresemannstübchen« ein paar Schritte weiter bewerfen sich lustige Familienväter und -mütter mit Dartpfeilen. Neben dem ›Stresemannstübchen‹ lächelt ›R&R‹, die ›freundliche Videothek‹. Ein schnauzbärtiger Dicker steht da und empfiehlt Streifen wie ›die Klim-Pimmel-Familie‹. Manchmal vertritt ihn seine Frau. Zwei Kinderchen spielen vor dem Tresen. Auf der Theke steht ein Körbchen mit ›Kiss‹-Lutschbonbons.

Zum Abschluß des Spaziergangs sollten die, die für den seltsamen Charme der sechziger Jahre offen sind, sich in der Hertiekantine ausruhen. Versonnen kann man im dritten Stock des 1960 wiederaufgebauten Gebäudes zwischen Tellerklappern und Wortfetzen ins diffus blau-graue Licht hinaus und auf die AGB herunter gucken. ›Le Buffet‹ heißt das Restaurant, doch der eher abstoßend abwaschbare Plastikluxus suggerierende Name trügt. Ein stilles zurückgenommenes Leben erwartet den Gast stattdessen. ›Berliner Kindl‹ steht da auf dem Tisch; daneben was zu essen, zwischen 8 und 16 Mark. Vor der runden Fensterfront schlängeln sich kaum einen Meter hohe Geländer, als gäbe es einen Balkon dort draußen. Dahinter sind Netze, um die Unglücklichen, die vielleicht von der 60er Jahre-Atmosphäre ins Herz getroffen hinausspringen möchten, sanft aufzufangen. In sich selbst versunken, sitzen Einzelkäufer stundenlang allein an ihren Tischen und trinken entschlossen ein Alkoholfreies. Schweigend und erschöpft vom Kaufen, sitzen Töchter ihren Eltern gegenüber und haben sich nichts mehr zu sagen. Alte Menschen denken, an einem Kaffee nippend, ihrem Leben hinterher. Betriebsangehörige gruppieren sich umeinander und bleiben selten länger als ein Viertelstündchen. Sanft raschelt die ›Bild‹-Zeitung beim Blättern. Rauchend reden Ehepärchen über Geld und Kredite. Weiße Kunstblumen verstärken die angenehme Melancholie des Ortes. Draußen warten nette Punker auf ein bißchen Kleingeld.

Detlef Kuhlbrodt

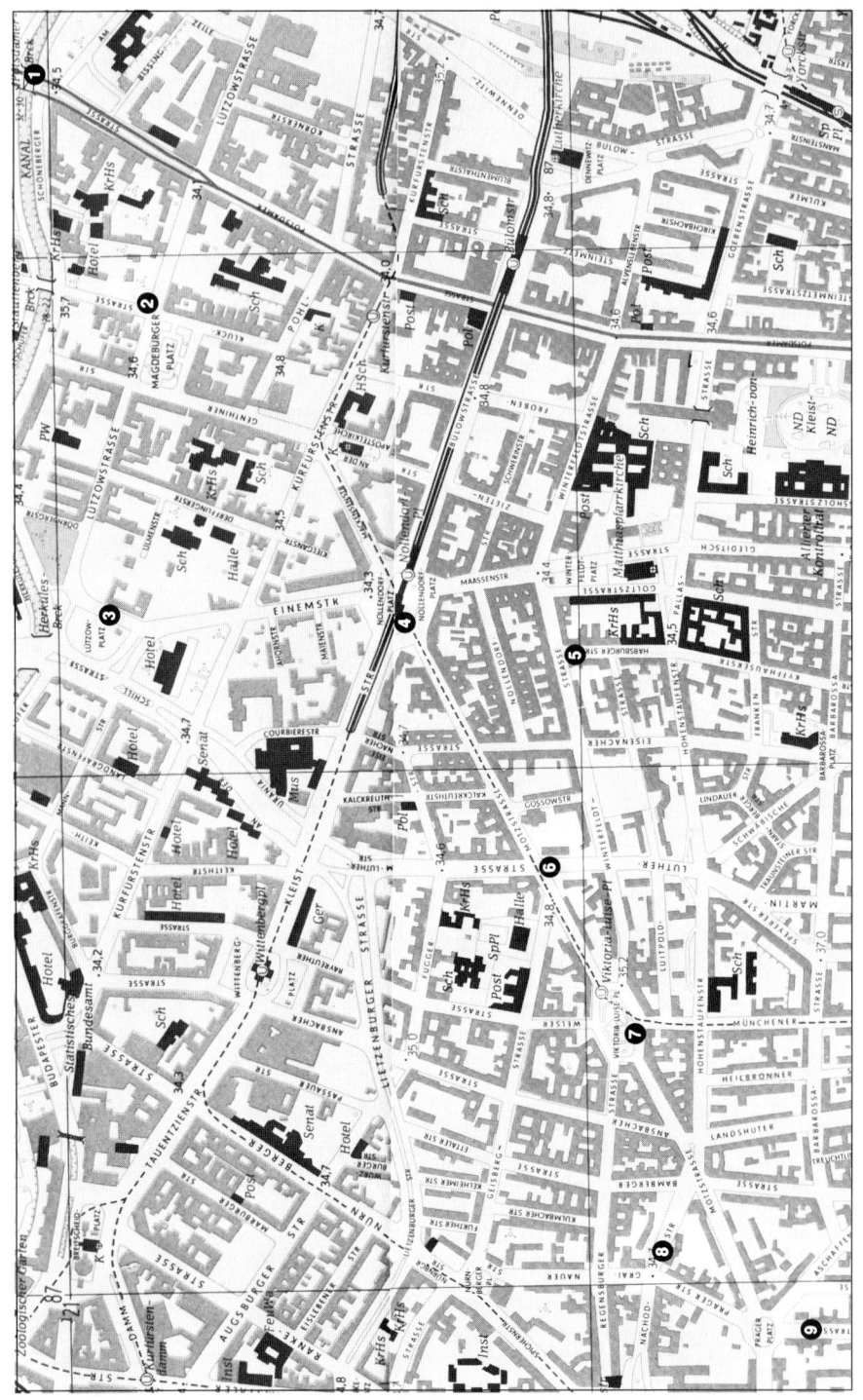

Vom alten in den neuen Westen

Schöneberg literarisch

*Ausgangspunkt: Nationalgalerie (Bus 129, U-Bahn
   Kurfürstenstraße/U 1)
Endpunkt: U-Bahn Güntzelstraße (U 9)
Dauer: 3 Stunden*

Jeder Städter und Stadtbesucher liest in dem Netz von Straßen mit
den Knotenpunkten der Plätze, als das die Stadt auf die Fläche des
Stadtplanes projiziert ist, seinen eigenen Text, setzt seinem Interesse folgend, andere Ausrufungszeichen — der Kurzreisetourist auf
die im Stadtführer genannten Sehenswürdigkeiten, der Bewohner
auf seine Lebensräume, der Kunstliebhaber auf Museen und Galerien, der Historiker auf die bedeutenden Schauplätze der Vergangenheit.

Dem Literaturliebhaber bieten sich zwei Texte an: die Schriften
an Häusern und Straßenschildern, auf Grabsteinen und Denkmälern und die Bücher, in die die Stadt ihre Spuren eingeschrieben
hat. Dieser Spaziergang führt in Straßenzeilen und zu Wandtafeln,
die den Stadtwanderer weiterlocken sollten zu den Büchern, die
hier entstanden sind.

*Vom Ende des 19. Jahrhunderts bis 1933 war Berlin eine der Metropolen
Europas, und sie war ein Zentrum des internationalen literarischen und kul-
turellen Lebens. Eine immer größere Rolle spielte darin der Westen der
Stadt, Gebiete, die noch im 19. Jahrhundert vor den Toren lagen und die erst
langsam, dann stürmisch urbanisiert wurden.*

*Vor 80 bis 100 Jahren verlagerten sich die Wohn- und Wirkensräume des
künstlerischen und intellektuellen Berlins vom Zentrum der alten Stadt immer weiter nach Westen. Die Umzüge der Familie Benjamin sind für diese
Verschiebung charakteristisch: Der Sohn Walter ist 1892 in der Kurfürstenstr. 154 geboren, seine Großmutter (Schönflies) wohnte Blumeshof 12, Net-
telbeckstr. 24 (jetzt: An der Urania) und Carmerstr. 3 waren weitere Stationen auf dem Weg in den »Neuen Westen«, der die Familie schließlich noch
vor dem Ersten Weltkrieg in die Villen-Kolonie Grunewald führte, in die
Delbrückstr. 23.*

Walter Benjamin

*Ein anderer Endpunkt dieses West-Trends der reichen Familien war das
Charlottenburger Westend-Viertel, in dem eine Kusine Benjamins und Enke-
lin der Blumeshofer Großmutter aufwuchs: die Lyrikerin Gertrud Kolmar.
Weniger wohlhabende Familien zogen nach Friedenau und Wilmersdorf. Der
Weg folgt dieser westwärts gerichteten Bewegung vom Alten Westen vor dem
Potsdamer Tor bis an die Grenze der damals neuen City, »W 15«.*

*Der erste Verkehrs-
turm Europas auf
dem Potsdamer Platz*

Potsdamer Brücke
❶

Menzel im Café Josty

Angemessener Ausgangspunkt dieses Spaziergangs wäre der Potsdamer Platz; da es ihn aber noch nicht wieder so gibt — wenn es ihn
denn je wieder so geben sollte, daß es sich lohnt, Freunde der Literatur dorthin zu schicken —, beginnen wir an der Potsdamer Brük-
ke, vor der Nationalgalerie. Der Potsdamer Platz ist mit seinem
Zwillingsplatz, dem Leipziger, in den letzten Jahrzehnten des 19.
Jahrhunderts, dann verstärkt nach dem Ersten Weltkrieg das Zentrum der Metropole geworden. Schließlich war der Verkehr hier so
lebhaft, daß man 1924 den ersten europäischen Verkehrsturm mit
optischer Verkehrsregelung installierte — ein schmales fünfeckiges
Bauwerk mit Normaluhr, fünf Ampelbatterien und einem Ausguck für den Verkehrspolizisten. Die Künstler und Schriftsteller
der Epoche hatten ihren eigenen Ausguck: die Terrasse des Café
Josty, seit 1880 am Potsdamer Platz, Ecke Bellevuestraße. Dort
traf bereits Fontane den Maler Adolph Menzel, später waren neben vielen anderen George Grosz und Paul Zech Stammgäste.
Sechzig Jahre später ist hier nicht nur der teuerste Grund und Boden der neu zusammenwachsenden Stadt, sondern auch einer der
sensibelsten Kernbereiche der Stadtplanung für das 21. Jahrhundert. Die in einer Reihe von Wettbewerben engagierten internationalen Architektenteams sind an einige Vorgaben des Berliner Senats gebunden, die vor allem die traditionelle Berliner Blockbe-
bauung und die Bauhöhe betreffen. Die künftige Gestalt des Platzes ist heute erst andeutungsweise erkennbar.

Dort, wo ehemals der Potsdamer Platz sich befand, beginnt mit
der Potsdamer Straße die Bundesstraße 1, die sich als Hauptver-
kehrsader (Haupt-/Rhein- und Schloßstraße, Unter den Eichen,
Berliner Straße und schließlich Potsdamer Chaussee) durch die
Bezirke Schöneberg, Steglitz, Lichterfelde, Zehlendorf und Wannsee zieht. Als die Potsdamer Straße im 19. Jahrhundert eine be-
schauliche Vorstadt, das »Geheimratsviertel« durchquerte, wohn-

te hier in der Nr. 41 (heute 102) von 1831 bis 1839 Joseph von Ei-
chendorff mit seiner Familie. Seine späteren Wohnsitze in Berlin
waren in der Nähe: Bellevuestraße und Am Karlsbad.

Zwischen dem Potsdamer Platz und der Potsdamer Brücke
wohnte von 1870—1876 der Maler Adolph Menzel, und hier befand sich auch im Haus Nr. 12 (heute 24) die »Frederichsche Spei-
sewirtschaft«, deren Stammgast Menzel war. Auf dem Grundstück
der neuen Staatsbibliothek lag das Haus 134 c, in das Theodor
Fontane 1872 einzog und in dem er bis zu seinem Tod 1898 lebte.
Ein großer Teil seiner Berlin-Romane ist hier entstanden. So
»L'Adultera« (1882), »Schach von Wuthenow« (1883), »Irrungen,
Wirrungen« (1888), »Stine« (1890), »Frau Jenny Treibel« (1892)
und »Effi Briest« (1895).

Theodor Fontane

Ab 1869 wurden die Landhäuser, die bis zu dieser Zeit das Gesicht der Stadt geprägt hatten, von Mietshäusern verdrängt. In den
20er Jahren entstanden dann immer mehr Geschäftshäuser. Die
Straße blieb eine wichtige »literarische Adresse«. Vom ruhigen
Geheimrats- und Gelehrtenwohnsitz entwickelte sie sich zu einer
Hauptstraße des literarisch-künstlerischen Lebens: ein Zentrum
war das Haus 134 a mit Herwarth Waldens Galerie »Der Sturm«
(1912 gegründet; zuerst Potsdamer Platz 18) sowie der Redaktion
und dem Verlag seiner Zeitschrift gleichen Namens (gegründet
1910).

Den 1878 in Berlin geborenen Georg Lewin hatte seine erste
Frau, Else Lasker-Schüler, die wie er um 1900 zur Gruppe um Peter Hille gehörte und mit der er zwischen 1901 und 1911 verheiratet
war, in Herwarth Walden umgenannt. Er war eigentlich Musikwis-
senschaftler und Pianist, aber seine Bedeutung für die moderne
Kunst- und Literaturgeschichte liegt in seiner Tätigkeit als Publizist
und Galerist, als Kunstkritiker und Theoretiker, als großer Anre-
ger. Er hat als erster die expressionistische Avantgarde seiner Generation gefördert, seine Zeitschrift war ihr Sprachrohr, er stellte
1910 Kokoschka vor, veröffentlichte Zeichnungen und Holzschnit-
te der Maler der »Brücke« und des »Blauen Reiters«; Franz Marc,
Wassilij Kandinski und andere schrieben für den »Sturm«, ihre Bilder wurden in der Galerie ausgestellt. Bei Walden hatten auch die
italienischen Futuristen ihr deutsches Debüt. — Herwarth Walden
wurde nach dem Ersten Weltkrieg Mitglied der KPD und der »Gesellschaft der Freunde Sowjet Rußlands«, ging 1932 nach Moskau
und arbeitete dort an einer Fremdsprachenschule. In der Zeitschrift der deutschen Emigranten »Das Wort« (herausgegeben von
Bertolt Brecht, Willi Bredel und Lion Feuchtwanger) veröffentlichte er zwischen 1937 und 1939 antifaschistische Glossen, literar-
und musikhistorische Essays und verteidigte im Rahmen der Ex-
pressionismus-Debatte den Expressionismus gegen die Vorwürfe,
dem Faschismus ideologisch den Boden bereitet zu haben. Im
März 1941 wurde er verhaftet, im Gefängnis in Saratow ist er gestorben.

Else Lasker-Schüler

Dort, wo die Potsdamer Brücke den Landwehrkanal überquert, hatte im (heute neu aufgebauten) Eckhaus vor der Straße Am Karlsbad der 1919 gegründete Rowohlt Verlag seine Räume. Bis auch Rowohlt mit dem Verlag — dem Zug nach Westen folgend — aus der Potsdamer in die Passauer Straße umzog, verkehrten hier die bedeutendsten Autoren der Zeit. Einer der großen Lektoren des Verlags war Franz Hessel, ein guter Freund Walter Benjamins. Seine Bücher »Spazieren in Berlin« (1929), »Heimliches Berlin« (1927) und »Teigwaren leicht gefärbt« (1926) gehören zu den schönsten Stadt-Büchern der zwanziger Jahre.

Nach dem Zweiten Weltkrieg hat die Potsdamer Straße ihr Gesicht noch einmal gründlich verändert. Die großen Kulturbauten Philharmonie, Nationalgalerie, Staatsbibliothek und die neuen Museumsbauten stehen ohne städtische Umgebung wie in einem luftleeren Raum. Erst hinter dem Landwehrkanal beginnt wieder die belebte Straße. Aber diese Straße ist kein kultureller Lebensraum mehr, auch wenn »Der Tagesspiegel« und das »tip magazin« hier ihre Redaktionen haben, es einige große Fachbuchhandlungen gibt und hier und da Galerien. Geschäftshäuser und große Läden machen »die Potse« zwar zu einer belebten, aber nicht zu einer beliebten Straße. Sie wird immer trostloser, je weiter man nach Schöneberg kommt. Schäbige Stundenhotels, zum Teil zu elenden Gastarbeiterwohnheimen umfunktioniert, prägen das Stadtbild. Die Gegend um die Bülowstraße in nördlicher Richtung auf den Bülowbogen zu, war allerdings auch in den zwanziger Jahren ein Bordell- und Kneipenviertel. So erscheint sie in Paul Zechs Gedicht »Bülowbogen« von 1924:

Maxe mit der Brühwurst ist schon aufgezogen,
und im milden Licht der Bogenlampen
manchmal kommt auch eine von den Schlampen
wie ein großer Weidenschwärmer angeflogen.

Und es spricht der Schupo zu der alabaster-
weißen Dame mancherlei vom Wetter und daß morgen
dienstfrei wäre und man auch so seine Sorgen
mit der Liebe hätte bei dem knappen Zaster.

Mittlerweile hat die Hochbahn aufgehört zu kreischen,
und die Luft in den Cafés ist dick zum Schneiden.
Nur die Männer können sich noch immer nicht entscheiden
für die Nachtgemahlin unter den massiven Fleischen.

Und sie suchen auch noch draußen in dem Haufen
aller Laster sich herumzudrücken vor dem letzten
Glockenzeichen, bis sich zu herabgesetzten
Handelspreisen auch die Minderjährigen verkaufen.

Wir kehren zur Potsdamer Brücke zurück. Hier gründete der poetische Landstreicher Peter Hille um 1900 ein »Vorleseheim«: »Der blauen Blume fromm geweiht, nicht Plebejer Lustbarkeit.« Wir

biegen in die Straße am Kanal ein, das Schöneberger Ufer. Gegen- *Potsdamer Straße*
über, am nördlichen Kanalufer wurde das ehemalige Reichsversi-
cherungsamt, 1894 von Busse gebaut, in das Internationale Wis-
senschaftszentrum integriert, eine der größten außeruniversitären
Einrichtungen für sozialwissenschaftliche Forschung in Europa.
Die Baukörper-Collage des Architekten James Stirling ist eine
reizvolle, für manche Betrachter provokante Bereicherung des architektonisch hoch prominenten Kulturforums.

Durch eine Hofeinfahrt betreten wir die kleine Straße Blumeshof, eine ehemals »gute Adresse« des Alten Westens. Walter Benjamin hat seiner Großmutter und ihrer Wohnstraße Blumeshof ein
Kapitel in seiner »Berliner Kindheit um Neunzehnhundert« gewidmet. Georg Hermann, der Autor von »Jettchen Gebert«, einem Roman aus dem Jüdisch-Berliner Biedermeier, hat hier seine
früheste Kindheit verbracht, ehe die Familie näher zum Tiergarten
in die Bendlerstraße zog. Blumeshof 9 war bis zur Zerstörung im
Zweiten Weltkrieg die Adresse des Grieben-Verlags.

Vom Schöneberger Ufer geht die ehemalige Magdeburger, heu- **Kluckstraße**
te Kluckstraße ab, in der Walter Mehring seine Jugend verlebte
(der zukünftige Dadaist veröffentlichte schon als Schüler seine ersten expressionistischen Gedichte in Waldens »Sturm«). Das Anfang der sechziger Jahre erbaute Jugendgästehaus am Eingang der
Kluckstraße gibt einen reizvollen Kontrast zum ehemaligen Shell-
Haus, das 1930–1932 als einer der ersten Stahlskeletthochbauten
errichtet wurde, einer der wenigen erhaltenen schönen Bauten der
Moderne, bestechend durch den großen horizontalen Wellen-
schlag seiner Fassade. — Es folgt die Genthiner Straße mit dem

de Gruyter-Verlag und dem überraschend hinter eintönigen Fassaden von Möbelgeschäften versteckten Begas-Winkel, einer kleinen Privatstraße, die 1870 angelegt wurde und von deren zehn Villen sechs erhalten sind. Ihren Namen hat sie von dem Maler Adalbert Begas. Er hatte hier sein Atelier, in dem übrigens öfter auch Reinhold Begas arbeitete, der Künstler des Neptunbrunnens im Zentrum Berlins.

Im Haus Nr. 30 i wohnte zu Anfang des Jahrhunderts der Maler und Kunstkritiker Julius Meier-Gräfe. Hauptmann, Rilke, Dehmel und Hofmannsthal u.a. waren bei dem einflußreichen Autor zu Gast. Meier-Gräfe und seine Frau verkörperten in ihrem Lebensstil, von der Wohnungseinrichtung bis zur Kleidung, den ästhetischen und intellektuellen Idealtyp des Jugendstils.

Lützowstraße 42

Von hier lohnt ein Abstecher zur Alten Pumpe in der Lützowstraße 42. Dort ist ein ehemaliges Pumpwerk zum Kultur- und Kommunikationszentrum ausgebaut und umgestaltet worden. Besonders gelungen ist die Umfunktionierung des alten Industriegebäudes zu einer sehr schönen, großen Veranstaltungshalle, in der verschieden gestaltete Treppen die unterschiedlichen Niveaus verbinden und die alten Pumpanlagen die frühere Nutzung des Raums ins Gedächtnis rufen.

Lützowplatz
❸

Für Liebhaber neuer Stadtarchitektur ist die nähere Umgebung von Lützowstraße und Lützowplatz ein Eldorado: Die Wohnzeile von Oswald Mathias Unger an der Westseite des Lützowplatzes, das sogenannte Stadthaus-Quartier verschiedener Architektengruppen in der Lützowstraße, die fünf individuell gestalteten Energiesparhäuser am Lützowufer, um nur einige in den letzten zehn Jahren realisierte Projekte zu nennen.

Von der Genthiner Straße gelangen wir über die Kurfürstenstraße zu der alten Stadtvilla (Nr. 58), in der das Café Einstein mit einem abwechslungsreichen Musik-, Tanz- und Literaturprogramm und seinem Flair des Wiener Kaffeehauses eine international bekannte und beliebte Adresse für Intellektuelle und Stadtliebhaber geworden ist. Von dort kommen wir über die Einemstraße zum Nollendorfplatz. Sein Zentrum bildet der U- und Hochbahnhof.

Nollendorfplatz
❹

Bereits um 1900, als im »Nollendorf-Casino« sich »Die Kommenden« trafen, zu denen u.a. Rudolf Steiner, Else Lasker-Schüler, Herwarth Walden und Peter Hille gehörten, war der Nollendorfplatz ein Zentrum des literarischen und künstlerischen Lebens. 1909 gründete Kurt Hiller mit Freunden hier den »Neuen Club«, später das »Neopathetische Cabaret«, dann das Kabarett »Gnu«. Zu dieser Gruppe gehörten Georg Heym, Ernst Blaß und Jacob van Hoddis. Der zu Unrecht vergessene Autor Paul Boldt trat hier das erste Mal mit einer Lesung seiner Gedichte an die Öffentlichkeit.

Später, in den zwanziger Jahren, trafen sich im Café Adler Benn, Döblin, Ludwig Marcuse; Ödön von Horvath, ohne festen Wohnsitz, lebte meist in dieser Gegend. — Das Metropol am Nollendorfplatz, eine gerade wieder einmal neu eröffnete Diskothek, hat eine bewegte Geschichte hinter sich: es wurde 1906 als »Neues Schauspielhaus« eröffnet, von 1927—1930 arbeitete hier Erwin Piscator. In seinem »Theater am Nollendorfplatz« wurde 1927 Tollers »Hoppla, wir leben« uraufgeführt.

Nach Piscators wirtschaftlichem Zusammenbruch wurde aus dem Theater eine Filmbühne, der ›Mozartsaal‹. Hier sprengten protestierende Nationalsozialisten unter Führung von Arnolt Bronnen im Dezember 1930 die Premiere des amerikanischen Films ›Im Westen nichts Neues‹ nach Remarques gleichnamigem Roman, indem sie weiße Mäuse in das Parkett laufen ließen. Axel Eggebrecht schildert diesen Skandal in seinem Buch »Volk ans Gewehr«. Eine andere — verschlüsselte — Darstellung findet sich in Marieluise Fleißers Theaterstück »Der Tiefseefisch«. — Solche Skandale waren in der literarischen Welt dieser Zeit keine Seltenheit. In ihnen setzten sich die Straßenschlachten zwischen Kommunisten und Nazis fort, die die Stadt damals erschütterten.

In der Zeit dieser Skandale, den ausgehenden zwanziger, beginnenden dreißiger Jahren war der Nollendorfplatz schon keine Gegend mehr, in der Bürger wohnten, die etwas auf sich hielten und genügend Geld hatten. Wie in »Blumeshof« sind die Bewohner der Gegend um den Nollendorfplatz verarmt, können die großen alten Wohnungen nur halten, wenn sie untervermieten. In einer dieser Wohnungen (Nollendorfstr. 17) findet 1929 Christopher Isherwood ein Zimmer.

Nollendorfplatz

» Unter meinem Fenster die düstere Straße, eine massive Pracht. Kellerläden, in denen tagsüber Licht brennt, im Schatten gewaltiger, balkongeschmückter Fassaden, schmutziger Stuckfronten mit hervorquellenden Schnörkeln und heraldischen Symbolen. Das ganze Viertel ist so: straßauf, straßab Reihen von Häusern, gleich schäbigen Reisegeldschränken, die vollgestopft

Der Nollendorfplatz mit Hochbahnhof

sind mit den verblichenen Kostbarkeiten und mit den zweitklassigen Möbeln einer bankrotten Mittelschicht . . . Um acht Uhr abends werden die Haustüren zugemacht. Die Kinder bekommen ihr Abendbrot. Die Geschäfte sind geschlossen. Über der Nachtglocke des kleinen Hotels an der Ecke, wo man Zimmer stundenweise mieten kann, wird das Leuchtschild eingeschaltet. Und bald hebt das Pfeifen an. Junge Männer rufen ihre Mädchen. Sie stehen unten in der Kälte und pfeifen hinauf zu den hellen Fenstern warmer Zimmer, in denen die Betten für die Nacht schon gerichtet sind. Sie möchten eingelassen werden. Ihre Pfiffe hallen im dunklen Schacht der Straße, lüstern, einsam und traurig.«

Der 1904 geborene, noch erfolglose englische Schriftsteller verdient sich seinen kümmerlichen Lebensunterhalt als Englischlehrer reicher »höherer« Töchter. Eine seiner gut situierten Bekannten wirft ihm vor, er wohne in einer ganz falschen Gegend (Wilmersdorf wäre weit besser). Der homosexuelle Isherwood zieht aber seine eher schäbige Wohngegend vor; sie ist ein Zentrum der homosexuellen Welt mit zahlreichen Bars und Kneipen (übrigens bis heute geblieben). Sein Buch »Goodbye to Berlin« (1935; dt. 1979 bei Ullstein erschienen als »Buch zum Erfolgsfilm CABARET«) sagt der Metropole der zwanziger Jahre, ihrem Glanz und ihrer trostlosen Armut Lebewohl. Isherwood verließ Berlin und Deutschland 1933 und emigrierte 1939 in die USA, wo er 1986 gestorben ist.

Nelly Sachs

Maaßenstraße 12

Direkt vom Nollendorfplatz geht die Maaßenstraße ab. Hier ist im Haus Nr. 12 (früher Nr. 15) am 10.12.1891 Nelly Sachs geboren. 1940 konnte sie im allerletzten Augenblick mit ihrer Mutter aus Deutschland entkommen. Mit Hilfe Selma Lagerlöfs, die Nelly Sachs von Jugend auf verehrte, gelang es ihnen, in Stockholm Aufnahme zu finden. Alle Familienangehörigen und ihr Bräutigam sind in Konzentrationslagern umgebracht worden.

Die Maaßenstraße führt auf den Winterfeldplatz. Der Platz belebt sich an Markttagen zu bunter Alltagsfestlichkeit, denn hier hat einer der größten und bei jungen und alten Leuten sehr beliebten Wochenmärkte seinen Standort. Unter Händlern und Kunden sind viele Türken. — In der Umgebung des Platzes haben in den letzten Jahren viele neue Cafés und Läden geöffnet. Mit den hier traditionell ansässigen Antiquariaten ergibt das eine bunte, reizvolle Mischung, die das Viertel attraktiv macht für die Szene der Interllektuellen, Künstler, Studenten und Alternativen aller Richtungen.

Blaulicht und Wasserwerfer: Ecke Maaßen-/Winterfeldstraße

In der Maaßenstraße, der Winterfeldstraße und dem Winterfeldplatz waren 1982 viele der alten, zum Teil verkommenen, aber in der Bausubstanz soliden Häuser besetzt. Deshalb war hier ein Zentrum der Kämpfe zwischen Besetzern und Polizei. In dieser Zeit waren Blaulicht, Mannschaftswagen und Tränengas alltäglich geworden für die Anwohner — deshalb nicht weniger unerträglich.

Ob wir vom Winterfeldplatz die breit ausgebaute Hohenstaufenstraße entlanggehen oder die ruhigere Winterfeldstraße — in beiden und in den kleineren Parallel- und Querstraßen können wir

viele Häuser aufsuchen, in denen Autoren gewohnt haben. Voß nennt u.a. für die Habsburgerstraße 5 Bebel (das Haus ist erhalten), die Eisenacher Straße 98 als Wohnhaus Hermann Kestens — um 1930, hier steht jetzt ein Neubau —, für die Winterfeldstraße 38 (jetzt Nr. 71, das Haus steht nicht mehr) Otto Julius Bierbaum (um 1900). In der Luitpoldstraße ist Hans Fallada (Pseudonym für Rudolf Ditzen) aufgewachsen. Ernst Weiß hat dort (im Haus Nr. 34) von 1926—1930) gewohnt. An der Stelle dieses Hauses befindet sich jetzt ein großes Lebensmittelgeschäft. Im alten Haus Hohenstaufenstraße Nr. 36 (zwischen Münchener und Ansbacher Straße) hatte 1921 Egon Erwin Kisch seine erste Wohnung in Berlin.

Vom Nollendorfplatz über den Viktoria-Luise-Platz bis zum Prager Platz (bereits auf Wilmersdorfer Gebiet) führt die Motzstraße. Sie ist einen geruhsamen Spaziergang ihrer ganzen Länge nach wert. Sie verbindet die beiden Schauplätze, auf denen sich die dramatischen Ereignisse von Erich Kästners berühmtem Kinderroman »Emil und die Detektive« (1928) abspielen: den Nollendorf- und den Prager Platz. Die Motzstraße entlang fährt der Dieb, der Emils Geld gestohlen hat, im Taxi und wird ohne sein Wissen von Emil und seinen neuen Berliner Freunden verfolgt. Kästners Roman gehört zu den ersten Kinderbüchern, die nicht nur in der Großstadt spielen, sondern in der sie selbst auch eine Rolle spielt (und keine negative, wie das in der traditionellen Kinderliteratur häufig vorkam und vorkommt).

Die Motzstraße zwischen Nollendorfplatz und Martin-Luther-Straße ist nicht nur von Restaurants und Bars belebt, sondern auch geprägt von Antiquitätenläden und Antiquariaten. Eine Beson-

Wilmersdorf: Viktoria-Luise-Platz

Habsburgerstraße 5
❺
Eisenacherstraße 98

Luitpoldstraße

Hohenstaufenstraße 36

Mozartstraße
❻

Erich Kästner

Schöneberg   229

derheit sind Buchhandlung und Verlag Richard Schikowski in der Nr. 30: Einer der ältesten und renommiertesten esoterischen Verlage Deutschlands, der 1981 seinen 35jährigen Geburtstag feierte, Magie, Astrologie, Mystik, Kabbala und Tarot (-karten und -lehrbücher) sind einige seiner Schwerpunkte. Die Adresse ist so bedeutungsschwer wie die Literatur, die er verlegt und vertreibt: es ist das Haus, in dem Rudolf Steiner von Beginn des Jahrhunderts an bis zu seiner Übersiedlung nach Dornach wohnte. Die Motzstraße 17 war lange Zeit Zentrum der Anthroposophie, deren erste Entwicklungsphase in die Jahre 1902 bis 1909 fällt. Christian Morgenstern, der einer der treuesten Anhänger Steiners wurde, hatte 1908 in der Kalkreuthstraße, gleich um die Ecke, ein Zimmer.

Nur ein paar Schritte vom Nollendorfplatz entfernt, in der jetzigen Nr. 7, war das Hotel Koschel, an dessen Stelle sich jetzt der »Sachsenhof« befindet. Hier hatte von 1924 an Else Lasker-Schüler ein kleines, schäbiges Zimmer, bis sie 1933 emigrierte. Auch Ernst Rowohlt wohnte hier vorübergehend nach dem Ersten Weltkrieg und hat in diesem Hotel die Vorbereitungen zur Gründung seines Verlages (1919) getroffen. Seine Freunde Walter Hasenclever, Theodor Däubler und Oskar Kokoschka wohnten ebenfalls zu dieser Zeit hier. Weitere Bewohner der Motzstraße waren der Jugendstil-Autor Max Dauthendey, Robert Musil, der expressionistische Maler Ludwig Meidner und schließlich Hans Scholz, der Autor des Berlin-Romans »Am grünen Strand der Spree« (1955).

Von der Martin-Luther-Straße bis zum Viktoria-Luise-Platz ist die Motzstraße reine Wohnstraße mit einem Kinderspielplatz und

Russen im Berliner Westen

Nach dem Ersten Weltkrieg und vor allem mit dem Beginn der Inflation im Jahr 1922 veränderten sich die Vermögensverhältnisse auch im Berliner Westen: wer sein Guthaben von mehreren Millionen Mark nicht rechtzeitig fest angelegt hatte, konnte kurze Zeit später davon gerade noch die Lebensmittel für die kommende Woche besorgen. Das KaDeWe profitierte in dieser Zeit von einem anderen Kundenkreis: wer es sich jetzt noch leisten konnte, dort einzukaufen, hatte gewöhnlich ausländisches Geld. Viele der neuen Kunden des KaDeWe waren Russen.

Nach der Oktoberrevolution 1917 siedelten sich viele russische Emigranten vor allem um die Kantstraße und um den Wittenbergplatz herum an, und jedes Jahr kamen neue dazu. Im Jahr 1923 — dem gleichen Jahr, in dem der Dollarstand von 18.000 Mark im Januar auf 40 Milliarden Mark am 22. Oktober kletterte —, lebten schätzungsweise 300.000 Russen im Berliner Westen. Damals begann sich bei den Charlottenburgern — zuerst bei den deutschen und dann auch bei den russischen — die Bezeichnung ›Charlottengrad‹ einzubürgern. In kürzester Zeit gab es hier eine eigene russische Infrastruktur mit Schulen, Geschäften, Theatern, Banken und allein über achtzig Zeitschriften- und Buchverlagen. Das russische Cabaret »Der Blaue Vogel«, das unter anderem im »Palmenhaus« im ehemaligen Boarding-Palast (Kurfürstendamm 193-194) spielte, wurde auch von nicht russischsprachigen Berlinern begeistert besucht.

Viele Schriftsteller wie Vladimir Nabokov, Marina Zwetajewa oder Alexej Tolstoi und Künstler wie Iwan Puni, El Lissitzky und Natalja Gontscharowa lebten um diese Zeit in Berlin. Unter ihnen waren sowohl entschiedene Emigranten als auch entschiedene Anhänger der neuen Sowjetunion, die ihren Aufenthalt als vorübergehend betrachteten — und nicht zuletzt sehr viele, die sich zwischen beiden Positionen hin- und hergerissen fühlten. Zu ihnen gehörte der Schriftsteller Andrej Belyj, der das »Charlottengrad« von 1924 beschrieb: »Man zog in die Passauer Straße, Ecke Wittenbergplatz, gegenüber vom berühmten KaDeWe..., in dessen Vitrinen, arrangiert von den Händen der Dekorateure, sanfte Seiden sich stufen (von blau zu zitronengelb oder von grellorange zu tiefviolett), wo Wachsschönheiten geziert ihre Toiletten vorführen; die Drehtüren des blitzenden KaDeWe schieben von morgens bis abends Massen von modehungrigen Damen und feschen Herren herein, die der Lift eiligst in alle vier der riesigen Etagen befördert; schicke Verkäufer und Verkäuferinnen breiten vor ihnen die Waren aus. Sie merken nicht sofort, daß unter den hier versammelten Nationen, den Polen, Tschechoslowaken, Chinesen, Japanern und Russen, eine fehlt: die deutsche; die zieht die entfernteren, billigeren Kaufhäuser um den Alexanderplatz und den Stettiner Bahnhof vor; das KaDeWe ist für die Deutschen zu teuer; und dann stellt sich sogar heraus: Charlottengrad ist ihnen zu teuer; es ist vor allem etwas für die Russen. [. . .]

Hier beginnt der Charlottengrader Kusnezki Most, Pardon — die Tauentzienstraße, das Zentrum der russischen parties de plaisir durch Berlin, jene Tauentzienstraße, von der die Coupletsänger in allen Charlottengrader Cabarets und Sommerkurorten an der See schwärmen:

Nacht! Tauentzien! Kokain!

Das ist Berlin!

Und das bourgeoise Publikum wiehert: die ganze Welt kennt ›Nacht‹, ›Kokain‹, ›Tauentzien‹. Hier trifft man sie alle wieder! Den Advokaten aus Moskau und den Literaturkritiker des verflossenen Petrograd, General Krasnow und den ehemaligen ›Dorf‹-Minister Viktor Tschernow, der fröhlich seine grauen Haare wehen läßt [. . .] Pilnjak, Pasternak, Majakowski — alle hier. ›Unmöglich, die sind doch in Rußland!‹ — ›Aber ich bitte Sie: Majakowski treffe ich ständig auf der Tauentzienstraße.‹« (Andrej Belyj, Wie schön es in Berlin ist)

Anselm Bühling

Welserstraße

Viktoria-Luise-Platz
❼

einem griechischen Restaurant. Vom Viktoria-Luise-Platz bis zur Kreuzung Hohenstaufenstraße häufen sich dann die Kneipen, die mittlerweile älteste ist die »Schöneberger Weltlaterne«. Der Viktoria-Luise-Platz, U-Bahn-Station der kleinen Linie 4 zwischen Nollendorf- und Innsbrucker Platz, die 1910 als eine der frühesten U-Bahnstrecken eröffnet wurde, ist in den letzten Jahren restauriert worden — der schöne Platz war vorher ganz verwahrlost. Hier befindet sich neben der Mündung der Welserstraße die Berufs-Fachschule des Lette-Vereins. Auf der anderen Seite war das Haus Nr. 9, in dem jetzt eine Bank untergebracht ist, ursprünglich für die Zofen der Kaiserin erbaut worden und hat noch bis heute sein besonders reizvolles Treppenhaus bewahrt. Dort, wo die Münchener Straße in den Platz mündet, am Neubau mit Apotheke, findet sich eine Wandtafel zu Ehren Ferruccio Busonis. Busoni wurde 1866 als Sohn einer Pianistin und eines Klarinettenvirtuosen in der Nähe von Florenz geboren. Seit 1894 lebte er mit seiner Frau und zwei Kindern in Berlin. Am Viktoria-Luise-Platz war seine letzte Wohnung. Er starb 1924 und liegt auf dem Friedenauer Friedhof in der Stubenrauchstraße begraben. Über seinem Grab steht eine Bronze — »Genius« — von Georg Kolbe. In einer seiner Opern, (deren Libretti Busoni selbst schrieb), der »Brautwahl«, hat er einen Stoff aus dem Berliner Biedermeier aufgegriffen, einer Erzählung von E.T.A. Hoffmann folgend. Einer ihrer Schauplätze sind die »Zelte« im Tiergarten, ein berühmter Lustort des alten Berlin und ein Zentrum der 1848er Revolution. An der Stelle der »Zelte« steht jetzt die inzwischen wiederaufgebaute Kongreßhalle. Andere Busoni-Opern sind »Turandot« und »Faust«, dessen Uraufführung er nicht mehr erlebte (1925).

Robert Musil

Regensburger Straße
15

Vom Viktoria-Luise-Platz durch die Regensburger Straße: In einem der letzten Häuser vor der Bundesallee, im Haus Nr. 15, hat Robert Musil 1908/09 gewohnt. Wenn wir zwei Querstraßen vorher abbiegen, in die Bamberger Straße — die Grenze zwischen den Bezirken Schöneberg und Wilmersdorf — so liegt links das Haus Nr. 6, in dem jahrelang der Wagenbach-Verlag seine Räume hatte. Heute hat der Verlag sein Domizil in der Ahornstraße 4 im Tiergartenviertel. Biegen wir rechts ab, so kommen wir zur Kreuzung Hohenstaufen-, Ansbacher- und Motzstraße. Die Verlängerung der Hohenstaufenstraße ist die Nachodstraße. Hier befand sich das israelische Restaurant »Mifgash«, in dem 1982 bei einem Bombenattentat ein kleines Kind ums Leben kam (Nr. 24 jetzt Pizzeria). Um die Ecke, in der Prager Straße, befindet sich das Restaurant, in dem am 17. September 1992 vier kurdische Politiker aus dem Iran ermordet wurden.

Im Haus Nachodstraße 9 hat kurz vor seinem Tod 1929 Arno **Nachodstraße** Holz gewohnt und in einem anderen, Nr. 12, für einige Jahre (zwischen 1912 und 1920) Kurt Tucholsky. Das letzte Grundstück vor der Bundesallee ist leer. Hier war 1885 das »Mariannenhaus« erbaut worden, ein braunroter Ziegelbau, als Heim für gefallene Mädchen geplant. — Bis zu seinem Abriß 1974 stand auf diesem Grundstück, das jetzt mal einen kleinen Auto- oder Trödelmarkt, auch zuzeiten einen Mini-Zirkus aufnimmt, noch eine kleine russische Kirche — einer der wenigen und letzten Hinweise darauf, daß in dieser Gegend bis hin zum Wittenbergplatz viele russische Emigranten gewohnt haben. Sie prägen in den zwanziger Jahren die Atmosphäre des Viertels, vor allem durch ihre zahlreichen Lokale, in denen man glauben mochte, daß Großfürsten und ehemalige *Kurt Tucholsky* Prinzessinnen die russischen Spezialitäten servierten. Gorkij, Sklovskij, Nabokov, Ehrenburg konnte man damals hier treffen. Durch die Prager Straße gelangen wir zum Prager Platz, zur Zeit Kästners, der hier einmal gewohnt hat, eine gepflegte kleine Grünanlage, umgeben von prächtigen, türmchen-verzierten Berliner Altbauten und einer belebten Straße ringsum, auf der die Straßenbahn fuhr. Nach jahrzehntelanger Verwahrlosung wurde der Platz als ein Schwerpunkt der Internationalen Bauausstellung Berlin 1987 neu bebaut (Architekten u.a. Gottfried Böhm und Rob Krier).

Kurt Tucholsky

Vom Prager Platz geht die Prinzregentenstraße ab, in der wir die **Prinzregentenstraße** Spuren Walter Benjamins wiederfinden. Hier aber wohnte nicht **66** seine wohlhabende Familie, sondern er hatte seine letzte Berliner ❾ Wohnung (von 1930 bis zu seiner Emigration 1933) im Haus Nr. 66. Hier ist die »Berliner Kindheit um Neunzehnhundert« entstanden, die 1950 zum ersten Mal geschlossen publiziert wurde.

In einer kleinen Parallelstraße, der Helmstedter, wohnte Anna Seghers bis 1933, in der Verlängerung der Helmstedter jenseits der Grunewaldstraße, der Babelsberger, Paul Zech. In der verkehrsreichen Güntzelstraße, die quer zur Prinzregentenstraße verläuft, hatte Egon Erwin Kisch seine letzte Berliner Wohnung. Vom Prager Platz sind es nur wenige Schritte zur Bundesallee, wie die ehemals prächtige, mit zahlreichen Rüsterreihen bestandene Kaiserallee seit Anfang der fünfziger Jahre heißt. Sie verbindet die City um Zoo und Kurfürstendamm mit Friedenau und Steglitz und ist heute eine langweilige Autorennstrecke. Hier im alten »W 15« blättert die Stadt ein anderes Kapitel ihrer literarischen Geschichte auf, und der Stadt-spazierende Leser wird einstweilen zur eigenen Lektüre entlassen.

Anna Seghers
Helmstedter Straße

Güntzelstraße

Gundel Mattenklott

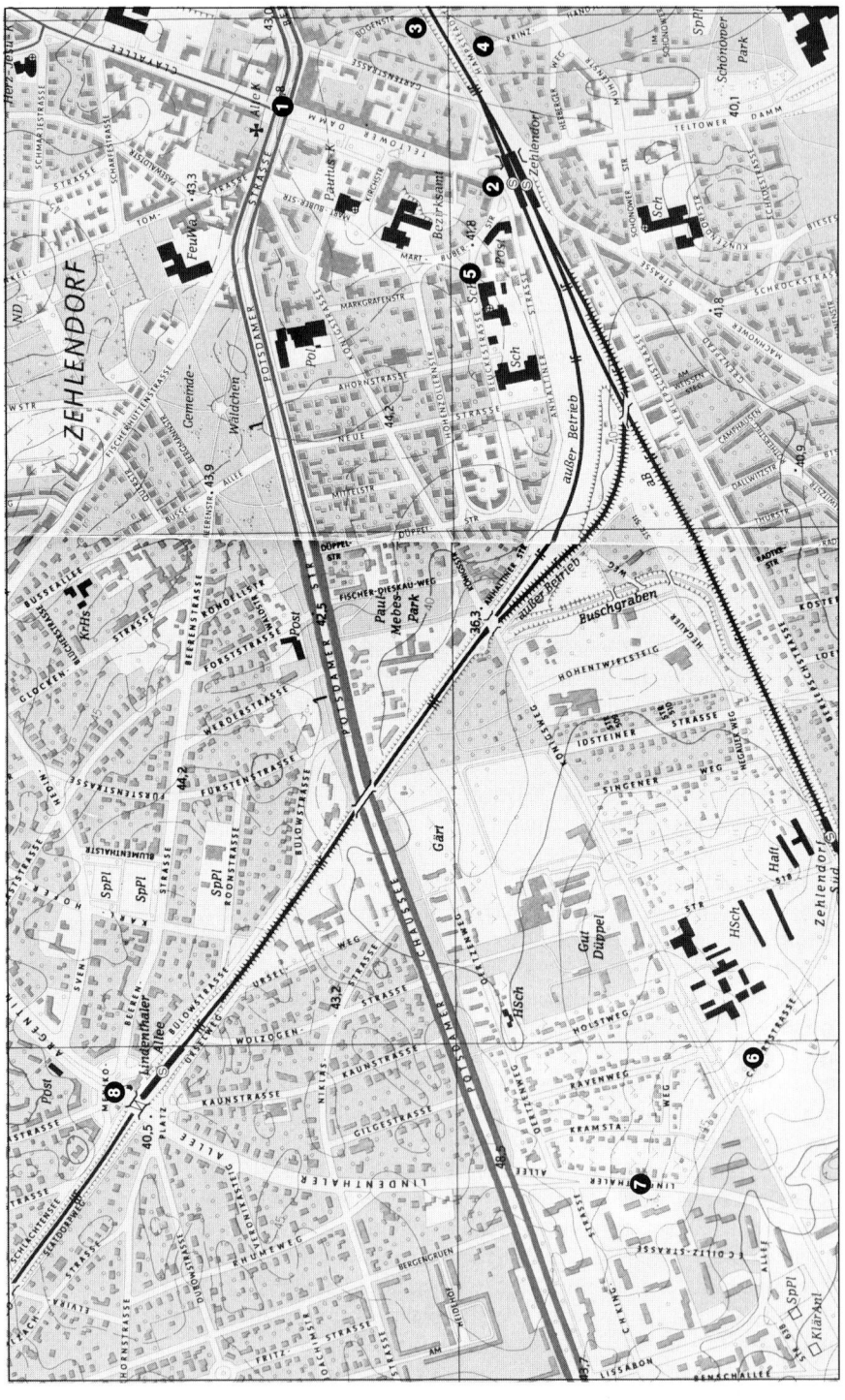

Villen, Veranden und ein Wirtshaus mit Schilf

Zehlendorf

Ausgangspunkt: Clayallee/Potsdamer Straße/Berliner
Straße/Teltower Damm (Busse 101, 110, 112, 115, 118, 148,
211; S-Bahn Zehlendorf [S1])
Endpunkt: S-Bahn Schlachtensee (S1)
Dauer: 2 1/2 Stunden

Zehlendorf als Verwaltungsbezirk — das sind die Ortsteile Zehlendorf, Dahlem, Schlachtensee, Nikolassee und Wannsee. In dem südöstlichen Berliner Stadtbezirk wohnen auf über 70 qkm gerade knapp über 100.000 Menschen, weit weniger als in den Innenstadtbezirken. Wälder, Parkanlagen und Gewässer nehmen mehr als die Hälfte der Fläche ein. Und in Zehlendorf sind einige Berliner Ausflugsziele mit langer Tradition: Spaziergänge im südlichen Teil des Grunewalds, bei denen man der Hofjagd in der Nähe des Jagdschlosses zusah, wurden im 18. Jahrhundert Mode. In dem kleinen Schloß ist heute eine sehenswerte Gemäldegalerie untergebracht. Die Parkanlage der Pfaueninsel wurde schon 1821 von Friedrich Wilhelm für den allgemeinen Publikumsbesuch geöffnet. Auf den gegenüberliegenden Havelhöhen laden Nikolskoe mit seinem russischen Blockhaus und der Schloßpark Glienicke — ein klassizistischer Gegenentwurf zur Pfaueninsel — zu Entdeckungen ein. Einem Vergnügen anderer Art konnte man ab 1907 im Strandbad Wannsee frönen, das noch heute das größte Binnensee-Bad Europas ist, und selbst die Schlagerwelt bereicherte (»Pack die Badehose ein, nimm dein kleines Schwesterlein und dann nichts wie raus zum Wannsee«, sang einst die Berliner Göre und heutige Schauspielerin Cornelia »Conny« Froboes). Zehlendorf beheimatet außerdem den Museumskomplex Dahlem und das Brücke-Museum sowie die Freie Universität.

Zehlendorfs Einwohner gehören zum großen Teil der gehobenen Mittelschicht an. Der Besucher wird hier kaum Berliner (Arbeiter-) Jargon hören, auch wenn sich das Bild im Laufe der Jahrzehnte verändert hat. Der Zehlendorfer ist heimatbewußt, die Fluktuation der Mieter gering.

1920 wurde dem Verwaltungsbezirk Zehlendorf der Gutsbezirk Dahlem zugeordnet. Erst mit der Verlängerung der U-Bahnlinie 2 von Dahlem Dorf nach Krumme Lanke Ende der 20er Jahre wuchsen die an dieser Linie entstandenen Siedlungen und der Ortsteil Zehlendorf zusammen. Beim folgenden Spaziergang konzentrieren wir uns auf die Ortsteile Zehlendorf und Schlachtensee.

Clayallee/
Potsdamer Straße
❶

Unser Weg beginnt in Zehlendorf Mitte, dem heutigen Einkaufszentrum des Bezirks. An der Ecke Clayallee/Potsdamer Straße ist hinter der Eiche noch das ursprüngliche Dorfzentrum zu erkennen. Viel ist vom Dorfkern allerdings nicht erhalten: nur die Dorfkirche und das alte Schulhaus. Die Dorfaue ist zu einem Park umgestaltet worden. Sie zieht sich, gegenüber der Dorfkirche, am Teltower Damm entlang. Die Wetterfahne der Kirche verrät uns das Baujahr: 1768. Der achteckige Grundriß ist typisch für evangelische Barockkirchen, da er für die im Mittelpunkt stehende Predigt besonders geeignet war; so konnte der Pfarrer von allen Seiten gesehen und gehört werden.

Die Anfänge des Dorfes gehen allerdings ins 13. Jahrhundert zurück (erstmals erwähnt wurde es 1242). Friedrich der Große stiftete die Barockkirche, als er beim Pferdewechsel am schräg gegenüberliegenden Dorfkrug stets den im Siebenjährigen Krieg schwer beschädigten Bau vor sich sah. Möglicherweise eingedenk seiner Zehlendorfer Amme spendierte er trotz strapazierter Kassen die ansehnliche Summe von 6.000 Talern für einen Neubau. Der Baukonducteur meinte wohl, die Hälfte tät's auch und entschwand mit der anderen Hälfte über die Landesgrenze nach Sachsen. So wurde die Kirche nur halb so groß wie ursprünglich geplant. Für die Gemeinde von etwa 300 Kirchengängern war zwar genug Platz, der Turm geriet jedoch so schwächlich, daß er bald wieder abgetragen werden mußte. Seitdem läutet die ursprünglich dort aufgehängte Glocke (ihre Reliefs zeigen symbolische Tier- und Menschengestalten) — 1280 gegossen und damit die älteste Glocke Berlins — in der Johannes-Kirche der Gemeinde Schlachtensee in der Matterhornstraße. Das Schulhaus entstand sechzig Jahre nach dem Kirchenneubau und trägt die klassizistischen Züge der Schinkelschen Bauschule. Heute ist darin das Heimatmuseum untergebracht.

Die Ruhe, die der Rest des alten Dorfkernes mit seinem Friedhof und den alten Maulbeerbäumen (die früher der Seidenraupenzucht dienten) einst ausstrahlte, ist heute dahin. Lärm und Schmutz des Durchgangsverkehrs, der mit der Maueröffnung beträchtlich zugenommen hat, bestimmen nun die Szenerie. Zehlendorf ist jetzt wieder das verkehrsgünstige Verbindungsstück zwischen den beiden Landeshauptstädten Berlin und Potsdam, die Straße hat damit die Bedeutung zurückerlangt, die sie langsam aber stetig seit 1680 angenommen hatte und die Zehlendorf schneller zu einer Stadt werden ließ als die umliegenden Dörfer — etwa das gleichaltrige Dahlem.

1660 hatte der Große Kurfürst Friedrich Wilhelm Potsdam zur zweiten kurfürstlichen Residenz neben Berlin erklärt. Zehlendorf lag auf halber Strecke und wurde Post- und Pferdewechselstation. Der »Gemeine Weg«, wie er genannt wurde (heute Potsdamer

Straße), kreuzte hier die Handelsstraße von Teltow nach Spandau (heute Teltower Damm). Fast hundertfünfzig Jahre später (1788—1795) wurde der Sandweg zur ersten preußischen Steinstraße ausgebaut. König Friedrich Wilhelm II. hatte als Kronprinz solche Chausseen in Schlesien gesehen und drängte darauf, eine ähnlich befestigte Straße von Berlin nach Potsdam zu bauen. Die Chaussee ist gewissermaßen das Kernstück der späteren Reichsstraße (Königsberg — Berlin — Aachen) und heutigen Bundesstraße 1. In der Höhe des Gemeindewäldchens steht auf dem grünen Mittelstreifen der Potsdamer Straße noch eine Meilensäule. »II Meilen von Berlin« ist auf ihr zu lesen. Sie gibt die Entfernung vom Dönhoffplatz mit der preußischen Meile an, das sind gut 7 1/2 km. Noch heute werden die Kilometerangaben von und nach Berlin vom Dönhoffplatz aus gemessen.

Der Schwung der S-Bahn

Wir folgen nun der alten Ausdehnung des Dorfes um die Aue herum, gehen den Teltower Damm hinunter. Die alten Bauernhäuser wurden durch Jahrhundertwendebauten verdrängt. Das letzte Gebäude aus dem 18. Jahrhundert mußte der Verbreiterung der Berliner Straße weichen. Jetzt steht an der Ecke zum Teltower Damm ein häßlicher Neubau. Wenige Häuser weiter jedoch beginnt eine Straßenfront mit ausgesprochen schönen Fassaden. Besonders die Häuser, die nach 1900 gebaut wurden — etwa das Jugendstilhaus am Teltower Damm 25 — sind künstlerisch und phantasievoll gestaltet. Auf der gegenüberliegenden Straßenseite, hinter der Dorfaue, liegt das 1892 erbaute, repräsentative Einfamilienhaus einer großen alteingesessenen Zehlendorfer Familie. Inzwischen hat hier das Zehlendorfer Standesamt seinen Sitz.

Ein Blick in die Kirchstraße zeigt uns die neugotische Pauluskirche von 1903 - 05. Sie ist eine typische Stadtpfarrkirche dieser Zeit. Der Architekt setzte seinen ganzen Ergeiz daran, ein stilgerechtes Gebäude in gotischer Art zu bauen, ohne einen eigenen Ausdruck hineinzumischen. Die Stile der Vergangenheit, so meinte man, böten vorbildliche Muster. Das Formempfinden der Zeit verlangte, daß das Pfarrhaus nicht anders aussehen sollte als die Kirche. So ist der Gebäudeteil, der der Kirche etwas vorgelagert ist, gar kein Teil der Kirche, wie es auf den ersten Blick scheinen mag, sondern das Gemeindehaus. Als Wohnhaus wirkt es mit seinen spitzen Fensterbögen und den Treppengiebeln mit Fialen ein wenig grotesk.

Gegenüber, Ecke Teltower Damm, sehen wir das Rathaus, das Eduard Jobst Siedler 1926 - 29 für den neuen Verwaltungsbezirk entwarf. In dem etwas von der Kirchstraße zurückgesetzten Teil ist die Verwaltung untergebracht, in dem großen wichtiger wirkenden Teil am Teltower Damm tagt die Bezirksverordnetenversammlung, das Zehlendorfer Bezirksparlament.

Ein Stück weiter, zwischen der Weggabelung, finden wir noch ein altes Gasthaus — den Fürstenhof —, das renoviert wurde und heute ein chinesisches Restaurant beherbergt.

Wir sind jetzt am S-Bahnhof Zehlendorf, einem Gebäude, das einen folgenreichen Einfluß auf die Zehlendorfer Geschichte hatte. In den 20er bis 60er Jahren des 19. Jahrhunderts wurde der bäuerliche Boden in veräußerbaren, privaten Besitz überführt und die Zehlendorfer »Allmende« unter den einzelnen Bauern aufgeteilt. Ausgedehnte Bauerngüter entstanden, deren Wert nach dem Bau der ersten Eisenbahnlinie zwischen Berlin und Potsdam, im Jahr 1838, beträchtlich stieg. Da die Kreisstadt Teltow für den »neumodischen Firlefanz aus England« kein Interesse zeigte, wurde die Bahnlinie etwas weiter nördlich durch Zehlendorf geleitet. Der Bahnhof Zehlendorf war damals die einzige Station auf der Strecke. Während umliegende Dörfer ländliche Ruhe bewahrten, begann in Zehlendorf rege Bautätigkeit. Die Bevölkerungszahl stieg in rasantem Tempo (1860: 840 Einwohner, 1890: 3.783 und 1910: 16.864). Erst kauften vereinzelte Bauunternehmer, später Immobilienmakler Bauerngüter auf und parzellierten sie in kleine Grundstücke. Schon 1838, anläßlich der Einweihung der Eisenbahnstrecke, hatte ein Journalist der Vossischen Zeitung lauthals gefordert, Berlins Umgebung nicht mehr nur für Ausflüge, sondern auch als Wohnorte zu nutzen: »Darum ihr Spekulanten kauft Terrain, parzelliert, arrondiert, terrassiert, pflanzt, säet, bauet, verkauft dann, vermietet, genug, schafft uns eine neue Sommerresidenz, freie, schöne, gesunde Wohnungen.« Immer mehr Bauerngüter gingen so in die Hand von Immobilienmaklern über.

Im Ortsteil Zehlendorf wurden die ersten Villen zwischen der Dorfaue und der Bahn gebaut, z.B. in der Gartenstraße. Vorbei am Bali-Kino, dessen Name ganz auf die Tradition der »Bahnhofslichtspiele« verweist (neben einem anspruchsvollen Programm hat sich das Kino besonders dem Kinderfilm verschrieben) kommen wir in diese Straße. Die Villen sind Ausdruck des in der rasant wachsenden Industriestadt schnell angehäuften Reichtums, der außerhalb des Molochs Berlin in aufwendiger Selbstdarstellung zu Stein wurde. Hier bildete sich der für Berlin so typische Gegensatz der vielgescholtenen »größten Mietskasernenstadt der Welt« und des »grünen Berlins« mit seinen Seen, Kiefernwäldern, Heide und den großzügigen Villen und Landhäusern der Parvenüs heraus.

Das Landhaus Gartenstraße 3 fällt aus dem Rahmen des in Berliner Vororten üblichen. Es hat einen kreuzförmigen Grundriß und auf jeder der vier Seiten einen weit überstehenden mit Schindeln gedeckten Holzgiebel. Ein hölzernes Veranden-Geländer umzieht das ganze Haus und trennt gleichsam den bäuerlichen Teil vom unteren Geschoß. Die Architektur des Hauses Gartenstraße 20 mit symmetrisch verteilten Fensterrahmen und Eckverstärkungen in Werkstein dagegen ist ganz im Backstein-Renaissance-Stil gehalten.

S-Bahnhof Zehlendorf
❷

Gartenstraße

Bogenstraße
❸

Zehlendorftypisch ist die Bogenstraße; verschiedenste Stile finden sich hier nebeneinander. Die allerersten Villenkolonien der Reichen wurden in Westend, Grunewald und Lichterfelde gegründet. Erst danach folgte Zehlendorf mit den Kolonien Wannsee, Nikolassee und schließlich Schlachtensee und Zehlendorf-West. Die großen vornehmen Häuser der frühesten Vorortgründungen, die zwischen den 60er und 80er Jahren des letzten Jahrhunderts entstanden, sind noch der klassizistischen Schinkelschule und der Renaissance verhaftet; dagegen spiegelt sich im Baustil der Häuser in Zehlendorf die Umbruchzeit der Jahrhundertwende, die mit dem Schinkelschen Historizismus schon gebrochen, zur Moderne der Zwanziger aber noch nicht gefunden hatte. Wild wurde in jener Zeit ausprobiert und Bewährtes zusammengewürfelt. Je mehr sich das Jahrhundert dem Ende zuneigte, desto freier gingen die Baumeister mit dem Erbe der Bautradition um. Ein Stilgemisch aus allerlei Formen, Farben und Materialien entstand, für das die Villa in der Bogenstraße 3 typisch ist: Der abgeflachte steinerne Turm ist mit Ornamenten verziert, der Giebel dagegen mit Fachwerk. Daneben steht ein burgähnliches Gebäude aus rotem Backstein mit mittelalterlich anmutenden schindelgedeckten Türmen.

Wir biegen am Ende der Straße links in den Weg ein, der an den S-Bahngleisen entlangführt, überqueren die Brücke und gehen wieder rechts die Hampsteadstraße bis zur Stubenrauchstraße. Zu Beginn der Stubenrauchstraße stehen auf beiden Seiten interessante Villen. Haus Nr. 4 weist z.B. eine beachtliche Komposition auf. Ein Turm bestimmt die eine Hälfte des Hauses, die andere mündet in einen geschweiften Giebel. In diese das Ganze bestimmenden

Stubenrauchstraße

Formen sind kleinere Elemente eingefügt: gotische Verzierungen an der Brüstung, manieristisch korinthische Säulen im Turm sowie Rundbögen als Fenstereinrahmung.

Wir kehren wieder in die Hampsteadstraße zurück und kommen in die Prinz-Handjery-Straße. Bemerkenswerte Villen säumen den Weg. Das Haus Ecke Knesebeckstraße ist ganz typisch für die unruhige Architektur nach 1900. Verschieden große Zimmer bestimmen das Äußere des Hauses. Man hat den Eindruck: je mehr der Fachwerkgiebelchen, Erker und Türme, desto besser. Mit seinen lustigen roten Fachwerkquadraten, vielen kleinen Fensterchen und patchworkartigen Verkleidungen, die mal aus Schindel, mal aus Schiefer sind, wirkt das Haus recht verspielt. Daneben steht ein von Muthesius entworfenes Haus, das die Ruhe, Modernität und Großzügigkeit der Architektur des zweiten Jahrzehnts dieses Jahrhunderts ausstrahlt.

Prinz-Handjery- Straße

Durch den Schönower Park hindurch wenden wir uns wieder dem Teltower Damm zu.

Gleich hinter dem S-Bahnhof schlagen wir den Weg zur Martin-Buber-Straße ein und kommen am Schülercafé »Oink« vorbei. Am Anfang der Beuckestraße liegt die 1911 - 13 von Mebes und Emmerich erbaute Schadowschule mit ihrem Erkennungszeichen, dem »Roten Turm«. Ihre Schülerschaft gehörte in der jüngeren Geschichte zu den gesellschaftlich engagiertesten der Berliner Schulen. Ende der sechziger Jahre hatte sich hier der APO-Protest lautstark formiert. Der prominenteste der damaligen Schüler war Peter Brandt, Sohn des ehemaligen Regierenden Bürgermeisters.

Beuckestraße

Bis zum Ausbau des »Gemeinen Weges« 1792 als »Steinbahn« hatten von der Zehlendorfer Wegkreuzung unterschiedlichste Sandwege nach Potsdam geführt, so auch zeitweise der Königsweg. Heute hat er keinen direkten Anschluß mehr an die Potsdamer Straße. Bedeutung als Verkehrsverbindung nach Potsdam hatte er nur dreißig Jahre. König Friedrich Wilhelm I. ließ diese Abkürzung des »Gemeinen Weges« 1724 zu seiner Residenz anlegen. Sie verläuft wie mit dem Lineal gezogen auf Kohlhasenbrück zu. Die Fuhrleute liebten diesen Schnellweg gar nicht, weil er ohne Rücksicht auf Bodengegebenheiten über Höhen und moorige Senken verlief. Sie bevorzugten den Gemeinen Weg, der dem Gelände angepaßt war und weiter nördlich über Stolpe (heute Ortsteil »Wannsee«) nach Potsdam ging. Der Königsweg wurde schließlich nur noch von König Friedrich dem Großen und seinen Depeschendiensten benutzt.

Ganz am Anfang der Königsstraße, Nr. 2, befindet sich eines der wenigen Gebäude in Zehlendorf aus dem 18. Jahrhundert. Das unregelmäßige Dach ist an manchen Stellen etwas eingesackt. Ecke Markgrafenstraße treffen wir in der Königsstraße auf das Nachbarschaftsheim Mittelhof. Es ist in einer 1872 errichteten dreistöckigen Villa mit dazugehöriger Kate und einem großen Garten untergebracht. An Wochentagen lärmen hier Kinder der Kindertages-

Königsstraße

stätte; an Wochenenden geht es etwas ruhiger zu, und man kann still die im Café aushängenden Zeitungen im Garten, auf der Terrasse oder im Innern des Hauses lesen.

Die Gründung des Mittelhofes geht auf das Nachkriegsjahr 1947 zurück. Die Initiative dazu ergriff die »Religiöse Gesellschaft der Freunde« oder »Quäker«, so der Spottname ihrer Gegner zur Zeit ihrer Entstehung um 1650, den sie schließlich selbst annahmen. Gemäß ihrer Botschaft — in jedem Menschen brenne ein inneres Licht und jeder könne zum Guten finden, wenn er vom rechten Weg abgekommen sei — brachten die amerikanischen Quäker ein Re-education-Programm für die einstigen Kriegsgegner in Deutschland in Gang. Sie begannen mit der Ausgabe von Speisen und der Einrichtung von Werkstätten mit Nähmaschinen und Schuhwerkstätten, veranstalteten Vorträge zu sozialpädagogischen Themen und richteten eine Bibliothek ein. Die Quäker waren in verschiedenen deutschen Städten aktiv, doch das Berliner Nachbarschaftsheim war das einzige, das später nicht von lokalen Wohlfahrtsverbänden übernommen wurde, sondern als »Zentrum für Konferenzen und für die gesamte Quäkerarbeit« selbständig blieb. Zu diesem Zweck war ihnen ein von Muthesius errichtetes geräumiges Landhaus in Nikolassee, der Mittelhof (an der Rehwiese zwischen Kirchweg und Mittelbusch), zur Verfügung gestellt worden. Wegen der hohen Miete kauften sie 1951 stattdessen die Villa in der Königsstraße, behielten jedoch den Namen »Mittelhof« bei. Arbeitsschwerpunkt wurde in den 50ern neben der Hilfe für DDR-Flüchtlinge Friedensarbeit in der Ost-West-Konfrontation. Ohne die in Amerika üblichen Spenden und bei allmählichem Rückgang der Unterstützung aus Amerika mußten die deutschen Quäker jedoch die Kooperation mit den staatlichen Behörden eingehen und den Namen »Quäkerheim« aufgeben. In der Folge davon durften sie z.B. keine Kontakte mehr zu SED und FDJ pflegen. Nach dem Bau der Mauer und mit dem Beginn der Studentenbewegung sollte Gemeinwesenarbeit des Nachbarschaftsheimes deklassierten Randgruppen helfen. In den 80ern verschob sich die Arbeit im Zuge einer allgemeinen Renaissance der Nachbarschaftsbewegung in Berlin (Entstehung der UFA-, der Regenbogen- und der Schokoladenfabrik) auch im Mittelhof auf sozi-kulturelle Arbeit mit einem breiten Kursangebot von Töpfern über Tai Chi bis Selbsthilfegruppen. Trotz der im Laufe der Zeit zunehmenden Übernahme der Quäkerarbeit durch staatliche Stellen — was durchaus dem Grundsatz der Erfinder, »Hilfe zur Selbsthilfe«, entsprach — sind die Quäker bis heute im Mittelhof präsent und veranstalten u.a. sonntägliche Andachten. Der Mittelhof war das erste Nachbarschaftsheim in Berlin und hat zur Bildung anderer beigetragen. Mittlerweile ist wohl kein Bezirk mehr ohne solch eine Begegnungsstätte.

Königsstraße

Wir gehen nun die Königsstraße weiter. Das Straßenbild bestimmen mehrstöckige Miethausvillen. Im Gegensatz zu Grunewald oder Westend sollten sich in Zehlendorf eben nicht nur Reiche sondern auch Mittelständler ansiedeln. Kurz bevor die S-Bahnbrücke über die Königsstraße führt, liegen gegenüber dem Paul-Mebes-Park mehrere große Backsteingebäude.

Die alte Schultheiß-Brauerei sollte zunächst abgerissen werden, war dann Anfang der 80er Jahre lange besetzt und als »Kultur-Brauerei« für Konzerte genutzt worden — eine wichtige Anlaufstelle für Zehlendorfer Jugendliche. Heute werden die schönen alten Fabrikgebäude saniert; nur noch ab und an finden Veranstaltungen statt.

Hinter der S-Bahnbrücke wird die Königsstraße zum Königsweg, der sich sein ländliches Flair bewahrt hat. Seit 1860 ist der Straßenzug mit Alleebäumen bepflanzt. Der Weg hat eine Sandspur für Fußgänger, eine für Pferde und den geteerten Flickenteppich für Räder und Autos. Zu beiden Seiten liegen Laubenpieperkolonien, links zwischendurch eine Baumschule und schließlich eine große Grünfläche für eine Reitschule. Hinter der Clauertstraße geht der Königsweg mehr und mehr in seinen ursprünglichen Zustand über, und wer mag, kann von hier aus zu Fuß oder mit dem Fahrrad eine reizvolle Ausflugsroute durch den Düppler Forst bis nach Kohlhasenbrück machen.

Die Clauertstraße, die wir nun links hinuntergehen, trägt den **Clauertstraße** Namen eines märkischen Till Eulenspiegel, der zur Zeit des Kur- ❻ fürsten Joachim II. in Trebbin lebte. Auf der linken Seite der Straße ist eine Pferdekoppel und rechts ein abgezäuntes verwildertes Gebiet. Zwischen dem Zaun und der Clauertstraße eröffnet sich ein sandiger Platz, auf dem ein Korbwarenverkäufer seine Waren ausstellt. Ein Sandweg führt zum Eingang in das Museumsdorf Düppel. Es ist von April bis Oktober an Sonn- und Feiertagen von 10—17 Uhr und donnerstags von 15—19 Uhr geöffnet. Zwischen weidenden Schafen, im Tümpel quiekenden Schweinen und in kartoffelsackähnliche Kleider gewandeten Menschen fühlt man sich in die Zeit des Ur-Zehlendorfs um 1200 versetzt.

1967 waren hier Archäologen einer schon im Zweiten Weltkrieg entdeckten Siedlung auf den Grund gegangen. Sie legten Reste des mittelalterlichen Dorfes frei und fanden erhaltene Hausgrundrisse, Erdverfärbungen von Zäunen und Herdstellen. Durch Auszählen noch sichtbarer Jahresringe an den Hölzern konnte die Bauzeit eines Brunnens auf die Zeit zwischen 1197 und 1208 datiert werden. Der hufeisenförmige Grundriß spricht für eine Ansiedlung slawischer Bauern, mit der die Markgrafen im Zuge der deutschen Ostsiedlung die nur geringe Zahl deutscher Bauern aus den Altsiedelgebieten westlich der Elbe ausglichen; in den 16 gleichgroßen Hofstellen lebten wahrscheinlich zwei oder drei Deutsche aus Schwaben und vom Rhein. Die Slawen konnten zunächst nur den leichten Sandboden pflügen, erst mit der Durchsetzung des eisernen Räderpflugs konnte dann auch schwerer Lehmboden bearbeitet werden. 1120 siedelten die Bauern dann auf den fruchtbareren Boden — dorthin, wo unser Spaziergang begann. Die Namen aller um diese Zeit auf dem jetzigen Gebiet des Verwaltungsbezirks Zehlendorf existierenden Dörfer — Cedelendorp, Stolpe, Schönow und Glienicke — sind slawischen Ursprungs, bis auf Dahlem (hochdeutsch: Talheim). Seit 1971 baut ein Förderkreis das alte Dorf wieder auf — im Sinne eines lebendigen Museums. In mittelalterlicher Kleidung wird mit historischen Werkzeugen und Methoden gewebt und gefärbt, und alte Pflanzenarten werden wieder angebaut. Außerdem versucht man, Züchtungen der vergangenen Jahrhunderte wieder rückgängig zu machen.

Auf dem Rückweg südlich des Dorfes kommen wir durch ein etwas verwildertes Waldgebiet. Dicht neben uns verrotten die Gleise der alten S-Bahnlinie, die über Düppel nach Potsdam führte; ein Stück weiter, kurz bevor die Benschallee diese Linie kreuzt, sind sie entfernt worden — auf dieser Strecke stand die Mauer.

Lindenthaler Allee
❼

Wir schlagen im Krummen Fenn rechts einen Trampelpfad ein, der an einem kleinen Tempel vorbeiführt, und landen auf der Lindenthaler Allee. Hier fand ein Stück Berliner Nachkriegsgeschichte statt: Zunächst standen an dieser Stelle Baracken für die Aufnahme von DDR-Flüchtlingen, Ende der 70er errichteten die amerikanischen Militärbehörden eine große Siedlung für ihre Soldaten samt Angehörigen. Ein Stück Amerika mit amerikanischen Straßennamen, Baseballplatz und Straßenkreuzern am Straßenrand. Kontakte zur deutschen Bevölkerung ergeben sich bestenfalls auf dem alljährlich stattfindenden Deutsch-Amerikanischen Freundschaftsfest.

Wir überqueren die Potsdamer Chaussee und gehen die Lindenthaler Allee weiter Richtung Mexikoplatz. Auf beiden Seiten der Allee liegen, ein wenig am Hang, schöne Villen im Landhausstil mit den charakteristischen zahlreichen Kombinationen.

Niklasstraße

Das erste antisemitische Denkmal Berlins

An der Kreuzung Niklasstraße ist an ein historisches Ereignis zu erinnern. Am 7. September 1935 wurde hier auf Veranlassung des nationalsozialistischen Bürgermeisters ein »Theodor-Fritsch-Denkmal« eingeweiht, mit dem ein »völkischer Vorkämpfer« geehrt wurde. Die Zehlendorfer Zeitung »Der Westen« erläuterte, das Denkmal zeige den nordischen Kämpfer, wie er den Streithammer auf den Schädel eines jüdischen Drachens niedersausen lasse. Stolz verkündete sie, es handle sich um das »erste antisemitische Denkmal im Vaterland«. Auf dem Sockel war zu lesen: »Keine Gesundung der Völker vor der Ausscheidung des Judentums.« Die Wahlergebnisse der Nationalsozialisten entsprachen in Zehlendorf dem anderer »bürgerlicher« Bezirke; sie lagen etwa acht Prozent höher als im Berliner Durchschnitt. Im Juli 1932 wählten 36,4% nationalsozialistisch. Einen noch höheren Stimmenanteil konnte die »Deutschnationale Volkspartei« schon 1924 verbuchen.

Vor 1933 war Zehlendorf Wohnort vieler jüdischer Bürger. Das »Jüdische Adressbuch für Großberlin 1931/32« verzeichnete 756 Adressen, darunter viele Prominente: die Schauspielerin Elisabeth Bergner, der Maler Max Liebermann, der Chemiker Prof. Fritz Haber und der Mitinhaber des Warenhauses Tietz, Dr. Hugo Zwillenberg, um nur einige zu nennen. Ihre Häuser wurden nach der Machtergreifung enteignet. Sie selbst wurden zur Emigration gezwungen oder kamen im Konzentrationslager um. NS-Größen zogen in die großen Villen am Wannsee.

Zehlendorf steht auch für den Widerstand gegen das Dritte Reich. Arbeiterwiderstand formierte sich vor allem in der Onkel-Tom- und der Fischtalsiedlung. Auch einige Mitverschwörer des 20. Juli 1944, wie z.B. Claus Schenk Graf von Stauffenberg, Fritz-

Dietlof Graf von Schulenburg und Adam von Trott waren in Zehlendorf zu Hause. Und vor allem der entschiedene Flügel der Bekennenden Kirche unter Pfarrer Niemöller und, nach dessen Deportation, unter Gollwitzer bildete in Dahlem in der St. Annen-Kirche einen starken sozialen Zusammenhalt.

Am Ende der Lindenthaler Allee gelangen wir an einen der **Mexikoplatz** schönsten Plätze Berlins — was auch daran liegt, daß Berlin nur wenige gestaltete Plätze vorzuweisen hat, die mehr sind als Verkehrskreuzungen. Der Blickfang des Mexikoplatzes ist der 1904 erbaute Jugendstilbahnhof der S-Bahn.

1869 hatte der Aufsichtsratsvorsitzende der Berlin-Potsdam-Magdeburger Eisenbahngesellschaft (1848 war die Linie bis nach Magdeburg verlängert worden), der Bankier Wilhelm Conrad, die Attraktivität der Ausflugsziele Wannsee und Grunewald als Wohnlagen erkannt und begonnen, am Wannsee eine Villenkolonie zu gründen. In Privatinitiative unternahm er 1874 den Bau der »Wannseebahn«, die weltweit die erste Vorortbahn war. Sein Projekt wurde als »Wahnsinnsbahn auf Conrädern« verspottet, doch der Verkauf der Villengrundstücke in der Kolonie Wannsee (Ostufer) und Alsen (Westufer) an die wohlhabende Schicht gaben dem Kapitalisten recht. Am Bahnhof Zehlendorf zweigte die zweite Gleisstrecke von der »Stammbahn« ab und führte in nördlichem Bogen am Schlachtensee vorbei. Schon bald wurden neue Villenkolonien gegründet.

Der Bahnhof Mexikoplatz war auf der Wannseebahnstrecke als letzter nach den Bahnhöfen Nikolassee und Schlachtensee gebaut worden. Im prunksüchtigen Zeitalter Wilhelm II. wurde den bis dahin vernachlässigten Zweckbauten, z.B. Bahnhöfen, mehr Beachtung geschenkt. In Villenvororten und Landhauskolonien errichteten gar die Terraingesellschaften selbst repräsentative Bahnhöfe, da ihre Grundstücke durch den verkehrsgünstigen Anschluß stark an Wert gewannen. Die große Eingangshalle des S-Bahnhofes Mexikoplatz ist nicht wie bei früher gebauten Bahnhöfen versteckt, sondern, dem Jugendstil frönend, mit einer breiten Kuppel stilisiert. Heute sind die Räume im Inneren umfunktioniert: aus dem Gepäckaufbewahrungsraum ist ein Blumenladen geworden, aus dem Vorsteherzimmer eine Buchhandlung und aus dem Fahrkartenschalter ein kleines Bistro. Letzteres ist von der Kuppelhalle immer noch durch die Scheiben der einstigen Ausgaben getrennt, von denen die hölzernen Ablagen und Zahlbretter noch vorhanden sind.

S-Bahnhof im Jugendstil: Mexikoplatz

Auf dieses Kuppelgebäude ausgerichtet sind die den Platz umstehenden dreigeschossigen Mietshäuser, die den ganzen Raum zwischen den sternförmig angelegten Straßen einnehmen. Eine reich gegliederte Fassade, ein hohes Dach, an der Front Mansardgiebeldächer und an den Ecken hohe Türme prägen ihr Gesicht.

Der ursprüngliche Zustand des Platzes wurde vor einigen Jahren rekonstruiert. Jetzt passen auch wieder Laternen, Telefonzelle,

Briefkasten und die goldenen Buchstaben KPE (Königlich Preußische Eisenbahn) auf dem schmiedeeisernen Geländer der S-Bahnbrücke über der Lindenthaler Allee zur alten Atmosphäre.

Am Mexikoplatz treffen Villensiedlungen unterschiedlicher Entstehungszeit aufeinander. Als erste entstand im Jahr 1894 am Berührungspunkt der Wannseebahn mit dem Schlachtensee der Ortsteil Schlachtensee. Viele Villen tragen stolz diese Jahreszahl an ihren Giebeln. Der Ortsteil ist schematisch rechtwinklig geplant und die Grundstücke und Häuser sind klein. 1910 kam die Villensiedlung Zehlendorf-West am Schnittpunkt der Beerenstraße mit der Wannseebahn hinzu.

Argentinische Allee

Wir spazieren nun zur Villenkolonie um den Waldsee und schlendern zunächst die Argentinische Allee entlang. An der Ecke Sven-Hedin-Str. steht an Wochenenden ein Blumenverkäufer, der so schöne Sträuße zusammenstellt, daß, wie er erzählt, Hobbymaler herkommen, um hier Objekte für ihre Kunst zu finden. Eine Ekke weiter überqueren wir die Argentinische Allee und kommen auf einem Fußweg, dem Erdmann-Graeser-Weg, hinunter zur Brücke, die über den Waldsee führt. Von der Brücke aus eröffnet sich ein wunderschöner Blick auf den kleinen See. Die Häuser, die um den See herum gebaut sind, galten damals als modern. Der Hang, der zum See hinunterführt, ist in die Gesamtplanung einbezogen worden. Die meisten Grundstücke sind privat, nur zwei sind öffentlich zugänglich: das »Haus der Jugend« an der Argentinischen Allee und gleich daneben das »Haus am Waldsee«, in dem das Kunst-, bzw. — wie es in Angleichung an die alten Bundesländer heißen wird — Kulturamt untergebracht ist. Dort haben schöne und wichtige Ausstellungen stattgefunden, so z.B. die der Prinzhorn-Sammlung des gleichnamigen Heidelberger Psychiaters.

Goethestraße

Am Ende des Weges, Ecke Goethestraße, steht ein hölzernes Kreuz, das an den Tod des Diplomingenieurs Winfried Freudenberg aus Ost-Berlin erinnert. Im März 1989 war er mit seinem selbstgebauten Fluchtballon, von Blankenburg in der DDR kommend, schon über ganz West-Berlin geflogen, ohne jedoch landen zu können. Was nach dreistündigem Flug in 2.000 m Höhe in den letzten Minuten geschah, ist ungeklärt. Seine Leiche fand man zerschmettert in einem Gebüsch des Grundstücks Limastraße 9. Die Ballonhülle, sein Ausweis und eine Schachtel mit Musikkassetten waren weit in der Gegend verstreut.

Schillerstraße

Auf der Schillerstraße geradeaus weiter steht zur linken eine große originelle Villa, in der eine Stiftung untergebracht ist. An einer Seite wurde ein Anbau, wahrscheinlich ein Eßsaal, angefügt, der die Villa verunstaltet.

Klopstockstraße

Die Villa Ecke Klopstockstraße wird wie viele andere großzügige Landhäuser heute von einer amerikanischen Offiziersfamilie bewohnt. Bei Kriegsende waren die Außenbezirke im Vergleich mit dem übrigen Berlin wenig zerstört. Zunächst wurden Bewohner aus zerbombten Häusern der Stadt und Flüchtlinge aus Ost-

und Westpreußen in die noch bewohnbaren Häuser einquartiert — oft bis zu sechs Mietparteien in einem für zwei Familien gedachten Haus. Die einstigen Besitzer der gut erhaltenen Landhäuser wurden von der amerikanischen Besatzungsmacht enteignet, ihre Häuser beschlagnahmt, um Angehörige der eigenen Streitkräfte dort unterzubringen. In einem Bericht der Quäker heißt es: »...durch die Unterbringung der amerikanischen Armee (haben) die meisten Einwohner 4 bis 5 mal ihre Wohnungen wechseln müssen unter Zurücklassung des gesamten Mobiliars sowie Betten, Wäsche etc. Nach dem Abzug der amerikanischen Soldaten haben sie in ihren Wohnungen nichts mehr vorgefunden, so daß noch das letzte gerettete Hab und Gut verlorengegangen ist.« Viele konnten nicht einmal zurückkehren, weil die Offiziere wohnen blieben. Nach dem Abzug der Amerikaner 1994 wird hier wohl niemand von Rückgabe des Eigentums reden; die teuren Häuser werden leerstehen, bis Bonner Regierungsbeamtenfamilien einziehen.

Am Ende der Schillerstraße stoßen wir auf den Grunewald und **Schlachtensee** den Schlachtensee, der zusammen mit dem Grunewaldsee, Krum- **❾** me Lanke und Nikolassee zu einer in der letzten Eiszeit entstandenen Rinne gehört. Der Schlachtensee, der größte dieser langgezogenen Seen, war schon immer klassisches Berliner Ausflugsziel.

Rechts, am gegenüberliegenden Ufer, sieht man die Alte Fischerhütte, die mit Stühlen und Tischen zu Kaffee und Kuchen direkt am Wasser einlädt. Bei kühlem oder regnerischem Wetter wird in dem alten Gebäude, das an den romantischen Prunk alter Caféhäuser erinnert, serviert. Es stammt aus der Zeit, als mit dem Bau der Wannseebahn und des Bahnhofs Schlachtensee die Seenkette für alle Berliner als Erholungsgebiet erschlossen wurde. Damals existierten neben dem Bahnhof Schlachtensee noch die Neue Fischerhütte sowie zahlreiche andere Restaurants. Am Riemeistersee, der sich nördlich an die Krumme Lanke anschloß, hatte der Besitzer des beliebten »Wirtshaus am Riemeister«, Fritz Thomas, zum Schutz gegen die Sonne ein mit Schilf bedecktes Holzgestell errichten lassen. Aus der »Waldhütte bei Thomas« wurde bald in Anlehnung an Harriet Beecher-Stowes Roman »Onkel Toms Hütte«. Die Hütte selbst gibt es nicht mehr, seit der heiße Sommer des Jahres 1911 den Riemeistersee austrocknete. Stattdessen trägt jetzt eine benachbarte Siedlung aus den 20er Jahren den Namen.

Die Ufer des Schlachtensees laden nicht nur zum Wandern ein, der See selbst ist im Sommer Badeidyll, und im Winter, wenn das Wasser bei Windstille zufriert, verwandelt er sich in eine wunderschöne Schlittschuhbahn.

Wir gehen nur ein kurzes Stück das südliche Ufer gen Westen, biegen dann in den Rötheweg, der auf die Terrassenstraße führt. Hier finden wir erneut stattliche Villen, deren Grundstücke bis zum See hinunterreichen. Unter den Kiefern des Paul-Ernst-Parkes gelangen wir zum S-Bahnhof Schlachtensee.

Viola Theunissen Zehlendorf   247

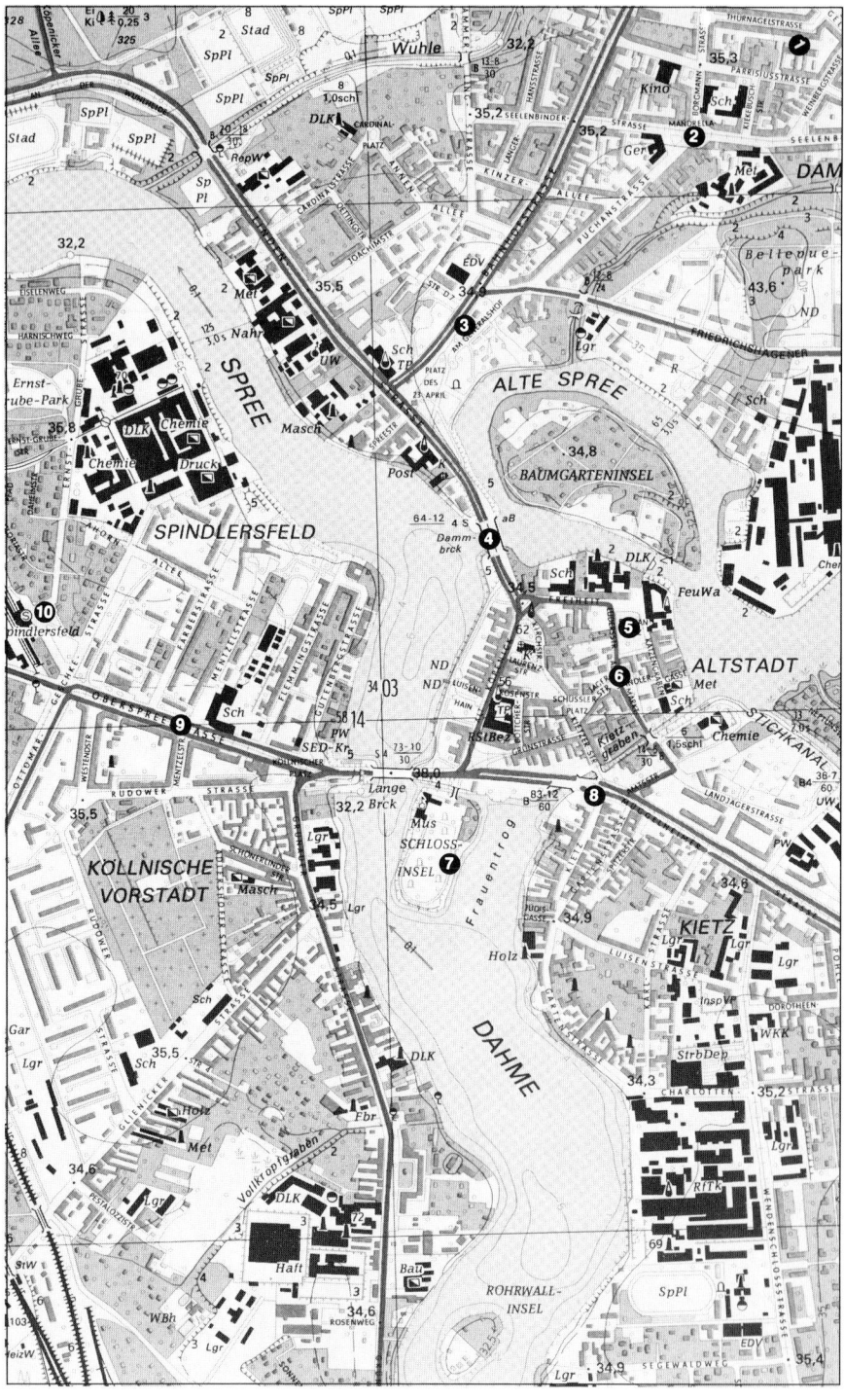

Acht »Weltwunder« in einem einzigen Ort

Köpenick

Ausgangspunkt: S-Bahn Köpenick (S3)
Endpunkt: S-Bahn Spindlersfeld (S3)
Dauer: ca. 3 Stunden (bei Besichtigung des
   Kunstgewerbemuseums oder einer Bootsfahrt auf der
   Spree/Dahme entsprechend mehr Zeit einplanen)

Mit 12.735 Hektar ist Köpenick, am südöstlichen Rande der Hauptstadt gelegen, flächenmäßig der größte Stadtbezirk Berlins, aber es hat die geringste Einwohnerzahl pro qkm. Rund 75 Prozent der Fläche sind mit Wald und Wasser bedeckt. Die 7.600 ha großen Wälder und die 2.000 ha bedeckenden Gewässer machen Köpenick zu einem beliebten Erholungs- und Wassersportzentrum der Hauptstadt. Rund um die Müggelberge ziehen sich Wanderwege mit einer Gesamtlänge von mehr als 300 km, in den Strandbädern und zahlreichen Badestellen an Spree, Dahme und Müggelsee erholen sich im Sommer täglich mehr als 30.000 Berliner und Besucher der Stadt.

Die ca. 115.000 Einwohner verteilen sich auf die Ortsteile Friedrichshagen, Grünau, Müggelheim, Köpenick, Oberschöneweide, Schmöckwitz und Rahnsdorf. Das in den 70er Jahren entstandene Neubaugebiet Allende I und II ist bis in den Wald hinein gebaut worden, nur wenige Spazierminuten vom Müggelsee entfernt. Besonders Allende II ist eines der beliebtesten Wohngebiete Ostberlins. Obwohl auch hier 11- bis 21geschossige Wohnhochhäuser das Bild prägen, ist diese Wohnsiedlung so gar nicht mit den Satellitenstädten Marzahn oder Hellersdorf zu vergleichen. Weite Grünflächen, Birkenalleen und das Fehlen jeglicher Industrie machen den Reiz dieser Wohngegend aus. Die Industrie findet sich konzentriert im Ortsteil Oberschöneweide.

Die weitverzweigten Wasserstraßen bildeten günstige Voraussetzungen für die Ansiedlung von Industrieanlagen im 19. Jahrhundert. Das Kabelwerk Oberspree (KWO), das Transformatorenwerk (TRO), das Werk für Fernsehelektronik (WF) und das Funkwerk Köpenick gehörten in DDR-Zeiten zu den größten VEB der Hauptstadt. Nicht zu vergessen die chemische Großreinigung REWATEX in Spindlersfeld, wo die schmutzige Wäsche ganz Ostberlins gewaschen wurde.

80 Prozent der Ostberliner Erholungsfläche sind in Köpenick zu finden. Zum ehemaligen Fischerdorf Rahnsdorf gehört die Gartenkolonie Klein-Venedig, so benannt wegen der unzähligen Spreeseitenarme. Müggelheim, Grünau und Friedrichshagen entstanden im Zuge der Besiedlungspolitik von Friedrich dem Großen. Verfolgten protestantischen Böhmen und Hugenotten gab er hier neuen Lebensraum. Ähnlich wie der Bezirk Spandau erhielt Köpenick noch vor Berlin/Cölln im Jahre 1232 das Stadtrecht. 1209 wurde es in einer Urkunde erstmals erwähnt. Im Schutze einer auf der heutigen Schloßinsel errichteten Burg entwickelte sich im 13. Jahrhundert auf dem Gebiet der heutigen Altstadt von Köpenick der Kern der späteren Stadt. Die Entwicklung der Stadt am Zusammenfluß von Spree und Dahme vor den Toren Berlins ist eng mit dem Textil-, Wäscherei- und Färbereigewerbe verbunden sowie mit der Fischerei. So zeigt denn auch das Stadtwappen einen Schlüssel und zwei Fische auf blauem Grund. Nach einer Sage soll auch bei der Entstehung des Namens Köpenick ein Wassertier Pate gestanden haben. Ein Riesenkrebs, der einem Fischer ins Netz gegangen war, soll auf dem Markt gerufen haben: Koop mich nich, koop nich. Wahrscheinlicher ist wohl der Namensursprung aus dem Slawischen: Copanic (Inselort).

Ruhm über die Landesgrenzen hinaus erhielt Köpenick im Jahre 1906 durch den »Handstreich« des arbeitslosen Schusters Wilhelm Voigt, der in der Uniform eines Hauptmannes die Stadtkasse von Köpenick plünderte. Ganz Europa lachte damals über diesen Streich, der so recht den preußischen Untertanengeist symbolisierte. »Deutscher Unteroffiziersgeist hat das Land Goethes und Schillers in eine Kaserne verwandelt«, schrieb eine französische Zeitung. 1920 wurde Köpenick Groß-Berlin eingemeindet; im Wappen kam ein Bär dazu. Eine jahrzehntelange Tradition hat die Arbeiterbewegung in diesem Stadtbezirk. In der Zeit der Sozialistengesetze gab man sich mit der Bildung von Kultur-, Sport- und Freizeitvereinen eine Tarnkappe; man versammelte sich in den Gartenlokalen und Bierstuben. 1917 demonstrierten in Oberschöneweide Frauen gegen den Krieg, am 31.1.1933 formierten sich über 1.000 Köpenicker zu einer Protestdemonstration gegen die Ernennung Hitlers zum Reichskanzler. Die Verfolgung Köpenicker Antifaschisten erreichte in der »Köpenicker Blutwoche« im Juni 1933 ihren Höhepunkt. Im Zweiten Weltkrieg wurden mehr als ein Viertel aller Häuser zerstört oder schwer beschädigt. Die Rekonstruktion der Altstadt begann in den 80er Jahren und dauert bis heute an.

Neben dem Hauptmann von Köpenick hat der Stadtteil auch andere Kuriositäten aufzuweisen, zum Beispiel die »sieben Weltwunder Köpenicks«: einen Lehrer namens Dummer, einen Bürgermeister mit dem Namen Borgmann, einen Arzt namens Todt, ein altes Fräulein, das 80jährig den Köpenicker Jungmännerverein gründete, das Krankenhaus am Friedhof, das Gefängnis an der

Straße namens »Freiheit« und den Ratskeller im ersten Oberge- *Idyll mit Weichzeich-*
schoß. Der Schuster Voigt alias Hauptmann von Köpenick kann *ner: die Köpenicker*
getrost als achtes »Weltwunder« herhalten. *Altstadt*

Köpenick im Brockhaus von 1885: Köpenick oder Köpnick, amtlich Cöpe-
nick, sehr alte Stadt im Kreise Teltow im preußischen Regierungsbezirk
Potsdam, 12,8 km südöstlich von Berlin, auf einer von der Spree und Dah-
me gebildeten Insel, durch zwei Brücken mit dem Festlande verbunden, Sta-
tion der Linie Berlin-Breslau der Preußischen Staatsbahnen, ist Sitz eines
Amtsgerichts, zählt (1880) 8924 meist prot. E. und hat ein königl. Schloß,
welches früher als Militärdepot diente, seit 1852 aber zu dem aus Potsdam
hierher verlegten Schullehrerseminar eingerichtet worden ist...
  Die Bevölkerung des Ortes treibt Ackerbau, Handwerk und Handel.
Auch befinden sich in und bei K. großartige Fabrikanlagen, namentlich eine
chem. Fabrik, zwei Shoddyfabriken, eine große Färberei, eine Lineoleum-
fabrik, eine Glashütte, zwei Schneidemühlen, zwei Dampfmahlmühlen, ei-
ne Wachstuchfabrik...

Wir beginnen unseren Rundgang in der sogenannten Dammvor- **Bahnhof Köpenick**
stadt am heutigen S-Bahnhof Köpenick (22 Minuten Fahrzeit vom
Alexanderplatz aus). Als der Bahnhof an der Märkisch-Nieder-
schlesischen Eisenbahnlinie im Jahre 1842 dem Verkehr übergeben wurde, lag er noch ein ganzes Stück von der Stadt Köpenick
entfernt. Bis 1882 brachte ein privater Pferdeomnibus die Fahrgäste in die heutige Altstadt, ab 1882 bis 1903 dann die Städtische
Pferdestraßenbahn. 1903 fuhr die erste elektrische Straßenbahn
zum Schloßplatz. Fast 60 Züge täglich passierten ausgangs des 19.
Jahrhunderts den zu ebener Erde liegenden Bahnhof, der 1902 zur
heutigen Form umgebaut wurde. Seit 1928 ist Köpenick an den

Monarchen weichen
Antifaschisten: Aus
Hohenzollernplatz
wird Mandrella-Platz

Borgmannstraße

Mandrellaplatz
❷

S-Bahn-Verkehr angeschlossen. Vom Bahnhofsvorplatz, der heute als Markt genutzt wird, führt unser Weg zunächst in die Borgmannstraße, benannt nach Gustav Borgmann, Köpenicker Bürgermeister von 1871 bis 1904. Unter seiner Führung entwickelte sich Köpenick von einem verträumten märkischen Ort zu einem ansehnlichen Städtchen im Kreis Teltow. In seinem Nachruf heißt es u.a., Borgmann sei ein »getreuer, immer bereiter Gehilfe der Bürger, ein teilnehmender Berater derjenigen gewesen, denen das Leben hart mitgespielt habe; ein Freund und Förderer sinnigen Humors und ehrenhafter Charakter...« Ein Bürgermeister, wie ihn Köpenick auch heute, knapp 100 Jahre danach, brauchen könnte. Von den ehemals 35.000 Arbeitsplätzen im Bezirk sind noch knapp 10.000 geblieben. Ehemalige Großbetriebe wie das Werk für Fernseheelektronik oder die Fotochemischen Werke werden derzeit von der Treuhandanstalt verwaltet. Schlüssige Konzepte für den Erhalt von Tausenden von Arbeitsplätzen für die Köpenikker gibt es kaum. Ende 1991 ergriff das Bezirksamt die Initiative und gründete die Arbeitsgruppe »Spreeknie«. Sie will dafür sorgen, daß das produzierende Gewerbe, Dienstleistungsunternehmen und Hotels in Köpenick angesiedelt werden.

Vorbei an der links liegenden Thürnagelstraße, ebenfalls nach einem Köpenicker Bürgermeister benannt (Christoph Daniel Thürnagel), stehen wir nach ein paar Schritten am Mandrellaplatz, ehemals Hohenzollernplatz. Vor uns liegt das von Paul Thoemer im Stil der deutschen Renaissance errichtete ehemalige Königliche Amtsgericht, das heutige Stadtbezirksgericht. Der Gedenkstein davor erinnert an den Antifaschisten Rudolf Mandrella, der selbst Richter in dem Haus war. Nachdem ein Spitzel ihn an die Gestapo verraten hatte, wurde er im Juni 1933 angeklagt und 1943 im Zuchthaus Brandenburg hingerichtet.

Das Gebäude und der dahinterliegende Hof mit dem Amtsgefängnis waren im Juni '33 Schauplatz grauenvoller Ereignisse. 91 Kommunisten, Sozialdemokraten und parteilose Antifaschisten wurden hier grausam gefoltert und ermordet, unter ihnen Erich Janitzky, Paul von Essen, Johannes Stelling und der jüdische Chemiker Dr. Georg Eppenstein. An die »Köpenicker Blutwoche« erinnern heute Gedenktafeln, Straßennamen und vor allem die Gedenkstätte in dem ehemaligen Zellenbau im Hof des Gerichtsgebäudes, Puchanstraße 2. Vor der Wende eher eine Traditions- denn Begegnungsstätte, finden heute hier Gesprächsrunden zum Thema Neofaschismus und Ausländerfeindlichkeit statt.

Gedenktafel in der Puchanstraße am Amtsgericht

Puchanstraße

Vis à vis befindet sich die Gaststätte »Zur Gerichtsklause«. Wir gehen daran vorbei die Puchanstraße entlang, die ebenfalls nach einem Köpenicker Bürgermeister benannt wurde, nach Johann Augustus Puchan. In wenigen Minuten sind wir an der Kreuzung Friedrichshagener Straße und stehen »Am Generalshof«. Hier führte im 18. Jahrhundert der alte Postweg von Berlin über Köpenick nach Erkner und Fürstenwalde vorbei. In dem heute noch stehenden großen Mietshaus Ecke Puchan-/Friedrichshagener Straße befand sich der Gasthof »Zum Goldenen Hirsch«. Hierher kam die Köpenicker Jugend zum Tanz. Heute befindet sich in dem Haus ein Veteranenklub. Der »Generalshof« endet am ehemaligen Stadtpark am Ufer eines Spreearmes. Auf diesem Gelände haben tatsächlich einmal Generäle gewohnt, zum Beispiel der Kommandeur eines im 19. Jahrhundert in Köpenick stationierten Feldjägerkorps. Bis in die 60er Jahre unseres Jahrhunderts standen dort Villen und Bootshäuser.

Generalshof
❸

Gleich hinter dem Gemeindehaus der evangelischen Stadtkirchengemeinde Köpenick befand sich noch bis 1991 der Eingang zur Freiluftgaststätte »Mecklenburger Dorf«, ein anläßlich der X. Weltfestspiele der Jugend 1973 in Berlin errichtetes Freizeitobjekt am Ufer der Alten Spree. Fast 20 Jahre lang war es für Köpenicker Familien aber auch Touristen ein beliebter Ort für Geselligkeit, Tanz und Spiel. Hier traf man sich nicht nur am Wochenende sondern auch an lauen Sommerabenden bei 'ner Molle zum Quatschen, Kartenspielen und Musikhören. Gerade für viele ältere Bürger war dies ein Platz, wo sie ihrer Einsamkeit entfliehen konnten, hier blieb man nie lange allein, fand immer jemanden, der einem zuhörte. Essen und Getränke waren an den zahlreichen strohgedeckten Buden zu DDR-Zeiten zum Spottpreis zu haben. Ende 1991 hat der Alteigentümer des 12.000 qm großen Geländes Besitzansprüche angemeldet. Der in Bremen lebende Kammersänger will hier Hotel und Bürohäuser errichten. Die würden wohl nicht nur den Blick auf die Uferpromenade und die idyllisch gelegene Baumgarteninsel versperren, sondern den Köpenickern auch ein herrlich ruhiges Fleckchen Grün nehmen.

*Abwasserpumpstation
unter Denkmalschutz*

Dammbrücke
❹

Alt-Köpenick

Der dahinter liegende Parkstreifen mit dem »Platz des 23. April« erinnert an den Tag des Jahres 1945, als die Rote Armee in Köpenick einzog. Das steinerne Denkmal — eine geballte Faust — ist den Opfern der Köpenicker Blutwoche gewidmet. Stele und Relieffries des 1971 errichteten Mahnmals symbolisieren antifaschistischen Kampf und sozialistischen Aufbau. Wenn wir den kleinen Park in Richtung Bahnhofstraße verlassen, kommen wir an einem kleinen unter Denkmalschutz stehenden Fachwerkhaus vorbei — es ist die Abwasser-Pumpstation 1, erbaut 1904 auf Initiative von Stadtrat Hugo Schüßler. Ein zweites Fachwerkhäuschen steht wenige Schritte weiter Ecke Bahnhof-/Lindenstraße; die 1902 erbaute Umformstation für die Köpenicker Straßenbahn. Das architektonisch auffallende große Gebäude auf der anderen Straßenseite mit den vielen Türmchen war das Köpenicker Gymnasium, die Körnerschule. Ab 1955 wurden hier Lehrer für die Grundstufe ausgebildet, seit 1987 Kindergärtnerinnen.

Doch unser Weg führt uns linker Hand in die Lindenstraße zur Dammbrücke. Das Hauptpostamt aus roten Backsteinen auf der rechten Straßenseite hat annähernd 100 Jahre auf dem Buckel; die katholische Kirche St. Joseph auf dem Nachbargrundstück wurde 1895 errichtet. Die wunderschöne weiße Villa daneben, heute Außenstelle des Bezirksamtes, gehörte einst einer traditionsreichen Köpenicker Familie, den Selchows.

Unter der 1985 neu errichteten Dammbrücke führen auf beiden Seiten wunderschöne Uferpromenaden entlang. Wer Lust hat, kann am linken Ufer ein Boot oder Wassertreter mieten und rund um die Baumgarteninsel fahren oder die zahlreichen kleinen Spreearme erkunden. Auf der rechten Seite fließt die Dahme in die Spree. Dort kann man auf der schattigen Promenade parallel zur Straße Alt-Köpenick bis zur Anlegestelle der Weißen Flotte laufen, am Luisenhain.

Hier an der Dammbrücke beginnt die Altstadt, die eigentliche frühere Stadt Köpenick, die nur über Brücken zu erreichen war. Der hölzernen Portalbrücke folgte 1891/92 eine massive Backstein-Bogenbrücke, die bis 1982 mehr schlecht als recht ihren Dienst tat. Nur einspurig befahrbar quälten sich — vor allem im Berufsverkehr — Straßenbahnen, Busse und Autos mühsam Meter um Meter vorwärts. Trotz der neuen, breiteren Brücke ist auch heute die Altstadt hoffnungslos überlastet. Ein neues Verkehrskonzept muß her. Pro Stunde bewegen sich rund 1.400 Fahrzeuge auf engen Straßen vorwärts. Ziel neuer Verkehrspläne ist es, den motorisierten Durchgangsverkehr ganz aus der Altstadt herauszulösen und über ein Tangentensystem an ihr vorbeizuführen.

Haben wir die Dammbrücke überquert, stehen wir am Beginn der Straße Alt-Köpenick, der ehemaligen Schloßstraße, die direkt zur Schloßinsel führt. Wir verweilen zunächst an diesem Standort, denn linker Hand beginnt eine Straße mit interessanter Geschichte. Sie heißt »Freiheit«. Ende des 17. Jahrhunderts hatte der damalige Kurfürst hier Land aufschütten und Häuser für 70 Hugenotten bauen lassen. Darunter waren auch einige Manufakturgebäude, die noch heute stehen (am linken hinteren Ende der kurzen Straße). Diese waren frei von Steuern, und so nannte man die Straße »Freiheit«. Jedesmal, wenn ich zu DDR-Zeiten mit dem Linienbus vom Neubauviertel Allende kommend nach Köpenick fuhr, erwartete ich mit Spannung das Ausrufen der Haltestelle durch den Busfahrer. Riß der eine mit einem laut und überdeutlich ausgerufenen »Freiheit!« so manchen Fahrgast aus dem Schlummer, nuschelte der zweite ein undeutliches »Freieit« in den Bart, und der dritte vergaß nicht zu betonen »Haltestelle Straße Freiheit«. Einmal erlebte ich einen, dem diese Streckenansage wohl wie gerufen kam: »Freiheit für alle . . . (kleine Pause), die aussteigen wollen«, lautete seine tollkühne Ansage. Und nicht alle Fahrgäste schmunzelten. Heute kaum vorstellbar, aber zu jenen Zeiten hätte das schon gereicht, einem die Stasi auf den Hals zu hetzen.

Freiheit
❺

Das große Eckhaus in der Freiheit Nr. 1 ist nach der Wende nun wieder von den ehemaligen Besitzern bezogen worden — der »Cöpenicker Bank GmbH«. Das Haus Nr. 16 gleich gegenüber war früher Königliches Amtsgericht. Im Hof des roten Backsteinbaus verbirgt sich das zweite »Köpenicker Weltwunder«, das Gefängnis in der Freiheit. Als sich 1906 das Amtsgericht am bereits erwähnten Mandrellaplatz in der Dammvorstadt niederließ, beherbergte dieses Gebäude die Wasserbau-Inspektion, das Katasteramt, nach 1945 Volkspolizei und heute das Wohnungsamt. Das Gebäude nebenan wurde 1844 als Köpenicker Schulhaus errichtet.

An der Seitenwand des Nachbarhauses ist eine Gedenktafel für den Pfarrer der Reformierten Schloßkirchengemeinde, Georg Ratsch, angebracht. Dieser hatte sein Haus in den Jahren der Hitlerdiktatur zu einer Zufluchtstätte für Juden und Antifaschisten gemacht. An der unverputzten Seitenwand des Eckhauses schräg gegenüber lassen sich schemenhaft die Umrisse eines Dachgiebels erkennen. Hier schloß einst die Jüdische Synagoge an, die 1938 von den Nazis zerstört wurde. Die meisten Köpenicker wissen davon gar nichts, obwohl sich der Gründungstag der »Synagogen-Gemeinde der Stadt Cöpenick und Umgebung« im August 1989 bereits zum 100. Mal jährte.

Bevor die »Freiheit« in den Katzengraben mündet, erreichen wir den Futranplatz, benannt nach dem Stadtverordneten und Köpenicker Arbeiterführer Alexander Futran, der während des Kapp-Putsches im März 1920 standrechtlich erschossen wurde. Bis 1811 wurde der damalige Friedrich-Wilhelm-Platz als Friedhof genutzt. 1894 erwarb die Stadt Köpenick den Platz, es wurde der zentrale Marktplatz der Altstadt. Heute ist hier eine Grünanlage und ein Gedenkstein für den Pazifisten Alexander Futran.

Alexander Futran (Gedenkstätte auf dem Futranplatz)

Die kleinen buckligen Häuschen im Katzengraben lassen etwas von der Idylle Alt-Köpenicks ahnen. Handwerker gingen hier ihrem Gewerbe nach, und da, wo heute die Köpenicker Feuerwehr

Katzengraben

ihr Domizil hat, war bis 1914 eine Flußbadeanstalt. In die kleinen Häuschen am Katzengraben zogen in den 70er Jahren junge Leute ein; Fotografen, Grafiker und andere kreative Leute. In mühevoller Kleinarbeit revitalisierten sie die nun verfallene Idylle — von da an war der Katzengraben eine Adresse für kritisch-kreative junge Leute in Köpenick. In den letzten Jahren entstand hier auch ein kleiner privater Buchverlag, die »Katzengrabenpresse«. Die Bücher sind handgefertigt und auf erlesenem Papier gedruckt; z. B. die »Ostberliner Treppengespräche« von Jan Silberschuh, als eines der schönsten deutschen Bücher 1990 von der Stiftung Buchkunst ausgezeichnet.

Auf der anderen Seite des Futranplatzes stand einmal das weit über die Stadtgrenzen Köpenicks bekannte Stadttheater, eröffnet 1889. Leider fiel das Haus Nr. 14 in den 60er Jahren der Abrißbirne zum Opfer. 1991 gründete sich in Köpenick wieder ein Theaterverein, der alte Traditionen aufleben lassen will. Wir stehen jetzt direkt am Alten Markt, ein Fleck Erde, der wahrscheinlich schon vor der im 13. Jahrhundert beginnenden Besiedlung Köpenicks eine Dorfanlage war. Ab 1878 wurden hier Wochenmärkte abgehalten. Heute parken darauf Autos; schade um diesen historischen kleinen Platz, der von meist einstöckigen kleinen Bürgerhäusern umgeben ist. Er grenzt an den sogenannten Schötzenhof (bevor die Stadt 1854 das Gelände kaufte, gehörte es dem Bäckermeister Schötz). Schon 1772 befand sich hier eine 12klassige Gemeindeschule. Das Schulgebäude im Backsteinbau wird heute als Lehrerweiterbildungsstätte genutzt; das kleine Häuschen davor im gleichen Bau-

Alter Markt
❻

*Domizil für junge
KünstlerInnen:
Katzengraben*

stil ist seit kurzem Domizil für das Erste Köpenicker Frauenzentrum Pep. Frauen finden hier Rat und Hilfe bei persönlichen Angelegenheiten, Beratung bei sozialen Problemen und etliche Veranstaltungsangebote. Es ist täglich geöffnet, auch zum zwanglosen Quatschen beim Frauenfrühstück. Erwähnenswert ist die kleine, von nur zwei ABM-Kräften unterhaltene Einrichtung vor allem deshalb, weil es zu DDR-Zeiten solche Zentren nirgendwo gab.

Schräg gegenüber steht ein imposantes Fachwerkhaus aus dem 18. Jahrhundert. Hier ist Anfang des Jahres 1992 das Heimatmuseum Köpenick eingezogen. Wer sich für die frühe Geschichte Köpenicks interessiert, Fotos und Originaldokumente aus vergangenen Jahrhunderten studieren möchte, der ist hier genau richtig (Di. u. Do. von 11-17 Uhr). Übrigens wurde das Haus von Anfang an als Kindergarten genutzt, bis Ende der 80er Jahre. »Kleinkinder-Bewahranstalt« steht in den alten Büchern.

Wir biegen in die Jägerstraße ein, stehen nach ein paar Schritten auf dem Schüßlerplatz. Schüßler, verdienstvoller Köpenicker Stadtrat Ende des vorigen Jahrhunderts, hatte dafür gesorgt, daß das erste Kanalisationssystem in Köpenick gebaut wurde. Das war im Jahre 1902. Der Initiative des Likörfabrikanten ist auch die Gründung der Freiwilligen Feuerwehr 1876 zuzuschreiben. Am zu DDR-Zeiten verwahrlosten Schüßlerplatz, nun wieder restauriert und von alten Bürgerhäusern in neuem Anstrich umgeben, stört eigentlich nur der Containerklotz der Commerzbank.

Wir biegen rechts in die Kirchstraße ein und verweilen einen Augenblick an der Stadtkirche — der St. Laurentius. Köpenicker Handwerker bauten die 1841 von König Friedrich Wilhelm IV. und Königin Elisabeth eingeweihte evangelische Kirche an der Stelle, wo bereits im 12. Jahrhundert eine Kirche stand. Durch Unterspülung der Fundamente war die alte Kirche baufällig geworden und mußte abgerissen werden.

Wir stehen nun in der schmalen Straße Alt-Köpenick, früher Schloßstraße, so geheißen, weil sie in gerader Linie zum Schloß Köpenick führt. Das »Nadelöhr« ist für jeden Autofahrer ein Alptraum. Aber auch für die Denkmalschützer Köpenicks, denn an dieser historischen Straße stehen noch eine Reihe baulich interessanter Häuser aus vergangenen Jahrhunderten. Neben dem Zahn der Zeit taten Erschütterungen durch den Verkehr und Abgase das ihre; einige der z.T. mittelalterlichen Häuser mußten bereits abgerissen werden. Das Haus Nr. 15 indes steht noch — das Andersonsche Palais genannt. Es wurde 1750 für den Stallmeister der im Schloß lebenden Prinzessin Henriette Marie gebaut. Fast anderthalb Jahrhunderte lebte dann die in Köpenick bekannte Familie Anderson darin. Einer Sensation kam gleich, als zu Beginn des Jahrhunderts in diesem Haus erstmals Kino gezeigt wurde. Im Haus Nr. 22 ist seit 1815 die Stadtapotheke beheimatet. Begründet wurde sie im Jahre 1683 vom Apotheker Johann George Neugebauer durch ein Privileg des Kurfürsten Friedrich Wilhelm.

Schüßlerplatz

Historischer Wasserspender am Schüßlerplatz

Alt-Köpenick

Nebenan breitet sich der Luisenhain aus, eine kleine Parkanlage mit Uferpromenade und Dampferanlegestelle, die bereits in den zwanziger Jahren existierte. Heute verkehren hier die Fahrgastschiffe der »Weißen Flotte«.

Von hier aus kann man zum Müggelsee oder zu einer großen Fahrt durch die Berliner Gewässer starten. Wir bleiben in Alt-Köpenick, überqueren die gleichnamige Straße und stehen direkt vor dem Rathaus Köpenick, erbaut im Stil mittelmärkischer Backsteingotik unter der Leitung von Hans Schütte und Hugo Kinzer in den Jahren 1901 bis 1904. Hier stand schon immer ein Rathaus — bis 1700 war es ein kleines unscheinbares Häuschen, bis 1901 ein etwas größeres Gebäude. 54 Meter hoch ragt der Rathausturm über die Dächer der Altstadt. Zweimal wurde das Rathaus erweitert, 1926/27 und 1936-39. Der rote Backsteinbau mit dem prächtigen Ziergiebel gehört zu den schönsten Rathäusern Berlins, das berühmteste ist es allemal. Seinen internationalen Bekanntheitsgrad verdankt er — einem Schuster, Wilhelm Voigt, dem Hauptmann von Köpenick. Bis auf den heutigen Tag findet zu seinen Ehren im Sommer während der »Köpenicker Festtage« ein Umzug statt, den der Hauptmann von Köpenick in historischer Uniform anführt. Vor dem Rathaus übergibt ihm der Bürgermeister eine Geldkassette. Und das Volk jubelt.

Einen Blick ins Innere des Rathauses sollte man nicht versäumen. Die bemerkenswerte Holztäfelung und die farbigen Glasmalereien sind außerordentlich sehenswert. Im ersten Haus am Platze begegnen wir auch einem weiteren Köpenicker Weltwunder — der Ratskeller lag einst im ersten Stock.

Vorbei an einer modernen und einer historischen Kneipe (»Alt-Cöpenicker-Bierstuben«) gelangen wir zum Schloßplatz und der Schloßinsel.

Schloßinsel
❼

Die Schloßinsel mit dem Frauentog auf der östlichen und der Dahme auf der westlichen Seite wurde erst im 12. Jahrhundert durch die Anlegung eines Grabens zwischen den beiden natürlichen Gewässern zu einer Insel. Etwa 655 bis zum Jahre 1000 stand

Der Hauptmann von Köpenick

Am 16. Oktober 1906 erschien der arbeitslose Schuster Wilhelm Voigt in einer beim Trödler erstandenen Hauptmannsuniform in Begleitung von 12 Soldaten im Rathaus Köpenick, verhaftete den Bürgermeister und beschlagnahmte die Stadtkasse. Ordnungsgemäß quittierte er den Betrag von 4.002,37 Mark und entkam unerkannt. Die halbe Welt lachte damals über diesen Handstreich des 57jährigen Schuhmachers aus Tilsit. War er doch höchst anschaulicher Ausdruck des preußischen Untertanengeistes dieser Zeit. Die Polizei setzte 3000 Mark Belohnung für die Ergreifung des falschen Hauptmannes aus. Der aber hatte sich längst wieder in Zivil geschmissen und wähnte sich in Berlin sicher. Im Steckbrief wurde er so beschrieben: »50 Jahre alt, nach vorn gebeugte Kopfhaltung und vorgestreckte rechte Schulter. Das Gesicht gelblich, krankhaft, häßlich. Eingefallene Backen, rötlichblonder, jetzt grauer, starker, herabhängender Schnurrbart, schiefgeformte Nase, etwas krumme, sogenannte O-Beine.« Etwa 2000 Anzeigen gingen bei der Polizei ein. Am Morgen des 26. Oktober konnte Voigt verhaftet werden. Vier Jahre Gefängnis bekam er aufgebrummt; nach zwei Jahren wurde er vom Kaiser begnadigt.

Der Streich des Schusters Voigt machte den kleinen Ort Köpenick, der ja damals noch nicht zu Berlin gehörte, überall bekannt. Der »Simplizissimus« brachte Karikaturen und Witze, in den Varietés sang man Couplets über den Streich, Postkarten erschienen mit Schmähgedichten, und über den Spielfilm »Der Hauptmann von Köpenick« mit Heinz Rühmann in der Hauptrolle lachten schon Generationen. Besonders stolz waren die Berliner Schuhmacher darauf, daß dieser gelungene Streich von einem ihres Standes verübt worden war. Der Bürgermeister Dr. Langerhans fühlte sich nicht mehr wohl in seiner Haut, und so schickte er den Stadtverordneten am 19. Oktober 1906 folgendes Schreiben: »Durch die Art und Weise, wie am 16. d.Ms. die hiesige Stadtkasse beraubt worden ist, sind der städtischen Verwaltung Ungelegenheiten erwachsen. Es ist leicht, hinterher klug zu reden. Ich bin mir bewußt, daß in allen Fällen, die das Gesamtinteresse der Stadt berühren, die formelle Verantwortung der Leiter der Verwaltung auf sich nehmen soll. In Würdigung dessen lege ich mein Amt als Bürgermeister der Stadt Köpenick nieder...« Die Stadtverordneten und große Teile der Bürgerschaft waren mit diesem Rücktritt indes nicht einverstanden. In einer öffentlichen Bürgerversammlung im Cöpenicker Stadttheater sprachen sie Dr. Langerhans ihr Vertrauen aus. Darauf zog der Bürgermeister sein Gesuch zurück.

Wie ging es aber mit dem falschen Hauptmann weiter? Armut und Kriminalität (er hatte in seinem Leben bereits 30 Jahre hinter Gittern verbracht) hatten vorerst ein Ende. Nach seiner Entlassung aus dem Gefängnis wurde aus dem armen Wilhelm ein »reicher Maxe«. Schon im Gefängnis hatte Voigt Geld, Geschenke und sogar einige Heiratsanträge erhalten. Als er im Sommer 1908 das Gefängnis Tegel verließ, wurde er von vielen Berlinern umjubelt. Er ließ von sich Postkarten drucken, gab Autogramme, fuhr kreuz und quer durch Deutschland, Luxemburg, in die Schweiz und sogar nach Amerika. In einem Leipziger Verlag erschien 1909 seine Biographie, sie wurde ein Bestseller. Voigt kaufte sich in Luxemburg ein Haus, hier starb er am 4. Januar 1922 mit 72 Jahren.

Ingeborg Dittmann

hier eine Rundwallanlage der Slawen. Im 12. Jahrhundert befand sich auf der Insel eine mittelalterliche Burganlage, in deren Schutz sich der Kietz, eine zur Burg gehörende Dienstsiedlung befand. Der Besucher betritt die Schloßinsel über eine Holzbrücke durch das barocke Portal von Johann Arnold Nering (1682).

Auf dem Schloßhof erblicken wir linkerhand die von Nering 1684 erbaute Schloßkirche, rechts das im holländischen Barock nach Plänen von Rütger von Langerfeldt 1677-1684 erbaute Schloß. Gehen wir zunächst die wenigen Schritte zur Südspitze der Insel, dorthin, wo zahlreiche Rhododendronbüsche die Sicht auf die Dahme verdecken. Wir stehen hier auf dem ältesten Siedlungsboden Köpenicks. Vorbei an einem kleinen Denkmal, das an Johann Julius Hecker erinnert, der 1749 hier das erste preußische Lehrerseminar gründete, laufen wir zurück zum Schloß.

Schloß

Im 16. Jahrhundert stand an dieser Stelle ein Renaissanceschloß. Kurfürst Joachim II. ließ dieses 1553 als Jagdschloß errichten. Das heute zu sehende Barockschloß entstand unter dem holländischen Bauherren Rutger von Langerfeldt in den Jahren 1677 bis 1688. Kurfürst Friedrich Wilhelm hatte es für seinen Sohn Friedrich III. in Auftrag gegeben. Doch dieser ging nach dem Tod des Vaters in die Residenzstadt Berlin. So kam es, daß das Schloß Köpenick unvollendet blieb; das heutige Schloß besteht im Grunde nur aus dem rechten Seitenflügel des einst geplanten großen Schlosses.

Das Schloß wurde in den folgenden Jahrhunderten oft verkauft oder verpachtet und diente den unterschiedlichsten Zwecken. Seit 1963 befindet sich darin das Staatliche Kunstgewerbemuseum. Möbel, Glas, Porzellan, Gold- und Silberarbeiten aus verschiedenen Jahrhunderten kann der Besucher hier bewundern. Prunkstücke der Sammlung sind neben dem berühmten »Giselaschmuck« aus ottomanischen Zeiten auch einige Gegenstände aus dem 1951 abgerissenen Berliner Schloß, zum Beispiel das aus dem Jahre 1703 stammende Silberbüfett aus dem einstigen dortigen Rittersaal. Zu bewundern ist hier auch eines der berühmtesten Möbel der Kunstgeschichte — ein über 200 Jahre alter Schreibschrank mit Musikspielwerk und Geheimfächern. Insgesamt sind in den 36 Räumen 25.000 Exponate ausgestellt. Wie lange der Besucher sie noch bewundern kann, steht indes in den Sternen. Geht es nach dem Berliner Kultursenator Roloff-Momin, soll das Schloß wegen Baufälligkeit bis 1998 geschlossen werden. Die Bundesbaudirektion stufte das Gebäude als »akut einsturz- und feuergefährdet« ein. Andere Baufachleute indes bezeichnen die beabsichtigte Schließung als voreilig und verantwortungslos. So geht es seit Ende 1991 hin und her — Köpenicks Bürgerschaft protestierte gegen die vollständige Schließung und plädierte für eine etappenweise Sanierung, so daß das Schloß der Öffentlichkeit weiter zugänglich bliebe. Immerhin kommen jährlich rund 100.000 Besucher hierher. Seit der Vereinigung der Stadt untersteht das Kunstgewerbemuseum der Stiftung Preußischer Kulturbesitz. Diese bedauert zwar, das Haus schließen zu müssen, aber es sei halt unumgänglich. Rund 50 Millionen Mark soll die Sanierung kosten. Die Köpenicker Bürgervereinigung fordert von der Verwaltung Preußischer Kulturbesitz die Zusage, daß das Kunstgewerbemuseum auch nach der Sanierung bleibt und im Westteil der Stadt eingelagerte Exponate zurückkommen.

Das Kunstgewerbliche Museum

Im Schloßpark und in der Schloßkapelle finden im Sommer Konzerte statt, das Schloßcafé hat Dienstag von 14-19 und Mittwoch bis Sonntag von 11-19 Uhr geöffnet.

Verlassen wir nun die Schloßinsel und wenden uns nach rechts Richtung Frauentog (eine Bucht der Dahme) und Kietz. Auf dem Weg dorthin steht an einem kleinen Uferpark das Denkmal der »Mutter Lustig«. Es ist der Begründerin der Köpenicker Lohnwäscherei, Henriette Lustig, gewidmet. Seit 1835 betrieb sie die erste gewerbsmäßige Wäscherei, in deren Folge Köpenicker Waschfrauen und Wäschereibetriebe dem Städtchen den Ruf als »Waschküche Berlins« einbrachten. Das den Waschfrauen, die einst mit ihren Rubbelbrettern und Waschbänken an der Spree hockten, gewidmete Denkmal schuf der Bildhauer Karl Möpert.

»Lustige Mutter« am Brunnen

Wenige Schritte weiter signalisiert das im Dezember '91 eröffnete Café-Restaurant »Kietz«, daß hier der Kietz, eine 1209 zum ersten Mal urkundlich erwähnte Fischersiedlung, beginnt. Die wasserseitig gelegenen Häuschen befinden sich direkt am Frauentog, einer Bucht, die in den Kietzgraben mündet. Der ehemalige slawische Kietz war eine zur Burg gehörende Dienstsiedlung. Seit dem Mittelalter waren hier die Köpenicker Fischer ansässig, 1451 wurde den Kietzern die Fischereigerechtigkeit verliehen, die erblich war wie ihre Hausstelle. Das war auch der Grund dafür, daß der Kietz über Jahrhunderte ein reines Fischerdorf blieb, eine selbständige Gemeinde mit eigenem Schulzen. Erst 1898 wurde der Kietz zu Köpenick eingemeindet.

Frauentog

Das grobe Straßenpflaster und die geduckten ein- bis zweistöckigen Häuschen (einige bis zu 200 Jahre alt) vermitteln noch ein wenig von der Atmosphäre des einstigen Fischerdorfes. An Giebeln, Dachtraufen und Türen sind bei genauem Hinsehen noch alte

Spiel auf dem Köpenicker Kietz

Verzierungen und Zunftzeichen zu entdecken, wie man sie nirgendwo anders mehr findet. 31 Fischerfamilien waren einst hier angesiedelt. Anstatt der Fischer wohnen heute Maler, Gewerbetreibende und Kunsthandwerker im Kietz. Die einst ungeheuer fisch- und krebsreichen Bestände der Köpenicker Gewässer sind seit der Industrialisierung erheblich zurückgegangen.

Kietzallee ➑

Am Ende der von Straßenbäumen eingerahmten Kietzallee, in der auch einige im 19. Jahrhundert gebaute mehrstöckige Miethäuser stehen, stoßen wir auf den »Kitzer Krug«, eine kleine Kneipe, die täglich (außer samstags) geöffnet ist. Als Gartenrestaurant öffnete der Krug im Jahre 1869. In Höhe der Luisenstraße vereinigen sich Kietz und Gartenstraße zur Gartenstraße. Mit dem Namen verändert sich auch das Gesicht des Kietzes. Wer im Hochsommer hier entlang kommt, kann im alten Köpenicker Flußbad Gartenstraße einen Sprung in die kühlen Fluten wagen. 1877 eröffnet, wurde die Badeanstalt in den 90er Jahren umgebaut und 1898 neu eröffnet. Zunächst nur für Personen männlichen Geschlechts. Erst seit 1919 durften auch Frauen hier baden, allerdings nach einer strengen Badeordnung. Der Badeanzug mußte Schultern, Brust, Leib und Beine bis zum Knie bedecken.

Gartenstraße

Luisenstraße 23

Noch ein Tip für jene, die sich gern mal ein paar Requisiten vergangener Zeiten anschauen wollen: In der eben erwähnten Luisenstraße Nr. 23 befindet sich ein kleines Museum, das an jedem ersten Freitag im Monat zwischen 15 und 18 Uhr geöffnet ist — das Wäschereimuseum Seibel. Hier kann man alte Waschbären, Waschwölfe, Kessel mit Holzfeuerung, historische Handmangeln und Spiritusbügeleisen, die um die Jahrhundertwende ›in‹ waren, in Augenschein nehmen und sich einen Einblick in die Geschichte des Berliner Wäschereiwesens verschaffen. Das Vorkriegsmodell einer Waschmaschine — ein Holzbottich mit elektrischer Wringe — funktioniert sogar heute noch.

Wir nähern uns dem Ende unseres Rundganges und laufen den Kietz oder die Gartenstraße zurück bis zur Müggelheimer Straße, links vorbei an der Schloßinsel, über die »Lange Brücke«. Wir haben nun Alt-Köpenick verlassen und kommen in die Cöllnische Vorstadt. Links vom Köllnischen Platz gleich hinter der Brücke liegt der Friedhof der Laurentius Gemeinde mit dem ehemaligen Krankenhaus — ein weiteres Köpenicker »Weltwunder«. Wir bleiben auf der rechten Seite der Oberspreestraße, die uns zum S-Bahnhof Spindlersfeld führt. Der Name erinnert an den Seidenfärber und Wäschereikönig Wilhelm Spindler, der 1854 die Trocken- oder Chemische Reinigung in Deutschland einführte.

Oberspreestraße ➒

»Den geehrten Herren Seidenwaaren-Fabrikanten und Seidenhändlern zeige ich ergebenst an, daß ich auf hiesigem Platze, in der Burgstraße No. 5 eine SeidenFärberey eröffnet habe. Da ich jahrelang auch außerhalb Berlins in vielen Färbereyen gearbeitet und Selbstvervollkommnung stets mein Hauptaugenmerk war, so glaube ich, durch hinreichende Fonds unterstützt, diejenigen, welche mich mit ihrem Zutrauen beehren, durch schöne Farben,

prompte und reelle Bedingungen zufrieden stellen zu können. Imgleichen empfehle ich mich dem geehrten Publikum mit Färbung seidener, wollener und baumvollener Zeuge, mit dem saubersten Waschen von Shawls sowie dem Glätten von Kattun-Kleidern unter Versicherung der schnellsten und billigsten Bedienung. Berlin, den 1. October 1832, Wilhelm Spindler, Seitenfärber«

Das spätere Riesenunternehmen der Spindlers fing in Köpenick ganz bescheiden mit einer Färberei an. Sie bestand aus einer »Kellerlokalität unter dem Vorderhause« und einer Waschbank zum Spülen der gefärbten Garne und Kleider in der Spree. Das Wasser war an dieser Stelle sehr klar und hatte leichtes Gefälle. In Berlin boomte die Textilindustrie, und so war Spindler mit seinem kleinen Betrieb so erfolgreich, daß er bereits 1842 einen größeren in der Berliner Wallstraße gründen konnte. Spindler hatte sich bei Firmen im Ausland umgesehen und kannte den aktuellen Stand der Technik genau, ja er erfand sogar selbst Maschinen. Sein Grundstück in Köpenick erweiterte er mehrmals, mehrere vier- bis sechsstöckige Gebäude und drei große Schornsteine wurden auf dem nunmehrigen Spindlerhof gebaut. Nachdem seine beiden Söhne Carl und William den Betrieb mit übernahmen, wurde er noch einmal umgebaut und vergrößert. Am linken Ufer der Oberspree erwarb die Familie 200 Morgen Land. Es entstand das »Etablissement Spindlersfeld bei Cöpenick«, das bald darauf schon 2.000 Arbeiter beschäftigte — ein Großbetrieb für diese Zeit. Wenige Jahre später hatte Spindler 500 Agenturen und 35 Geschäfte mit eigenem Personal in allen großen Städten Deutschlands.

Im Jahre 1882 gab es im Spindlerhof bereits 17 Dampfkessel, später dann 40. Das Werk hatte eine eigene Gasanstalt, die das nötige Gas für die Gasbügeleisen lieferte. Selbst die Seife wurde zum großen Teil im eigenen Betrieb hergestellt — immerhin benötigte man mehr als 700.000 kg im Jahr. Neben der Färberei waren aber besonders die Dampfwäscherei (schrankfertige Wäsche) und die Chemische Reinigung für die Köpenicker von Interesse. Neben Textilien wurden hier auch Pelze, Fächer, Teppiche, Gardinen, bezogene Möbel und sogar Kupferstiche angenommen. Man konnte plissieren, kunststopfen und sticken lassen. Zu DDR-Zeiten hatte dann das VEB Kombinat REWATEX hier seinen Stammbetrieb. An Spindler erinnern heute auch noch der Spindlerpark und die alten Spindlerschen Wohnhäuser in der Mentzelstraße.

An der Kreuzung Oberspree/Ottomar-Geschke-Str. befindet sich rechterhand der S-Bahnhof Spindlersfeld, die Endstation unseres Rundgangs. Von hier aus fährt die S-Bahn zwei Stationen bis nach Schöneweide (S- und Fernbahnhof), Schönefeld (Fernbahnhof, Flughafen) oder stadteinwärts Richtung Ostkreuz, Alex, Friedrichstraße. Will man indes zum Ausgangspunkt, dem Bahnhof Köpenick, zurück, steigt man in die Straßenbahn der Linien 84 oder 86 und ist in ca. 12 Minuten am Ziel.

Ingeborg Dittmann

S-Bahnhof Spindlersfeld
Ⓢ

Westlich von Warschau

Kaulsdorf

Ausgangspunkt: S-Bahn/U-Bahn Wuhletal (U5, S5)
Endpunkt: Kaulsdorf (S5)
Dauer: 2,5 Stunden

Der Westberliner Taxifahrer fragte dreimal nach:»Wohin wolln Se? Nach Kaulsdorf? Wo liecht denn det?«»In Hellersdorf.« »Und wo ist das?« Die verärgerte Antwort des Fahrgastes:»Westlich von Warschau.« Hellersdorf, obwohl keine halbe Stunde mit S- oder U-Bahn vom Alexanderplatz entfernt, ist vielen Berlinern unbekannt oder der Inbegriff von trostlosem Leben; Betonbauten, so weit das Auge reicht, kaum Infrastruktur, von Gastronomie oder Freizeitmöglichkeiten gar nicht erst zu reden.

Altes Wappen von Kaulsdorf

Hellersdorf ist der jüngste der Berliner Stadtbezirke und mit rund 128.000 Einwohnern einer der bevölkerungsreichsten. Er ist der östlichste von allen östlichen Bezirken. Und er ist das Paradebeispiel für den verfehlten Wohnungsbau in der DDR schlechthin. Was soll da Sehenswertes zu entdecken sein? Doch eine Wanderung durch diesen Stadtbezirk zeigt: Hellersdorf wird Unrecht getan. Außerdem gehört Hellersdorf wie die anderen riesigen Neubaugebiete Marzahn und Hohenschönhausen zu Berlin, zu seiner Geschichte und seinen Fehlern. Wer Berlin kennenlernen und verstehen möchte, muß auch diesen Teil erkunden.

Als der Magistrat 1986 den Stadtbezirk Hellersdorf gründete, wurden drei Gebiete zu einem zusammengezogen: neben dem entstehenden Neubaugebiet Hellersdorf die reizvollen Berliner Vororte Mahlsdorf und Kaulsdorf. Letzteres soll Hauptort der Wanderung sein, weil hier Alltag und Geschichte mit ihren baulichen und lebendigen Zeugen gegenwärtig sind. Die anderen beiden Teile des Stadtbezirkes werden als mögliche Abstecher beschrieben. Der Reiz des Neubaugebietes besteht zur Zeit ohnehin nur darin, sich nicht zu verlaufen, und Mahlsdorf empfiehlt sich allein aufgrund seiner räumlichen Ausdehnung schlecht für einen Fußmarsch.

Ausgangspunkt der Wanderung ist der erst 1989 eröffnete **Bahnhof Wuhletal**
 Bahnhof Wuhletal. Seine Besonderheit: Auf demselben Bahnsteig ist der Wechsel von der S- in die U-Bahn und umgekehrt möglich. Das ist einzigartig in Berlin. Einzigartig war auch die Doppelbelegung des Bahnsteigpersonals zu DDR-Zeiten. Da die U-Bahn den Berliner Verkehrsbetrieben, die S-Bahn aber der Deutschen Reichsbahn unterstand, stellten beide Institutionen für ein und die-

Helwichstorf — Hellersdorf

Der Name Hellersdorf, nach dem der Bezirk benannt ist, tauchte erstmals 1375 im Landbuch Karl IV. als Helwichstorf auf. Als Besitzer des Dorfes wurden die Gebrüder Diricke erwähnt. Später war Hellersdorf jahrhundertelang »wüst«, das heißt unbewohnt. Vor 1740 wurde in Hellersdorf ein sogenanntes Vorwerk, eine Zweigstelle des Nachbargutes Eiche, errichtet. Silvester 1871 bestand Hellersdorf aus neun Wohnhäusern, in denen 139 »Köpfe« wohnten. Nach einer Übersicht waren die 73 Frauen in der Überzahl. Dreiunddreißig Kinder unter 10 Jahren deuten auf ein zeugungsfreudiges Jahrzehnt hin. Unter den Hellersdorfern gab es 15 Analphabeten und zwei »Irrsinnige«.

1886 erwarb die Stadt Berlin das Gut von einem Grafen von Arnim. Der Aufkauf des Gutes hatte einen Grund. In der Folge eines Gutachtens des berühmten Mediziners und Kommunalpolitikers Professor Rudolf Virchow aus dem Jahre 1868, beschäftigte sich die Stadtverwaltung Berlin stark mit der Schaffung einer Kanalisation zur Beseitigung des Wassers und der unreinen Stoffe aus der Stadt. 1870 richtete Berlin westlich von Kreuzberg ein Versuchsfeld mit einer Berieselungsanlage ein, bei dem Wirtschafts- und Fabrikwasser zusammen mit Regenwasser in ein und dasselbe Leitungsnetz gelangten. Gleichzeitig wurden das Verhalten des Wassers, die Filtration der Schmutzanteile und die Möglichkeiten einer landwirtschaftlichen Nutzung der Anlagen untersucht. 1873 gab die Stadt schließlich »grünes Licht« zur Anwendung des damals ökologisch modernsten Verfahrens. Rund um Berlin kaufte die Stadt in den nächsten Jahrzehnten Güter auf und funktionierte ihre Äcker zu Rieselfeldern um. Hellersdorf erhielt 1893 diesen Status und hatte sich fortan den Fäkalienproblemen Lichtenbergs zu widmen.

Zwischen 1896 und 1901 vergrößerte sich das Rieselgut durch den Aufkauf bäuerlicher Ländereien in Kaulsdorf-Nord und Hönow. Neben der landwirtschaftlichen Nutzung wurden weitere Versuche durchgeführt, etwa inwieweit sich eine Leistungsgeflügelzucht rentiert. Für die deutsche Landmaschinenindustrie einschneidend erwies sich ein Wettbewerb zwischen dem deutschen und englischen Dreschsatz auf dem Gut Hellersdorf, den der deutsche für sich entschied.

In den 70er Jahren dieses Jahrhunderts wurden die Rieselfelder trockengelegt. Ende der 70er Jahre begann der gigantische Wohnungsneubau auf den einstigen Rieselfeldern, zuerst in Kaulsdorf-Nord, später im eigentlichen Hellersdorf. Inmitten der Betonwüste ist der Gutshof mit seinen Wohnhäusern, Schnitterkasernen und Ställen bis heute erhalten geblieben. Das Gutsgelände, bis zur Einheit 1990 Sitz der Landwirtschaftlichen Produktionsgenossenschaft (LPG), liegt jetzt allerdings brach. Die LPG hatte zu DDR-Zeiten ein kleines Traditionskabinett einrichten lassen, in dem die Geschichte des Gutes Hellersdorf dokumentiert ist. Leider existiert es nicht mehr.

Lars-Broder Keil

selbe Schicht Personal zur Verfügung. Linkerhand vom Bahnhof ist in einem Kilometer Entfernung ein Berg zu erkennen: der rund 100 Meter hohe Hellersdorfer Berg, heute Kienberg. Auf alten Karten findet sich auch der Name »Langer Kienberg«. Doch nur wenige Einheimische wissen, daß ein schmaler Streifen am linksseitigen Ufer der Wuhle, der frühere »Wuhlgarten«, von jeher zu Hellersdorf gehörte und der Berg berechtigterweise den Namen »Hellersdorfer Berg« trug. Zeitzeugen behaupten, daß der Berg erst in den fünfziger Jahren seine jetzige Höhe erreichte, als er mit Bauschutt, wohl auch vom 1950 gesprengten Berliner Schloß, künstlich aufgestockt wurde.

Blick vom U-Bahn-hof Wuhletal auf den Kienberg

Kienberg

Ein Spaziergang entlang der Wuhle und ein Aufstieg zum Berg im Anschluß an die Wanderung durch Kaulsdorf ist anstrengend, aber lohnend. Denn vom Berg aus eröffnet sich dem Betrachter ein Rundumblick auf die drei großen Neubaugebiete Hellersdorf, Marzahn und Hohenschönhausen. Der visuelle Eindruck auf ein aufschlußreiches Kapitel der DDR-Baupolitik erspart uns eine erlahmende Wanderung durch die »Neugraugebiete« (siehe Kasten). Schneller und bequemer als per pedes vom Wuhletal ist der Berg vom Bahnhof Kaulsdorf aus mit der Buslinie 195 bzw. 295 zu erreichen. Der Bus hält direkt am Fuße des Berges neben der Berliner Gartenbauausstellung, einem grünen Idyll inmitten grauen Betons.

Bevor wir uns Kaulsdorf zuwenden, machen wir auf einen Gebäudekomplex aufmerksam, der ebenfalls linker Hand der Wuhle zu sehen ist. Hinter der Baustelle des geplanten Marzahner Krankenhauses (seit 1989 die Bauarbeiter aus den DDR-Bezirken, die beim Wohnungsbau der Hauptstadt aushalfen, abgezogen wurden, ruht der Bau als Investitionsruine) sind gelbfarbene Gebäude zu erkennen. Es handelt sich um die ehemalige »Städtische Heil- und Pflegeanstalt für Epileptische Wuhlgarten«, 1891 bis 1894 errichtet. Bei einer Volkszählung 1895 bezifferte man die Einwohnerzahl von Hellersdorf, zum damaligen Zeitpunkt ein Berliner Stadtgut mit wenigen Wohnhäusern und Schnitterkasernen, auf 1.000 Seelen. Immerhin doppelt so viele wie das größere Kaulsdorf. Die Auflösung für die ungewöhnlich hohe Einwohnerzahl fanden heutige Heimatforscher durch Zufall. Die Patienten der Städtischen Heil- und Pflegeanstalt Wuhlgarten waren einfach als Hellersdorfer Bürger mitgezählt worden und stellten damit fast 90 Prozent der Einwohner.

Die gelbe Backsteinbauweise der Pflegeanstalt trägt die Handschrift des ehemaligen Baustadtrates Blankenstein, der diese Funktion in der Frühphase der wilhelminischen Kaiserzeit zwei Wahlperioden lang ausübte. Blankenstein, aus der letzten Phase der Schinkelschule hervorgegangen, wandte die Methode, hartgebrannte gelbe Ziegelsteine für ungeputzte Klinkerbauten zu nutzen, auch bei Markthallen und Schulen an. Preußen war halt arm und mußte billig und haltbar bauen. Die Pflegeanstalt im Wuhlgarten ist eines der wenigen Gebäude von Blankenstein, das die Kriegszerstörungen überstand.

Verläßt man den Bahnhof Wuhletal durch den Tunnel stadteinwärts auf der linken Seite, gelangt man auf einem schmalen betonierten Weg zunächst an der Wuhle und einem weiteren Berg, dem Biesdorfer Berg, entlang sowie vorbei am städtischen Friedhof, der Anfang dieses Jahrhunderts errichtet wurde, zum nördlichen Ortseingang von Alt-Kaulsdorf. Die Kaulsdorfer Flur ist ein uraltes Kulturland. Mindestens 500 v.u.Z. existierte im heutigen Kaulsdorf bereits eine Siedlung der sogenannten Lausitzer Kultur. Das

Blick auf Alt-Kaulsdorf und die Poststraße

war eine nach dem Hauptverbreitungsgebiet benannte Kultur der späten Bronze- und frühen Eisenzeit im östlichen Mitteleuropa. Später wohnten auf der Kaulsdorfer Feldmark Angehörige des germanischen Stammes der Semnonen. 1933 grub der Abteilungsleiter des Märkischen Museums, Professor Kiekebusch, auf dem Gelände der Gärtnerei Golm in der Lenbachstraße eine Siedlung aus, die dem Beginn unserer Zeitrechnung angehörte. Die wertvollste Entdeckung war ein runder Holzbrunnen, der die Jahrhundertwende überdauert hatte, weil seine Bohlen immer im Grundwasser gestanden haben.

Alt-Kaulsdorf

Die Geschichte des heutigen Kaulsdorf begann mit der deutschen Ostsiedlung im 13. Jahrhundert. Die Markgrafen aus dem Hause der Askanier bestellten sogenannte Lokatoren, staatlich beauftragte Unternehmer, die Orte gründeten, Grenzen zogen, Ansiedler ins Land holten. Die damals geschaffenen Gemarkungsgrenzen blieben dann bis 1920, bis zur Eingemeindung Kaulsdorfs nach Groß-Berlin, gültig. Erstmals genannt wurde Kaulsdorf 1285 im Namen eines Nicolao de Caulestorp, der Vogt zu Spandau war, also ein Verwalter oder Schirmherr der Markgrafen für diese Stadt.

Jahrhundertelang wirtschafteten die Kaulsdorfer Bauern unter ständig wechselnden Besitzern, Landesherren und Eintreibern der Abgaben vor sich hin.

Mit dem Jahr 1626, als Brandenburg in den Dreißigjährigen Krieg einbezogen wurde, begann zunächst der Niedergang dieses Landstriches. Die Hälfte der Einwohner verloren ihr Leben, viele Orte waren nicht mehr bewohnt und zu sogenannten Wüstungen geworden. Auch Kaulsdorf galt »etliche Jahre als wüst und ledig«. Dem Verwalter des Besitzes der Berliner Domkirche von Oelven, gelang es schließlich, das Dorf wieder zu besiedeln. Von den vier ersten Familien Lehne, Baunsdorf, Bredereck und Grunow leben heute noch die Nachfahren in Kaulsdorf, wie ein Blick auf die Namensschilder der Häuser verrät.

Der Bauernhof am Ortseingang, die Nummer 29, gehört den Brederecks. Seine Besonderheit: Es ist ein Vierseithof. Im Gegensatz zum Dreiseithof, bei dem die Seite zur Straße hin offen geblieben war, sind beim Vierseithof Wohn- und Stallbaulichkeiten getrennt, und das Wohnhaus steht in Traufstellung zur Straße. Die veränderte Giebelstellung erschwerte das Überspringen des Feuers von Dach zu Dach.

Ende des 19. Jahrhunderts wurden in Kaulsdorf einige fast pompös wirkende Häuser errichtet. Infolge der Parzellierung der Böden konnten die Bauern einigen Wohlstand anhäufen und wollten auch beim Hausbau städtischen Lebensstil symbolisieren.

Dorfstraße

Alt-Kaulsdorf ist ein typisch märkisches Straßenangerdorf. In der Mitte des Ortes gabelt sich die Dorfstraße und umschließt den Anger, auf dem die Kirche steht. Die Kaulsdorfer Kirche, deren älteste Teile aus der Zeit der deutschen Ostsiedlung um 1300 stammen, wurde 1715 nach Osten hin erweitert und 1875 mit einem neuen Turm versehen. Die neogotische Turmhaube, wie sie auf einigen alten Postkarten noch zu sehen ist, wurde 1945 zerschossen und nicht wieder erneuert. Neben der Kirche befinden sich das Gemeindehaus und ein evangelischer Kindergarten, der schon vor der Wende in der DDR existiert hat. 1680 wird für das Dorf erstmals ein Schulmeister genannt, 1698 und 1753 die Schule jeweils neu erbaut, wahrscheinlich immer auf dem Grundstück des heutigen Gemeindehauses. Der größte Kummer der damaligen Schulmeister war, daß trotz Schulgeldpflicht im Sommer die Schüler nicht zur Schule kamen. Da mußte sie mit ihren Eltern aufs Feld, die ihrerseits Pflichten nicht nachkamen. So klagten auch die Pfarrer über einen mäßigen Besuch des Gotteshauses.

Bekanntester Pfarrer der Kaulsdorfer Kirche war Heinrich Grüber (1891-1975), 1970 zum Ehrenbürger von Berlin (West) ernannt. Der Sohn der Stadt Stolberg an der niederländischen Grenze leitete zu Anfang der 30er Jahre ein Jugendheim im Templin und beteiligte sich am Aufbau des Arbeitsdienstes. Mit den Nazis hatte Grüber nichts am Hut. So weigerte er sich, seinen Mitarbeitern am 21. März 1933, dem Tag, an dem Hitler seine Machtübernahme durch einen Gottesdienst legitimieren wollte, freizugeben.

Heinrich Grüber

Außerdem schloß sich Grüber der Bekennenden Kirche an. Bereits im Sommer 1933 wurde er daraufhin auf Druck der Nazis aus der Jugendarbeit verdrängt. Er übernahm 1934 die Pfarrstelle in Kaulsdorf. Als nach dem 9. November 1938, der Progromnacht, die Verfolgung der Juden einen neuen Höhepunkt erreichte, war das Grübersche Pfarrhaus schon längst eine Adresse für Hilfesuchende. Im Auftrag der Bekennenden Kirche betreute der Pfarrer »nichtarische« Christen und unterhielt in der Oranienburger Straße 20 ein von den Nazis bis Ende 1940 geduldetes »Büro Pfarrer Grüber«. Über 2000 Juden verhalf Grüber so zur Ausreise. Im Dezember 1940 verhaftete ihn die Gestapo. Zweieinhalb Jahre verbrachte er im KZ, zunächst in Oranienburg, dann in Dachau.

Nach dem Krieg zum »Probst zu Berlin« ernannt, war Grüber bis 1958 auch Bevollmächtigter der Evangelischen Kirche in Deutschland bei der Regierung der DDR. In dieser Funktion geriet er zunehmend zwischen die Fronten des Kalten Krieges, weil er einerseits Adenauers Westkurs kritisierte und andererseits sich in der DDR gegen die Verhaftung von Pfarrern und die Schikanen gegen die Junge Gemeinde wandte. Bald nach dem Bau der Mauer durfte Grüber, der im Westteil der Stadt wohnte, den Ostteil nicht mehr betreten. Weltweite Anerkennung fand Heinrich Grüber mit seinem Auftritt als einziger deutscher Zeuge beim Adolf-Eichmann-Prozeß 1961 in Jerusalem, wo er das jüdische Volk um Vergebung bat. Vom Staate Israel wurde Grüber später zum »Gerechten der Völker« ernannt. Und seit 1991 heißt eine Straße in Kaulsdorf-Nord nach diesem mutigen Pfarrer.

Eine andere Straße wurde nach dem Zeichner und Karikaturisten Erich Ohser (1903—1944), Pseudonym »E.O. Plauen«, Oh-

Kirche in Alt-Kaulsdorf

serring benannt, der in Kaulsdorf gelebt hat. Der Freund von Erich Kästner arbeitete bis 1933 als politischer Zeichner für die sozialdemokratische Presse im »Wahren Jacob« oder im »Vorwärts«. Daneben illustrierte er Bücher von Kästner und war Schnellzeichner im Keller des Berliner Künstlerhauses »Katakombe«. Nach der Machtübernahme der Nazis, die Ohser zunächst Berufsverbot einbrachte, kehrte er als E.O. Plauen und als unpolitischer Zeichner **Ohserring** zurück. Er entwickelte die bekannte Bildergeschichte von »Vater und Sohn«, die er in der »Berliner Illustrierten Zeitung« veröffentlichte. Daneben ließ er sich aber zu politischen Zeichnungen in Goebbels Propagandazeitschrift »Das Reich« überreden. Am Tage zeichnete er für »Das Reich«, nachts im Luftschutzkeller Hitler- und Goebbelskarikaturen. Dort unterhielt er sich auch mit einem Freund offen über den sinnlosen Krieg. Das hörte Hauptmann Bruno Schulz, der in Ohsers Haus lebte und beide aufgrund der Gespräche und einer Hitlerkarikatur denunzierte. So stand Erich Ohser 1944 vor dem Volksgerichtshof. Bevor es zu einer Verurteilung kam, beging der Zeichner Selbstmord. Die Geschichte der Denunziation wurde durch ein Filmteam nachempfunden und der Film Ende 1991 von der ARD ausgestrahlt.

Gegenüber der Kirche befindet sich das Haus Nr. 33. Im Hofgebäude besaß ein Mitglied der KPD in den zwanziger Jahren eine kleine Druckerei, in der auch Propagandaschriften seiner Partei gedruckt wurden. Gerüchte besagen, daß der kommunistische Besitzer in der Nazizeit Lebensmittelkarten gefälscht und in Umlauf gebracht hat.

Das Gründerzeitmuseum

»Dieses Haus ist mein Schicksal. In ihm habe ich einen Teil meiner Träume verwirklicht.« So beginnt der 1927 geborene Lothar Berfelde seine Erzählungen in dem Buch »Ganz normal anders« von Jürgen Lemke, in dem schwule Männer Auskunft über ihr Leben geben. Berfelde, den nur seine späte Geburt in der Nazizeit vor dem Konzentrationslager gerettet hat, und der sich Charlotte von Mahlsdorf nennt, sammelte von Kindheit an Möbel, Gebrauchsgegenstände, Musikapparate aus der Gründerzeit. Darunter auch die Einrichtung der letzten Zille-Kneipe »Mulack-Ritze« aus dem berühmten Scheunenviertel. Die Dietrich hat dort verkehrt, die Waldoff, Brecht und Gustav Gründgens.

1959 überließ die Stadt Berfelde nach mündlicher Absprache mietfrei das 200 Jahre alte spätbarocke, heruntergekommene Haus in Berlin-Mahlsdorf am Hultschiner Damm 333. Berfelde richtete die Ruine ohne Fenster, Wasser und Heizung, deren Abriß die Stadt 60.000 Mark gekostet hätte, in 13 Jahren ohne Zuschüsse wieder her. 1972 wird es unter Denkmalschutz gestellt. Dem DDR-Staat war Berfelde, der seine andere Lebensart immer offen gezeigt hat, mit seinem privaten Museum ein Dorn im Auge. 1974 verlangte die damalige Kulturabteilung des Berliner Magistrats von ihm eine unbezahlbare Vermögenssteuer. Der mächtige Schatten von Schalck-Golodkowskis »Kunstfahndern« tauchte auf. Berfelde kam der Pfändung zuvor und verschenkte drei Viertel seiner einmaligen Sammlung an zufällige Besucher. Nur dem persönlichen Eintreten der bekannten DDR-Schauspielerin Annekathrin Bürger und dem damaligen Staranwalt Prof. Friedrich Karl Kaul war es zu verdanken, daß er sein Museum weiterführen konnte.

Am 29. Juni 1990, wenige Tage vor der Währungsunion, schloß er mit der Stadtverwaltung einen Kaufvertrag über das Haus ab, den der Gesamtberliner Senat anfocht, weil die Grundbuchänderung nicht bis zum 3. Oktober, dem Tag der Einheit, erfolgte. Mit Mühe wendete Berfelde eine drohende zweite Enteignung ab. Welch ein Glück, denn bei einem Rundgang sprudeln aus Berfelde die Geschichten. Es sind die Geschichten der Möbel und die seines Lebens. (Adresse: O-1147 Berlin-Mahlsdorf, Hultschiner Damm 333. Anfahrt: bis S-Bahnhof Mahlsdorf, rechts bis zur B 1, nach Überquerung den Hultschiner Damm 100 Meter entlang, gegenüber vom Parkplatz. Öffnungszeiten: sonntags 11.00 und 12.00 Uhr ohne Voranmeldung, sonst täglich nach telephonischer Anmeldung 527 83 29, Eintritt frei)

Lars-Broder Keil

Einige Häuser weiter, hinter einer roten Backsteinwand, stand bis in die Dreißiger Jahre ein Gebäude, in dem in der Zeit der Novemberrevolution 1918/19 der Kaulsdorfer Arbeiterrat seine Tagungen abhielt. Damalige Forderungen: verstärkter Wohnungsbau für Arme. Senkung der Milchpreise und Verlegung einer kleinen Chemiefabrik von der Mitte an den Dorfrand. Dieses Haus ist heute ebensowenig erhalten geblieben wie ein urtypischer Lebensmittelladen in der Dorfstraße 41, der dort bis vor wenigen Jahren existierte. Seine Ausstattung ist jedoch im Museum für Volkskunde in Berlin erhalten. An diesem Teil des Ortes lichtet sich das alte Kaulsdorf, einige verfallene Häuser sind längst abgerissen, andere wie die Dorfstraße 4 wurden mit Unterstützung der Interessengemeinschaft Denkmalpflege/Heimatgeschichte im damaligen Kulturbund der DDR von einem neuen Eigentümer in Privatinitiative restauriert.

Lothar Berfelde, genannt »Charlotte von Mahlsdorf«, Besitzer des Museums

Vieles ist unwiederbringlich verloren, wie das kleine Gefängnis von Kaulsdorf, das auf der rechten Seite des Dorfes stand. Da Kaulsdorf bis 1920 den Status einer Landgemeinde hatte, stand dem Ort ein Gefängnis zu. Heute befindet sich auf dem Grund und Boden der Parkplatz der Schilkin KG, einer Branntwein- und Likörfabrik. Dieselbe wiederum steht auf dem Gelände des einstigen Gutes, das ein Bauern- und kein Rittergut gewesen war. Das Dorf gehörte dem Berliner Dom. Und da die geistige Obrigkeit kein Interesse an einer eigenen Gutswirtschaft hatte, entwickelte sich Kaulsdorf nach dem 30jährigen Krieg zu einem reinen Bauerndorf. 1782 erwarb der Berliner Physiker und Chemiker sowie Mitglied der Akademie der Wissenschaften Franz Carl Achard (1753-1821) das Gut. Er führte hier seine ersten Versuche zur industriellen Zuckergewinnung aus der damals so genannten Runkelrübe durch.

Franz Carl Achard

Aufgrund der Erkenntnisse, die er auch in Kaulsdorf gesammelt hatte, eröffnete Achard 1801 die erste deutsche Zuckerfabrik auf dem Gut Kunern in Schlesien. Achard war auch sonst eine vielseitige und ein wenig abenteuerliche Figur in der Wissenschaft. 1783 erregte er in Berlin mit einem Ballonaufstieg ziemliches Aufsehen, und 1784 führte er den von Benjamin Franklin erfundenen Blitzableiter in Preußen ein.

1921 traf auf dem damaligen Schlesischen Bahnhof in Berlin die Familie Schilkin aus St. Petersburg ein. Der Vater, ein bekannter Wodkafabrikant, der auch den letzten russischen Zaren mit dem in seiner Heimat beliebten Getränk versorgte, war mit der Familie vor Verfolgung und Hunger geflohen, im Gepäck ein Rezept für den russischen Wodka. Nach jahrelangen Versuchen konnte der Russe mit der Schnapsproduktion beginnen. Einer der Söhne, Sergei, seit 1942 deutscher Staatsbürger, übernahm 1945 die Firma des inzwischen verstorbenen Vaters. Mit viel Einfallsreichtum und Gespür florierte bald das Geschäft mit Hochprozentigem. Dem schob der DDR-Staat 1958 einen Riegel vor. Nach einer überraschenden Prüfung wurden Schilkin die angeblich vorhandenen 250.000

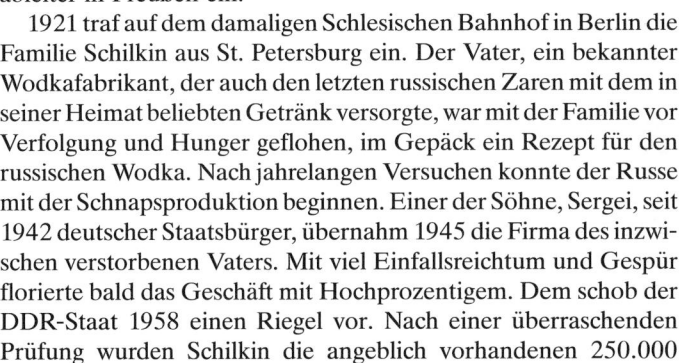

Sergej Schilkin, Besitzer der Spirituosenfabrik

Dorfstraße / Frankfurter Chaussee
❹

Mark Steuerschulden nur unter der Bedingung erlassen, daß er den Staat am Betrieb beteiligte. 1972 wurde die Firma vollständig verstaatlicht. Bis zu seiner Pensionierung 1981 führte Schilkin den Betrieb, der jährlich 10 Mio. Mark Exporterlöse erzielte, als Direktor.

Mit der Wende in der DDR drohte auch das Ende der Schnapsbrennerei, denn der neue Eigentümer, die Treuhand, zeigte zwar Interesse am Grundstück, aber nicht an der Produktion von Schnaps und Likören. So griff Schilkin, der sein Lebenswerk schwinden sah, zum rettenden Strohhalm — Reprivatisierung. Nach Halbierung der Belegschaft und trotz bescheidener finanzieller Ausgangsbedingungen bewegt sich Sergei Schilkin heute mit Erfolg und dem Flaggschiff »Serschin Wodka« an der Spitze der Marktwirtschaft.

Gleich neben der Schilkin-Fabrik steht das alte Gasthaus von Kaulsdorf. Bis zum Ende des 18. Jahrhunderts wurde der Ausschank von den Bauern selber als Nebenerwerbsquelle betrieben. Jeder war mal dran, der Krug wanderte reihum. Daher auch die Bezeichnung Reihenkrug. Um 1800 öffnete dann das feste Lokal an der Ecke Dorfstraße/Frankfurter Chaussee. In den letzten Jahrzehnten der DDR war der Gasthof zu einer unansehnlichen Ruine verkommen. Anfang 1992 wurde das Dach neu gedeckt, zur Zeit finden Innenausbauten statt. Vielleicht kann Kaulsdorf wieder an die alten Traditionen anknüpfen. Zu Anfang dieses Jahrhunderts galt Kaulsdorf bei den Bewohnern der Mietskasernen im Berliner Osten als Ausflugsziel. Die Zahl der Gaststätten, zumeist mit Garten und Kegelbahn, stieg schnell auf 30. In einem dieser Ausflugslokale an der ehemaligen Frankfurter Chaussee und jetzigen B1 befindet sich heute die Nachtbar »Banane«, vor allem am Wochenende ein Besuchermagnet.

Wanderlustige können die B1 bergauf bis zum modernen Gartencenter gehen. Dahinter eröffnet sich einem der Blick in das Berliner eiszeitliche Urstromtal mit seinen Kaulsdorfer Seen. Bei gutem Wetter erkennt man die Müggelberge und kann bis ins Stadtzentrum schauen.

Die Kaulsdorfer haben einen Teil der B1 oder früheren Frankfurter Chaussee selber mit Feldsteinen bepflastern müssen. Der Soldatenkönig Friedrich Wilhelm I. hatte diesen Beschluß 1713 erlassen — als Beitrag der Bevölkerung zum Landesausbau oder zur Verbesserung der Infrastruktur, wie wir heute sagen würden. In der Adolfstraße, die kurz nach der »Banane« von der B1 abbiegt, und die Fortsetzung der Fußwanderung ist, scheint, was den Straßenzustand betrifft, die Zeit stehengeblieben zu sein.

Einen bedeutenden Einschnitt in die Ortsgeschichte brachte die zweite Randwanderung der Berliner Industrie um 1900, das heißt, die Verlagerung von Fabriken aus dem damaligen Berlin in die Nachbarorte und die Errichtung neuer, größerer Werke gleich außerhalb der bestehenden Stadtgrenzen. Zwar kam die Randwanderung im Osten im wesentlichen nur bis Lichtenberg, aber sie hat-

te auf Kaulsdorf ihre Auswirkungen. Wie auch im benachbarten *Schilkin Spirituosen-* Mahlsdorf entwickelten sich größere Gärtnereibetriebe, die den *fabrik auf dem ehe-* näher gerückten Osten mit Gemüse, Obst, Blumen versorgten. *maligen Gutshof* Wichtiger aber war, daß auch in Kaulsdorf die Parzellierung einsetzte. Zwischen Frankfurter Chaussee und dem Bahnhof Kaulsdorf entstand ein vorstädtisches Ortszentrum mit mehrstöckigen Mietshäusern, kleinen Villen und einigen wenigen Gewerbebetrieben. Auf dem nördlichen, östlichen und südlichen Teil der Gemarkung wuchsen Siedlungen mit ein- und Zweifamilienhäusern, die allerdings bis in die Gegenwart mit Lauben- und Wochenendgrundstücken durchsetzt blieben. Handwerker, kleine Gewerbetreibende, Angestellte, kleine Beamte und ganz besonders Arbeiter zogen nach Kaulsdorf. Der vermehrte Zuzug von Arbeitern führte dazu, daß trotz des Drei-Klassen-Wahlrechts in den letzten Jahren des Kaiserreiches auch Sozialdemokraten in die Gemeindevertretung einzogen.

1900 gab es im Ort 62 Wohnhäuser, in denen 771 Leute wohnten. Ein Zuzugsschub setzte nach 1900 ein. 1905 wohnten 1239 Menschen in Kaulsdorf. 1910 gar 2381. Im ersten Jahrzehnt unseres Jahrhunderts erreichten Kaulsdorf die Errungenschaften der modernen Zivilisation — Kanalisation und Gasversorgung. Kurz nach dem Ersten Weltkrieg kam die Elektrizität.

1920 wurde Kaulsdorf Teil des östlichen Berliner Verwaltungsbezirkes Lichtenberg. Das machte sich in weiteren Zuzugszahlen und baulichen Veränderungen bemerkbar. 1925 wohnten schon 5238 Einwohner in Kaulsdorf. Deshalb wurde ab 1929 in der Giesestraße eine Katholische Kirche errichtet. Die Kinder gingen alle in die neue Gemeindeschule in der Adolfstraße, in der Lehrer Meissner seit Anfang der Zwanziger Jahre die Jugendweihe durchführte. Er hatte in eine der durch die Parzellierung reich gewordenen Bauernfamilien eingeheiratet und daher Rückendeckung erhalten. Der Einfluß der wohlhabenden Bauern reichte bis in den Gemeinderat. Eine Folge dieses Einflusses ist die Namensgebung der Straßen. Wie die Adolfstraße tragen auch weitere in Kaulsdorf-Mitte die Vornamen der Bauern, in Kaulsdorf-Nord die Nachnamen.

Adolfstraße
❺

Gegenüber der Schule, in der Adolfstraße 12, wohnte früher der jüdische Arzt Dr. Strunin, der fast ganz Kaulsdorf behandelte. In den Zeiten der Weltwirtschaftskrise hat er nur von den wohlhabenden Patienten kassiert, arme dagegen kostenlos behandelt. Bis zur Machtergreifung der Faschisten stieß sich niemand daran. Obwohl bereits Anfang der 20er Jahre »völkische« Jugendgruppen und früh eine NSDAP-Ortsgruppe existierten, verfügten bis ins Frühjahr 1933 hinein die Arbeiterparteien SPD und KPD bei Wahlen in Kaulsdorf über die Stimmenmehrheit. Erst nach der Machtübernahme Hitlers und dem Rückgang der Arbeitslosigkeit nahm der Einfluß der örtlichen Nazi-Parteiorganisation sichtlich zu. Die neuen Machtverhältnisse bekam auch Dr. Strunin zu spüren. Zerstochene Reifen an seinem Auto waren nur ein Beleg dafür. Über den Verbleib und das Schicksal dieses Kaulsdorfer Bürgers ist nichts bekannt.

Die Adolfstraße trifft auf die Brodauer Straße, die frühere Bahnhofstraße, von der man zum Bahnhof Kaulsdorf — dem Ende der Fußwanderung — gelangt, der 1869 errichtete Halt ist einer

Die Schule von Kaulsdorf

der ältesten S-Bahnhöfe Berlins. Bis 1932 endete hier die Berliner
S-Bahn. Weiterreisende mußten in Kaulsdorf in den Vorortzug der
Ostbahn, die bis nach Pommern fuhr, umsteigen. Die Fahrt nach
Berlin mit dem Vorortzug kostete ab 1891 in der 3. Klasse 20 und in
der 2. Klasse 30 Pfennig. Damals kein unerheblicher Betrag.

Nach der Besetzung durch die Sowjetarmee am 22. und 23.
April 1945 erhielt Kaulsdorf kurzzeitig noch einmal eine eigene
Verwaltung, die nach wenigen Wochen aber in den neu aufgebauten Bezirksbehörden von Lichtenberg aufging. Nach 1945 lag
Kaulsdorf, nahezu nur Wohngebiet, jahrzehntelang abseits von allem wichtigen Geschehen. Daran änderte sich auch nichts, als
Kaulsdorf 1979 zum neugegründeten Stadtbezirk Berlin-Marzahn
kam. Insbesondere der durch den Ausbruch des Zweiten Weltkrieges unterbrochene Ausbau des Straßennetzes und der Kanalisation
wurde nicht weitergetrieben. Auch als Ende der 70er Jahre auf den
getrockneten Rieselfeldern von Kaulsdorf-Nord das Neubaugebiet Hellersdorf entstand (siehe Kasten) und 1986 der Ort Teil des
Berliner Stadtbezirkes Hellersdorf wurde, tat sich nichts für die
vorhandene Bausubstanz und Infrastruktur Kaulsdorfs. Nahezu
alles an Mitteln und Kapazitäten wurde in das Neubaugebiet ge-
pumpt, Kaulsdorf als Anhängsel oder störendes fünftes Rad am
Wagen behandelt. Obwohl der Dorfkern auf der Denkmalliste
stand, verfiel er zusehens. Noch im Oktober 1989 wehrte ein damaliger stellvertretender Bürgermeister am Tag der Denkmalpfle-
ge und Heimatgeschichte arrogant besorgte Anfragen von Bürgern *Die »Banane«, einzi-*
aus Kaulsdorf ab, die eine Beeinträchtigung ihrer Lebensqualität *ge Nachtbar für*
(Trinkwasserprobleme, Risse in den Wänden, Absterben der Bäu- *120.000 Einwohner*

Arbeiterschließfächer?

Obwohl auch andere Städte in der DDR unter der Wohnungsnot zu leiden hatten, konzentrierte sich das Wohnungsbauprogramm der SED, das die Wohnungsnot bis 1990 lösen sollte, auf Berlin. In der sogenannten »FDJ-Berlin-Initiative« strömten Bauarbeiter und Baufachleute aus allen Bezirken in die Hauptstadt der DDR und hinterließen zu Hause empfindliche Lücken. Dafür verdienten die Bauarbeiter mehr als ihre Kollegen und waren beispielsweise mit Südfrüchten und anderen seltenen Gütern besser versorgt als die Berliner selbst.

Als bauorganisatorisch und architektonisch interessant galt die Lösung, Bauarbeiter eines Bezirkes auf einem geschlossenen Baufeld einzusetzen. Damit sollten einige traditionelle Besonderheiten, etwa der norddeutschen Bauweise oder des Spreewaldes, optisch in die Plattenbauweise einbezogen werden, um in der Architektur für Abwechslung zu sorgen. Davon kann sich jeder auf dem Berg überzeugen. Das einzige, was von dieser Idee erkennbar blieb, ist die Straßenbezeichnung, die anhand ausgewählter Städte aus den Herkunftbezirken der Bauarbeiter abgeleitet ist.

Die Wohnungen kranken vor allem an der geringen Wohnungsgröße. Zweiraum-Wohnungen mit 40 qm und Dreiraum-Wohnungen mit 60 qm sind keine Seltenheit. »Arbeiterschließfach« nannte der Volksmund diese Wohnungen. Der Wohnstandard ist denkbar einfach in den zugigen Wohnungen. Bei den meisten Küchen und Bädern verzichteten die Bauplaner von vornherein auf Fenster, Geruch wird über kleine Abzüge abgeleitet. Offizielle Lesart: Da 90 Prozent der DDR-Frauen berufstätig sind, verbringen sie auch nur einen geringen Teil ihrer Zeit in der Küche und im Bad.

Vom Berg aus ist sehr deutlich die U-Bahn-Trasse nach Hönow zu erkennen. Alles, was rechts von der Trasse steht, entstand erst nach 1986 bis 1989. Infrastruktureinrichtungen, wie ausreichende Einkaufsmöglichkeiten, Ladenstraßen, Handwerksbetriebe, Kultur- und Freizeiteinrichtungen fehlen fast vollständig. Nach und nach wird das jetzt nachgeholt, wobei sich die Ansiedlung immer wieder dadurch verzögert, daß die Baubetriebe von der Kommune horrende Ladenmieten verlangen, die keiner aufbringen kann. So stehen die bereits gebauten und bezugsfähigen Ladenstraßen seit mehr als zwei Jahren leer. Das trifft auch auf Tausende Wohnungen zu, die nach dem abrupten Abzug der Bauleute nach der Wende halbfertig vergammeln. Obdachlose zünden in den Wohngerippen ihre Feuerchen an, Polizeifahrzeuge sind jeden Abend unterwegs.

Zu Recht befürchten besorgte Bürger eine Verslummung, Tendenzen, die in Marzahn schon zu erkennen sind, wie eine Zunahme der Jugendkriminalität. In Hellersdorf ruht diese Zeitbombe noch, da das Durchschnittsalter der Einwohner rund bei 26 Jahren liegt, und der Anteil an Kleinkindern sehr groß ist. Kinderspielplätze sind ausreichend vorhanden. Doch kommen die Kinder ins jugendliche Alter . . . Zunehmend problematisch gestaltet sich auch die Arbeitslosigkeit im Bezirk, in dem 30 Prozent der Menschen im arbeitsfähigen Alter über einen Hochschul- oder Fachschulabschluß verfügen.

Lars-Broder Keil

me, Lärm- und Schmutzbelästigung) durch den brutal betriebenen Wohnungsneubau beklagten.

Hellersdorf: Europas größtes zusammenhängendes Neubaugebiet

Nach der politischen Wende vom Herbst 1989 neuentstandene Gruppen wie die »Bürgerinitiative Kaulsdorfer Seen« und der »Heimatverein Hellersdorf, Kaulsdorf, Mahlsdorf e.V.« engagieren sich für den Schutz der natürlichen Umwelt und die Erhaltung wertvoller historischer Gebäude. Das ist dringend notwendig, und auch die neu zusammengesetzte Bezirksverordnetenversammlung hat ihr Augenmerk auf die Verbesserung der Lebensbedingungen im Neubaugebiet gerichtet.

Am Ende der Wanderung gibt es mehrere Möglichkeiten, den Stadtbezirk weiter zu erkunden. Mit dem Bus kann man den Abstecher zum Hellersdorfer Berg wagen oder eine S-Bahn-Station stadteinwärts bis Wuhletal fahren und von dort, entlang der Wuhle, zum Berg laufen. Auf alle Fälle lohnt ein Abstecher stadtauswärts ins benachbarte Mahlsdorf. Denn dort befindet sich eines von Deutschlands kuriosesten Museen, das Gründerzeitmuseum von Lothar Berfelde, der sich Charlotte von Mahlsdorf nennt.

Mahlsdorf
❻

Lars-Broder Keil / Dieter Winkler

Praktische Tips

Wir beschränken uns hier auf die zentralen Angaben, die für Gäste und Einheimische nützlich sein könnten. Die Angaben beziehen sich auf ganz Berlin — mit einer Ausnahme: für Ost-Berlin haben wir am Schluß auch Angaben gebündelt nach Bezirken aufgeführt, damit deutlich wird, daß dort inzwischen eine rege Szene lebt. Aktuelle Veranstaltungshinweise sowie Informationen über Ausstellungen gibt es regelmäßig in den 14-tägig erscheinenden Stadtzeitungen »Tip« und »zitty«. Die angegebenen Telefonnummern in beiden Teilen der Stadt sind jetzt ohne weitere Vorwahl erreichbar. Zweistellige Zustellbezirke signalisieren West-Berlins Anschriften, vierstellige Ost-Berlins.

Informationen

Tourist-Information

Europa-Center, 30, Eingang Budapester Str., Tel. 21 23—4 u. 262 60—31/33, geöffnet: tägl. 7.30—22.30 Uhr

Informationszentrum, 12, Hardenbergstr. 20, Tel. 31 00 40, geöffnet: Mo-Fr 8—19, Sa 8—16 Uhr

Flughafen Tegel, Haupthalle, Tel. 41 01 31 45, geöffnet: tägl. 8—22 Uhr

Auskunftsstelle Bahnhof Zoo, Tel. 313 90—63/64, geöffnet: tägl. 8—23 Uhr

Auskunfts- und Beratungs-Center für Neuberliner, 31, Hohenzollerndamm 125, Tel. 820 08 26—0/1, geöffnet: Di-Fr 16—20, Sa 11—14 Uhr

Zentraler Touristen-Service, 1026, Alexanderplatz 5, Tel. 215 41 61 u. 212 33 75, geöffnet: Mo-Fr 9—19, Sa, So 9—12 u. 12.30—18 Uhr

Frauen-Infothek Berlin, Informationszentrale für Berlinerinnen und Touristinnen, 12, Leibnitzstr. 57, Tel. 324 50 78, geöffnet: Di-Sa 9—12, So 9—15 Uhr

Fernbahnhöfe

Pavillon der Bundesbahn am Zoo, Hardenbergstr. 20, Tel. 312 10 42, geöffnet: Mo-Fr 8.30—18.30, Sa 8.30—13 Uhr

Bahnhof Zoo, Tel. 194 19 oder 31 10 21 11, rund um die Uhr erreichbar

Bahnhof Friedrichstraße, Tel. 495 31 oder 495 41, rund um die Uhr erreichbar

Flughäfen

Flughafen Tegel: Tel. 410 11
Flughafen Schönefeld: Tel. 67 20
Flughafen Tempelhof: Tel. 690 91.
Von allen Flughäfen bestehen Verbindungen mit öffentlichen Verkehrsmitteln in die Innenstadt.

Busbahnhöfe

Busbahnhöfe befinden sich am Messegelände in Charlottenburg und am Hauptbahnhof in Friedrichshain. Fahrplanauskunft: Zentraler Omnibusbahnhof (ZOB) am Messegelände: Tel. 302 52 94 u. 301 80 28.

Übernachten

Hier auch nur annähernd eine den jeweiligen Ansprüchen gerecht werdende Anzahl anbieten zu wollen, wäre angesichts der Fülle an Hotel- und Pensionszimmern vermessen. Deshalb hier nur der Hinweis auf ein spezielles Frauenhotel, auf Jugendherbergen/-hotels und auf Mitwohnzentralen.

Frauenhotel Artemisia, 31, Brandenburgische Str. 18, Tel.: 87 89 05

Jugendherberge Bayernallee, 19, Bayernallee 36, Tel. 305 30 55

Jugendgästehaus am Wannsee, 38, Badeweg 1, Tel. 803 20 34

Jugendgästehaus Berlin, 30, Kluckstr. 3, Tel. 261 10—97/98

Jugendgästehaus, 62, Feurigstr. 63, Tel. 781 52 12

Jugendgästehaus am Zoo, 12, Hardenbergstr. 9a, Tel. 312 94 10

Jugendtouristenhotel, 1136, Franz-Mett-Str. 7, Tel. 510 01 14

Mitwohnzentrale Kudamm-Eck (auch Frauenmitwohnzentrale), 15, Kurfürstendamm 227—228, Tel. 882 66 94 u. 882 62 84, geöffnet: Mo-Fr 10—19, Sa, So 11—15 Uhr

Mitwohnzentrale Berlin, 36, Wiener Str. 14, Tel. 618 20—08/09, Mo-Fr 12—20, Sa 12—16 Uhr

Mitschlafzentrale, 36, Reichenbergerstr. 54, Tel. 611 80 01

Agentur Wohnwitz, 1055, Immanuelkirchstr. 11, Tel. 439 24 94 u. 437 66 79, Mo-Fr 11—20, Sa u. So 11—14 Uhr

Geldwechsel/Schecks

Schalterdienst außerhalb der regulären Öffnungszeiten: Wechselstube (DVKB) im Bahnhof Zoo, Tel. 881 71 17; geöffnet: Mo-Sa 8−21, So 10−18 Uhr

Berliner Bank im Flughafen Tegel, Tel. 413 50 49, geöffnet: tägl. 8−22 Uhr

Verkehrsbank im Bahnhof Friedrichstr., Tel. 229 23 05, geöffnet: Mo-Fr 8−20, Sa, So 9−17 Uhr

Verkehrsbank im Hauptbahnhof, Tel. 436 70 29, geöffnet: Mo-Fr 8−20, Sa, So 8−17 Uhr

Berliner Stadtbank im Flughafen Schönefeld, Tel. 672 36 57, geöffnet: tägl. 8−22 Uhr

Theater-/Konzertkarten

Im Zentrum von West-Berlin werden Sie bei den folgenden Stellen am ehesten kurzfristig noch Karten erhalten:

Box Office, 30, Nollendorfplatz 7, Tel. 215 19 51, 215 54 63

Centrum, 15, Meinekestr. 25, Tel. 882 76 11

KaDeWe, 30, Tauentzienstr. 21, Tel. 24 80 36

Sasse-Henning, 15, Kurfürstendamm 24, Tel. 882 73 60

Theaterkasse Kiosk am Zoo, 12, Kantstr. 3, Tel. 881 36 03

Wertheim, 15, Kurfürstendamm 231, Tel. 882 25 00

Notrufe

Notarzt und Feuerwehr Tel. 112

Polizei Tel. 110

Ärztlicher Notdienst West Tel. 31 00 31

Ärztlicher Notdienst Ost Tel. 12 59

Dienstbereite Apotheken West Tel. 11 41

Dienstbereite Apotheken Ost Tel. 160

Tierärztlicher Notdienst Tel. 11 41

Zahnärztlicher Notdienst Tel. 11 41

Berliner Aidshilfe Tel. 194 11

Drogennotdienst Tel. 24 70 33

Heilpraktiker-Bereitschaftsdienst Tel. 891 90 79

Kindernotdienst Tel. 61 00 63 33

Rechtsanwälte-Notruf in Strafsachen Tel. 882 37 28

Telefonseelsorge Tel. 111 01

Mitfahrvermittlung

Es gibt in Berlin zahlreiche Mitfahrzentralen, die regelmäßig in »zitty« und »Tip« inserieren. Hier einige wichtige:

Mitfahrerzentrale im U-Bahnhof Zoo, auf dem Bahnsteig der Linie 1 Richtung Schlesisches Tor, Tel. 31 03 31, geöffnet: Mo-Sa 8−21, So 10−18 Uhr

Mitfahrerzentrale im Kudamm-Eck, Kurfürstendamm 227, Tel. 882 76 04 (für Mitfahrer) u. 881 22 83 (für Fahrer), geöffnet: Sa 8−21, So 10−18 Uhr

Frauen-Mitfahr-Zentrale, Potsdamer Str. 139,

Tel. 215 31 65, geöffnet: Mo-Fr 10−14 u. 16−20, Sa, So 12−15 Uhr

Öffentliche Verkehrsmittel

Die beste Möglichkeit, Berlin zu erkunden, sind − neben »Berlin zu Fuß« − die öffentlichen Verkehrsmittel, also U-Bahn, S-Bahn, Busse, Straßenbahnen (in Ost-Berlin) sowie andere Schnellbahn rund um die Stadt. Das Gesamtnetz des öffentlichen Nahverkehrs ist inzwischen voll integriert; einen farbigen Gesamtnetzplan gibt es an jedem U- und S-Bahnhof. Neben dem innerstädtischen Einheitstarif (DM 3,−) gibt es zahlreiche Sondertarife, insbesondere für Gäste der Stadt. Bitte informieren Sie sich bei den MitarbeiterInnen der BVG (West), des BVB (Ost) oder der Deutschen Reichsbahn vor Ort über die jeweils für Sie günstigsten Tarife.

Auskünfte erteilen darüber hinaus:

Kundendienst der BVG, 30, Potsdamer Str. 188, Tel. 216 50 88, Mo-Fr 8−18, Sa 7−14 Uhr

BVB-Informationszentrum, S-Bahnhof Alexanderplatz, Tel. 246 22 55, Mo-Fr 9−18, Sa 9−13 Uhr

BVG-Fundbüro; 30, Potsdamer Str. 184, Tel. 216 14 13

BVB-Fundbüro, U-Bhf. Friedrichstraße, Tel. 492 23 40

S-Bahn (Deutsche Reichsbahn) Fundbüro, S.-Bhf. Hackescher Markt, Tel. 492 16 71

Kneipentips für West und Ost

Die Berliner Kneipenszene ist unübersichtlich und ändert sich − auch auf Grund immens steigender Mieten − zuweilen von Tag zu Tag. So sind Kneipentips für Frühaufsteher und Nachtschwärmer auch etwas willkürlich.

Milagro

Berlin-Kreuzberg
Bergmannstraße 12
W-1000 Berlin 61
Tel.: 692 23 03
U-Bahnhof Mehringdamm, Bus 19
So-Do 10.00-1.00 Uhr
Fr. u. Sa. 10.00-2.00 Uhr

Sympathisch hebt sich das »Milagro« von den chromblitzenden Yuppie-Cafés ab. Nach einem Bummel durch die Trödelläden der Bergmannstraße läßt man sich den Milchkaffee zur Weltstadt servieren. »Paris« mit Pyrenäenkäse und französischer Leberpastete, »Singapur« mit gebratener Hühnerbrust auf Sojasprossen. Wechselnde Ausstellungen Berliner Künstler passen sich diskret ins pastellfarbene Ambiente ein, die Lektüre des umfangreichen Tageszeitungssortiments wird durch die leise Hintergrundmusik nicht gestört.

Morena-Café-Bar
Berlin-Kreuzberg
Wiener Straße 60
W-1000 Berlin 36
Tel.: 612 61 53
U-Bahnhof Görlitzer Bf, Bus 29
tägl. 9.00-3.00 Uhr
(für Fotografen: sehr fotogen, einfach vorbeikommen)
Inmitten des Kreuzberger Kiez ist die »Morena-Café-Bar« die einzig wahre Frühstücksoase auf der kneipenreichen Wiener Straße. Allmorgendlich findet sich ein buntgemischtes Publikum vom Autonomen bis zur Öko-Oma zum Frühstück hinter den riesigen Fenstern ein. Die Spezialität »Panqueques« (spanische Pfannkuchen mit Ahornsirup) lockt viele hungrige Bewohner anderer Stadtbezirke in's finstere Kreuzberg.

Café in Schwarz
Berlin-Friedrichshain
Thaerstraße 20
O-1000 Berlin
Tel.: 439 21 90
U-Bahnhof Rathaus Friedrichshain
Straßenbahn 4/13
tägl. 9.00-2.00 Uhr
Im »Café in Schwarz« hat man sich der Pflege des liedhaften Ostrocks verschrieben. Nach einem jener Konzerte, die die Betreiber des Cafés mit begeisterndem Enthusiasmus organisieren, kann man am nächsten Morgen gleich zum Frühstück wiederkommen. Die Brötchen kommen vom »besten Bäcker im Viertel«, das liebevoll auf dem Teller drapierte Werk kann sich durchaus mit wesentlich teuren Kreationen diverser Cafés im Zentrum messen. Doch vom Zentrum redet hier niemand. Man pflegt den Seitenstraßencharme.

Opernpalais
Unter den Linden 5
Tel.: 9/200 22 69
U-Bahn und S-Bahn Friedrichstraße
Bus 100, 157
Frühstück von 8.30-12.00 Uhr
(für Fotografen sehr fotogen. Kontakt: die ′PR-Dame Frau Paeduch tägl. ab 10.00 Uhr, Tel.: s.o.)
Das »Opernpalais« ist ein Kaffeehaus im alten Sinne. In Berlin ist es die athmosphärisch am besten gelungene Annäherung an Vergangenes. Unter genialischen Beethovenbüsten über grobkörnigen Mozartstichen bringen einem spitzenbesetzte Serviererinnen den heißersehnten Café. Man blickt auf die Deutsche Staatsoper, deren Spielplan

selbstverständlich im Entrée hängt. Der Charme des Hauses mutet fast wienerisch an, fehlte da nicht der dekadente Muff, den der Wiederaufbau in den 60er Jahren nicht mehr einfangen konnte. Inmitten beschaulicher Geschäftigkeit kann man hier morgens ein imposantes Frühstücksbuffet und etwa 50 Torten durchprobieren, bevor gegen Nachmittag die Touristen das Terrain besetzen.

Café Xenzi
Berlin-Neukölln
Selchowerstraße 31
W-1000 Berlin 44
Tel.: 622 39 29
U-Bahnhof Boddinstraße, Bus 44
tägl. 10.00-2.00 Uhr
Sogar im eher proletarischen Neukölln hat die Szene ihr Inselchen: Das »Xenzi« ist eines der anheimelndsten Berliner Cafés überhaupt. Man gibt sich nicht familiär, man ist's. Ab und zu kommen sogar Rentnerinnen — aber nur zu zweit — tuscheln über das ungeheure Milchshake-Angebot mit so netten Namen wie »schöner Traum« oder »Wake up«. Frühstück und leckere selbstgebackene Kuchen genießt man neben winzigen, meist privaten Fotoausstellungen, über die die äußerst freundliche Bedienung gerne Auskunft erteilt.

Café Savigny
Berlin-Charlottenburg
Grolmannstraße 53
W-1000 Berlin 12
Tel.: 312 81 95
U-Bahn Zoologischer Garten oder Ernst-Reuterplatz, S-Bahn Savignyplatz
tägl. 10.00-1.00 Uhr
Gediegen und dezent gibt sich das »Café Savigny«. Hier ist man noch eine Spur schicker als in den nicht weit entfernten Cafés »Hardenberg« und »Shell«. Alle drei gehören seit jeher zum netten Charlottenburg und würden ihre Kundschaft wohl kaum in anderen Berliner Bezirken finden. Im »Savigny« hat man bereits morgens die Chance, Wim Wenders am Nebentisch zu erblicken oder auch ein anderes Mitglied der gehobenen Berliner Film-, Theater- und Verlegerszene. An edlen runden Holztischen träumt man über erlesenen Frühstücksarrangements, lauscht klassischer Musik und geht sodann zum Mittagessen ins Schickeria-Restaurant »Florian« gleich nebenan.

Berliner Fenster
Berlin-Kreuzberg
Anhalter Straße 1
W-1000 Berlin 61
wg. Fotos: 261 13 80 (Herr Nägele)
S-Bahnhof Anhalter Bahnhof
Mo-Sa 12.00-24.00 Uhr; So 9.00-24.00 Uhr
Früher war am »Excelsior« noch der Westteil Ber-

lins zu Ende. Inzwischen liegt das Hochhaus im Zentrum der Stadt. Ein Außenlift bringt den schwindelfreien Gast 16. Stockwerke hoch in's »Berliner Fenster«. An Wochentagen können Spätaufsteher zwischen zwei kräftigen Frühstükken wählen. Sonntags gibt es ab neun für die, die noch nicht in's Bett gegangen und für die, die schon aufgestanden sind, zwischen 9 und 13 Uhr ein großes Büffet, bei dem jeder soviel essen kann, wie er mag. Am schönsten ist jedoch die Aussicht, der man sich bei dezentem Kuschelrock gerne hingibt. Hungrige, die nicht so gerne Fahrstuhl fahren, werden übrigens im »Café Stresemann«, gegenüber vom Excelsior Hochhaus, tagtäglich ab 9 Uhr gerne verwöhnt.

Telecafé im Fernsehturm
Berlin-Mitte
Alexanderplatz
O-1020 Berlin
Reservierungen: 212 33 33
S- und U-Bahnhof Alexanderplatz
Öffnungszeiten: 9.00-24.00 Uhr (Einlaß bis 23.00 Uhr), Frühstück 9.00-11.30 Uhr
Im Lift, der in's »Telecafé« auf den Fernsehturm fährt, erklärt der Fahrstuhlführer seinen Gästen, routiniert und stolz wie ein Flugzeugkapitän, daß der Fahrstuhl mit 6 m/sec emporfährt und daß der Fernsehturm, der höchste in Deutschland und der Dritthöchste auf der Welt ist. Ein bißchen ist es hier oben tatsächlich wie in einem Flugzeug. Nicht nur, weil sich das Café einmal in einer halben Stunde um sich selbst dreht, sondern auch, weil die Stadt aus 207 m Höhe ein bißchen unwirklich romantisch erscheint. Ohne Kaffee kostet das Frühstücken zwischen 2,85 DM und 10,75 DM. Der Frühstücksteller »Telecafé« mit Lachsschinken ist sehr zu empfehlen.

Café Egon Erwin Kisch
Berlin-Mitte
Unter den Linden 60
O-1080 Berlin
U-Bahnhof Unter den Linden
Mo-Fr 9.00-23.00 Uhr; Sa u. So 10.00-23.00 Uhr
Im »Café Egon Erwin Kisch«, ein paar Meter vom Brandenburger Tor entfernt, läßt es sich still und ungestört sitzen. Eine angenehme Mischung aus verhaltenem 50er-Jahre-Charme und nußbrauner Gemütlichkeit erwartet den Besucher. Die klassisch runden Caféhaustische haben genau die richtige Höhe, um an ihnen zu schreiben. An den Wänden hängen Photos und Karikaturen des »rasenden Reporters«. Das Frühstücksangebot ist reichlich: vom kräftigen »Berliner« mit Harzer Käse und Griebenschmalz zum schmackhaften »Meeresfrühstück« mit Kaviar, zum üblichen kleinen oder großen »Kaffeehausfrühstück« wird der hungrige Gast bestens bedient.

Wer allerdings Journalisten beim Frühstückscafé beobachten möchte, muß sich noch ein paar Meter weiter, ins »Café Adler« (Friedrichstraße 206) begeben.

Café Einstein
Berlin-Schöneberg
Kurfürstenstraße 58
W-1000 Berlin 30
Tel.: 261 50 69
U-Bahnhof Kurfürstenstraße
tägl. 10.00-2.00 Uhr; Frühstück: bis 14.00 Uhr; im Sommer mit schönem Gartencafé
Das »Einstein« ist weniger ein Café als ein großstädtisches Caféhaus mit Tradition: Hier wird der Mokka stilecht auf einem Silbertablett mit einem Glas Wasser serviert. In den hohen, mit dunklem Holz vertäfelten weiten Räumen erwartet den Gast — selbst wenn es sehr voll ist — eine Atmosphäre des Müßiggangs. Bei einem kleinen »französischem Frühstück« oder »pochierten Eiern auf Blattspinat« (8,50 DM) kann man sich ungestört dem bemerkenswerten Zeitungsangebot widmen. Auch wer mit Geschäftsfreunden bei einem zweiten Frühstück etwas Dienstliches ohne Büromief besprechen möchte, ist hier am richtigen Ort.

Misliwska
Berlin-Kreuzberg
Schlesische Straße 35
W-1000 Berlin 36
wg. Fotos (sehr gut bei Sonnenlicht vormittags, aber auch sonst)
Tel.: 611 48 60 (Witek Marrcinkiewicz)
U-Bahnhof Schlesisches Tor
tägl. 10.00-2.00 Uhr
Am Ende der Linie 1 erwartet das »Misliwska« seine Gäste. Die unverputzten Wände schimmern blaugrün oder beige, und hinter halbdurchsichtigem Glas sind ein paar Rosen arrangiert als rahmten sie die heilige Jungfrau. Elf verschiedene Frühstücke warten auf hungrige Gäste. Bauarbeiter, die hier zum zweiten Frühstück einkehren, bevorzugen »Max« mit Würstchen und Kartoffelsalat; andere lassen sich von der »Süßen Maus« (mit Schokolade und Gummibärchen) verführen, Künstler, Musiker oder Schauspieler von der gegenüberliegenden Dependance der Schaubühne verkehren hier besonders gerne.

Kiryl
Berlin-Prenzlauer Berg
Lychener Straße 73
Öffnungszeiten: 11h-open end
U-Bahnhof Dimitroffstraße
S-Bahnhof Schönhauser Allee/Prenzlauer Allee
Kontakt: 449 80 73 (Druckhaus Galrev, Susanne Schleyer)
Während man in den übrigen Stadtteilen Ost-Ber-

lins oft vergebens nach einem Frühstückslokal sucht, wird man im Prenzlauer Berg schnell fündig. Am Kollwitzplatz kann man in drei Kneipen morgens essen, der »Franz-Club« bietet samstags und sonntags Nachtschwärmern ab 5.30 Uhr ein Mahl vor dem Zubettgehen und das »Kiryl« öffnet täglich ab 11 Uhr seine Pforten zum späten Frühstück oder frühen Mittag. Die Salate sind sehr zu empfehlen. ›Kiryl‹ liest sich umgekehrt ›Lyrik‹. Seit zweieinhalb Jahren ist das helle und ruhige Café eines der wichtigeren Berliner Zentren literarischer Öffentlichkeit. Das unaufdringlich schöne Café gehört zum Angenehmsten, was Berlin zu bieten hat.

Eine Zeitlang, nachdem bekanntere Dichter der »Prenzlauer Bergsszene« als informelle Mitarbeiter der Stasi enttarnt worden waren, gingen hier betont unauffällig gekleidete Medien-Damen und -Herren aus und ein, um sich mit neuen Gerüchten einzudecken. Neben Sascha Anderson verkehren oder lesen hier jedoch auch die Protagonisten einer »unbelasteten« literarischen Avantgarde. Literaturfreunde, die es luxuriöser haben möchten, seien übrigens an das Café im Charlottenburger »Literaturhaus« (Fasanenstraße 8) verwiesen.

Café Silberstein

Berlin-Prenzlauer Berg
Oranienburger Straße 27
tägl. ab 10.00 Uhr, montags ab 19.00 Uhr, open end
S-Bahnhof Oranienburger Straße
Kontakt: Kunsthof GmbH 281 28 01 (Rita Wruck)
Kunst und Coronabier gehen in der Produzentengalerie zwanglos ineinander über. Die Stühle dienen nicht nur dem Gebrauch, sondern sind gleichzeitig auch seltsam-skurrile Kunstwerke. Im hohen Raum mischen sich Studenten, Künstler, Handwerker, Journalisten. Wer mag, kann die Stühle und wechselnden Bilder an den Wänden auch kaufen.

Café Westphal

Berlin-Prenzlauer Berg
Kollwitzstraße
U-Bahnhof Sennefelder Platz
Öffnungszeiten: 9.00-3.00 Uhr
Bis zum Sommer '91 war das »Westphal« noch der sympathisch-chaotische Treffpunkt von Punks und Alternativen aus Ost und West-Berlin. Inzwischen und nach seiner Renovierung ist das Café nicht nur schicker und größer geworden, auch das Publikum hat sich verwandelt. In zwei angenehm hohen Gasträumen, die sanft in Beige gehalten sind, tummeln sich neben der Szene vor allem Anwohner und amüsierwillige Nachtschwärmer, die das ›CW‹ zum Ausgangspunkt weiterer Unternehmungen nehmen. Nachmittags bringen viele ihre

Kinder mit. Auch ein paar übriggebliebene Punks schauen zuweilen vorbei.

Krähe

Berlin-Prenzlauer Berg
Kollwitzstraße
U-Bahnhof Sennefelder Platz
Öffnungszeiten: 9.00-3.00 Uhr
Kaum hundert Meter vom »Westphal« entfernt wartet die »Krähe« auf ihre Gäste. Man eröffnete im August '91, als klar wurde, daß zwei Kneipen am Kollwitzplatz nicht ausreichen würden, den Durst der Szene zu löschen. Zwei bunte Laternenschirme unterstreichen den freundlichen Charakter des Lokals. Ein großer Spiegel hängt hinter der Theke. Freundliche Kellner bekämpfen auch den kleinen Hunger. Manchmal kommen Bands vorbei. Wem nicht nach Musik ist, verzieht sich dann zum Billardspielen in den Keller.

Kumpelnest 3000

Lützowstraße
W-1000 Berlin 30
tägl. ab 17 Uhr
Das »Kumpelnest« gehört seit fünf Jahren zu den Topszenekneipen in Berlin. Das liegt sicher auch daran, daß hinter dem Tresen häufig Wolfgang Müller, Künstler und Begründer der multimedia-Kunstgruppe, eifrig den Durst seiner Gäste bekämpft. Im »Kumpelnest« tobt das Berliner Nachtleben; zuweilen kommen seltsame Gäste vorbei, die aus Angst davor, daß sich Leute auf sie stürzen und ihnen ihre Hosen klauen würden, ganz nackt sind. In der mit Plüsch recht liebevoll ausgestatteten Bar, die gegen das existentialistische Schwarz vieler anderer Lokale, auf buntes Amüsement setzt, residierte früher eine kleine Sexbar.

Schokoladenfabrik

Berlin-Mitte
Ackerstraße 169
ab 20.00 Uhr
›Am liebsten gehe ich natürlich in den Schokoladen‹, sagt der Künstler, Dichter, Musiker Jörg Janzer. ›Das ist das Billigste und das Beste. Das reicht mir für das Rest des Lebens.‹ Wie dem ehemaligen Leiter einer westdeutschen Nervenklinik, der vor vierzehn Jahren seinen Job schmiß, ›um gesund zu werden‹ geht es Vielen. Wer die Schnauze voll hat von Bier in sektähnlichen Gläsern zu entsprechenden Preisen, wem das ›Silberstein‹ zu kunstgewerblich und teuer, die Kollwitzstraße zu überlaufen, wer einfach trinken und reden möchte, landet irgendwann in der ›Schokoladenfabrik‹, die weder verwandt noch verschwägert ist mit ihrer feministischen Namensnichte im Westteil der Stadt. Hier leuchtet die Theke einladend wie ein Weihnachtsbaum, um den sich Punks, Künstler und Nachbarn emsig scharen.

Zwischen kleinen bunten elektrischen Weihnachtskerzen sieht man sozialistische Devotionalien. Der Comiczeichner Holger Fickelscherer hat hier sein Stammlokal. Mit seinen Freunden von der Künstlergruppe ›PGH — Glühende Zukunft‹ und Kollegen aus der Redaktion der Zeitschrift ›Warts up‹, neben den Mitstreitern des Comicmagazins ›Renate‹ steht er sehr real am Tisch und spricht vom Verschwinden: »West-Berlin gab es doch nie«, schlägt er vor. Das würde man beispielsweise an der Gedächtniskirche sehen. Die sei doch nie fertig geworden. Und wahrscheinlich hätte es vor der Grenzöffnung Absprachen gegeben und dann hätte man sich arg in's Zeug gelegt in West-Berlin, um aus der Kulissenstadt eine wirkliche zu machen.

Obst & Gemüse

Berlin-Mitte
Oranienburger Straße
Seit dem Sommer '92 hat die Kreuzberger Oranienstraße ein aufregendes Pendant im Ostteil der Stadt gefunden. Viele fühlen sich in der Oranienburger Straße an das längst vergangene anarchistisch-lebendige Zentrum der Hausbesetzerszene erinnert.
Die meisten Gäste vom »Obst & Gemüse« — direkt gegenüber vom Kunsthaus Tacheles — vergnügen sich vor der Kneipe beim flanierenden Trinken. Wer allein bleiben möchte, bleibt hier allein; wer Freunde sucht, findet Freunde. An Wochenenden wird hier die Straße zur Kneipe.

Friseur

Berlin-Mitte
Kronenstraße 3
Fr u. Sa ab 20.00 Uhr; So ab 16.00 Uhr
Es gibt Kneipen, die man erst lange und mühselig erobern muß; Kneipen, bei denen es manchmal Jahre dauert, bis man sich wie selbstverständlich und angemessen an den Tresen setzen kann und es gibt Kneipen, da fühlt man sich gleich zu Hause. Der »Friseur« in dem Kunstprojekt »Botschaft« gehört zu letzteren.
Besonders viel Mühe haben sich die Betreiber mit dem Licht in der Kneipe gegeben. Diffushell und indirekt fällt es auf Wände, die in einer genialen Mischung aus beige und gelb gestrichen sind. Von der hohen Decke kommt es weiß herunter; gelb leuchtet es hinter der Bar; eine Ecke verliert sich in rosa. Grün, wie im Aquarium leuchtet ein Schaufenster im Inneren; ein anderes ist schwarz. Dahinter träumt ein kleines Püppchen mit einer Blume in der Hand. Auf ein paar echte Friseurstühle, in denen man hoch und runter fahren kann, fällt das Licht aus alten DDR-Haartrocknern. Hinter der kleinen Bar hängt ein Bild von Inge Meysel. Der von »Westlern« betriebene »Friseur« hat nur einen Nachteil: es gibt kein Ostbier.

Flotte Flohmärkte und Trödelläden

Schöne alte Möbel, Antiques Fasanen Edition, Buchantiquariat, Galerie für Buchkunst
Berlin-Charlottenburg
Fasanenstraße 13
W-1000 Berlin 12
Tel.: 313 97 11
Nähe U-Bahnhof Zoo/U-Bahnhof Uhlandstraße; Bus 19
Mo-Fr 11.00-13.00 Uhr, Sa 10.00-13.00 Uhr
Ein schmuckes Haus mit Kletterpflanzen, die sich schön an der Wand emporranken, begrüßt den Besucher des Edeltrödels in der Fasanenstraße. In den zwei Ladenräumen sieht es ein bißchen aus wie auf dem geheimnisvollen Dachboden eines vielgereisten Onkels. Hinter zehn Glaskästen ist eine seltsame Sammlung alter Korkenzieher ausgestellt. Die ist allerdings unverkäuflich.
Seit zwanzig Jahren kauft Manfred Heckmann alles, ›was Abenteuer vermittelt‹: uralte Weltkugeln stehen neben wertvollen Türklinken, kostbare Broschen träumen vor sich hin, Schmetterlinge, alte Bücher, Gemälde und vor allem antike Möbel warten hier auf ihre Käufer.

Zille-Hof

Berlin-Charlottenburg
Fasanenstraße 14
W-1000 Berlin 12
Nähe U-Bahnhof Zoo/U-Bahnhof Uhlandstraße; Bus 19
Mo-Fr 8.30-17.30 Uhr, Sa 8.30-13.00 Uhr
Der ›Zille-Hof‹ ist sicher der romantischste Trödler in Berlin. Das liegt nicht nur an dem, was gut sortiert in Räumen und unter freiem Himmel dem Besucher sich anbietet, sondern auch an abenteuerlich bis seltsamen Dingen, die von der Wand des Innenhofs herunterblicken: ein hölzernes, schon etwas plattgedrücktes Krokodil zum Beispiel, ein Hirschkopf, eine alte Puppe im Schlitten, oder — eine andere —, die nackt und etwas lasziv herabblickt. Hier findet man all das, was nach Wohnungsauflösungen zurückbleibt. Selbst alte Bierflaschen.

Kunst-Auktionshaus und Antiquitätenhandel Karin Prinz-Dunst

Berlin-Charlottenburg
Schlüterstraße 16
W-1000 Berlin 12
Tel.: 312 51 47
Nähe S-Bahnhof Savignyplatz
Mo-Fr 10.00-18.00 Uhr, Sa 10.00-13.00 Uhr
Das Zentrum für gehobenen Trödel, Kunstgewer-

be, Antiquitäten und alte Bücher liegt zwischen Schlüter-Knesebeck blabla. In zahlreichen Cafés und Restaurants kann man sich vom Stöbern, Kaufen und Schauen erholen.

Das Kunstauktionshaus des Ehepaars Dunst hat Mitte der 50er Jahre als Antiquitätenhandel angefangen. In den großen Räumen, die wie ein kleines Museum wirken, gibt es Porzellan, Bilder von den zwanziger Jahren bis zur Gegenwart, zahlreiche Buddhastatuen, aber auch altes Geschirr und Möbel. Die Preise sind nicht jedermanns Sache; so lebt man hier vor allem vom Zwischenhandel.

Altes Spielzeug

Berlin-Charlottenburg
Schlüterstraße 69, Eingang
Pestalozzistraße
W-1000 Berlin 12
(Telefon Werner Dralle: 883 41 37)
Nähe S-Bahnhof Savignyplatz
Mo-Fr 15.00-18.30 Uhr, Sa 11.00-14.00 Uhr
Auf eine zwanzigjährige Tradition kann der kleine gemütliche Laden in der Pestalozzistraße zurückblicken. Spezialisiert ist man auf Blechspielzeug und Eisenbahnen. Spielzeugautos aus den 50er Jahren, Garnisonen von Miniatursoldaten und ein paar alte Puppen sind hier zu finden. Roboter, die kaum zwanzig Jahre alt sind, lassen ahnen, wie man früher sich die Zukunft vorgestellt hat. Viel Spielzeug würde einem von Bürgern der Ex-DDR angeboten, erzählt der Besitzer, der neben seinem Geschäft auch eine Kneipe betreibt.

Berliner Kunstmarkt

Berlin-Mitte
Unter den Linden (Am Zeughaus)
O-1080 Berlin
Nähe S-Bahnhof Unter den Linden
Do-So 11.00-18.00 Uhr
Die Magistrale ›Unter den Linden‹ zwischen Brandenburger Tor und ›Palast der Republik‹ entwickelt sich immer mehr zur äußerst belebten Touristenmeile. Um das Brandenburger Tor herum werden die Reste der DDR verkauft. Tendenz der Preise für DDR-Geld, Gedenkmünzen, VoPo-Mützen, Soldatenuniformen und Mauerstücke: steigend. Weiter oben, vor der Humboldt-Universität verkaufen Berliner Bouquinisten ihre Bücher, und am Zeughaus, direkt an der Spree, findet seit dem 3.9.90 ein Kunstmarkt statt. Inzwischen sind es ungefähr 50 Händler, die an ihren Ständen Kunst und Kunstgewerbe, Designernepp, Kitsch und Postkarten, seltsame Töpfereien, Keramik, Schmuck, mehr oder weniger ambitionierte Malereien, aber auch wunderschöne alte Puppen oder seltene Bücher anbieten. Wer will, kann sich in minutenschnelle porträtieren lassen. ›Linientreue Künstler‹, wie sie der Veranstalter nennt, haben es hier schwer.

Großer Trödelmarkt

Berlin-Prenzlauer Berg
Arkonaplatz
O-1058 Berlin
(Tel.: Ost 282 23 22/West 786 97 69)
Nähe U-Bahnhof Bernauer Straße;
Bus 78, Straßenbahn 13
Sa-So 8.00-16.00 Uhr
Sehr übersichtlich findet der Besucher auf dem kleinen Platz nicht alles, doch oft Überraschendes. Ganze Jahrgänge alter DDR-Comics zum Beispiel, russische Stoppuhren, furchterregende Schwerter zuweilen und vieles mehr, was das Herz des Flohmarktbesuchers höher schlagen läßt. Kinder bis 14 können hier umsonst ihre langweilig gewordenen Spielsachen verkaufen.

Krempelmarkt

Berlin-Kreuzberg
Reichpietschufer
W-1000 Berlin 61
Tel.: 322 81 99
Nähe U-Bahnhof Gleisdreieck
Sa-So 8.00-15.00 Uhr
Der wahrscheinlich größte, in jedem Fall aber aufregendste Berliner Flohmarkt findet sich nur ein paar Meter vom Landwehrkanal entfernt. Schon vor den Toren des eingezäunten Marktgeländes herrscht dichtes Gedränge. Dort bieten vor allem Polen Zigaretten, Wodka, russische Armbanduhren und anderes an. Auf dem eigentlichen Marktgelände kann man dann buchstäblich alles finden: Fahrräder neben Pornocassetten, Wasserhähne neben Schallplatten, alte Teddybären, Puppen, Messer; Kleiderberge. Manchmal wird man erst nach langem Stöbern fündig. Es lohnt sich aber in jedem Fall! Vor dem Hütchenspiel, mit dem hier besonders gerne Leichtgläubige über den Tisch gezogen werden, sei allerdings gewarnt.

Großer Berliner Trödelmarkt mit Kunstmarkt

Berlin-Tiergarten
Straße des 17. Juni
W-1000 Berlin
Nähe S-Bahnhof Lehrter Bahnhof
Sa-So 8.00-15.00 Uhr
Der Trödel- und Kunstmarkt an der Straße des 17. Juni ist der edelste und professionellste unter den Berliner Flohmärkten. Das Angebot reicht von Second-Hand-CD's über ad hoc gedruckte Visitenkarten bis hin zu Original Meissner Porzellan. Wie überall wird gehandelt: das hübsche Ambiente mit Pariser Flair bedeutet zwar nicht automatisch einen Aufpreis für jede Zuckerdose, aber wirklich Wertvolles wechselt selten als unerkanntes Schnäppchen den Besitzer.

Nachlassverwertung

Berlin-Kreuzberg
Urbanstraße 85-86
W-1000 Berlin 61
(Ömer und Karin Sencivan; Tel.: 691 49 41)
Nähe U-Bahnhof Hermannplatz
Mo-Fr 9.00-18.00 Uhr, Sa 9.00-14.00 Uhr

Die »Nachlassverwertung« ist ein deutsch-türkisches Familienunternehmen mit bald zwanzigjähriger Tradition. Zur üppigwohlsortierten Ladenausstattung gehören auch Berni, der riesige Bernhardiner und ein Papagei. Genau genommen handelt es sich um zwei Läden: Rechts gibt's Möbel, Technik, Kleinkram. Im ›Frauenladen‹ nebenan findet man Kleider, Wäsche, Geschirr. Der Besucher wird hier sehr freundlich beraten und fast immer fündig!

Südstern

Berlin-Kreuzberg
Körtestraße 2
W-1000 Berlin 61
(Judy Schöning; Tel. 693 20 11)
Nähe U-Bahnhof Südstern
Mo-Fr 12.00-18.00 Uhr, Sa nur bei gutem
Wetter 11.00-13.00 Uhr

Im »Südstern« wird der Trödel vorsortiert — in die vollen, aber stets aufgeräumten Regale wird nur gestellt, was sich mit dem Geschmack der Besitzerin vereinbaren läßt! In den drei Verkaufsräumen findet man unter anderem hübsche Tischlampen, geschliffene Gläser, Kommoden und oft auch die zur Zeit so beliebten Korbmöbel. Ein Laden für Leute, die Altes zwar mögen, aber nicht gern tief in unsortierten Kisten wühlen.

Knopf-Paul

Berlin-Kreuzberg
Zossenerstraße 10
W-1000 Berlin 61
Tel.: 692 12 12
Nähe U-Bahnhof Gneisenaustraße
Di u. Fr 9.00-18.00 Uhr; Mi u. Do 14.00-18.00 Uhr

Mittlerweile werden es hunderttausend verschiedene Knöpfe sein, die ›Knopf-Paul‹ in seinem Sortiment hat. 15 Jahre lang gibt es nun schon sein freundliches Geschäft. Was jedoch heute fast kurios anmutet, war in den fünfziger Jahren noch gang und gebe. ›Mit dem Zerfall der Konfektion war mit dem Knopf eigentlich kaum noch Geld zu verdienen.‹ Doch Knopf-Paul ist Enthusiast, stellt auch selber welche her und weiß seine Kunden nach ›Knopfpersönlichkeiten‹ einzuteilen.

Altes Spielzeug

Berlin-Schöneberg
Bülowstraße 101
W-1000 Berlin 30
(Klaus Jörger; 262 46 50; -55 00, 883 73 19)
Nähe U-Bahnhof Nollendorfplatz
Mo-Fr (außer Di) 12.00-18.00 Uhr, Sa 11.00-14.00 Uhr

Spielzeug sei inzwischen eine ›Krisengeldanlage wie Gold‹, erzählt Klaus Jörger, Besitzer des antiquarischen Spielzeuggeschäfts in der Bülowstraße. Die Preise für manche Stücke haben sich in den letzten Jahren teilweise verhundertfacht. Wie er zum Spielzeug gekommen ist? — Er sei Nachkriegskind und in seiner Jugend habe er keins bekommen. In antiken deutschen Puppen ist sein Geschäft führend in Berlin. Zuweilen verleiht er Stücke seiner Sammlung an staatliche Museen. Auch alte Flipperautomaten, Schreibmaschinen oder handgemachte erzgebirgische Figuren lassen sich in seinem Laden bewundern.

Trödelkeller

Berlin-Prenzlauer Berg
Husemannstraße 11
Nähe U-Bahnhof Sennefelder Platz
Di, Mi, Fr 13.00-18.30 Uhr
Do 13.00-20.30 Uhr, Sa 10.00-14.00 Uhr

In West-Berlin gibt es ungefähr zweihundert, im Ostteil der Stadt ›wenn es hoch kommt‹ 25 Trödel- und Antiquitätengeschäfte, erzählt Dieter Blum, Inhaber des Trödelkellers im Prenzlauer Berg. Viele hätten sich spezialisiert, um auf dem Markt bestehen zu können. Er wird sich zwar auch auf Art-Deco konzentrieren, doch zur Zeit gibt es in seinem wohlsortierten, gemütlichen Keller noch eine recht breite Palette aus Schellackplatten, alten Reklameschildern, Bügeleisen, Geschirr, Spazierstöcken und vielen anderen sehr liebevoll arrangierten Dingen.

An- und Verkauf

Berlin-Friedrichshain
Schreinerstraße 40
O-1035 Berlin
Nähe U- u. S-Bahnhof Frankfurter Allee
Mo-Fr 10.00-18.00 Uhr

Ein älteres Ehepaar lehnt sich, die Ellenbogen auf ein Kissen gestützt, über's Fensterbrett und schaut auf die Schreinerstraße. Hinter dem Fenster ist ein Trödelladen. Der Eingang befindet sich im Hausflur und die beiden Straßenbeobachter betreiben zwar sicher nicht den größten, aber doch einen der rührendsten und schönsten Läden im Ost-Teil der Stadt. In den sehr ordentlichen Räumen kann man viel überraschendes zwischen Fahrrädern, Schallplatten, Postkarten und Küchenuhren erstöbern.

Trödel Ali

Berlin-Kreuzberg
Bergmannstraße 104
W-1000 Berlin 61
Nähe U-Bahnhof Mehringdamm

Mo-Fr 9.00-18.30 Uhr; Sa 9.00-15.00 Uhr (Mohammed Muhammad; Tel.: 694 57 87) ›Trödel El Ali‹ ist vielleicht der geheimnisvollste, aber keineswegs der einzige An- und Verkauf auf Berlins Trödelboulevard, der Bergmannstraße.

Berliner Buchantiquariate

Etwa hundertzwanzig Buchantiquariate gibt es mittlerweile in Berlin. Hier finden sich alteingesessene klassische Antiquariate, deren Besitzer teilweise seit mehr als 40 Jahren mit wertvollen Büchern handeln, neben »Newcomern«, die nach zwei Jahren wieder verschwinden oder Bücherhallen, die eher wie ein Supermarkt gebrauchter Bücher wirken. Es gibt Antiquariate, die wie »Kiepert« am Ernst-Reuter-Platz einem finanzkräftigen Buchgeschäft oder wie das »Lindenantiquariat« in der Friedrichstraße gleich einer ganzen Buchladenkette angeschlossen sind. Manche haben sich auf bestimmte Gebiete spezialisiert — ob Pflanzenkunde, Spiritismus oder Comics — andere verkaufen »alles«.

Antiquariat Hennwack
Berlin-Schöneberg
Langenscheidtstraße 4
W-1000 Berlin 62
Tel.: 782 86 86
Öffnungszeiten: Mo-Fr 11.00-18.30 Uhr, Sa 11.00-13.30 Uhr
U-Bahnhof Kleistpark
Rot leuchtet die Frontseite des Antiquariats am Kleistpark, das praktischerweise direkt neben einem italienischen Café liegt. Dort kann man dann in den Büchern schmökern, die man bei »Hennwack« gerade erstanden hat. Etwa 45.000 Bücher aus allen Gebieten finden sich in den hellen Räumen des Antiquariats. Seit zehn Jahren ist der sympathische Holger Wagner im Antiquariatswesen engagiert. Viele Antiquare, so erzählt er, hätten als Stammkunden angefangen, die irgendwann einmal von ihrem Händler gefragt wurden, ob sie mal eine Stunde Zeit hätten, sich an die Kasse zu stellen.

Antiquariat Hennig
Berlin-Schöneberg
Motzstraße 25
W-1000 Berlin 30
Tel.: 211 54 56
Öffnungszeiten: Mo-Fr 10.00-12.30 Uhr u. 14.30-18.00 Uhr, Sa 10.00-13.00 Uhr
Nähe U-Bahnhof Nollendorfplatz
Mit insgesamt 24 Antiquariaten ist Schöneberg ein kleines Paradies für Freunde alter Bücher. Sechs Antiquariate finden sich allein zwischen Motz-

und Winterfeldstraße. Viele kommen und gehen, meint Renate Hennig, die mit ihrem Mann seit mehr als vierzig Jahren im Geschäft ist. Beide gehören zu den wenigen ausgebildeten Antiquaren Berlins und haben sich eine wunderschöne Höflichkeit gegenüber Büchern bewahrt. Neben einer prachtvollen Bibel in schwarzem Leder mit reicher Gold- und Blindprägung, findet man den Jahrgang 1886 der »Gartenlaube«, die ersten Nummern des »Neuen Deutschlands« oder ganz profan auch nur gebrauchte Bücher.

Richard Schikowski
Berlin-Schöneberg
Motzstraße 30
W-1000 Berlin 30
Tel.: 218 54 95
Öffnungszeiten: Mo, Di, Do, Fr 14.00-18.00 Uhr, Sa 11.00-14.00 Uhr
Nähe U-Bahnhof Nollendorfplatz
Als »Exot« wird Richard Schikowski von seinen Kollegen zuweilen bezeichnet. Er hat sich auf Astrologie, Okkultismus, Lebenshilfe und Esoterik spezialisiert. Neben seinem Geschäft, in dem er neue Bücher verkauft, hat er auch ein Antiquariat für die Vielen, die an »Magischem Training« der »Hohen Schule der Magie«, Astrologie oder Horoskopen interessiert sind.

Kalligramm
Berlin-Kreuzberg
Oranienstraße 182
W-1000 Berlin 36
Tel.: 614 44 25
Öffnungszeiten: Mo-Fr 11-18 Uhr, Sa 11-13 Uhr
Nähe U-Bahnhof Görlitzer Bahnhof
Alles und mehr läßt sich im »Kalligramm« in Kreuzbergs bekanntester Straße finden. Besonders stolz ist man hier auf die große Auswahl von Bänden aus der »Insel Bibliothek«. Seit zwei Jahren sitzt Ulrich von Klinggräff an der Kasse des hellen, freundlichen Antiquariats. Neben Büchern gibt es in einer Ecke des Raums auch Kunst zu bestaunen. In unregelmäßigen Abständen finden Dichterlesungen statt.

Linden-Antiquariat
Berlin-Mitte
Friedrichstraße 165
O-1080 Berlin
Tel.: 215 79 02
Öffnungszeiten: Mo-Fr 10.00-18.30 Uhr, Sa 10.00-13.00 Uhr
Nähe U-Bahnhof Französische Straße
Das »Linden-Antiquariat« liegt nicht mehr »Unter den Linden«, dafür aber seit 1989 in der teuersten Straße Berlins; der Friedrichstraße. Geändert hat sich hier einiges: Früher war der Laden voller. Nicht nur Ex-DDR-Bürger versorgten sich hier

mit Lesestoff, in DDR-Zeiten deckten sich auch viele alliierte Soldaten kostengünstig mit Büchern ein. Einige West-Sammler machten bis zur Währungsunion manch ein Schnäppchen. Zur Zeit kommt vor allem alte Kundschaft, Leute, die sich verlaufen und Gäste des benachbarten Grand Hotels. Das Antiquariat, das zur Buchhandelskette »Bouvier« gehört, hat sich auf Bibliophiles spezialisiert. Geheimnisvolle Bücher wie »das Pfennig-Magazin für Belehrung und Unterhaltung« aus dem Jahre 1843, die »Geschichte des Ordens der Jesuiten« von 1760 oder eine kuriose »Anleitung zur Abfassung aller Arten öffentlicher Anzeigen sowohl aus dem häuslichen als dem bürgerlichen Geschäftsleben« von 1810 lassen sich hier finden.

Antiquariat Kathrin Kunze

Berlin-Mitte
Weinmeisterstraße 9 b
O-1020 Berlin
Tel.: 281 73 31
Öffnungszeiten: Mo-Fr 10.00-13.00 Uhr u. 14.00-18.00 Uhr; erster Sa 10.00-13.00 Uhr
Nähe U-Bahnhof Weinmeisterstraße
Neben einem kleinen Teegeschäft im Scheunenviertel liegt das gemütliche und sehr gut sortierte Antiquariat von Kathrin Kunze. Für viele Kunden sind die hellen Räume eine Art Oase, in der sie sich von den meist lieblos gemachten West-Büchern erholen können. Wer billigen Ramsch sucht, ist bei Kathrin Kunze an der falschen Adresse. In den Regalen finden sich sehr schöne Bücher aus der ehemaligen DDR, manche bibliophile Kostbarkeit wie eine Bibel von 1706. Wer seinen Dostojewski im Original oder in der schönen Piper-Ausgabe von 1921 lesen will, ist in der Weinmeisterstraße gut beraten.

Kurt-Georg Zeisig

Berlin-Friedrichshain
Ebertystraße 51
O-1026 Berlin
Tel.: 279 21 95
Öffnungszeiten: Mo-Fr 10.00-12.00 Uhr u. 13.00-18.30 Uhr, Sa 9.00-14.00 Uhr
Nähe S-Bahnhof Landsberger Allee
Durch Zugverspätungen ist Georg Zeisig, Chef des gleichnamigen Antiquariats in der Nähe des Sport- und Erholungszentrums (SEZ), zum Bibliomanen geworden. Die langen Wartezeiten auf dem Bahnhof hatte der gelernte Bergbauingenieur sich mit Lesen vertrieben. Seit einem Jahr sitzt Zeisig nun hinter einem großen Schreibtisch und verkauft gebrauchte Bücher, Zigarettenalben, Partituren und Schallplatten. Eine Mischung, die in Berlin einzigartig ist. Eine alte Straßenlaterne in der Mitte des Verkaufsraums und ein schöner Kachelofen sorgen für eine gemütliche Atmosphäre.

Antiquariat Dr. Hans Georg Eckhardt

Berlin-Prenzlauer Berg
Dimitroffstraße 52
O-1058 Berlin
Tel.: 449 22 98
Öffnungszeiten: Mo-Fr 12.00-18.30 Uhr, Sa 10.00-14.00 Uhr
U-Bahnhof Eberswalder Straße
Seit Oktober 1990 verkauft der ehemalige Mitarbeiter des Ostberliner Glühlampenwerks »Narva«, Dr. Hans Georg Eckhardt, »ausgediente« Bücher. In den »Narva«-Holzregalen stehen vorzugsweise Klassiker von Aitmatov bis Zweig, Reclam-Taschenbücher zu DDR-Preisen, Kunstbände und Ansichtskarten. Wieder lesenswert: Zeitschriften wie die Zwanziger-Jahre-Monatszeitschrift »Der Ansporn« (für vorwärtsstrebende Kaufleute) sowie Jahrgangsbände des »Neuen Deutschland«. Außerdem für Liebhaber: Postdampfer-Fahrpläne, Feldpostbriefe, Reichstagsdebattenprotokolle.

Hinterhofantiquariat

Berlin-Prenzlauer Berg
Czarnikauer Straße 19
O-1071 Berlin
Tel.: 448 99 17
Öffnungszeiten: Di-Fr 10.30-18.30 Uhr, Sa 10.00-14 Uhr
U- u. S-Bahn Schönhauser Allee
Zum Kieztreff, wo man nicht nur alte DDR-Bücher wiederfindet, sondern auch bei einer Tasse Kaffee ein Schwätzchen halten kann, hat sich das Hinterhofantiquariat mit Ost-Parterre-Flair und Hofblick gemausert. Abel Doerings modernes Antiquariat gleich neben dem Arbeitslosenzentrum spricht theoriehungrige (West)Linke sowie passionierte Leser mit kleinem Geldbeutel an. Über und über voll mit Büchern, das aus Schubladen und Regalelementen einer antiquierten Drogerie quellen, dient der kleine Laden mit Lesezimmer auch als Galerie und Autorentreff.

Antiquariat Pankow

Berlin-Pankow
Schönholzer Straße 1
O-1100 Pankow
Tel: 483 80 03
Öffnungszeiten: Mo-Fr 10.00-18.00 Uhr, Sa 10.00-13.00 Uhr
S-Bahnhof Pankow, Bus 107, 155, gegenüber Rathaus Pankow
Siebzig Jahre gibt es das Antiquariat Pankow schon, die Originaleinrichtung mit Vitrinen für besonders schöne Erstausgaben beweist's. Da finden sich Kuriosa wie »Das Conservieren von Tierbälgen« oder »Die Jugendweihe« (im Selbstverlag) ebenso wie preiswerte Klassiker. Schiller und Goethe haben Ehrenplätze, kleine Herrgottswinkel im

Regal. In der Nachfolge zweier Schwestern nehmen die beiden Inhaberinnen auch Bestellungen für seltene Fachliteratur, Kursbücher und Landkarten entgegen.

Antiquariat Schönhauser Allee
Berlin-Prenzlauer Berg
Schönhauser Allee 126
O-1058 Berlin
Öffnungszeiten: Mo-Fr 10.00-18.30 Uhr, jd. erster Sa im Monat
U- u. S-Bahn Schönhauser Allee
An der historischen Schönhauser Allee gelegen, wo die Straßenbahn wie ehedem dahinrattert, hat sich das gleichnamige Antiquariat der Bewahrung von DDR-Kultur verschrieben. Wer seine Lenin-, Stalin- bzw. Wilhelm-Pieck-Bibliothek vervollständigen will oder aber schöne Klassikerreihen von Aufbau- und Volk und Welt-Verlag sucht, ist hier an der richtigen Adresse.

Schomaker & Niederstrasser
Berlin-Friedenau
Niedstraße 24
W-1000 Berlin 41
Tel.: 851 62 22
Öffnungszeiten: Mo-Fr 12.00-18.00 Uhr, Sa 10.00-12.00 Uhr
U-Bahn Friedrich-Wilhelm-Platz
Die kühle Ästhetik einer weißgekachelten, postmodernen Kanzlei und ein wohldosiertes Angebot von Sammlerstücken vereint Schomaker & Niederstrasser im ruhigen, belaubten Friedenau, Liebhaber schöner, teils handgebundener Gesamt- und Erstausgaben kommen hier auf ihre Kosten. Ein zweiter Schwerpunkt sind Kunstbände, Ausstellungsführer und kunsttheoretische Werke, Architekturtheorie aus dem 16. Jh., kunstgewerbliche Standards sowie alte Berliner Stadtansichten. Auf eine kleine Sammlung guterhaltener Kinderbücher aus dem 19. Jh. ist man besonders stolz.

Antiquariat Meinke
Berlin-Friedenau
Stubenrauchstraße 70
W-1000 Berlin 41
Tel.: 852 93 90
Öffnungszeiten: Mo-Fr 14.00-18.00 Uhr, Sa 11.00-13.00 Uhr
U-Bahn Friedrich-Wilhelm-Platz
Das Antiquariat Meinke hat sich auf »Bücher, die man woanders nicht findet« spezialisiert. Gemeint sind historische Reisebeschreibungen, kultur- und sittengeschichtliche Grundsatzwerke (u.a. »Das Weib als Sexualverbrecherin«), Koch- und Kosmetikfachliteratur, politische Biographen und Militaria sowie Judaica. Per Computer vertreiben die Besitzer Meinke und Läßig außerdem ein großes Lager Belletristik in alle Welt.

Kinos

Adria, 41, Schloßstr. 48, Tel. 792 50 50, U-/S-Bhf. Rathaus Steglitz, Bus 148, 180, 185, 188

Aktuelle Camera, 1020, Karl-Marx-Allee 33, Tel. 242 58 94, U-Bhf. Schillingstr., S-Bhf. Alexanderplatz, Tram 11, 15, 18, Bus 140, 142, 157, 240

Alhambra, 65, Müller-/Seestr., Tel. 451 33 56, U-Bhf. Seestr., Bus 105, 126

Arsenal, 30, Welserstr. 25, Tel. 218 68 48, U-Bhf. Wittenbergplatz u. Viktoria-Luise-Platz, Bus 119, 129, 146, 185, 249

Astor, 15, Kudamm 217, Tel. 881 11 08, U-Bhf. Uhlandstr., Bus 109, 119, 129

Astra, 1197, Sterndamm 69, Tel. 635 16 52, S-Bhf. Schöneweide, Tram 17, 85; Bus 162, 166, 260, 265

Babylon und Babylon B, 36, Dresdnerstr. 126, Tel. 614 63 16, U-Bhf. Kottbusser Tor, Bus 247

Babylon (Mitte), 1020, Rosa-Luxemburg-Str. 30, Tel. 242 50 76, U-Bhf. Rosa-Luxemburg-Platz, S-Bhf. Alexanderplatz, Tram 15, 17, 63 71, Bus 140, 147, 157, 240

Bali, 37, Teltower Damm 33, Tel. 811 46 78, S-Bhf. Zehlendorf, Bus 110, 112, 148, 211, 237, 249

Broadway A-D, 30, Tauentzien 8 (im Minicity), Tel. 261 50 74, U-Bhf. Wittenbergplatz, Bus 119, 129, 146

Brotfabrik, 1120, Prenzlauer Promenade 3, Tel. 471 40 01, Tram 3, 20, 71, 72, Bus 158, 258

Bundesplatz, 31, Bundesplatz 14, Tel. 853 33 55, U-Bhf. Bundesplatz, S-Bhf. Wilmersdorf, Bus 105, 106

Börse, 1020, Burgstr. 27, Tel. 280 51 10, S-Bhf. Hackescher Markt

Camera (im Tacheles), 1040, Oranienburger Str. 53-56, Tel. 282 61 85, S-Bhf. Oranienburger Str., Tram 24, 63, 70, 79

Capitol Dahlem, 33, Thielallee 36, Tel. 831 64 17, U-Bhf. Thielplatz u. Dahlem Dorf, Bus 101, 110, 180

Charlott Potsdam, 1570, Zeppelinstr. 37, Tel. 932 02, Bhf. Potsdam West, Tram 91, 94, 96

Checkpoint und Checkpoint Baby, 1080, Leipziger Str. 55, Tel. 208 29 95, U-Bhf. Stadtmitte, Bus 142

Cinema Paris, 15, Kudamm 211, Tel. 881 31 19, U-Bhf. Uhlandstr., Bus 109, 119, 129, 249

Colosseum, 1058, Schönhauser Allee 123, Tel. 448 25 59, U/S-Bhf. Schönhauser Allee, Tram 22, 46, 49, 70

Colosseum 2 (Hofkino), 1058, Gleimstr. 32-35, Tel. 448 25 59, U/S-Bhf. Schönhauser Allee, Tram 22, 46, 49, 70

Cosima, 41, Sieglindestr. 10, Tel. 853 33 55, U-Bhf. Bundesplatz, S-Bhf. Wilmersdorf, Bus 106, 186

DEFA Studio Kino Babelsberg, 1560, Potsdam, A.-Bebel-Str. 26-53, Tel. 72 34 23 (Büro), 72 34 88 (Kino), Bhf. Drewitz, Bus 113, 693

Delphi, 12, Kantstr. 12a, Tel. 312 10 26, U/S-Bhf. Zoologischer Garten, Bus 121, 123, 145, 146, 149, 245, 249

Eiszeit-Kino, 36, Zeughofstr. 20, Tel. 611 60 16, U-Bhf. Görlitzer Bahnhof

Europa-Studio, 30, Im Europacenter, Tel. 261 79 07, U-Bhf. Kurfürstendamm u. Wittenbergplatz, Bus 109, 119, 129

Eva, 31, Blissestr. 18, Tel. 822 85 27, U-Bhf. Blissestr., Bus 101, 104, 126, 186

Fabrik Osloer Straße, 65, Osloer Str. 12, Tel. 494 49 72, U-Bhf. Pankstr.

FAF, 1055, Bötzowstr. 1–5, Tel. 426 34 52, Tram 4, 13, Bus 140, 142, 157, 257

Filmbühne Wien 1, 15, Kurfürstendamm 26, Tel. 881 48 88, U-Bhf. Kurfürstendamm, Bus 109, 119, 129

Filmbühne Wien 2–8, siehe Filmbühne Wien 1

Filmkunst 66, 12, Bleibtreustr. 12, Tel. 881 55 10, S-Bhf. Savignyplatz, U-Bhf. Uhlandstr., Bus 109, 119, 129, 137, 149

Film-Palast Berlin, 15, Kudamm 225, Tel. 883 85 51, U-Bhf. Kurfürstendamm, Bus 109, 119, 129, 249

Filmmuseum Potsdam, 1560 Potsdam, Marstall, Tel. 236 75, S-Bhf. Potsdam Stadt, Tram 91, 93, 94, 96

Filmtheater Friedrichstraße, 1086, Friedrichstr. 176–179, Tel. Progress 280 51 10, abends 20 30 23 29, U-Bhf. Französische Str.

Forum, 1170, Parrisiusstr. 12–14, Tel. 657 10 84, U-Bhf. Köpenick, Tram 25, 83, 84, 86, Bus 169

fsk, 36, Wiener Str. 20, Tel. 611 70 10, U-Bhf. Görlitzer Bhf., Bus 129

Gloria Palast, 15, Kurfürstendamm 12, Tel. 261 15 57, U-Bhf. Kurfürstendamm, Zoologischer Garten

Gloriette, siehe Gloria Palast

Graffiti, 15, Pariser Str. 44, Tel. 883 43 35, Bus 126, 219, 249

H.D.O. Berlin, 1157, Ehrenfelsstr. 4, S-Bhf. Karlshorst, Bus 196, 396

Hollywood, 15, Kurfürstendamm 65, Tel. 883 50 77, U-Bhf. Adenauerplatz, Bus 109, 119, 129, 204

International, 1020, Karl-Marx-Allee 33, Tel. 242 58 26, U-Bhf. Schillingstr., U/S-Bhf. Alexanderplatz, Tram 11, 15, 18, Bus 140, 142, 157, 240

Intimes, 1035, Niederbarnimstr. 15, Tel. 559 32 87, U-Bhf. Samariterstr., Tram 13, 21, Bus 240

Kant 1 und 2, 12, Kantstr. 54, Tel. 312 50 47, U-Bhf. Wilmersdorfer Str., S-Bhf. Charlottenburg, Bus 101, 137, 149, 316

Kant 3/Kid, siehe Kant 1, Tel. 312 32 47

Kellerkino, 36, Dresdener Str. 125, Tel. 614 73 93 (abends), U-Bhf. Kottbusser Tor, Bus 247

Kino im Hauptbahnhof, 1017, Tel. 436 60 73, S-Bhf. Hauptbahnhof, Bus 140, 142, 240

Kino Kiste, 1150, Heidenauer Str. 10, Tel. 991 71 80, U-Bhf. Hellersdorf, Tram 6, 10

Klick, 12, Windscheidtr. 19, Tel. 323 84 37, S-Bhf. Charlottenburg, Bus 110, 149, 204, 221

Knaack Kino, 1055, Greifswalder Str. 224, Tel. 426 23 51, Tram 24, 28, 58, Bus 157, 240

Kosmos, 1034, Karl-Marx-Allee 131, Tel. 589 45 78 u. 5 80 02 56, U-Bhf. Frankfurter Tor, Tram 4, 13, 21, Bus 143

Kuli, 12, Kudamm 206, Tel. 881 28 81, U-Bhf. Kurfürstendamm

Kurbel I, 12, Giesebrechtstr. 4, Tel. 883 53 25, U-Bhf. Adenauerplatz, Bus 101, 109, 119, 129, 204, 219

Kurbel II und III, siehe Kurbel I

Lupe 1, 15, Kudamm 202, Tel. 883 61 06, U-Bhf. Uhlandstr., Bus 109, 119, 129, 249

Lupe 2, 15, Olivaer Platz, Tel. 882 37 77, Bus 101, 109, 119, 129, 249

Manhattan, 26, Wilhelmsruher Damm 128, Tel. 415 90 00, Bus 121, 122, 124

Marmorhaus 1–4, 15, Kurfürstendamm 236, U-Bhf. Kurfürstendamm, Bus 109, 119, 129

Marmorhaus 5–6, 12, Im Kudamm-Eck, Tel. 88 14 06

Melodie Potsdam, 1560, Friedr.-Ebert-Str. 12, Tel. 229 17, Tram 92, 93, 94, 95

Moviemento 1–3, 61, Kottbusser Damm 22, Tel. 692 47 85, U-Bhf. Hermannplatz, Bus 141, 144, 241

Neues Cinema, 41, Bundesallee 111, Tel. 852 30 04, U-Bhf. Walter-Schreiber-Platz, Bus 148, 176, 180, 182, 183, 185

New York, 61, Yorckstr. 86, Tel. 786 50 70, U-Bhf. Mehringdamm, Bus 119, 242

Notausgang, 62, Vorbergstr. 1, Tel. 781 26 82, U-Bhf. Kleistpark, Bus 104, 148, 248

Odeon, 62, Hauptstr. 116, Tel. 781 56 67, U-Bhf. Innsbrucker Platz, Bus 104, 148, 248

Odyssee, 1055, Prenzlauer Allee 80, Tel. 42 28 41 56 (Kino im Zeiss-Großplanetarium), S-Bhf. Prenzlauer Allee, Tram 20, 71, 72

Off, 44, Hermannstr. 20, Tel. 621 30 58, U-Bhf. Hermannplatz, Bus 104

Olympia, 12, Kantstr. 162, Tel. 881 19 78, U/S-Bhf. Zoologischer Garten

Passage 1–5, 44, Karl-Marx-Str. 131–133, Tel. 681 70 50, U-Bhf. Karl-Marx-Str., Bus 104

Provinz, 51, Provinzstr. 30, Tel. 491 31 61, U-Bhf. Osloer Str., Bus 122

Regenbogenkino, 36, Lausitzer Str. 22, Tel. 611 98 75, U-Bhf. Görlitzer Bhf., Bus 129

Rio, 1120, Prenzlauer Promenade 6–9, Tel. 965 28 19, Tram 3, 20, 70, Bus 158, 248, 255

Royal Palast Kino 1–5, 30, Im Europa-Center, Tel. 261 17 75, U-Bhf. Wittenbergplatz, Bus 119, 129, 146, 185, 249

Royal Palast Kino 2–4, siehe Royal Palast Kino 1

Schlüter, 12, Schlüterstr. 17, Tel. 313 85 80, Bus 149

Sojus, 1140, Helene-Weigel-Platz 12, Tel. 542 31 51,

S-Bhf. Springpfuhl, Tram 10, 18, Bus 194, 199, 291, 294

Sputnik 1, 65, Reinickendorfer Str. 113, Tel. 465 87 69, U-Bhf. Reinickendorfer Str., Bus 127, 227, 248

Sputnik 2/Südstern, 61, Hasenheide 54, Tel. 694 11 47, U-Bhf. Südstern, Bus 241, 242, N 19

Sputnik 3/Kulturrevolution, siehe Sputnik 2

Steinplatz, 12, Hardenbergstr. 12, Tel. 312 90 12, U/S-Bhf. Zoologischer Garten, Bus 145, 146, 149, 245

Thalia 1–4, 46, Kaiser-Wilhelm-Str. 71, Tel. 774 34 40, S-Bhf. Lankwitz, Bus 181, 182, 183, 184, 248, 283

Thalia Babelsberg 1 und 2, 1590, Rud.-Breit-scheid-Str. 50, Tel. 773 90, S-Bhf. Babelsberg, Tram 94, 95

Tivoli 1 und 2, 1100, Berliner Str. 27, Tel. 472 80 18, U-Bhf. Vinetastr., S-Bhf. Pankow, Tram 22, 46, 49, Bus 107, 150

Toni, 1120, Am Antonplatz, Tel. 365 11 52, Tram 3, 20, 24, 28, 58, 70, 71, Bus 255, 258

Topas, 20, Mauerstr. 6, Tel. 333 40 21, U-Bhf. Rathaus Spandau, Bus 130, 132, 133, 134, 137, 145, 231, 237, 331

Union, 1162, Bölschestr. 69, Tel. 645 54 59, S-Bhf. Friedrichshagen, Tram 25, 84

Venus, 1092, Degnerstr. 9, Tel. 376 48 09, Tram 10, 15, 70, Bus 192, 294

Volkshaus, 1136, Straße der Befreiung 3, Tel. 525 18 34, U-Bhf. Friedrichsfelde, Bus 108, 192, 240

Xenon, 62, Kolonnenstr. 5, Tel. 782 88 50, U-Bhf. Kleistpark, Bus 104, 148, 248

Yorck, 61, Yorckstr. 86, Tel. 786 50 70, U-Bhf. Mehringdamm, Bus 119, 242

Zoo Palast Kino 1–9, 12, Hardenbergstr. 29a, Tel. 261 15 55, U-/S-Bhf. Zoologischer Garten

Theater

Die »zentralen« Häuser

Berliner Kammerspiele, 21, Alt-Moabit 99, Tel. 391 55 43, U-Bhf. Turmstr., Bus 245

Deutsche Oper, 10, Bismarckstr. 35, Tel. 341 02 49, U-Bhf. Deutsche Oper; Vorverk. Mo-Sa von 11–20, So 10–14 Uhr u. 1 Stunde vor Beginn der Vorstellung

Deutsche Staatsoper, 1080, Unter den Linden 7, Tel. 200 47 62, Bus 157; Kassenzeiten: Mo-Sa 12–18, So 14–18 Uhr, Abendkasse 1 Stunde vor Beginn der Vorstellung

Deutsches Theater, 1040, Schumannstr. 13a, Tel. 287 12 25, Bus 147; Besucherservice von 12–18.30 Uhr: Tel. 287 12 21

DT-Kammerspiele, 1040, Schumannstr. 13a/14, Tel. 287 12 26, S-/U-Bhf. Friedrichstr., Bus 147

Das Ei, 1040, Friedrichstr. 107, Tel. 283 64 36, S-/

U-Bhf. Friedrichstr., Bus 157; Kassenzeiten: Mo, Mi-Sa 12–15.30 u. 16 Uhr bis Vorstellungsbeginn

Freie Theateranstalt Berlin, 19, Klausenerplatz 19, Tel. 321 58 89, 3 25 50 23, Bus 109, 121, 145, 204; U-Bhf. Rich.-Wagn.-Pl., Soph.-Charl.-Pl.; Vorbest.: 10–19 Uhr u. VVK; freier Eintritt für arbeitslose Jugendliche

Freie Volksbühne, 15, Schaperstr. 24, Tel. 881 37 42, U-Bhf. Spichernstr., Bus 219; Vorverk. tägl. 10–14 Uhr u. 1 Stunde vor Beginn

Freies Schauspiel Berlin, 44, Pflügerstr. 3, Tel. 692 46 72, U-Bhf. Kottbusser Damm u. Hermannplatz, Bus 141; Vorbestellungen unter Tel. 692 46 72 o. 6 92 17 68

Friedrichstadtpalast, 1040, Friedrichstr. 107, Tel. 283 64 74, S-Bhf. u. U-Bhf. Friedrichstr., Bus 157

Grips, 21, Altonaer Str. 22, Tel. 391 40 04, U-Bhf. Hansaplatz, Bus 106, 123; Kassenzeiten: Mo-Fr 12–18, Sa u. So 11–17 Uhr

Hansa Theater, 21, Alt-Moabit 48, Tel. 391 44 60, U-Bhf. Turmstr., Bus 101, 123, 245

Hans-Otto-Theater Potsdam, 1570, Zimmerstr. 10, Tel. 03733/230 38; Kassenzeiten: Di/Mi 11–13 u. 14–17, Do 11–13 u. 14–19, Fr/Sa 9–13 Uhr

Hebbel Theater, 61, Stresemannstr. 29, Fahrverb.: U-Bhf. Hallesches Tor u. Möckernbrücke, Bus 341

Hochschule der Künste, 12, Hardenbergstr. U+S-Bhf. Zoologischer Garten oder Ernst-Reuter-Platz

Kleines Theater, 41, Südwestkorso 64, Tel. 821 30 30, U-Bhf. Rüdesheimer Platz o. Fr.-Wilh.-Platz, Bus 101, 106; telef. Bestellungen von 11–17 Uhr; Kasse: Di-Fr 18–20 Uhr u. 1 Std. vor Beginn

Komische Oper, 1080, Behrenstr. 55–57, Tel. 229 25 55, U-Bhf. Französische Str.; Di-Fr 12–18, Sa 10–18 Uhr, So, Mo u. feiertags jeweils 1 Stunde vor Vorstellungsbeginn

Komödie, 15, Kurfürstendamm 206, Tel. 882 49 41, U-Bhf. Uhlandstr., Bus 109, 119, 129

magazin, 15, Kurfürstendamm 206, Tel. 882 10 72, U-Bhf. Uhlandstr., Bus 109, 119, 129

Maxim Gorki Theater, 1080, Am Festungsgraben, Tel. 208 27 83, Straßenbhf. 22, 46, 70, 71, 11; Kassenzeiten: Mo-Fr 14–18.30, Sa+So 16–18.30; Studiobühne: Mo-Do 9–18, Fr 9–16 Uhr

Metropol Theater, 1080, Friedrichstr. 101–102, Tel. 208 27 15, S+U-Bhf. Friedrichstr.; Kasse: Mo-Sa 10–18 Uhr, Abendkasse: 1 Std. vor Vorstellungsbeginn

Renaissance Theater, 12, Hardenbergstr. 6, Tel. 312 42 02, U-Bhf. Ernst-Reuter-Platz; Bus 145, 245; Studio: 12, Knesebeckstr. 3

Schaubühne am Lehniner Pl., 31, Kurfürstendamm 153, Tel. 89 00 23, U-Bhf. Adenauerplatz, S-Bhf. Charlottenburg, Bus 119, 129, 219

Schiller Theater, 12, Bismarckstr. 10, Tel. 312 65 05, U-Bhf. Ernst-Reuter-Platz, Bus 101, 121, 123, 145, 245

Schloßpark Theater, 41, Schloßstr. 48, Tel. 793 15 15, U-Bhf. Rathaus Steglitz, Bus 147, 170, 180, 185, 186, 188
Das Studio, 12, Knesebeckstr. 3, Tel. 312 42 02, U-Bhf. Ernst-Reuter-Platz, Bus 145, 245
Theater am Kudamm, 15, Kurfürstendamm 209, Tel. 882 49 41, U-Bhf. Uhlandstr., Bus 109, 119, 129, 219
Theater der Freundschaft, 1156, Hans-Rodenberg-Platz 1, Tel. 557 00, U-+S-Bhf. Frankfurter Allee (heißt jetzt »Carousel«)
Theater des Westens, 12, Kantstr. 12, Tel. 31 90 31 93, U+S-Bhf Zoo. VVK: telef. Mo-Sa 10—18 Uhr, So 15—16 Uhr; Kassenöffn.: Di-Sa 12—18 Uhr, So 15—18 Uhr
Theater im Palais, 1086, Am Festungsgraben 1, Tel. 282 83 59, Vorbestellungen auch unter Tel. 282 81 69; Bus 100, 157
Theatermanufaktur, 61, Hallesches Ufer 32, Tel. 251 09 41, U-Bhf. Möckernbrücke, Bus 141, 184, 341; Kassenöffnungszeit: Di-So 14—20 Uhr
Tribüne, 12, Otto-Suhr-Allee 18—20, Tel. 341 26 00, U-Bhf. Ernst-Reuter-Platz, Bus 101, 145, 245; Kassenöffnung: Mo 10—18, Di-Sa 10—19, So 15—19 Uhr
Vagantenbühne, 12, Kantstr. 12 A, Tel. 312 45 29, U + S-Bhf. Zoo; Kasse: Mo 10—16, Di-Fr 10—19, Sa + feiertags 17—19 Uhr
Werkstatt (Schiller Th.), 12, Bismarckstr. 110, Tel. 312 65 05, U-Bhf. Ernst-Reuter-Platz, Bus 101, 121, 123, 145, 245

»Spezielle« Theater

Acud, 1054, Veteranenstr. 21, Tel. 281 08 90, U-Bhf. Rosenthaler Platz
Berliner Globe Theater, 30, Bellevuestr. 17—18a, Tel. 265 11 20, Im Esplanade am Potsdamer Platz
Brotfabrik Bühne, 1120, Prenzlauer Promenade 3, Tel. 965 00 01, Straßenbahn 3, 20, 70
Club Gerard Philipe, 1193, Karl-Kunger-Str. 296—39
Ex 'n Pop, 30, Mansteinstr. 14
Kleine Freil. Wuhlheide, 1170, An der Wuhlheide, Tel. 635 32 41, S-Bhf. Wuhlheide
Fliegendes Theater, 61, Hasenheide 54, Tel. 692 21 00, Eingang Körtestraße 17; U-Bhf. Südstern, Bus 247
Galerie Knaack, 1055, Knaackstr. 90
Garn-Theater, 61, Katzbachstr. 19, Tel. 786 43 46, U-/S-Bhf. Yorkstr., Busse 104, 119, 247
Kama, 61, Schwiebusser/Friesenstr., Tel. 692 87 35, U-Bhf. Mehringdamm, Gneisenaustr., Pl. d. Luftbrücke, Bus 104, 119
Die Möwe, 1040, Luisenstr. 18, Tel. 282 30 65, U-S-Bhf. Friedrichstr.
Märchenerzählwerkstatt, 30, Nollendorfstr. 18, Tel. 216 46 84, U-Bhf. Nollendorfplatz
Parkhaus, 1193, Puschkinallee 5, Tel. 272 79 52

Pfefferberg, Schönhauser Allee 176, Tel. 282 72 73, S-Bhf. Senefelder Platz
Die Pumpe, 30, Lützowstr. 42, Tel. 261 13 47 oder 2 61 13 48; U-Bhf. Kurfürstenstraße, Bus 119, 341
Podewil, 1020, Klosterstr. 68—70, Tel. 24 03—0, U-/S-Bhf. Jannowitzbrücke, Alexanderplatz
Puppentheater Firlefanz, 1040, Sophienstr. 10, Tel. 281 42 00
Saalbau Neukölln, 44, Karl-Marx-Str. 141
Schauplatz, 61, Dieffenbachstr. 15, Tel. 694 55 85, U-Bhf. Südstern u. Kottbusser Damm
Schokoladen, 1040, Ackerstr. 169/170, U-Bhf. Rosenthaler Platz
Studio Bühne Berlin, 65, Reinickendorfer Str. 55, Tel. 457 23 25, U-Bhf. Nauener Platz, Bus 127, 328
Theater am Forum Kreuzberg, 36, Eisenbahnstr. 21, Tel. 618 28 05, U-Bhf. Görlitzer Bahnhof, Karten: Tel. 618 28 05, ab 18 Uhr 6 18 22 22
Theater am Ufer, 61, Tempelhofer Ufer 10, Tel. 251 31 16, 2. Hinterhof, 2. St., U-Bhf. Möckernbrücke, Hallesches Tor
Theater 89, 1040, Wilhelm-Pieckstr. 216, Tel. 282 37 27, c/o Klub JoJo
Theater Schmales Handtuch, 1035, Frankfurter Allee 91, Tel. 588 46 59, S+U-Bhf. Frankfurter Allee
Theater im Kino, 1035, Proskauer Str. 19, Tel. 589 80 13, U-Bhf. Samariterstr., S-Bhf. Storkower Str.
Theater Mirakulum, 1040, Brunnenstr. 35, Tel. 281 05 40, U-Bhf. Bernauer Str., Bus 347
Theater o.N., 1058, Knaackstr. 45, Tel. 4 36 49 00 (im Atelier Werdin), U-Bhf. Senefelder Platz/Dimitroffstr.
Theater unterm Dach, 1055, Dimitroffstr. 101, Tel. 430 06 10 (im Kulturhaus im Ernst-Thälmann-Park); Bus 240, Straßenbahn 4, 13 20, 24, 28, 71, 72
Theater Zerbrochene Fenster, 61, Fidicinstr. 3, Tel. 694 24 00, Theatereingang: Schwiebusserstr. 16; U-Bhf. Platz der Luftbrücke, Bus 119, tel. Vorbestellung: 694 24 00, an den Vorstellungstagen 18—20 Uhr
TO Musiktheater, 1157, Ehrenfeldstr. 4, Tel. 509 96 51, direkt am S-Bhf. Karlshorst
Tiyatrom (türk.), 61, Alte Jakobstr. 12, Tel. 65 20 20, Spielort: Rotunde, 61, Alte Jakobstr. 12; U-Bhf. Hallesches Tor, Kochstr. bzw. Moritzplatz, Bus 129
Villa Kreuzberg, 61, Kreuzbergstr. 62, Tel. 25 88 25 80
Das Weite Theater, 1150, Schkeuditzer Str. 3, Tel. 560 88 58, U-Bhf. Louis-Lewin-Straße, Hellersdorf
Zaubertheater Igor Jedlin, 12, Roscherstr. 7, Tel. 323 37 77, U-Bhf. Adenauerplatz, Bus 119, 129, 219; Vorbestellungen auch unter 8 61 22 11
Zellenfreihof, 1092, Ferienwalder Straße, Ex-

Stasi-Gefängnis Hohenschönhausen; Tram 15, 63; Kartenvorbestellung: 8 52 22 43
Zelt auf dem Mariannenplatz, 36, Mariannenplatz, U-Bhf. Kottbusser Tor; Bus 129, 141, 242; Tel. Vorbestellung unter 614 95 11

Kinder- und Jugendtheater

Antenne, 61, Friedrichstr. 2, Tel. 784 18 98, Kinder- und Jugendkulturzentrum; U-Bhf. Hallesches Tor, Bus 141, 241, 341
Berliner Figurentheater, 61, Yorkstraße 59, Tel. 786 98 15, U-/S-Bhf. Yorckstraße, Bus 119
Berliner Kindertheater, 44, Okerstr. 12, Tel. 622 38 26, Spielort: JZ Westside, Demminer Str. 28, Wedding, U-Bhf. Voltastr.
Cafetheater Scheselong, 21, Wilsnackerstr. 61, Tel. 394 19 57
Charlottchen, 12, Droysenstr. 1, Tel. 324 47 17, Bus 119, 129 Lehniner Platz
Figurentheater Grashüpfer, 1035, Dolzigerstr. 13, Tel. 637 09 18, Vormittags nur auf Bestellung
Fliegendes Theater, 61, Körtestr. 17, Tel. 692 21 00, U-Bhf. Südstern, Bus 247
Freizeitzentrum Marzahn, 1140, Marzahner Promenade 55, Tel. 54 70 41 46
Geschwister-Scholl-Heim, 20, Magistratsweg 97—99, Tel. 366 88 17
Grips, 21, Altonaerstr. 22, Tel. 391 40 04, U-Bhf. Hansaplatz, Bus 106, 123; Kassenzeiten: Mo-Fr 12—18 Uhr, Sa + So 11—17 Uhr
Hans-Otto-Theater, 1570 Potsdam, Zimmerstr. 10, Tel. 03733/230 38
Hans Wurst Nachfahren, 61, Gneisenaustr. 2, Tel. 693 37 91, Theaterei im Mehringhof. U-Bhf. Mehringdamm, Bus 119, 247
Haus des Kindes, 1035, Parkaue 25, Tel. 707 43 27
HdJ Argentinische Allee, 37, Argent. Allee 28
Homunkulus Figurentheater, 1100, Florastr. 16, Tel. 482 40 46
Jugendzentrum Spirale, 31, Westfälischestr. 16a
Jugendzentrum Hussitenstr., 65, Hussistenstr. 62, Tel. 786 98 15, S-Bhf. Nordbahnhof, U-Bhf. Bernauer Str., Bus 12
Jugendhaus Teltow, 37, Teltower Damm 228, Tel. 807 20 04
Kappadeschle-Kaspertheater, 10, Schustehrusstr. 3, Tel. 781 26 33, Im Lavandeil, U-Bhf. Richard-Wagner-Platz; Kontakt: Jutta Matthess, Tel. 781 26 33 u. 3 42 92 80
Klecks-Kindertheater, 44, Schinkestr. 8—9, Tel. 693 77 31, U-Bhf. Kottbusser Damm, Bus 141
Kulturhaus Peter Edel, 1120, Berliner Allee 125
Narrenspiegel, 62, Hauptstraße 150, Tel. 781 45 49, U-Bhf. Kleistpark, S-Bhf. Großgörschenstr., Bus 104, 148, 248
PallasT, 30, Pallasstr. 35, Tel. 261 71 80, U-Bhf. Kleistpark
Popelbühne, 1058, Dunckerstr. 16, Tel. 449 86 20

Puppentheater Berlin Treu, 62, Vorbergstr. 10a, Tel. 342 19 50, U-Bhf. Kleistpark
Puppentheater Firlefanz, 1040, Sophienstr. 10, Tel. 261 42 00, U-Bhf. Weinmeisterstr., S-Bhf. Hackescher Markt
Saalbau Neukölln, 44, Karl-Marx-Str. 141, Tel. 68 09 37 79
Salto Vitale, 61, Stresemann-/Köthenerstr., Tel. 261 46 46, Piccolo Teatro di Circo
Statthaus Böcklerpark, 61, Prinzenstraße 1, U-Bhf. Prinzenstraße; Kartenvorbestellung Di-Sa 15—19 Uhr, Tel. 25 88 30 32
Theater am Park, 1141, Frankenholzer Weg 4, Tel. 524 44 60, U-Bhf. Elsterwerdaer Platz, S-Bhf. Bliesdorf
Theater Mirakulum, 1040, Brunnenstr. 35, Tel. 281 05 40, U-Bhf. Bernauer Str., Bus 347; Kartenvorbestellung Tel. 281 05 40 von 12—14 Uhr
Theater im Palais, 1086, Am Festungsgraben 1, Tel. 282 83 59 u. 282 81 69
Tiyatrom, 61, Alte Jakobstr. 12, Tel. 65 20 20, Spielort: Rotunde, Alte Jakobstr. 12; U-Bhf. Hallesches Tor, Kochstr. bzw. Moritzplatz, Bus 129
Theater o.N., 1058, Knaackstr. 45, Tel. 426 49 00, U-Bhf. Senefelder Platz/Dimitroffstr.; Kindervorbestellungen wochentags 10 u. 14 Uhr nur mit tel. Vorbestellung
UFA Fabrik, 42, Viktoriastr. 13, Tel. 752 80 85, U-Bhf. Ullsteinstraße
Villa Kreuzberg, 61, Kreuzbergstr. 62, Tel. 25 88 25 80, U-Bhf. Mehringdamm, Platz d. Luftbrücke o. Yorckstr., Bus 104, 129, 242
Volkstheater Berlin, 37, Scharfestr. 9, Tel. 802 59 16, Spielort: Capitol Dahlem, 1/33, Thielallee 36, Tel. 831 64 17
Zelt auf dem Mariannenplatz, 36, Mariannenplatz U-Bhf. Kottbusser Tor; Vorbestellungen Di-So 11—18 h, Tel. 25 88 41 54

Varietés, Kabarett und Revuen

Bar jeder Vernunft, 15, Schaperstr. 24, Tel. 883 15 82, U-Bhf. Spichernstr., Spiegelzelt an der Freien Volksbühne
BKA, 61, Mehringdamm 32—34, Tel. 251 01 12, U-Bhf. Mehringdamm
BKA im Zelt, 30, An der Philharmonie
Cafe Theater Scheselong, 21, Wilsnackerstr. 61, Tel. 394 19 57, U-Bhf. Turmstraße, Bus 106, 227, 341
Charlottchen, 12, Droysenstr. 1, Tel. 324 47 17, Bus 119, 129 Lehniner Platz
Chamäleon Variete, 1020, Rosenthaler Str. 40/41, Tel. 282 71 18, S-Bhf. Marx-Engels-Platz
Cafetheater Schalotte, 10, Behaimstr. 22, Tel. 341 14 85, U-Bhf. Richard-Wagner-Platz
Club Gerard Philipe, 1193, Karl-Kunger-Str. 29, Tel. 272 75 07, S-Bhf. Treptower Park; Bus 164, 165, 166

Die Distel, 1080, Friedrichstr. 101, Tel. 200 47 04, S-/U-Bhf. Friedrichstr.

Kartoon, 1080, Französische Str. 24, Tel. 229 93 05

Klimperkasten, 10, Otto-Suhr-Allee 100, Tel. 313 70 07, U-Bhf. Richard-Wagner-Platz; Spielort: Festsaal des Rathauses Charlottenburg

Mehringhof Theater, 61, Gneisenaustr. 2, Tel. 691 50 99, U-Bhf. Mehringdamm, Bus 119, 247

Potsdamer Kabarett Obelisk, 1570, Schopenhauerstr. 27, Tel. 210 69

Ratibor, 36, Cuvrystr. 20 (Kiezpalast), Tel. 618 61 99, U-Bhf. Schlesisches Tor

Die Reizzwecken, 1020, Klosterstr. 68—70, Tel. 976 81 02, U-Bhf. Klosterstr., Bus 157; Vorbestellungen auch unter 2 40 32 25

Scheinbar, 62, Monumentenstr. 9, Tel. 784 55 39

Stachelschweine, 30, Tauentzienstr. Europa-Cent., Tel. 261 47 95; U-Bhf. Wittenbergplatz, U-/S-Bhf. Zoo; Bus 109, 119, 129

Wintergarten, 30, Potsdamer Str. 96, Tel. 262 90 16

Wühlmäuse, 30, Nürnberger Str. 33, Tel. 213 70 47, U-Bhf. Spichernstr.

Jazz/Rock/Folk

3. Jazzmeile Berlin, 31, Bereich Berliner/Uhlandstr., U-Bhf. Berliner Str.

Jugendklubhaus ABC, 1170, Hirschgartenstr. 14, Tel. 656 31 80; S-Bhf. Hirschgarten, Tram 25, 84

Acud, 1054, Veteranenstr. 21, Tel. 281 08 90, U-Bhf. Rosenthaler Platz, Tram 22, 46, 49, 70

Alabama, 65, Genter Str. 65, Tel. 453 69 52, U-Bhf. Seestr., Bus 105, 126

Allendeclub, 1170, Pablo-Neruda-Str. 4, Tel. 662 20 04, S-Bhf. Köpenick, Straßenbahn 25, 83, Bus 168, 169

Alpha Potsdam, 1585, Schilfhof 28

Arcanoa, 61, Zossener Str. 48, U-Bhf. Gneisenaustr.

Atelier 89, 1055, Greifswalder Str. 89, Tram 24, 28, 58

A Trane, 12, Bleibtreustr. 1, U-Bhf. Uhlandstr.

Aue, 31, Berliner Str. 48, U-Bhf. Blissestraße, Bus 101, 104, 204, 249

Badenscher Hof, 31, Badensche Str. 29, Tel. 861 00 80, Ecke Berliner Str., U-Bhf. Blissestr., Bus 104, 204, 249

Basilikum, 36, Naunynstr. 27, U-Bhf. Kottbusser Tor o. Görlitzer 84

Bellevue, 21, Flensburger Str. 13, Tel. 392 25 61, U-Bhf. Hansaplatz, S-Bhf. Bellevue, Bus 106

B.I.P., 1100, Kreuzstr. 14, Tel. 482 70 27, S-Bhf. Wollankstr., Tram 22, 46, Bus 155

Blisse 14, 31, Blissestr. 14, Tel. 821 10 91, U-Bhf. Blissestr., Bus 101, 104, 186, 204, 249

Cafe Lietze, 19, Herbertstr. 46, Tel. 321 10 94, unter der Kirche

Casa, 1055, Greifswalder Str. 204, Tel. 436 81 44

Cafe Swing, 30, Nollendorfplatz 3—4, Tel. 216 61 37, U-Bhf. Nollendorfplatz

Checkpoint, 1080, Leipziger Str. 55, Tel. 208 29 95, U-Bhf. Stadtmitte oder Spittelmarkt, Bus 142

Champussy, 15, Uhlandstr. 171/172, Tel. 881 22 20, Uhlandstraße

Cool Cat, 44, Hermannstr. 30, U-Bhf. Boddin- o. Leinestr.

Come In (im FBZ), 1199, Rudower Chaussee, Tel. 472 53 93, S-Bhf. Adlershof, Bus 160, 260

Drugstore, 30, Potsdamer Str./Ecke Pallasstr., U-Bhf. Kleistpark, Bus 148, 187, 248

Dschungel, 30, Nürnberger Str. 53, Tel. 218 66 98, U-Bhf. Augsburger Str., Bus 119, 129

Duncker, 1071, Dunckerstr. 64, Tel. 448 45 01, S-Bhf. Prenzlauer Allee, Tram 20, 71, Bus 156

Eierschale 1, 33, Podbielskiallee am U-Bhf., Tel. 832 70 97

Eierschale 2, 30, Rankestr. 1, Tel. 882 53 05 (an der Gedächtniskirche), U+ S-Bhf. Zool. Garten, U-Bhf. Kurfürstendamm, Bus 119, 129, 146, 185, 249

Eierschale Zenner, 1193, Alt Treptow 14—17, S-Bhf. Treptower Park

Ewige Lampe, 12, Niebuhrstr. 11a, Tel. 324 39 18

Fabrik Osloer Str., 65, Osloer Str. 12, Tel. 493 20 37 (Nähe Prinzenallee), U-Bhf. Pankstr., Bus 126, 227, 327

Fabrik Potsdam, 1560, Gutenbergstr. 105 (Hinterhof), Tram 91, 94, 95, 96

Flöz, 31, Nassauische Str. 37, Tel. 861 10 00, U-Bhf. Berliner Str.+Blissestr., Bus 104, 174

Fnac-Kulturforum, 15, Meinekestr. 23, Tel. 881 79 92

Franz-Club, 1058, Schönhauser Allee 36—39, Tel. 448 55 67, U-Bhf. Eberswalder Str., Tram 4, 13, 21, 22, 46, 49, 70

Freilichtbühne Wuhlheide, 1160, An der Wuhlheide, S-Bhf. Wuhlheide, Straßenbahn 16, 19, 21, 25, 26, 82 u. 85

Gino's La Boheme, 61, Nostitzstr. 48, Tel. 692 55 45

Highlander, 61, Yorckstr. 75, Tel. 785 87 45, U-Bhf. Mehringdamm, Bus 119, 242

Huxley's Neue Welt, 61, Hasenheide 108—114, Tel. 788 14 01 (Info) u. 6 21 10 28, U-Bhf. Hermannplatz

ICC, 19, Messedamm, U-Bhf. Kaiserdamm, Bus 104, 110, 149

Die Insel, 1193, Alt-Treptow 6, Tel. 272 71 69, S-Bhf. Plänterwald, Bus 164 (Mo-Fr), 265, 166, 167

Irish Folk Pub, 51, Scharnweberstr. 16, U-Bhf. Kurt-Schumacher-Platz, Bus 221, 228

Irish Harp Pub, 12, Giesebrechtstr. 15, Tel. 883 66 87, U-Bhf. Adenauerplatz

Irish Pub, 30, im Europacenter (UG), Tel. 262 16 34, U+S-Bhf. Zoologischer Garten, Bus 109, 119, 129, 145, 146, 149, 219

Irish Pub Halensee, 31, Kurfürstendamm 129 A, Tel. 891 90 56, S-Bhf. Westkreuz, Bus 104, 119, 129

James Joyce Taverne, 31, J.-Friedrich-Str. 31, Tel. 891 79 06, S-Bhf. Charlottenburg, Bus 109, 110, 119, 204, 219

Joe am Kudamm, 12, Kurfürstendamm 225, Tel. 882 78 71, U-Bhf. Kurfürstendamm, Bus 109, 119, 129

Joe am Wedding, 65, Amrumerstr. 31, Bus 105, 126, 328

Jugendzentrum Kalle, 41, Jeverstr. 9, Tel. 79 04 25 61, U-Bhf. Walter-Schreiber-Platz

Knaack, 1055, Greifswalderstr. 224, Tel. 426 23 51, Tram 24, 28, 58, Bus 240, 157

Kontakt Club, 1150, Stendaler Str. 75, Tel. 561 02 81, U-Bhf. Hellersdorf, Bus 154

Kulturbrauerei Prenzl. Berg, 1058, Knaack/Ecke Dimitroffstr., U-Bhf. Eberswalder Str.

Kunstfabrik Potsdam, 1560, Hermann Elflein Str.

Lindepark (Babelsberg), 1590, Stahnsdorfer Str. 76—78, Tel. 03733/789 80, S-Bhf. Babelsberg, Tram 94, 95

Loft, 30, Nollendorfplatz 5, Tel. 216 10 20, U-Bhf. Nollendorfplatz, Bus 106, 119 (im Metropol)

Metropol, 30, Nollendorfplatz 5, Tel. 216 41 22, U-Bhf. Nollendorfplatz, Bus 119

Music Pub, 65, Nordufer 14, Tel. 453 47 68, Ecke Fehrmannstr., U-Bhf. Amrumer Str., Bus 106

Nano-Club, 31, Kurfürstendamm 143, Tel. 891 97 01, U-Bhf. Adenauerplatz, Bus 119, 129, 169

Niagara, 61, Gneisenaustr. 58, Tel. 692 61 72, U-Bhf. Südstern, Bus 242

Niveau, 61, Mehringdamm 107, Tel. 692 55 94, U-Bhf. Mehringdamm

Noteingang, 33, Thielallee 1—3, Tel. 831 41 91, Ecke Königin-Luise-Str., U-Bhf. Dahlem Dorf, Bus 101, 110, 180

Straßenraum Oderberger 1, Prenzlauer Berg zw. Schönhauser u. Kastanienallee

Parkhaus Treptow, 1193, Puschkinallee 5, S-Bhf. Treptower Park

Parochial-Kirche, 1020, Klosterstr., U-Bhf. Klosterstr.

Passionskirche, 61, Marheinekeplatz 1—2, Tel. 693 60 64, U-Bhf. Gneisenaustr., Bus 242, 341

Petrus Kirche, 45, Oberhofer Platz 2, Bus 111, 180, 184, 211

Pfefferberg, Schönhauser Allee 176, S-Bhf. Senefelder Platz

The Pink Elephant, 65, Burgsdorfstr. 7

Podewil, 1020, Klosterstr. 68—70, Tel. 24 03/0, U-Bhf. Klosterstr. Jannowitzbrücke, Bus 257, 347

Berliner Prater, 1058, Kastanienallee 7—9, Tel. 448 56 88, U-Bhf. Dimitroffstr., Tram 22, 46, 49, 70

Quasimodo, 12, Kantstr. 12 a, Tel. 312 80 86, U + S-Bhf. Zoologischer Garten, Bus 149, 249

Rabu — Music Cafe, Friedrichshg., Scharnweber 67, Tel. 645 55 13, S-Bhf. Friedrichshagen

Cafe Rix, 44, Karl-Marx-Str. 141, Tel. 686 90 20, U-Bhf. Karl-Marx-Str.

Rock-Cafe d. kath. Jugend, 19, Witzlebenstr. 30, Tel. 32 00 62 18, U-Bhf. Soph.-Charlotte-Platz

Salsa, 12, Wielandstr. 13, Tel. 324 16 42, Bus 101, 149

Schoko-Laden, 1040, Ackerstr. 169/170, Tel. 282 65 21, U-Bhf. Rosenthaler Platz

Shannon, 62, Apostel-Paulus-Str. 34, Tel. 781 86 76, U-Bhf. Eisenacher Str.

SO 36, 36, Oranienstr. 190, Tel. 615 26 01, U-Bhf. Görlitzer Bhf., Bus 129

Sophienclub, 1020, Sophienstr. 6, S-Bhf. Hackescher Markt

Staatsbibl./Bolivar-Saar, 30, Potsdamer Str. 35, U-Bhf. Kurfürstenstr.

Statthaus Böcklerpark, 61, Prinzenstr. 1, U-Bhf. Prinzenstr., Bus 247

Tacheles, 1040, Oranienburger Str. 53—56, Tel. 282 61 85, S-Bhf. Oranienburger Str., Tram 24, 63, 70, 71

Tempodrom, 21, In den Zelten, Tel. 394 40 45, im Tiergarten neben dem Haus der Kulturen der Welt, S-Bhf. Lehrter Bhf., Bus 100, 248

Traband 602, 30, Zelt a.d. Neuen Nationalg., U-Bhf. Kurfürstenstr., Bus 148, 248, 348

Trash, 36, Oranienstr., Bus 129, 242

Tresor, 1080, Leipziger Str.

Tränenpalast, 1020, Friedrichstr., U + S-Bhf. Friedrichstr.

Turbine, 36, Wiener Str. 46, U-Bhf. Görlitzer Bhf., Bus 129

Unart, 61, Oranienstr. 163, Tel. 614 20 70, U-Bhf. Prinzenstr.

Wabe, 1055, Dimitroffstr. 101, Tel. 430 06 10 (im Kulturhaus im Ernst-Thälmann-Park), Tram 4, 13 (Mo-Fr), 20, 24, 28, 71, Bus 240

Wasserturm, 61, Kopischstr. 7, U-Bhf. Platz der Luftbrücke, Bus 104, 184, 341

Yorckschlösschen, 61, Yorckstr. 15, Tel. 215 80 70, U-Bhf. Mehringdamm, Bus 119, 242

Zitadelle Spandau, 20, Am Juliusturm, U-Bhf. Zitadelle

Museen

Abgußsammlung antiker Plastik, 19, Schloßstr. 69, geöffnet: Sa-Do 9—17 Uhr; Abgüsse griechischer und römischer Plastik

Ägyptisches Museum, 19, Schloßstr. 70, geöffnet: Sa-Do 9—17 Uhr; Kunst- und Kulturdenkmäler aus dem pharaonischen Ägypten

Antikenmuseum, 19, Schloßstr. 1, geöffnet: Sa-

Do 9—17 Uhr; antike Kunstwerke aus Griechenland, Etrurien und Rom
Anti-Kriegs-Museum, 65, Genter Str. 9, geöffnet: tägl. 16—20 Uhr; Photos, Dokumente und Objekte aus dem Ersten und Zweiten Weltkrieg, Kriegsspielzeug aus den letzten Jahrhunderten, Exponate zum Thema Krieg und Frieden
Altes Museum, 1020, Bodestr. 1—3, geöffnet: Mi-So 9—18, Fr 10—18 Uhr; Kunst der Nachkriegszeit bis zur Gegenwart, Kupferstichkabinett und Sammlung der Zeichnungen, Archiv der Nationalgalerie
Bauhaus-Archiv, 30, Klingelhöferstr. 14, geöffnet: Mi-Mo 11—17 Uhr; Bauhaus-Arbeiten von 1919 bis 1933
Berliner Post- und Fernmeldemuseum, 30, An der Urania 15, geöffnet: Di-Fr 10—16, Sa, So 10—13 Uhr; Objekte zur Entwicklung des Post- und Fernmeldewesens
Berlinische Galerie, 61, Stresemannstr. 110 (Gropiusbau), geöffnet: Di-So 10—18 Uhr; bildende Kunst des 19. und 20. Jh.
Berlin-Museum, 61, Lindenstr. 14, geöffnet: Di-So 11—18 Uhr; allgemeine Geschichte und Kulturgeschichte Berlins vom 16. Jh. bis zur Gegenwart
Bode-Museum, 1020, Bodestr. 1—3, geöffnet: Mi-So 9—18, Fr 10—18 Uhr; Ägyptisches Museum, Papyrussammlung; Frühchristlich-Byzantinische Sammlung; Gemäldesammlung; Skulpturensammlung; Münzkabinett; Museum für Ur- und Frühgeschichte
Botanischer Garten und Botanisches Museum, 33, Königin-Luise-Str. 6—8, geöffnet: im Winter tägl. 9—16, im Sommer 9—20 Uhr; systematische Botanik und Pflanzengeographie; Gewächshäuser
Brecht-Haus, 1040, Chaussestr. 125, geöffnet: Di-Fr 10—12, Do 17—19, Sa 9.30—12 und 12.30—14 Uhr; Wohn- und Arbeitsräume von Bertolt Brecht und Helene Weigel
Bröhan-Museum, 19, Schloßstr. 1 a, geöffnet: Di-So 10—18 Uhr; Kunsthandwerk und Möbel des Jugendstil und des Art deco, Gemälde der Berliner Secession, Industriedesign
Brücke-Museum, 33, Bussardsteig 9, geöffnet: Mi-Mo 11—17 Uhr; Gemälde, Plastiken, Aquarelle, Zeichnungen der Künstlergruppe Brücke
Deutsches Historisches Museum, ehemals Zeughaus, 1080, Unter den Linden 2, geöffnet: Mo-Do 9—19, Sa, So 10—17 Uhr; Objekte und Dokumente von der Urgesellschaft bis zur sozialistischen Gesellschaft der DDR
Deutsches Rundfunk-Museum, 19, Hammarskjöldplatz 1, geöffnet: Mi-Mo 10—17 Uhr; Dokumentation der Entwicklung des Rundfunks im zeitgeschichtlichen Zusammenhang
Domäne Dahlem, 33, Königin-Luise-Str. 49, geöffnet: tägl. 9—18 Uhr; Dokumentation der Lebens- und Arbeitswelt auf einem märkischen Gutshof seit Mitte des 19. Jh.

Fragen an die deutsche Geschichte, 30, Reichstagsgebäude, geöffnet: Di-So 10—17 Uhr; ständige Ausstellung zur geschichtlichen Entwicklung Deutschlands in den letzten 190 Jahren bis zur Gegenwart
Friedensmuseum, 61, Stresemannstr. 27, geöffnet: tägl. 16—20 Uhr; Ausstellungsobjekte zu den Themen Rüstung, Feindbilder, Gewalt im Alltag, Gesicht des Kriegs, Friedensbewegung
Friedrichwerdersche Kirche, 1080, Werderscher Markt, geöffnet: Mi-So 9—18, Fr 10—18 Uhr; das Werk von Karl Friedrich Schinkel und Bildhauerkunst des 19. Jh.
Galerie der Romantik, 19, Charlottenburg, geöffnet: Di-So 9—17 Uhr; Gemälde des frühen 19. Jh.
Gedenkstätte Deutscher Widerstand, 30, Stauffenbergstr. 13—14, geöffnet: tägl. 9—18 Uhr; ständige Ausstellung zum Widerstand gegen den Nationalsozialismus
Gemäldegalerie, 33, Arnimallee 23, geöffnet: Di-So 9—17 Uhr; europäische Malerei vom 13.-18. Jh.
Georg-Kolbe-Museum, 19, Sensburger Allee 25, geöffnet: Di-So 9—17 Uhr; von Georg Kolbe, Berliner Bildhauerei des 20. Jh.
Haus am Checkpoint Charlie, 61, Friedrichstr. 44, geöffnet: tägl. 9—22 Uhr; Photos, Dokumente und Objekte zur Geschichte und Entwicklung der Berliner Mauer und zu Friedensbewegungen
Hugenottenmuseum, 1080, Gendarmenmarkt, Französischer Dom, geöffnet: Mo-Fr 10—17 Uhr; Geschichte der Hugenotten in Frankreich und Berlin-Brandenburg
Jagdschloß Grunewald, Am Grunewaldsee, geöffnet: Di-So 10—16 Uhr
Schloß Glienicke, 39, Wannsee, Garten, tägl. zugänglich, Öffnungszeit für die Schloßbesichtigung unter Tel. 805 30 41 erfragen.
Johannes-R.-Becher-Haus, 1110, Majakowskiring 34, geöffnet: Di 14—18, Mi, Do 9—12 und 14—17, Fr 9—12 Uhr; Wohnhaus des Dichters und Literaturmuseum mit Dokumenten und Bildern zu Leben und Werk Bechers
Käthe-Kollwitz-Museum, 15, Fasanenstr. 24, geöffnet: Mi-Mo 11—18 Uhr; Werke von Käthe Kollwitz
Kupferstichkabinett, 30, Arnimallee 23—27, geöffnet: Di-So 9—17 Uhr; europäische Zeichnungen und Druckgraphik vom Mittelalter bis zur Gegenwart, illuminierte Handschriften des Mittelalters und der Renaissance, Inkunabeln
Kunstbibliothek, 12, Jebensstr. 2, geöffnet: Mo, Do 13—21, Di, Mi, Fr 9—17 Uhr; wissenschaftliche Literatur zur mittleren und neuen Kunstgeschichte, Quellenschriften sowie Bildzeugnisse zu verschiedenen Kunstrichtungen
Kunstgewerbemuseum, 30, Tiergartenstr. 6, geöffnet: Di-So 9—17 Uhr; europäisches Kunsthandwerk vom frühen Mittelalter bis zur Gegenwart
Märkisches Museum, 1020, Am Köllnischen Park 5,

geöffnet: Mi, So 9—18, Do, Sa 9—17, Fr 9—16
Uhr; Kultur- und Geistesgeschichte Berlins von
den Anfängen bis zur Gegenwart
Museum für Deutsche Volkskunde, 33, Im Winkel
6/8, geöffnet: Di-So 9—17 Uhr; Objekte der
Volks- und Alltagskultur aus dem deutschsprachi-
gen Mitteleuropa vom 16. Jh. bis zur Gegenwart
Museum für Indische Kunst, 33, Takustr. 40, Besuchereingang: Lansstr. 8, geöffnet: Di-So 9—17
Uhr; archäologische Sammlungen aus Indien, in-
dische Skulpturen, Bronzen, Kunstgewerbe, Mi-
niaturmalerei, Nepal und Tibet, Hinterindien und
Indonesien
Museum für Islamische Kunst, 33, Takustr. 40, Be-
suchereingang: Lansstr. 8, geöffnet: Di-So 9—17
Uhr; Kunst und Kunstgewerbe der islamischen
Welt, parthische, sassanidische und altsüdarabi-
sche Kunst
Museum für Naturkunde, 1040, Invalidenstr. 43,
geöffnet: Di-So 9.30—17 Uhr; zoologisches, mi-
neralogisches und geologisch-paläontologisches
Museum
Museum für Ostasiatische Kunst, 33, Takustr. 40,
Besuchereingang: Lansstr. 8, geöffnet: Di-So
9—17 Uhr; Archäologie, Kunst und Kunstgewerbe
aus China, Japan und Korea
Museum für Verkehr und Technik, 61, Trebbiner
Str. 9, geöffnet: Di-Fr 9—18, Sa, So 10—18 Uhr;
Exponate zu den Themen Straßen-, Schienen-,
Luftverkehr, Schreib- sowie Drucktechnik, Pro-
duktions- und Haushaltstechnik, soziales Umfeld
der technischen Kultur
Museum für Völkerkunde, 33, Arnimallee 27, Besuchereingang: Lansstr. 8, geöffnet: Di-So 9—17
Uhr; völkerkundliche Gegenstände und Dokumente aller Länder; Südsee-Abteilung, amerikanische Archäologie, Afrika, Südasien, Ostasien
Museum für Vor- und Frühgeschichte, 19, Schloß-
Charlottenburg, Westflügel, geöffnet: Sa-Do
9—17 Uhr; vor- und frühgeschichtliche Gegenstände aus Europa und Vorderasien; vorderasiati-
sche Kulturen bis zum Hellenismus, Europa bis
zum Hochmittelalter
Museumsdorf Düppel, 37, Clauertstr. 11, geöffnet: Mai-Okt. So 10—13 Uhr; Rekonstruktion eines mittelalterlichen Dorfs
Nationalgalerie, 1020, Bodestr. 1—3, geöffnet:
Mi-So 9—18, Fr 10—18 Uhr; Gemälde und Plastiken des 19. und der ersten Hälfte des 20. Jh.
Naturwissenschaftliche Sammlungen, 19,
Schloßstr. 69, geöffnet: Sa-Do 9—17 Uhr; bio-
und geowissenschaftliche Exponate
Neue Nationalgalerie, 30, Potsdamer Str. 50, geöffnet: Di-So 9—17 Uhr; Malerei und Plastik des
19. und 20. Jh.
Otto-Nagel-Haus, 1020, Märkisches Ufer 16—18,
geöffnet: So-Do 10—18, Mi 10—20 Uhr; proleta-
risch-revolutionäre und antifaschistische Kunst
der Nationalgalerie

Pathologisches Museum der Charité, 1040, Chari-
téstr., geöffnet: Di, Do 14—16 Uhr (mit telefonischer Voranmeldung unter Tel. 286 31 47) patho-
logisch-anatomische Präparate
Pergamon-Museum, 1020, Bodestr. 1—3, geöffnet: tägl. 9—18, Fr 10—18 Uhr; Antikensamm-
lung, Vorderasiatisches Museum, Islamisches Museum, Ostasiatische Sammlung, Museum für
Volkskunde, Zentralbibliothek
Plansammlung der Universitätsbibliothek der TU,
10, Dovestr. 1—5, geöffnet: Mo-Do 13—16 Uhr;
Architekturzeichnungen und -photographien zur
preußischen und Berliner Architekturgeschichte
des 19. und 20. Jh.
Postmuseum, 1056, Leipziger Str./Ecke Mau-
erstr., geöffnet: Di-Sa 10—18 Uhr; Entwicklung
des Post-, Fernmelde- und Funkwesens von den
Anfängen bis zur heutigen Zeit; Briefmarkenaus-
stellung
Robert-Koch-Museum, 1080, Clara-Zetkin-Str.
96, geöffnet: Mo-Fr 13—16 Uhr (nach Voranmel-
dung); historische und aktuelle Dokumente zum
Leben und Wirken von Robert Koch
Schloß Charlottenburg, 19, Luisenplatz, geöffnet:
Di-So 9—17 Uhr
Schloß und Landschaftsgarten Pfaueninsel, 39,
Wannsee, Landschaftsgarten, geöffnet: tägl. Nov.-
Febr. 10—16, März-Okt. 9—17, April u. Sept.
8—18 Uhr; Schloß geöffnet: Di-So April-Sept.
10—17, Okt. 10—18 Uhr, Di nach Ostern, 1.5., Di
nach Pfingsten sowie Nov.-März geschlossen
Schloß Bellevue, 21, Spreeweg
Schloß Tegel, 27, Adelheidallee 19—21, geöffnet:
Mi-So 14—18 Uhr; antike und klassizistische Bild-
werke aus der Sammlung Wilhelm von Hum-
boldts, Humboldt-Museum
Schloß Köpenick, 1170, geöffnet: Mi-Sa 9—17, So
10—18 Uhr; europäisches Kunsthandwerk aus
zehn Jahrhunderten
Schloß Niederschönhausen, 1110, Am Schloßpark
Schloß Friedrichsfelde, 1136, im Tierpark; Führungen Di-So um 15, Sa, So 11, 13 u. 15 Uhr
Skulpturengalerie, 33, Arnimallee 23/27, geöffnet: Di-So 9—17 Uhr; Skulpturen der frühchristli-
chen Epoche bis zum 19. Jh.
Stadtgeschichtliches Museum Spandau, 20, Zitadelle Spandau, geöffnet: Di-Fr 9—16.30, Sa, So
10—16.30 Uhr; Objekte zur Geschichte des Bezirks Spandau
Heinrich-Zille-Museum, 30, U-Bhf. Nollendorfplatz, geöffnet: Mi-Mo 11—19 Uhr; Zeichnungen,
Plastiken, Plakate, Bücher, Briefe und Photos von
Heinrich Zille

Spezielle Museen

Berliner Arbeiterleben, 1058, Husemannstr. 12,
Prenzlauer Berg, Tel. 448 56 75, U-Bhf. Eberswalder Str., Tram 4, geöffnet: Di-Do u. Sa 10—18, Fr
bis 15 Uhr, Eintritt 2 DM, erm. 1 DM; ständige

Ausstellung: Stube, Kammer u. Küche einer Berliner Arbeiterwohnung um 1900
Das Museum entstand im Vorfeld der 750-Jahres-Feier von Berlin in der ostberliner »Vorzeigestraße« von Prenzlauer Berg (restaurierte Altbauten) Husemannstr. nahe der Schönhauser Allee.
Berliner Panoptikum, 15, Kudamm-Eck, Kurfürstendamm 227/8, geöffnet: tägl. 10—23 Uhr; Wachsfigurenkabinett
Documenta artistica, Mitte, Inselstr. 7/Ecke Wallstr., Tel. 279 21 65, U-Bhf. Märk. Museum, geöffnet: Mi-So 10—18 Uhr, Eintritt 2 DM, erm. 1 DM; Dauerausstellung zur Berliner Zirkus-, Varieté- und Kabarettgeschichte
Dorfmuseum, Marzahn, Alt-Marzahn 31, S-Bhf. Springpfuhl, Tram 10, 18, Tel. 541 02 31, geöffnet: Mi-Fr 10—17.30, Sa, So 11—18 Uhr, Eintritt 2 DM, erm. 1 DM; ständige Ausstellung über das dörfliche Leben in der Umgebung Berlins
Feuerstättenmuseum Mahlsdorf, 1147, Mahlsdorf, Melanchthonstr. 63/Ecke A.-Dürer-Str., Tel. 562 62 34/562 63 47, geöffnet: Sa, So 10—16 Uhr o. nach Voranmeldung, Eintritt 1 DM
In den fünf Abteilungen der in Deutschland einmaligen Sammlung erfährt man nahezu alles über Bade- oder Wohnstubenöfen, Küchenherde und gewerbliche Feuerstätten. Zu den über 200 Exponaten von Museumschef und Schornsteinfegermeister Bernd Müller zählen aber nicht nur alte Öfen, sondern auch allerlei Hausrat, Fotos und Zeichnungen. Zu jedem Gegenstand kann Meister Müller passende Histörchen aus vergangenen Zeiten erzählen. Gern würde er sein Museum durch Freiflächen erweitern, denn im Geräteschuppen lagern noch eine Fischräucherei, Feldschmiede und Backofen. Meister Müller möchte ein »lebendiges Museum aufbauen, das vor allem junge Leute nutzen können«. Allein ist dies alles nicht zu schaffen, und so gibt es seit einigen Monaten einen Verein zur Unterstützung des Feuerstättenmuseums e.V.
Freimaurermuseum, 31, Emser Str. 12—13 (Logenhaus), geöffnet: tägl. 10—20 Uhr; Sammlung zur Geschichte der Freimaurer in Brandenburg-Preußen seit dem 18. Jh.
Friseurmuseum, 1058, Husemannstr. 8, Tel. 449 53 80, Prenzlauer Berg, U-Bhf. Eberswalder Str., Tram 4, geöffnet: Mo-Do 10—18 Uhr, Sa, So 10—17 Uhr, Eintritt 2 DM, erm. 1 DM; Entwicklungsgeschichte des Handwerks der Bader, Barbiere, Perückenmacher u. Frisöre
Es ist Deutschlands einziges Friseurmuseum. Sehenswerte Ausstellung wie die gegenwärtig laufende über Schönheitspflege, Hygiene und Gesundheitspflege bei Naturvölkern. Mit Leihgaben aus Museen in Dresden, Wittenberg, Darmstadt u.a.
Gaslaternen-Freilichtmuseum, 21, Joseph-Haydn-Str., Hof des Berlin-Pavillons, Weg zur Schleusenbrücke bis zum Tiergartenufer, etwa 80 Gaslaternen seit 1860
Gründerzeitmuseum, 1147, Mahlsdorf, Hultschiner Damm 333, Tel. 527 83 29, S-Bhf. Mahlsdorf o. Köpenick, Tram 83, Führungen: So 11 u. 12 Uhr, ansonsten nach Voranmeldung, Eintritt frei (näheres dazu Rundgang Kaulsdorf)
Handwerksmuseum, 1020, Mitte, Am Mühlendamm 5, Tel. 24 31 33 25, U-Bhf. Klosterstr. o. Bus 147 o. 5 Min. v. Alex zu Fuß, geöffnet: Di-Fr 9—17, Sa 9—18, So 10—17 Uhr, Eintritt 2 DM, erm. 1 DM; ständige Ausstellungen, bis 31.12.92 z. B. Schlosser in Berlin, Berliner Handwerk vom Mittelalter bis zur Gegenwart
Hundemuseum, 1122, Weißensee, Alt-Blankenburg 33, Tel. 481 39 31, S-Bhf. Blankenburg, Bus 158, 258, geöffnet: Di, Do, Sa 15—18, So 11—17 Uhr, Eintritt 2 DM, erm. 1 DM; über 20.000 Exponate zum unerschöpflichen Thema HUND
Museum für Blindenwesen, 41, Rothenburgstr. 14, geöffnet: Mi 15.30—18 Uhr; Lehrmittel, Literatur und Gebrauchsgegenstände über, von und für Blinde
Musikinstrumenten-Museum, 1, geöffnet: Di-Sa 9—17, So 10—17 Uhr; Musikinstrumente und musikhistorische Dokumente aus dem europäischen Abendland
Polizeihistorische Sammlung, 42, Platz der Luftbrücke 6, geöffnet: Mo 14—18 Uhr; Objekte aus der Geschichte und Arbeit der Schutz- und Kriminalpolizei
Scheringianum, 65, Fennstr. 10, geöffnet: Fr 10—15 Uhr (nach telefonischer Anmeldung unter 468 24 04); historische, chemische und pharmazeutische Gegenstände und Produkte des 19. und 20. Jh., Berliner Industriegeschichte seit 1850
Schulmuseum, 1020, Wallstr. 32, Tel. 275 03 83, U-Bhf. Spittelmarkt o. Märkisches Museum, Bus 142, 147, Eintritt frei, Di-Fr 9—16, Mi bis 18 Uhr; Ausstellung über die deutsche Schulgeschichte vom 15. Jh. bis zum soz. Schulsystem der DDR
Sportmuseum, 1058, Prenzlauer Berg, Friedrich-Ludwig-Jahn-Sportpark, Cantianstr. 24, Steinhaus, Tel. 448 55 82, U-Bhf. Eberswalder Str., Tram 4, geöffnet: Mi, Do, So 14—18 Uhr, Eintritt 2 DM, erm. 1 DM
Das nur 2 Räume große Museum befindet sich seit 1974 im Jahn-Sportpark; es zeigt interessante Exponate aus der Berliner Sportgeschichte, z. B. die Spikes von Kurt Weiß, Olympia-Silbermedaillengewinner der Olympiade von 1936. Die Mitarbeiter des kleinen Museums hoffen auf einen Neubau im Rahmen der Berliner Olympia-Planung.
Ständige Ausstellung Umweltschutz, 33, Bismarckplatz 1, geöffnet: Do 13—17 Uhr; Objekte, Modelle und Schautafeln zum Umweltschutz
Teddy-Museum, 15, Kurfürsten-Karree, erste Etage, geöffnet: Mi-Mo 15—22 Uhr

Wäscherei-Museum, 1170 Köpenick, Luisenstr. 23, Tel. 656 38 21, S-Bhf. Köpenick, Tram 83, Bus 168, 169; geöffnet: jeden 1. Freitag im Monat v. 15—18 Uhr, ansonsten nach Vereinbarung, Eintritt frei; Omas Waschüche, Waschmaschinen u. Geräte zur Wäschereinigung der letzten 100 Jahre, Waschen u. Bügeln im Wandel der Zeit (näheres dazu im Rundgang Köpenick)

Produktionsgeschichte der *Wasserwirtschaft* Berlin, 1162, Müggelseedamm 307, Tel. 644 93 68, S-Bhf. Friedrichshagen, Tram 84, geöffnet: So 10—17 Uhr o. nach Vereinbarung; Di-Fr 10—15 Uhr, Eintritt 2 DM, erm. 1 DM; Führungen nach Anmeldung mit Vorführung einer historischen Dampfmaschine; Ausstellung über die Trinkwasserversorgung u. Abwasserbeseitigung

Zucker-Museum, 65, Amrumer Str. 32, Besichtigung nach Vereinbarung unter Tel. 314 75 20

Rundfahrten

Berliner Bären-Stadtrundfahrten, 15, Rankestr. 35, Tel. 213 40 77 u. 213 90 31
Berolina-Stadtrundfahrten, 15, Kurfürstendamm 25, Tel. 883 31 31
BvB-Stadtrundfahrten, 15, Kurfürstendamm 228, Tel. 882 20 63
Kultur-Kontor, 12, Savignyplatz 9/10, Tel. 31 08 88
Stattreisen Berlin e. V., 21, Stephanstr. 24, Tel. 395 30 78
Berliner Geschichtswerkstatt, 30, Goltzstr. 49, Tel. 215 44 50

Schiffahrten
Stern und Kreisschiffahrt, 37, Sachtlebenstr. 60, Tel. 803 10 55 u. 803 87 50
Reederei Bruno Winkler, 21, Levetzowstr. 16, Tel. 391 70—10/70
Reederei Heinz Riedel, 61, Planufer 78, Tel. 691 37 82 u. 693 46 46
Spreefahrt Horst Duggen, 30, Regensburger Str. 8, Tel. 394 49 54
Weiße Flotte, 1026, Rosa-Luxemburg-Str. 2, Tel. 271 23—27/28
Alternative Fahrten durch Spree und Kanäle bietet auch die *Berliner Geschichtswerkstatt*, 30, Goltzstr. 49, Tel. 215 44 50 an.

Verleih/Vermietung

Fahrradverleih
Fahrradbüro, 62, Hauptstr. 146, Tel. 784 55 62
Kreuz Mobil, 36, Oppelner Str. 7, Tel. 612 50 85
Fahrradladen Mehringhof, 61, Gneisenaustr. 2a, Tel. 691 60 27

Auskünfte rund ums Fahrrad erteilt: *ADFC*, 12, Schillerstr. 70, Tel. 313 45 31, geöffnet: Di, Do 16—19, Sa 12—14 Uhr

Mietwagen für Selbstfahrer
AVIS, 30, Budapester Str. 30, Tel. 261 18 81 und Flughafen Tegel, Tel. 41 01—31 48
Hertz, Reservierungszentrale, Tel. 01 30 21 21
Europcar, am Flughafen Tegel, Tel. 41 01 33—54/ 68 u. Kurfürstendamm 178—179, Tel. 881 80 93

Motorradverleih
Motorradvermietung *G. Böttcher*, 20, Am Hüllepfuhl 11a, Tel. 452 65 72
Motorradhaus am Südstern, Gerhard Thiede, 61, Südstern, Tel. 693 86 73
WRF, 42, Gottlieb-Dunkel-Str. 20—21, Tel. 703 60 55

Märkte/Feste

Märkte
Winterfeldtmarkt, 30, Winterfeldtplatz, geöffnet: Mi, Sa 8—13 Uhr
Türkenmarkt, 44, Maybachufer an der Kottbusser Brücke, geöffnet: Di, Fr 12—18.30 Uhr
Markt am Klausener Platz, 19, gegenüber Charlottenburger Schloß, geöffnet: Di, Fr 8—13 Uhr
Markt am John-F.-Kennedy-Platz, 30, vor dem Rathaus Schöneberg, geöffnet: Di, Fr 8—13 Uhr
Arminius-Markthalle, 21, Arminiusstr. 2, geöffnet: Mo-Fr 7.30—18, Sa 7.30—13 Uhr
Marheineke-Markthalle, 61, Marheinekeplatz, geöffnet: Mo-Fr 7.30—18, Sa 7.30—13 Uhr
Pankower Wochenmarkt, 1100, Johannes-R.-Becher-Str., vor der Pankower Kirche, geöffnet: Di, Fr 7—13 Uhr
Markt am Alexanderplatz, 1020, vor dem Roten Rathaus, geöffnet: Mi, Sa 8—13 Uhr
Markt in Köpenick, 1170, Bölscheplatz, geöffnet: Mi 9—13, Do 14—18, Sa 8—12 Uhr
Markt in Prenzlauer Berg, 1058, Arkonaplatz, geöffnet: Do 13—18 Uhr

Feste und Messen
Mitte Jan.: Presseball im ICC
Ende Jan.-Anfang Feb.: Internationale Grüne Woche
Feb.: Internationale Filmfestspiele
Anfang März: Internationale Tourismus-Börse
Mitte März: Schlachtfest, Domäne Dahlem
Ende März-Mitte April: Frühlingsfests Luna Park, Lützowplatz (Schöneberg)
April: Berliner Kunsttage
Mitte-Ende April: Britzer Baumblütenfest, Parchimer Allee (Neukölln)
April-Mai: Freie Berl. Kunstausstellung (FBK)

Ende April-Ende Mai: Neuköllner Maientage, Jahn-Park (Neukölln)
Anfang Mai: Frühlingsdrachenfest, Britzer Garten (Neukölln)
Anfang-Mitte Mai: Staakener Gartenfest, Ungewitter Weg (Spandau)
Mitte Mai: Marzahner Frühling, Am Akaziengrund (Marzahn)
Ende Mai-Anfang Juni: Steglitzer Woche, Bäke-Park (Steglitz)
Ende Mai-Anfang Juni: Theatertreffen
Juni: Horizonte-Festival außereuropäischer Musik
Mitte Juni: Treptow in Flammen, Treptower Park (Treptow)
Ende Juni-Mitte Juli: Deutsch-Französisches Volksfest, neben Flughafen Tegel
Juli: Jazz in July
Anfang Juli: Köpenicker Sommer, Altstadt Köpenick
Mitte Juli: Berliner Rocksommer, Insel der Jugend (Treptow)
Mitte-Ende Juli: Kulturpark Sommerspektakel, Plänterwald (Treptow)
Juli und Aug.: Berliner Sommernachtstraum
Ende Juli-Mitte Aug.: Deutsch-Amerikanisches Volksfest, Hüttenweg (Dahlem)
Mitte Aug.: Weißenseer Blumenfest, Park am Weißen See (Weißensee)
Ende Aug.-Anfang Sept.: Kreuzberger Festliche Tage, Viktoriapark (Kreuzberg)
Ende Aug.-Anfang Sept.: (alle zwei Jahre mit ungerader Jahreszahl) Internationale Funkausstellung
Anfang Sept.: Schollenfest, Waidmannsluster Damm (Tegel)
Mitte Sept.: Fest an der Panke, Johannes-R.-Becher-Str. (Pankow)
Sept.-Okt.: Interfilm, Super-8-Filmfestival
Sept.-Okt.: Berliner Festwochen — Klassische Musik und Theater
Mitte Sept.-Mitte Okt.: Berliner Oktoberfest, Platz an der Eissporthalle (Charlottenburg)
Nov.-Anfang Dez.: Antiquitätenmesse
Dez.: Weihnachtsmarkt an der Gedächtniskirche, Weihnachtsmarkt am Alexanderplatz

Literatur

Die Literatur zu Berlin ist unüberschaubar; eine auch nur annähernd begründete Auswahl erschien uns nicht sinnvoll. Wir verweisen auf die regelmäßig herausgegebenen Bibliographien zur Berlin-Literatur, die die Buchhandlung *Kiepert* (12, Hardenbergstraße 4-5) und die *Amerika-Gedenkbibliothek* am Halleschen Tor (Berlin-Abteilung) herausgeben.

Frauen und Mädchen

Fraueninfothek — Info-Zentrale, 12, Leibnitzstr. 57, Tel. 324 50 78, geöffnet: Di-Fr 10—20, Sa 10—18 Uhr
Frauen unterwegs, Frauen Reisen, 30, Potsdamer Str. 139, Tel. 215 10 22, geöffnet: Mo 12—18, Mi 17—20 Uhr
Frauenhotel Artemisia, 31, Brandenburgische Str. 18, Tel. 87 89 05
Begine, 62, Potsdamer Str. 23—24, Tel. 215 43 25, geöffnet: Mo-Fr 18—1, Sa, So 16—1 Uhr; Café und Veranstaltungen
Berliner Frauen Kultur Initiative e.V., 19, Danckelmannstr. 15, Tel. 231 21 37, geöffnet: Mo-Fr (außer Mi) 11—16 Uhr
FFBIZ (Frauenforschungs-, Bildungs- und Informationszentrum), 19, Danckelmannstr. 15 u. 47, Tel. 322 10 35, 325 70 66
Türkisches Frauenbad Hammam in der Schokofabrik, 36, Naunynstr. 72, Tel. 65 14 64, geöffnet: tägl. außer Sa 11—22 Uhr
Internationaler Mädchentreff, 61, Blücherstr. 17, geöffnet: Di-Fr 15—19 Uhr
Frauenzentrum, 61, Stresemannstr. 40, Tel. 251 09 12
Frauenhäuser, Tel. 826 30 18 u. 373 30 08
Frauenkrisentelefon, Tel. 65 42 43, Notruf für vergewaltigte Frauen, Tel. 251 28 28
Pelze Mix Multi Media, Begegnungsstätte und Kunstaktionsraum, 30, Potsdamer Str. 139, Tel. 216 23 41

Behinderte

Telebus, ein kostenloser Taxi-Service für Behinderte, 15, Joachimsthaler Str. 17, Tel. 88 00 31 13/28
Behinderten-Liga e.V., 47, Raduhner Str. 15, Tel. 663 29 25, geöffnet: Mo, Fr 9—19 Uhr
Blisse 14, Café, Kneipe und Beratung für Behinderte und Nichtbehinderte, 31, Blissestr. 14, Tel. 821 10 91/92, geöffnet: Mo-Fr 8—23, So 10—17 Uhr
CeBeef (Club Behinderter und ihrer Freunde), Mehringhof, 61, Gneisenaustr. 2, Tel. 693 70 31
Kostenloser Rollstuhlverleih: *Caritasverband für Berlin e.V.*, Tübinger Str. 5, Tel. 850 40
Interessengemeinschaft von Geburt an Behinderter, 10, Otto-Suhr-Allee 131, Tel. 341 17 97

Tips für Ostberlin

Prenzlauer Berg

Heimatgeschichtliches Kabinett Prenzlauer Berg, geöffnet: Di 9—19, Do 9—16 Uhr
Puppentheater, Greifswalder Str. 81—84 (Spielstätte: Theater unterm Dach)
Theater unterm Dach, Kulturhaus, Dimitroffstr. 101
Eis Cafe Bolz, Greifswalder Str. 195, geöffnet: Mo-Do 11—19, So 13—19 Uhr
Cafe Flair, Stargarder Str. 72, geöffnet: Mo-Fr 10—18 Uhr
Info-Cafe ZK, Stubbenkammerstr. 6, geöffnet: Di-Sa 19—6 Uhr (linker Lokalanzeiger mit ital. u. Bhagwan-Küche)
Cafe Papillon, Greifenhagener Str. 16, geöffnet: Mo, Di 17—24, Sa 17—2, So 17—22 Uhr (mit Hofgarten)
Cafe Schliemann, Schliemannstr. 22, geöffnet: Fr-Mi 19—11 Uhr (Instandbesetzer-Laden)
Hiddensee, Prenzlauer Allee 185, geöffnet: Mo-Sa 11—24 Uhr
Hopfenstube, Prenzlauer Allee 176, geöffnet: So-Do 10—22 Uhr
Die Wabe, im Ernst-Thälmann-Park (mit Weinstube u. Kleinkunst)
Keglerheim, Lychener Str. 11
L & E, Stargarder Str. 24, geöffnet: Do-Mo 19—4 Uhr
Zum Anker, Greifenhagener Str. 17, geöffnet: Mi-So 20—3 Uhr (warme Speisen noch lange nach Mitternacht)
Zum Hackepeter, Dimitroffstr. 10, geöffnet: Mo, Do 15—24, Fr-So 15—1 Uhr

Pankow

Förderverband e.V., Kulturinitiative Berlin, Crusemarkstr. 11, Tel. 482 42 63
»Helle Panke« e.V. (Förderung von Politik & Kultur), Breite Str. 48
Jugendfilmstudio KOMMED e.V., Breite Str. 20, Tel. 482 82 96
Kunstverein Pankow e.V. (Kavaliershaus), Breite Str. 45
»Literaturbrücke« e.V., Majakowskiring 46—48, Tel. 482 47 65
Malschule Klax e.V., Baumbachstr. 17, Tel. 472 00 98
Projekt für europäischen Kulturaustausch *Kunstverein Buch e.V.*, Alt-Buch 64—66, O-1115 Berlin, Tel. 949 71 79
Projektwerkstatt Mühlenstr. 21 e.V. (Umweltfragen, Spielplätze, Parkanlagen, Künstler-Werkstätten), Mühlenstr. 21, Tel. 482 46 70/598 39 86
Spielraum Pankow *»Kiezladen«*, Wolfshagener Str. 72, Tel. 489 25 93
Kinderbauernhof, Bahnhofstr. 15—18, Tel. 482 95 64

Frauenzentrum »Paula Panke« e.V., Schulstr. 6, Tel. 482 47 01
Galerie Pankow, Breite Str. 8, Tel. 482 79 25
Theaterwerkstatt e.V., Kavalierstr. 20, Tel. 483 40 70
»Café Nord«, mittwochs, offener Treff für Behinderte; am sonnabend oft Swing-Konzerte, Klaustaler Platz 5, Tel. 483 41 04
»Kulturbaracke«, Zirkel für Erwachsene und Kinder, Straße 106, Tel. 482 72 72
Volkshochschule Pankow, Görschstr. 42/44, Tel. 482 79 67
Musikschule Pankow, Am Schloßpark 20, Tel. 482 93 83
Stadtbezirksbibliothek, Mühlenstr. 24, Tel. 482 80 03
Johannes-R.-Becher-Haus, Majakowskiring 34, Tel. 482 61 62
Klub *»Kurt Lade«*, Parkstr. 32, Tel. 482 96 52
»Zur Pankgräfin«, tägl. ab 19 Uhr, Bilderkneipe & Poolbillard, Breite Str. 43, Tel. 482 47 92
»Haus Stilbruch«, Mo-Fr 17—24 Uhr, Niveauvolle klassische Küche, O-1116 Berlin-Karow, Bahnhofstr. 1, Tel. 349 00 66

Treptow

Springborn-Club, Springbornstr. 13, Tel. 637 03 70
Klub Peter Kast, Dörpfeldstr. 35, Tel. 677 50 30
Resch-Klub, Sterndamm 69, Tel. 635 17 95
Klub Gérard Philipe, Karl-Kunger-Str. 29, Tel. 272 75 07
Kulturhaus Treptow, Puschkinallee 5, Tel. 272 79 52
Jugendklub Rumba, Baumschulenstr. 28, Tel. 632 20 74
Interkulturelle Begegnungsstätte Adlershof, Rudower Chaussee 16—25, Tel. 67 01—23 23/67 01—24 84
Come In, Rudower Chaussee 16—25, Tel. 676 16 00
Frauentreff Treptow, Kiefholzstr. 258, Tel. 632 82 76
Offene Stube der *Arbeiterwohlfahrt*, Behringstr. 5
Kulturamt Treptow, Sterndamm 102, Tel. 635 23 01
Haus der Jugend, Die Insel, Alt-Treptow 6, Tel. 272 71 69
Archenhold-Sternwarte, Alt-Treptow 1, Tel. 272 74 93
Spree Park *Plänterwald*, Kiehnwerder Allee, Tel. 272 76 39
Schiffsanlegestelle der Stern u. Kreisschiffahrt GmbH, Treptow-Hafen, Tel. 271 23 27/23 28
Bootsverleih am Haus Zenner, Alt-Treptow 14—17, O-1193 Berlin
Studio Bildende Kunst, Baumschulenstr. 78, Tel. 692 97 37

Galerie Treptow, Puschkinallee 5, O-1193 Berlin
Filmtheater Astra, Sterndamm 69, O-1197 Berlin, Tel. 635 16 52
Kino in der Sternwarte, Alt Treptow 1, O-1193 Berlin, Tel. 272 74 93
Kino im Come In, Rudower Chaussee 16—25, O-1199 Berlin, Tel. 676 16 00
Ehrenmal für die gefallenen sowjetischen Helden, Am Treptower Park, O-1193 Berlin, Tel. 212 45 12
Heimatgeschichtliches Kabinett, Puderstr. 22, Tel. 272 45 14
Café Ambiente, Beermannstr. 16, O-1193 Berlin, Tel. 272 55 14, geöffnet: Di-Sa 15—23 Uhr
Café der Jugend *»Altes Eierhaus«,* Damm/Wasserweg, O-1193 Berlin, Tel. 632 37 43, tägl. v. 12—20 Uhr
Haus Zenner (Eierschale), Alt-Treptow 14—17, O-1193 Berlin, Tel. 272 72 11, geöffnet: So-Do 11—20, Fr 11—24, Sa 11—1 Uhr
Weinstube für Dich, Friedenstr. 4, O-1199 Berlin, Tel. 677 01 11, geöffnet: Di-Sa 15—23 Uhr
Familiencafé *Die Insel,* Alt-Treptow 6, O-1193 Berlin, Tel. 272 71 69, geöffnet: jeden Sa, So 15—18 Uhr
Café Ulla, Baumschulenstr. 96, O-1195 Berlin, Tel. 632 80 10, geöffnet: Mo-Do 10—19, Sa, So 14—24 Uhr
Café Melange, Adlergestell 263, O-1199 Berlin, Tel. 677 15 92, geöffnet: Do-Di 14—23 Uhr, Mi geschlossen

Köpenick
Kulturamt Köpenick, Freiheit 15, O-1170 Berlin
Heimatmuseum Köpenick, Alter Markt 1, O-1170 Berlin, Tel. 650 43 01, geöffnet: Di 9—18 Uhr
Wassersportmuseum, Regattastr. 141, O-1180 Berlin, Tel. 676 43 71, geöffnet: Di, Sa 15—16.30 Uhr
Bürgerhaus Grünau, Regattastr. 141, O-1180 Berlin, Tel. 676 43 71 (mit Galerie, Puppentheater, Treff der Köpenicker Bürgerinitiativen)
Kunstgewerbemuseum Berlin, im Schloß Köpenick, Alt Köpenick, Schloßinsel, O-1170 Berlin, Tel. 675 26 51, geöffnet: Mi-So 10—18 Uhr
Museum im Wasserwerk Friedrichshagen, Müggelseedamm 307, O-1162 Berlin, Tel. 654 93 68, geöffnet: v. 15.3.-15.11. Di-Fr 10—15, So u. Feiertage 10—17 Uhr
Gedenkstätte Köpenicker Blutwoche, Puchanstr. 12, O-1170 Berlin, Tel. 657 14 67, geöffnet: Mo 10—16, Di, Do 10—18, Fr 10—14 Uhr
Stadtbibliothek Köpenick (Mediathek), Jägerstr. 1/2, O-1170 Berlin, Tel. 657 18 49
FEZ, Berlins größtes Freizeitzentrum für Kinder, Jugendliche u. Familien, An der Wuhlheide, O-1170 Berlin. Tel. 630 75 50/74 23, zu erreichen per S-Bhf. Wuhlheide (Strecke Wannsee-Erkner) oder mit den Straßenbahnen 16, 19, 21, 25, 26, 82, 85; Gelände mit Freilichtbühne, Badesee, Waldpark, Sport- und Abenteuerspielplätzen, Schwimmhalle, Parkeisenbahn, Freizeitpalast, Naturlehrpfad, Pferdekoppel, Tiergehege, Raumfahrt- u. Computerzentrum, Kino, Theater, Restaurant
Fremdenverkehrsverein Köpenick e.V., Schloßstr. 34, O-1170 Berlin, Tel. 657 45 98
Wäschereimuseum, Luisenstr. 23, O-1117 Berlin, Tel. 656 38 21 (Besuch nach Vereinbarung o. jeden ersten Freitag im Monat zw. 15 u. 18 Uhr)
Kulturkommune Alte Möbelfabrik e.V., Karlstr. 12, O-1170 Berlin, Tel. 656 05 64
Kunstfabrik Köpenick, Tabbertstr. 10, O-1160 Berlin
KINO Forum, Parrisiusstr., O-1170 Berlin, Tel. 657 10 84
KINO Union, Bölschestr. 69, O-1162 Berlin, Tel. 645 54 59
KINO UT, Wilhelminenhofstr. 34, O-1160 Berlin, Tel. 635 09 83
Freibad Müggelsee, Fürstenwalder Damm 838, O-1166 Berlin
Freibad Friedrichshagen, Müggelseedamm 216, O-1162 Berlin
Freibad Brünau, Sportpromenade 5, O-1180 Berlin
Freibad Wendenschloß, Möllhausenufer, O-1170 Berlin
Freibad Gartenstraße, Gartenstr. 46/48, O-1170 Berlin
Badesee Wuhlheide, Licht- u. Luftbad, beides: An der Wuhlheide im FEZ, O-1170 Berlin
Zur alten Laterne, Alt-Köpenick 31/33, O-1170 Berlin, Tel. 657 27 97
Gerichtsklause, Mandrella Platz 9, O-1170 Berlin, Tel. 657 14 78
Ratskeller, Alt-Köpenick, O-1170 Berlin, Tel. 657 20 35, geöffnet: So-Do 10—23, Fr, Sa 10—1 Uhr
Zum Amtmann, Amtsstr. 5, O-1170 Berlin, Tel. 662 10 61
Hofcafé, Bölschestr. 128, O-1162 Berlin, Tel. 645 78 87
Friedrichshof, Bölschestr. 56, O-1162 Berlin, Tel. 645 50 74 (Bar, Restaurant, Diskothek)
Nachtbar XENON, Elcknerplatz, O-1170 Berlin. Tel. 656 49 39, geöffnet: Mo-Sa 22—5 Uhr, gegenüber vom S-Bhf. Köpenick)
Nachtbar RIVIERA, Regattastr. 161, O-1180 Berlin, Tel. 681 42 76, geöffnet: Di-So 20—4 Uhr (im Gesellschaftshaus Grünau)
Nachtbar RIFF, Müggelseedamm 188, O-1162 Berlin, Tel. 645 58 17, geöffnet: Di-Do 22—4, Fr, Sa 22—6 Uhr (Straßenbahn 25 ab S-Bhf. Friedrichshagen)
Lindenhorst, Dorotheenstr. 20, O-1170 Berlin, Tel. 656 03 63, geöffnet: Di-Do 20—1, Fr, Sa 21—4 Uhr
China-Spezialitäten-Restaurant »Zeng Wu«, Grüne Trift am Walde 15, O-1170 Berlin, Tel. 656 24 19,

geöffnet: Mo-Fr 11.30—15 Uhr Mittagstisch, täglich 11.30—22 Uhr

Ristorante Pizzeria »Da Gino«, Alfred-Randt-Str. 11, O-1170 Berlin, Tel. 654 01 05, geöffnet: tägl. ab 11 Uhr

Restaurant »Alexander's«, Oberspreestr. 176, O-1170 Berlin (zw. Schloßplatz u. S.Bhf. Spindlersfeld), Tel. 657 26 05, geöffnet: tägl. ab 11.30 Uhr

Gaststätte für die Familie, Am Teufelssee, O-1162 Berlin, Tel. 657 28 32, geöffnet: tägl. 10—18 Uhr

Müggelseeperle, Am Großen Müggelsee, O-1162 Berlin (zu erreichen per Schiff oder Bus), Tel. 657 14 85, geöffnet: Mai-Sept. tägl. 10.30—22 Uhr; Okt.-April tägl. 11—19 Uhr

Müggelturm, In den Müggelbergen, O-1162 Berlin, Tel. 657 28 32, geöffnet: Mo-Fr 10—19, Sa, So 10—20 Uhr

Schmetterlingshorst, Am Langen See, O-1162 Berlin, Tel. 681 39 95, geöffnet: Do-Di 10—18 Uhr (Restaurant mit großer Terrasse mitten im Grünen)

Alt-Köpenicker Bierstuben, Alt Köpenick 32, O-1170 Berlin, Tel. 657 24 53, geöffnet: tägl. 10—24 Uhr

Restaurant Hauptmann von Köpenick, Mahlsdorfer Str. 1, O-1170 Berlin, Tel. 657 20 76, geöffnet: tägl. 16—24 Uhr

Kietzer Krug, Kietz 18, O-1170 Berlin, Tel. 657 28 60, geöffnet: Mo-Fr 15—22, So 9—13 Uhr

Kitz, Müggelheimer Str., O-1170 Berlin, geöffnet: Mo-Do 11—1, Fr-So ab 11 Uhr

Weinstube, Bahnhofstr. 12, O-1170 Berlin, Tel. 657 11 54, geöffnet: Mo-Sa 11—23 Uhr

Lichtenberg

Heimatgeschichtliches Kabinett Lichtenberg, Deutschmeisterstr. 4, O-1156 Berlin, Tel. 550 43 24/524, geöffnet: Di, Mi 9—17 Uhr (o. nach Vereinbarung)

Museum der bedingungslosen Kapitulation des faschistischen Deutschland im Großen Vaterländischen Krieg 1941—45, Fritz-Schmenkel-Str., O-1157 Berlin, Tel. 508 48 39, geöffnet: Di-Fr 9—13 u. 15—18, Sa 9—16, So 9—14 Uhr (jeden 4. Sa. geschlossen, um Anmeldung wird gebeten)

Gedenkstätte der Sozialisten Friedrichsfelde, Gudrunstr., O-1130 Berlin, ständig geöffnet, bis zum Einbruch der Dunkelheit

Trabrennbahn Karlshorst, Hermann-Duncker-Str. 129, O-1157 Berlin, Tel. 509 08 91, Anmeldung: Di 9—18 Uhr

Tierpark Friedrichsfelde, Am Tierpark 125, O-1136 Berlin, Tel. 510 01 11, geöffnet: tägl. ab 9 Uhr bis zum Einbruch der Dunkelheit (18 Uhr Einlaßschluß)

Schloß Friedrichsfelde, im Tierpark, Straße Am Tierpark 125, O-1136 Berlin, Tel. 510 01 11-App. 361, geöffnet: tägl. außer Mo Führungen (11, 13,

15 Uhr), Sonderführungen nach Vereinbarung, Preis: 2 DM

Stadtpark Lichtenberg und Stadion 1. Mai, Möllendorffstr., O-1130 Berlin, S- u. U-Bhf. Frankfurter Allee

Filmtheater Vorwärts, Hermann-Duncker-Str. 115, O-1157 Berlin, S-Bhf. Karlshorst

Filmtheater Volkshaus, Straße der Befreiung 3, O-1136 Berlin, Tel. 525 18 34, S- u. U-Bhf. Lichtenberg

Jugendhotel Am Tierpark, Franz-Mett-Str. 7, O-1136 Berlin, Tel. 510 01 14, 512 40 40

Restaurant Stockhausen, Bänschstr. 25, O-1035 Berlin, Tel. 589 15 01, geöffnet: Mo-Fr 17—1, Sa, So 12—24 Uhr

Cafeteria im Tierpark, Am Tierpark 39—47, O-1136 Berlin, geöffnet: Sommer tägl. 9—18 Uhr, im Winter tägl. von 10—16 Uhr

Restaurant Tarnovo, H.-Duncker-Str. 112, O-1157 Berlin, Tel. 509 86 55, geöffnet: So-Do 11.30—24, Fr, Sa 11.30—18 Uhr

Restaurant Fallstaff, Rummelsburger Str. 84, O-1136 Berlin, Tel. 529 11 00, geöffnet: Di-Do 18—1, Fr, Sa, So 18—3 Uhr (gutes Essen, Barbetrieb u. Disco)

Cafe im Bahnhof Lichtenberg, Weitlingstr., O-1130 Berlin, Tel. 520 12 81, geöffnet: tägl. 7—23 Uhr

Kaulsdorf

Gaststätte und Biergarten Ulrich, Alt-Kaulsdorf 51, geöffnet: tägl. 10—24 Uhr

Neumanns's Imbiß und Party-Service, Alt-Kaulsdorf 23, geöffnet: Mo-Fr 7—16 Uhr

Gasthaus Kaulsdorf (auch Hotel), Brodauer Str. 27/29, geöffnet: 17—22, Di-Sa 12—23 Uhr

Ristorante-Pizzeria »Bella Donna«, Mädewalder Weg/Ecke Brodauer Str., geöffnet: tägl. 11—24 Uhr

Gaststätte zur S-Bahn, Heinrich-Grüber-Str. 3, geöffnet: Mo-Fr 11—24, Sa, So 9—24 Uhr

Zum Oberfeld, Heinrich-Grüber-Str. 46/Ecke Zanderstr., geöffnet: Mo-Fr 9—24, Sa 12—1, So 12—22 Uhr (jeden 1. Montag im Monat Ruhetag)

China-Restaurant »Wan Fu«, Etkar-André-Str. 10 (Hellersdorfer Terrassen), U-Bhf. Grottkauer Str., geöffnet: So-Do 12—23, Fr, Sa 12—24 Uhr

Cafe ht., Etkar-André-Str. 10 (Hellersdorfer Terrassen), geöffnet: Mo-Fr ab 9 Uhr, Sa ab 19, So 10—13 Uhr, ab 19 Uhr

La Gelateria, ital. Eisdiele, Planitzstr. 7

»Banane«, Alt-Kaulsdorf 23, geöffnet: Do-Fr 21—4, Sa 21—5 Uhr

Personenregister

Ortsregister

Erkundung mit Vergnügen

VSA-Städteführer »zu Fuß«

»Ein Muß für Leipzig-Besucher und -Liebhaber, Musterstück ost-westlicher Zusammenarbeit. Wer die zweitgrößte Stadt der ehemaligen DDR erforschen möchte, muß mit diesem Band herumschlendern.« (Die Zeit)

»Die Reihe ›... zu Fuß‹ gehört zu den spannendsten Neuentwicklungen der letzten Jahre. Und zu den erfolgreichsten.«
(Buchmarkt)

»Die Bücher machen einen gelungenen Eindruck: Stadtpläne, Rundgangsdauer, Register und ein umfangreicher Anhang – der VSA-Verlag weiß, was einen guten Reiseführer ausmacht.« (NDR)

Unsere »Stadtführer neuen Stils« (Der Spiegel) zeigen neben den touristischen Höhepunkten (mit vielen zusätzlichen Informationen) auch die Stadtteile. Sie schauen hinter die Fassaden, berichten von vergessener Geschichte, enthalten Anekdoten und Lieder.

LEIPZIG zu Fuß

FORUM VERLAG LEIPZIG

22 Stadtteilrundgänge

Die Stadtführer sind 250 bis 320 Seiten dick und kosten DM 24,80-29,80

Bisher erschienen:
Berlin, Bochum, Braunschweig, Bremen, Dresden, Düsseldorf, Duisburg, Frankfurt, Hamburg, Hannover, Kassel, Kiel, Leipzig, Mainz/Wiesbaden, Mannheim, München, Nürnberg, Saarbrücken, Stuttgart.

Prospekt anfordern

VSA-Verlag
Postfach 50 15 71
Stresemannstr. 384a
W-2000 Hamburg 50

Außerdem bei VSA:

★ Regional- und Freizeitführer
★ StadtReiseBücher
★ Länderreiseführer

★ Engagierte Sachbücher
★ Geschichte »von unten«